Andreas Dronke

Unter Trierern: Der zweite Dom

Roman

Bibliographische Information der Deutschen Bibliothek:
Die Deutsche Bibliothek verzeichnet diese Publikation in der Deutschen Nationalbibliographie; detaillierte bibliographische Daten sind im Internet über http://dnb.ddb.de abrufbar.

© 2009 Verlag S.MO, Mühlenstraße 106, 54296 Trier

Lektorat: DRUCKREIF Text & Lektorat, Trier
        www.textagentur-druckreif.de

ISBN 978-3-940760-11-1

Um die Hauptfigur dieses Romans vor allzu neugierigen Menschen, die sich zudem noch mit Hacke und Spaten bewaffnet haben mögen, zu schützen, wurde der genaue Wohnort in eine fiktive Straße verlegt.

1

Seine Hand griff in den alten abgewetzten Mantel, ein metallischer Klang wurde hörbar. Langsam zog er die Hand aus der Tasche, zu einer Faust geballt. Er blickte sich nach allen Seiten um. Er war alleine. Hier war lange keiner mehr gewesen, und eben das war der Grund seines jetzigen Aufenthaltes hier. Das Licht seiner Taschenlampe strahlte durch einen Tunnel, dichte Spinnenweben zogen Netze wie Nebel vor ihm. Der Weg hierher war geheim, der Eingang bestens versteckt. Wie um sich zu versichern, dass es noch da war, öffnete er seine Faust, die flache Hand offenbarte ihm wie erwartet einen goldenen Gegenstand, rund und geprägt. Ein letzter Blick, dann ein festes Einschließen in der Faust. Er sandte einen geheimen Wunsch in seine Hand, damit der Inhalt seiner Faust diesen aufsaugen und auch umsetzen würde. Wieder öffnete er seine Faust und schaute auf die Münze. Auf der einen Seite Johannes der Täufer, auf der anderen ein Wappen. Dann, ganz schnell und plötzlich, die Hand drehte sich, die Münze fiel zu Boden. In den Staub. Ein Blick nach unten. Das Licht bannte sekundenlang den aufgewirbelten Staub der Jahrhunderte in seinem Strahl. Was würde nun passieren? Wie Käse die Mäuse anlockte, so sollte diese Münze, von der es mehrere gab, die Menschen auf etwas aufmerksam machen.

***

Einige Meter vor dem Trierer Dom saß ein heruntergekommener Mann, dessen Alter nicht einzuschätzen war, ebenso wenig wie seine Reaktion auf die Frage danach. Sein abgewetzter und dreckiger Mantel schimmerte in vielen verschiedenen Farben. Das Leben unter Gottes Sonne hatte den Alten gezeichnet. Er saß bereits seit vielen Jahren jeden Tag an der gleichen Stelle am Nebeneingang des Doms. Er bettelte nicht, er sprach die Touristen nicht an.

Er saß einfach da und schaute dem Treiben zu. Im Sommer streifte er seinen Mantel ab und ließ seine runzelige Haut bräunen. Im Winter vergrub er sich in seinem Mantel, und so verharrte er Jahr um Jahr, Jahrzehnt um Jahrzehnt. Hin und wieder sprach man ihn an. Man fragte ihn nach seinem Namen, seiner Herkunft. Doch so sehr man sich über seine Person aufregte, so schnell vergaß man ihn. Er suchte Schutz in der Hektik, die moderne Zeit stülpte ein Konservierungsglas über ihn und schützte sein Leben und seine Identität. Sein dichtes, graues Haar sah aus wie ein gut gepflegtes Toupet, sein Bart schien immer die gleiche Länge von zwei Zentimetern zu behalten.

Seine schmale, drahtige Statur ließ ihn wie einen Asketen erscheinen. Seine eingefallenen Wangen wurden nur durch den Bart verdeckt. An den wenigen Tagen, an denen der Nebeneingang des Domes geöffnet wurde, suchte er das Weite, meist versteckte er sich in der Windstraße und harrte dort aus, bis sein Stammplatz wieder frei wurde.

Die anderen Bettler, die neben dem Haupteingang ihrem Geschäft nachgingen, wunderten sich erst noch darüber, quittierten dem sonderbaren Landstreicher jedoch nur eines: dass er verrückt sein müsse. Jemand, der einfach da herumsaß, konnte nicht alle Tassen im Schrank haben.

Die Polizei ließ ihn in Ruhe: Er war still und pöbelte niemanden an. Nur bei extremer Kälte suchte er Schutz in seiner Bleibe. Dennoch: Die anderen Stadtstreicher empfanden immer etwas von seiner unaussprechlichen Präsenz. Sie spürten ihn auch, wenn sie ihn nicht sahen, denn dann sah er sie. Er sprach selten und dann auch nur das Notwendigste.

Vor langer Zeit einmal hatte jemand versucht, von einem Polizisten, der die Personalien aufnahm, herauszubekommen, wie dieser seltsame Mann hieß und woher er kam. Doch der Polizist verweigerte die Antwort. Die Menschen, die um den Dom wohnten, einigten sich irgendwann auf einen Spitznamen, und sie nahmen das

Naheliegendste: der Graue. Der Graue nickte immer freundlich und flüchtete, wenn man das Gespräch aufnehmen wollte. Doch manchmal, ganz selten, konnte er sich dem direkten Dialog mit einem anderen Menschen nicht entziehen. Mit seinen alten Knochen schaffte er es nicht immer, schnell genug zu fliehen. Der schwere, alte Mantel, der nun im Spätherbst wieder zum Einsatz kam, drückte ihn zudem nieder und erschwerte ein flinkes Aufstehen. So auch diesmal, an einem Tag vor dem Dom. Er wurde von einem Kind mit „Opa" angesprochen. Der Kleine war so um die fünf Jahre alt und hatte seine Großeltern im Dom verloren, woraufhin er furchtlos durch die Gegend marschierte und durch die neuen, automatischen Türen des Gotteshauses spazierte. Die Großeltern betrachteten derweil mit Begeisterung die Kunstwerke im Inneren der Kathedrale.

Der Mann senkte zunächst den Kopf, um nicht in die Augen des kleinen Menschen schauen zu müssen, doch er hielt nicht lange durch, und nach wenigen Augenblicken hob er seinen Blick. „Opa", das Kind wiederholte sich und ging einen Schritt weiter auf den Alten zu. Dieser schüttelte den Kopf. „Nein, kein Opa", sprach er leise. Seine dunkle, düstere Stimme vibrierte.

„Opa!"

Das Kind ließ nicht locker. Um diese Zeit kamen immer mehr Menschen und besichtigten den Dom. Der Graue packte seine Sachen langsam zusammen. Er setzte eine alte, löchrige Skimütze auf und klappte einen zerbeulten Aluminiumkoffer zusammen. Neben ihm auf dem Boden lag ein Päckchen Tabak; er ließ es mit einer schnellen Handbewegung in seine Manteltasche gleiten.

Das Kind plapperte weiter. Es trug eine rote Stoffmütze, unter der hellblonde Haare herausschauten.

Der Graue stellte sich aufrecht hin und schaute auf das Kind hinunter. Er wirkte beinahe gespenstisch. So oder so ähnlich stellte man sich wohl einen Spätheimkehrer aus dem Zweiten Weltkrieg vor. Doch er wirkte irgendwie größer, angsteinflößender und doch zugleich vertrauensvoll. Er strahlte Respekt mit einer gehörigen Portion Rätselhaftigkeit aus. Das Kind schaute an ihm hoch, dann streckte er seinen rechten Arm aus und hielt dem Kind seine Hand hin. „Komm mit!", flüsterte er. Das Kind musste sich ordentlich strecken, um ihm seine kleine Hand anzuvertrauen. Sie gingen langsam los, durch die Windstraße, hinter den Dom. Nachdem sie vom Domfreihof verschwunden waren, drehte sich das Kind noch einmal um. Es spürte anscheinend, dass hier etwas nicht mit rechten Dingen zuging. Der Graue schaute fest geradeaus, nicht zur Seite und nicht zu dem Kind. Er drückte nur die kleine Hand fest an sich, nicht schmerzhaft fest, aber gerade so, dass es dem Kind nicht möglich war, sich seinem Griff zu entwinden. Kurz vor dem Bischöflichen Dom- und Diözesanmuseum blieb er stehen und setzte sich auf das Geländer, das neben dem Dom verlief. Er ließ die Hand des Kindes los, das dahin blickte, woher sie gekommen waren. „So, was nun?", fragte der Graue. Das Kind stand vor ihm. Er wartete darauf, dass es schreiend zurücklaufen würde, um panisch seine Familie zu suchen; langsam zählte er mit, Sekunde um Sekunde. Aber das Kind rührte sich nicht, schaute ihn nur an, kratzte sich an der Nase. Der Graue schloss seine Augen, so dass er das Kind nur noch schemenhaft erkennen konnte. Er konzentrierte sich. Er hoffte insgeheim, dass das Kind verschwinden würde, dass es von alleine zurück zu seinen Angehörigen ging. Die sprachlosen Minuten vergingen, er öffnete seine Augen wieder. Das Kind hob die Hand und zeigte auf den Trierer Dom. Der Graue nickte. Er hatte ein Geheimnis, und das Kind würde dieses bald mit ihm teilen. „Komm!", sein düsterer Gesichtsausdruck verwandelte sich in einen freundlicheren. Er nahm das Kind am Arm und zog es förmlich mit sich. Das Kind wollte zunächst nicht, doch bereits nach wenigen Augenblicken begann es zu lachen und rannte gemeinsam mit ihm immer weiter hinter den Dom und dann in Richtung Basilika. „Erst muss ich dich in Sicherheit bringen", grummelte der Graue.

Nach einigen Minuten kamen sie an die Ostallee. Unter dieser stark befahrenen Trierer Hauptstraße lag eine mit Graffitis übersäte Fußgängerunterführung. Der Graue und das Kind bogen in den nur spärlich beleuchteten Gang ein. Hier und da blitzte eine Neonleuchte. Sie waren alleine. Er schaute sich um, er wollte auf Nummer sicher gehen. Dann ging es schnell. Er kniete sich in der Mitte der Unterführung hin, schob ein Gitter, das im Boden eingelassen war, beiseite und sprang in das Loch. „Komm!", flüsterte er leise, aber mit Nachdruck. Der Kleine blieb am Rande der Öffnung stehen, nervös mit dem Daumen im Mund spielend. Seine Augenränder färbten sich rot ein, so, als ob er jeden Moment losweinen würde. „Komm, mein kleiner Freund, ich werde dir nichts antun, das verspreche ich dir!"

Der Graue hatte dieses Jahr noch nicht so viel gesprochen, er versuchte auf das Kind einzugehen, während nur noch sein Kopf aus der Öffnung im Boden schaute. Sein Arm streckte sich dem Kind entgegen, das suchend zur Seite blickte. Es wollte zurück, zurück zu den Großeltern. Der Graue erkannte, dass sich eine Chance in Nichts auflösen könnte. Er stellte sich auf eine leere Kiste Bier, die in der Öffnung stand, und war dem Kind nun deutlich näher. Seine flehenden Blicke versuchten dem Kind etwas mitzuteilen. Eine Nachricht, eine Botschaft, die symbolisieren sollte, dass sich nun ein neuer Abschnitt im Leben des Kindes anbahnen würde. Ein plötzlicher Wandel, früh und schmerzlos. So wie es bei ihm selbst auch gewesen war. Der Graue erinnerte sich nicht wirklich und spürte den Schmerz nicht. Alles war so lange her. Er packte das Kind und zog es zu sich herunter. Rasch nahm er das Gitter, das halb über dem Loch lag, und zog es über seinen Kopf. Ein wenig erschöpft rieb er sich mit seiner Hand das Gesicht, dann wandte er sich dem Kind zu, das nun mit Tränen in den Augen vor ihm auf dem Boden lag.

Das spärliche Licht aus der Unterführung warf einen gespenstischen Schatten von dem Grauen auf das Kind und den Raum, in dem sie sich befanden. „So, da lang", sprach er und deutete in Richtung einer Treppe, die noch weiter in die Tiefe führte. Der Graue wollte das Kind hochheben, doch es fing an zu schluchzen und zu weinen. Plötzlich hörte er Stimmen, Passanten kamen durch die Unterführung und näherten sich ihnen. „Los, komm!" Er machte jetzt kurzen Prozess, schnappte sich das auf dem Boden liegende Kind und stürmte mit ihm in Richtung der Treppe. Seine rechte Hand umklammerte den Kopf, das Kind schrie, doch die große Hand erstickte jeden Laut. Vorbei an nacktem Beton stiegen sie die Treppe hinunter. Ein dilettantisch von oberen Leitungen abzweigend verlegtes Stromkabel hing an der Decke und verlief parallel zum Gang und der Treppe. Sie gingen über zehn Stufen nach unten, der Graue drehte an einem alten Schalter und eine Glühbirne, die einsam von der Decke hing, erhellte den Raum. Hier wohnte er, in einem unbenutzten, überflüssigen oder einfach nur vergessenen Kellerraum der Unterführung. Auf drei mal drei Metern hauste er. In der Ecke lag eine Matratze vom Sperrmüll, diverse Kisten stapelten sich hinauf zur Decke, ein Brett lehnte an einer der Wände. Ein Draht, gespannt von der rechten zu linken Seite über der Matratze, diente als Trageseil für Kleidung. Hier hingen T-Shirts, Socken, Unterwäsche, Hemden. Der Graue versuchte nun, die Hand vom Gesicht des Kindes zu ziehen. Er rechnete damit, dass das Kind jeden Moment zu schreien beginnen würde. Eine Sekunde, zwei, drei – aber der Junge war ruhig. Er starrte den Grauen an. Dieser setzte sich auf seine Matratze, beugte sich vor und stützte den Kopf in seine Hände. Mit monotoner Stimme betete er etwas vor sich hin.

***

Wochen später.

Es war Kaffeepause in den Büros. Überall lagen die Tageszeitungen auf den Schreibtischen, man blätterte sie durch und las das, was für einen von Interesse sein mochte. Es wurden Kreuzworträtsel gelöst oder hitzige Debatten über die Fußballergebnisse vom Wochenende geführt. In einem der Büros saß ein Mann, der den „Trierischen Volksfreund" aufgeschlagen vor sich liegen hatte. Der Titel der Ausgabe ging auf die politische Situation des Landes ein, ansonsten wurden das Weltgeschehen und anderes kommentiert. Doch es war der Lokalteil der Zeitung, der seine Aufmerksamkeit bannte. Zu lesen war in großen Buchstaben: „Rätselraten in der Grube". Bei Ausgrabungen am Simeonstift in der Nähe der Porta Nigra war etwas Sonderbares wiederentdeckt worden: eine Toilettenanlage aus den 60er Jahren. Eigentlich war es ja keine Entdeckung, man hatte diese Sanitäreinrichtung schlichtweg vergessen; es gab weder Unterlagen noch sonstige Aufzeichnungen. Wahrscheinlich hatte der oder die Verantwortliche damals alles in den Reißwolf geworfen, was mit der Planung zu tun gehabt hatte – schließlich hatte man die Toilette in die denkmalgeschützte römische Stadtmauer eingebaut.

Der Mann stellte seine Kaffeetasse ab und schaute aus dem Fenster, dann wieder auf den Zeitungsbericht. Seine rechte Hand zuckte nervös, ein Gedanke setzte sich bei ihm in Gang. Es war nicht das vergessene Örtchen aus den 60ern, es war etwas anderes, was ihn berührte. Seine Gedanken drehten sich um die Tatsache, wie einfach es doch war, sein Geheimnis zu finden. Es musste etwas passieren. Energisch griff er zu seinem Handy und wählte eine Nummer. Das Gespräch wurde nicht angenommen. Ein Blick auf die Uhr: Noch ein paar Stunden, dann war Mittagspause, und dann nichts wie los. Er musste sich vergewissern, dass das, was er plante, funktionieren würde.

2

Die Paketzustellerin rief dem älteren Herrn an der Haustür, der unfreundlich zu ihr hinüberschaute, etwas zu. „Was ist denn los?", raunte er ihr unwillig entgegen und rührte sich dabei keinen Schritt weiter. Mit den Worten „Hier – eine Nachnahme für Sie", übergab sie dem Herrn das Päckchen. „Das macht dann 33 Euro". Maximilian Nikolaus Schreckenberg angelte sein Portemonnaie aus der Manteltasche. „Da haben Sie Glück, dass Sie mich erwischen, ich wollte gerade in die Stadt!" Er sah die Frau dabei nicht einmal an. „Na, da haben aber eher Sie Glück gehabt, sonst hätten Sie dieses Päckchen morgen an der Hauptpost abholen können!" Schreckenberg kommentierte diese Bemerkung nur mit einer missbilligenden Miene. „Da!" Er drückte ihr das Geld in die Hand und verschwand die Treppen zu seinem Haus hinauf. „Wiedersehen", zischte die Paketbotin jetzt doch etwas unwirsch und verschwand um die nächste Ecke. „Auf Nimmerwiedersehen!", dachte sich Schreckenberg und steckte den Haustürschlüssel ins Schloss. Er öffnete die ächzende Holztür, die sich mit einem tiefen, dröhnenden Knarren in die alten, eisernen Scharniere lehnte. Das Päckchen schob er achtlos mit dem Fuß in den Flur. Er grübelte eine Weile darüber nach, was er da wohl bestellt hatte. „Das war leichtsinnig von mir, die Nachnahme einfach so zu bezahlen!" Es wollte ihm partout nicht mehr einfallen, was er da geordert hatte. Üblicherweise passierte ihm so etwas ja nicht. Vorsichtig, wie er bei solchen Dingen nun einmal war, achtete er penibel darauf, dass ihn seine Umwelt nicht betrog. Schließlich besann er sich seines Vorhabens, in die Stadt zu gehen. Also trat er erneut nach draußen, warf die Tür hinter sich zu und drehte den Schlüssel mehrfach um. Er kontrollierte genau, ob die Tür auch richtig verschlossen war. Er rüttelte mehrfach an der Klinke und drehte sich um, um sicherzustellen, dass er nicht beobachtete wurde.

Dieses Ritual wiederholte er oft. Es konnte manchmal Minuten dauern, ehe er die Treppe hinunterging, hin und wieder hastete er zurück, legte die Hand auf die Türklinke und drückte sie nieder. Es war an der Zeit, den geplanten Gang in die Stadt zu beginnen, er eilte die Treppenstufen aus Sandstein hinunter. Für einen Blick in den Karton hatte er sich keine Zeit mehr gegönnt, aber schnell noch mal die Treppe hinauf, die Türklinke betätigen.

So, die Tür war nun zu, aber was wollte er eigentlich heute in der Stadt? Maximilian Nikolaus Schreckenberg war ein wenig durcheinander. Er schaute die Straße entlang, aber es wollte ihm tatsächlich nicht mehr einfallen, was er an diesem verregneten Spätherbsttag in der Stadt vorhatte. Er starrte auf die stark befahrene Straße, die an seiner Haustür vorbeiführte. Ein Wagen nach dem anderen schob sich an ihm vorüber.

„Diese Stadt hat wohl den dichtesten Straßenverkehr, den man sich vorstellen kann!", murmelte er vor sich hin. Ein Lkw bremste vor ihm ab und zischte laut, der schwere Dieselmotor stampfte, und der Asphalt unter den Zwillingsreifen musste einem immensen Gewicht standhalten. Die Teerdecke hatte bereits die Form einer festgefrorenen Welle. „Wie ich das nur aushalte! Hört das denn nicht mehr auf? Diese verdammte Zeit. Alles wird mir zu laut und zu schnell." Für Maximilian Nikolaus Schreckenberg war der Verkehr vor seiner Haustür eigentlich nichts Neues. Solange er hier lebte, war es ein Problem. In den letzten Jahren hatte der Verkehr allerdings sprunghaft zugenommen, und die Menschen litten unter einer miserablen Straßenplanung. Mehrere hundert Meter weiter zum Moselufer hin zeigte die Ampel Rot – und als Resultat staute sich die Schlange an seinem Haus vorbei bis fast in die Innenstadt. Schreckenbergs Haus lag etwas verloren zusammen mit anderen in einer Reihe. Man sah der Straße – der Tempusstraße – an, dass sie von der Zeit misshandelt worden war. Wie in vielen Städten hatten auch hier die einst stolzen Stadthäuser, die um die Jahrhundertwende erbaut worden waren, ihren Glanz verloren. Die Fassaden der Hundertjährigen bröckelten, und schiefe Kellerfenster säumten den innerstädtischen Highway. Manch eines der Gründerzeitgebäude hatte sein ursprüngliches Gesicht eingebüßt und war mit einheitlichen Baumarktkomponenten wie Aluminiumtüren und Fenstern entstellt worden.

„Verkaufen? Nein – nie und nimmer!", dachte sich Schreckenberg, der sich versprochen hatte, das Ende seines Lebens hier in seinem Elternhaus abzuwarten. Im Sommer spendete ihm der kleine Garten auf der Rückseite Ruhe und Schatten und den Herbst verbrachte er in seiner Garage, wo er an seinem alten Mercedes herumbastelte.

Schreckenberg zog seinen schwarzen Hut ins Gesicht und machte sich an der Autokolonne vorbei auf den Weg in die Innenstadt. Der Regen ergoss sich nun in Strömen vom Himmel, aber trotzdem war er zu bequem einen Schirm mitzunehmen. Lieber ließ er sich den Regen ins Gesicht klatschen, als mit einem Schirm durch die Gegend zu marschieren. Sein schwarzer Mantel saugte nach und nach das Wasser auf, die Hände hatte er tief in die Taschen gesteckt. Sein Blick fiel auf die Verkehrsampel für Autos, sie war rot. Um die gleichzeitig grüne Fußgängerampel noch zu erwischen, beschleunigte er seine Schritte, doch ohne Erfolg. Als er ankam, schaltete sie auch schon um, und die Fahrzeuge rollten los. Ein Sportwagen fuhr nahe am Fußgängerweg und spritzte einen Schwall dreckigen Regenwassers in Richtung der Fußgänger. „Dumme Schnepfe!", brüllte Schreckenberg der Fahrerin hinterher. „Da stimmt doch was nicht, wieso fährt so eine junge Frau so ein teures Auto? Und spritzt dann auch noch mit Sicherheit absichtlich die Leute nass!" Er zeigte auf das schmutzige Fahrbahnwasser, das langsam wieder auf die Straße zurückfloss. Die Passantin, die neben ihm stand, schaute ihn erschrocken an.

„Was glotzen Sie mich so an?" Schreckenberg wandte sich nun an sie, die irritiert zur Seite starrte und hoffte, dass die Fußgängerampel recht bald grün werde. „Schon wieder dieser Alte!", dachte sie sich. Ganz in der Nähe Schreckenbergs wohnend, kannte sie ihn als ständig laut vor sich hin nörgelnden Zeitgenossen. Der Regen wurde immer stärker.

Als die Ampel endlich auf Grün schaltete, verschwand die Frau mit eiligen Schritten.

Der Regen ließ wieder nach, und ehe er sich versah, standen eine junge Journalistin und ein Mann mitsamt Kamera auf der Schulter vor Schreckenberg. „Guten Tag!", sprach die junge Frau Schreckenberg fröhlich-freundlich an. Er musterte die beiden Medienmenschen von oben bis unten. „Ja, ja, guten Tag", trötete er weniger freundlich zurück. „Sind Sie aus Trier?", fragte die junge Frau, deren braune Locken durch den Wind und den Regen ziemlich zerzaust und unordentlich aussahen. Jedem anderen hätte der Anblick ein freundliches Lächeln entlockt. Schreckenberg atmete tief ein und wieder aus, die Sekunden klebten eine Weile am Moment fest. Schrek-kenberg nickte.

„Dürfen wir Sie interviewen?", fügte sie hinzu. Er nickte erneut. Maximilian Nikolaus Schreckenberg zog ein Taschentuch aus seiner Manteltasche und wischte sich durch sein Gesicht. Er wirkte blass, auch wenn auf seinen Wangen links und rechts zwei kleine rote Inseln leuchteten. Wenn er ehrlich zu sich selbst gewesen wäre, hätte er zu-gegeben, dass ihm diese Gelegenheit gerade recht kam, seine unerklärlich schlechte Laune loszuwerden. Die junge Frau gab ihrem Kameramann ein Zeichen, woraufhin der einen Knopf an seinem Gerät drückte und dieses auf Schreckenberg richtete, der erst mal gar nicht wusste, wie ihm geschah und was er tun sollte. Seiner Stimmung nach hätte er die Kamera geradewegs in die Mosel werfen können, aber er schaffte es, sich zu beherrschen. Vielleicht war das ja eine Möglichkeit, seine Meinung anderen Menschen kundzutun. „Wir sind vom Trierer Fernsehsender Antenne West und möchten gerne eine Umfrage unter den Bürgern der Stadt machen." Schreckenberg grinste. „Fernsehsender? Gibt es den denn überhaupt noch? Hatte der nicht mal einen andern Namen?" „Wie bitte?", fragte die Frau erschrocken. „Na los, fragen Sie schon." Schreckenbergs dunkle Stimme klang kurzzeitig etwas freundlicher, aber nur sehr kurz. Die unerfahrene und nervöse Journalistin wollte endlich mit ihrem Interview beginnen. „Ja, danke – wenn Sie sich bitte etwas nach da drehen könnten?", und zeigte auf einen Baum. „Danke". Nachdem Schreckenberg richtig positioniert worden war, nahm sie einen Block und einen Stift aus ihrer Tasche. „Wie heißen Sie?", fragte sie. „Mein Name? Ich heiße Schreckenberg." – „Vorname?" – „Herr!" „Aha, danke, Herr Schreckenberg." Sie merkte nun, dass er leise lachte. „Na gut, Herr Schreckenberg, das reicht ja auch. Also." Sie unterbrach sich und schaute zu ihrem Kameramann, während sie dem alten Mann ein Mikrofon hinhielt. „Sehr geehrter Herr Schreckenberg, wie Sie wissen, steht unsere Region immer wieder am Rande des finanziellen Ruins und muss sich daher auch immer wieder neue Verdienstchancen und kreative Finanzierungsmöglichkeiten einfallen lassen. Die neueste Idee ist nun, die Porta Nigra an eine Fast-Food-Kette zu verpachten." In der Ferne donnerte es. Ein Blitz erleuchtete hell den dunklen, regenwolkenverhangenen Himmel.

Schreckenberg bekam einen roten Kopf, seine Hände, die er tief in seine Manteltasche vergraben hatte, ballten sich zu Fäusten. „Stimmt das wirklich?", fragte er zurück. Die Journalistin nickte zustimmend. „Ja, das stand heute Morgen im Volksfreund, haben Sie das nicht gelesen?" Schreckenberg schüttelte den Kopf. „Nein, habe ich nicht." „Na, ist ja auch egal – was halten Sie denn nun von dieser Idee?" – „Was ich davon halte? Ich finde, das ist Blödsinn, und das werden die nie machen! Die dürfen das nicht! Aber ich weiß gar nicht, ob das überhaupt stimmt. Ich kann mir das auch gar nicht vorstellen!" Schreckenberg drehte sich um – der Kameramann fluchte. „So wird das nichts, Sie müssen schon in die Kamera schauen!" Schreckenberg drehte sich erneut um. „Wissen Sie, wir lassen das besser mit dem Interview. Sie werden bestimmt genügend andere Menschen in dieser Stadt finden, die mehr zu sagen haben als ich. Wiedersehen!" Ohne weitere Erklärungen machte sich Schreckenberg an dem Fernsehteam vorbei und setzte seinen Weg in die Innenstadt schnellen Schrittes fort. „Genau das ist es. Das alles verdirbt mir den Tag, diese Deppen. Diese Menschen!" Die beiden Zurückgelassenen sahen sich verdutzt an. „Was war denn mit dem los?" Doch noch bevor Schreckenberg um die nächste Ecke verschwunden war, hatten sie bereits einen neuen Interviewpartner gefunden und der seltsame alte Mann war vergessen.

Maximilian konnte solche derben Witze nicht mehr ertragen. Nicht, dass er das wirklich geglaubt hätte, was man ihm da erzählt hatte. Aber im Umgang mit alten Gemäuern war man in Trier nicht zimperlich. Kein Denkmalschutz? Zack – Kollege Bagger besorgte es schnell und schon war wieder ein Stück aus dem Herzen einer alten Stadt gerissen. Erst vergammeln lassen und ruinieren und dann – zack – weg damit. Schreckenberg dachte an das Café Henry, ein altes Gebäude in der Innenstadt. Schnell ein Vorhang drüber und über Nacht dem Haus das Gesicht nehmen, dann den Rest. Er hatte so seine persönlichen Erfahrungen damit, wie das hier gehandhabt wurde. Der leise Schrei der Empörung bei den wenigen Vernünftigen war auch diesmal wieder rasch verhallt, und der Profit konnte gemacht werden.

Der Regen wurde stärker und die Fahrzeuge in der Kaiserstraße bewegten sich nur noch in Zeitlupe voran. Es war erst Mittag, aber die Autos hatten bereits das Licht eingeschaltet. Schreckenberg machte weit ausholende Schritte und kam schnell voran. Meist legte er seine Wege in der Stadt zu Fuß zurück, mied die Stadtbusse und auch seinen Wagen, der von ihm mehr aus Achtung seinen Eltern gegenüber weiterhin gepflegt wurde. Er bewegte ihn nur selten, und wenn, dann nur an besonders schönen Tagen, was zur Folge hatte, dass der Wagen trotz seines Alters noch in einem recht guten Zustand war. Das Stadtwandern, wie er es bezeichnete, war sein Sportersatz. Nach einigen Metern bog er in die Bollwerkstraße ein und ging weiter in Richtung Ecke Karl-Marx-/Brückenstraße. Seine Blicke fielen geradeaus weiter in die Feldstraße. „Was wollte ich nur heute machen?" Er schaute auf seine Uhr. „Kurz nach eins, Freitag." Er dachte nach, kam allerdings nicht weiter. „Ich könnte aber etwas machen, was ich schon länger nicht mehr getan habe." Er stand einen Moment da und schaute einer steinernen Statue gleich in den Himmel. Der nächste Schritt, den er vorhatte, war einer, über den er seit mindestens drei Jahren grübelte. In Trier gab es eine Stelle, die er geradezu mied. Diese Stelle war kein Grabstein und kein Friedhof – es war eine ganz persönliche Stelle für Maximilian Nikolaus Schreckenberg und sie befand sich in der Moselstraße. Ein Mahnmal der ganz besonderen Art. Ein Grund dafür, dass er ständig am Rande der Misanthropie marschierte, auch wenn seine Mitmenschen eigentlich nichts dafürkonnten.

Noch zögerte er, erneut dorthin zu gehen, wo er lange nicht mehr gewesen war. Obwohl Trier nicht sonderlich groß war, hatte er es über Jahre hinweg geschafft, eine kleine, recht zentral gelegene Straße zu meiden. Er marschierte an ihr vorbei, Umwege nutzend, einem Teil seiner persönlichen Vergangenheit ausweichend. Schreckenberg machte sich auf durch die Feldstraße Richtung Windmühlenstraße. Der Regen ließ nach, und wie so manches Mal nach solch starken Regengüssen zeigte sich ein Stück blauer Himmel zwischen den Wolkenbergen.

Die Sonne blitzte ab und an durch und ließ die nassen Straßen wie große Spiegel erscheinen. Frische Windböen kündigten eine baldige Abkühlung an. Vor einer großen Pfütze blieb Schreckenberg stehen und schaute hinein. Er sah sich. Einen Mann Mitte sechzig, dessen fast haarloser Kopf unter einem Hut steckte. Sein Gesicht war glatt und wirkte unverbraucht, wenngleich jedes gesprochene Wort seine Mimik grimmig erscheinen ließ.

„Guten Tag, Herr Schreckenberg!", sprach er sich an, als er sich selbst deutlich im Spiegelbild einer dieser Nachregenpfützen wiedererkannte. „Sind wir wieder am Stadtwandern!" Als er so mit sich sprach, war deutlich weniger Verbitterung in seiner Stimme. Er sprach oft mit seinem Spiegelbild, wenn er auch selbst spürte, dass das vielleicht die Quittung für sein selbst gewähltes Eremitenleben ohne Freunde und Ehefrau war. Ein Fahrradfahrer näherte sich mit lautem Klingeln und sauste durch sein Spiegelbild. Er hob die Faust hinter ihm her, senkte sie jedoch schnell wieder. „Nein, Maximilian, sag nichts." Manchmal ertappte er sich dabei, wie er seiner Umgebung nur das zeigte, was sie sehen wollte. Auch eine Art Spiegelbild.

An diesem Tag sollte es nicht mehr regnen, stattdessen drängten sich Scharen von Touristen in die Stadt. Gleich, welche Jahreszeit herrschte, immer, wenn man in Trier war, rannten Besucher in der Stadt herum. Sie suchten auf ihren kurzen, meist eintägigen Touren durch die Gegend schnell die wichtigsten Sehenswürdigkeiten auf und machten sich dann wieder auf den Weg durch die Welt. Sie hielten nicht lange inne, schauten nur kurz und ahnten nicht, was sie dabei alles übersahen. Neben den Touristen waren es dann noch die Menschen aus der Umgebung, die Trier als Oberzentrum nutzten, ihre Einkäufe in einer speziell für den Einzelhandel zurechtgemachten Einkaufsmeile erledigten. Insofern tat es Trier anderen Städten gleich: überall Ketten mit ihren einheitlichen Läden, alle Innenstädte ähnelten sich. Es war eine Mischung aus allem und nichts, es war eine uniformierte Welt inmitten einer verstümmelten historischen Umgebung. Bei seinen täglichen Wanderungen durch die Stadt legte Maximilian hin und wieder den Kopf in den Nacken und lenkte den Blick nach oben. Er sah so auf die wunderbaren, alten Hausfassaden. Schaute er wieder nach unten, blickte er in die hässlichen Fratzen der modernen Filialunternehmen und leer stehenden Geschäftsräumlichkeiten.

Schreckenberg hasste all das, und als er in die Moselstraße einbog, pochte sein Herz immer schneller. Er stand an der Ecke Bruchhausen-/Jakobstraße und hielt sich an einem Verkehrsschild fest. Hatte man ihn nicht eben noch für einen agilen und fitten älteren Herrn halten können? In seiner Konstitution lag nicht der Grund für sein Herzklopfen verborgen, nein, der lag an diesem Ort. Nach einigen Minuten des Ausruhens schaute er hinauf in die Moselstraße, von Weitem sah er den Kaufhof, rechts daneben dessen Zwilling Karstadt. Seine Blicke streiften zurück über die Trevirispassage, die seiner Meinung nach den ganzen unseligen Versuchen, diverse Konsumtempel zu etablieren, eine dornige Krone aufsetzte. Und in eben der Zeit, als das schmucke alte Vereinshaus Treviris abgerissen wurde, hatten auch seine ganz persönlichen Probleme begonnen. Es war um 1974, als man den wunderbaren, aus 1900 stammenden Bau abriss und einen monströsen Betonklotz Mitte der achziger Jahre an seiner Stelle dort hinsetzte. Es war die Zeit, als er noch im Laden seiner Eltern mitgearbeitet hatte. Mühsam ging er nun einige Meter weiter – auf der rechten Seite der Moselstraße tappte er dann schwerfällig an der Mauer entlang. Er brauchte nur wenige Schritte, um da zu stehen, wo sich einmal das Geschäft befunden hatte, das er von seinen Eltern hatte übernehmen dürfen.

Heute stand dort ein riesiges Großraumkino, unwirklich und grausam unpassend für solch einen kleinen Winkel, wie ihn die Moselstraße hier hergab. „Hier war es mal."

Erschöpft lehnte er sich gegen die Mauer, hinter der die Trevirispassage lauerte. Er schaute über die Straße hinweg gegen die Front des Kinos. „Dort stand einmal unser Geschäftshaus, klein aber mit Charakter!" Nun standen ihm fast die Tränen in den Augen. „Dieses Monster hat so viele alte Gebäude in den Tod gerissen!" Er öffnete den Mantel, um seine Brieftasche herauszunehmen, klappte sie vorsichtig auf und betrachtete ein altes Schwarzweiß-Foto.

Auf diesem war ein schmaler Laden mit einem kleinen Schaufenster zu sehen. Vor der Tür stand der Mercedes seiner Eltern, den er heute noch besaß. Neben dem Wagen standen seine Eltern vor dem Schaufenster. Hinter den beiden standen zwei Männer mittleren Alters – es waren Maximilian Nikolaus und sein Bruder Franziskus.

„Martin Schreckenberg, Rundfunk- und Fernsehgeräte. Seit 1933." Oberhalb des Eingangs befand sich ein kleiner Engel aus Sandstein, darunter, aus Holz gearbeitet, war eine schöne, reich verzierte Tür zu sehen. „Alles weg, alles kaputt, für immer! Und das alles nur wegen dir!" Maximilian steckte das Foto wieder in die Brieftasche. Ehe er es zurücksteckte, sah er das Datum auf der Rückseite. „1968" und „Mama, Papa, Franziskus und ich", stand darauf. Für einen kurzen Moment schloss er die Augen. Er sah sich selbst einen Fernseher zum Wagen einer Kundin tragen. Er sah sich und seine Eltern, wie sie in einer guten Stube hinter dem Verkaufsraum eine Tasse Kaffee tranken und lachten. Maximilian nahm einen Schluck aus einer Tasse und schaute in einen Spiegel – er sah einen jungen Mann, der freundlich lachte.

„He, Opa, nicht mitten auf der Straße pennen!"

Eine jugendliche Stimme riss Maximilian jäh aus der Vergangenheit. „Penner pennen!", wiederholte eine andere Stimme grölend. „Boar, dat reimt sich ja!", zwei junge Männer mit Alcopops in der Hand hatten Maximilian Schreckenberg nebenbei in die Rippen getreten.

Er konnte es nicht glauben, aber er musste auf den Gehweg gesackt sein, bewusstlos geworden sein. Leute, die auf dem Bürgersteig gingen, sprangen auf die andere Seite. „Schau mal, wieder so ein Verwahrloster!", meinte eine elegant geschminkte Blondine. Schreckenberg betrachtete seinen vom Regen durchnässten Mantel. „Nichts wie weg hier!"

Schnell raffte er sich auf und klopfte den Dreck von seiner Kleidung. „Wie konnte das bloß passieren?" Nachdem er ein paar Schritte weiter gegangen war, schaute er zurück auf die Stelle, an der einmal der Laden seiner Eltern gewesen war. Er erkannte sie anhand eines Zeichens: Am Bürgersteig, an dem sich ein Abwassergully befand, war seit eh und je der Teerbelag aufgerissen – darunter konnte man noch das alte Kopfsteinpflaster der Moselstraße sehen. Einer dieser Pflastersteine sah aus wie ein freundlich lächelndes Gesicht. Er kannte diesen Stein sehr gut, weil er als Kind oft hier gespielt hatte. Er überquerte die Straße und stand nun genau vor dem Kino. „Ich stehe hier vor unserem Laden!" Er sprach mal von seinem, mal von dem Laden seiner Eltern. Im Grunde aber war es ihr Laden, der Ort, an dem er zusammen mit seinem Bruder aufgewachsen war, der Ort der Kindheit.

Ehe er sich versah, versank er samt seinen Gedanken an die Vergangenheit in einer riesigen Menge von Kindern. Das Kino hatte gerade eine Vorstellung beendet und spülte die aufgekratzten kleinen Menschen hinaus auf die Straße. Sie rannten an ihm vorbei, rempelten ihn an und scherten sich um nichts. Weder um das, was um sie herum war, noch um den kleinen Laden, der hier einmal gewesen war. Er selbst hattte als kleines Kind hier gespielt, und er konnte sich noch gut an die Details erinnern. „Aber woher sollen sie das auch schon wissen?" Schreckenberg hatte Nachsehen mit ihnen. Er wischte sich eine Träne aus seinem Gesicht. „Was ist das nur für ein Tag! Ich hatte mir doch geschworen, nie wieder hierherzukommen." Er klopfte sich seinen Mantel erneut ab und rückte seinen Hut gerade. „Na ja, vielleicht war es auch keine so schlechte Idee wiederzukommen. Nicht wahr, Franziskus, du Lump! Du hast wohl geglaubt, dass du mich fertiggemacht hättest!" Wütend ballte er seine Faust gegen die Front des Kinos. „He, Alter, alles klar?", fragte ein besorgt dreinschauender Mitarbeiter des Kinos, der in der Eingangstür stand.

Maximilian fasste sich schnell. „Alles klar! Alles klar, sicher." Er drehte sich um und kniete sich auf den Boden, direkt neben den Gully. „Ist alles in Ordnung? Soll ich einen Arzt rufen?", fragte der Mann aus dem Kino. „Nein, nein. Ich habe doch gesagt, dass alles in Ordnung ist, oder sind Sie schwerhörig?", zischte ihm Schreckenberg zu. Der hilfsbereite Mitarbeiter aus dem Kino schloss die Eingangstür, während sich der alte Mann neben dem Stein mit dem freundlich lächelnden Gesicht niederkniete. „Hallo, ich bin es, Maximilian! Der Sohn von Martin und Victoria." Er tat, als ob er seinen Schuh zubände. „Ich war lange nicht mehr hier, seit damals, als mein Bruder Franziskus alles kaputt gemacht hat." Erwartungsgemäß schwieg der Stein. Einige Passanten eilten an Schreckenberg vorbei, sein sonderbares Verhalten fiel ihnen auf. Andere blieben in sicherer Entfernung stehen und beobachteten das sonderbare Gespräch des wunderlichen Alten mit der Straße. Der stand nun auf und schaute auf die Uhr – die Situation war ihm sichtlich unangenehm. „Was mach ich nur? Hab ich doch gerade mit diesem Stein da gesprochen?" Maximilian machte einen verwirrten Eindruck, sein Kopf drehte sich schnell hin und her. Schweißperlen standen auf seiner Stirn. Er schaute durch die Glasscheiben des Kinos und sah den Mann, der ihm eben noch hatte helfen wollen. Er machte einen Schritt auf den Eingang zu – in diesem Moment schloss der Mitarbeiter des Kinos die Tür ab. „Den lassen wir hier lieber nicht rein, mit dem stimmt was nicht", meinte er zu seinem Kollegen.

Nach Momenten innerer Erstarrung kam Schreckenberg wieder zu sich. Rasch tastete er seinen Mantel ab. Die Vermutung, beraubt worden zu sein, bestätigte sich nicht. Er blickte um die Ecke ins Margarethengässchen, ganz am Rand, wo einmal das Geburtshaus der Clara Viebig, einer Schriftstellerin der Region, gestanden hatte. Er stellte nun fest, dass er hungrig war. „Kurz nach halb vier. Und bis ich da bin, hat Rosi schon auf." Mit „da" und „Rosi" meinte er das „Aom Ecken", seine Stammkneipe im Maarviertel. Allerdings war es bis dorthin ein kleines Stück zu gehen, was dem Kilometerfresser Schreckenberg allerdings nichts ausmachte, was waren schon die paar Meter? Der Gedanke an ein dickes Schnitzel und eine Porz Viez verlieh seinen Schritten neuen Schwung und seinem Gemüt eine Aufhellung. Er schaute in seine Börse, um nachzusehen, ob er genügend Geld dabei hatte. Das alte, aus Leder gefertigte Stück war im Begriff, sich in seine Einzelteile aufzulösen. Maximilian hing – wie konnte es auch anders sein – an diesem alten Lederlappen. „Na, dann eben noch mal schnell zum Lederpeter!" Noch ehe er sich zu seiner Stammkneipe aufmachte, wollte er jetzt rasch in die Neustraße, in der Hoffnung, dass der dortige Lederkünstler die Geldbörse vielleicht noch würde reparieren können. Er machte sich auf den Weg, durchquerte die Simeonstraße und marschierte durch Mengen von Touristen über den Hauptmarkt. Er schaute weder nach links noch nach rechts. Nur geradeaus und nichts wie weg von diesem Menschenpulk. „Nichts wie durch!" Energisch spannte er seine Arme nach unten und rollte einem Panzer ähnlich durch die Menge. Hin und wieder schleppte er bei solchen Gelegenheiten in jeder Hand eine Tüte mit einigen leeren Sprudelflaschen durch die Gegend. Mit dieser „Waffe" bahnte er sich seinen Weg, und die Leute wichen respektvoll dem Tütenpanzer aus. Leider hatte er heute keine Flaschen dabei. Am Hauptmarkt vorbei in Richtung Brotstraße, dann am Pranger entlang in Richtung Neustraße, das war sein Weg.

Am Pranger in der Grabenstraße blieb er eine Weile stehen und dachte nach. Hier hatten die Bombenangriffe der Alliierten 1944 ein besonderes Zerstörungswerk hinterlassen. Und die Fassaden, die der Krieg hatte stehen lassen, wurden hinterher meist trotzdem abgebrochen. Schreckenberg schaute auf das Haus Wittlich. Das im Kern gotische, giebelständige Haus wurde im Laufe der Jahre renoviert und umgebaut. Endlich konnte man an dem Haus lesen, was es einst beherbergt hatte. Es hatte ja auch lange genug gedauert, aber nun war eine Tafel an dem Gebäude angebracht. Es handelte sich schließlich nicht um ein gewöhnliches Haus. Man nannte es das Haus Wittlich, nach einem seiner Bewohner im 14. Jahrhundert. Hier wurde der Calvinist Caspar Olevian geboren. Er galt als einer der bedeutendsten Vertreter der Reformation. Nachdem die Familie Olevian aus Trier ausgewiesen worden war, fanden in diesem Gebäude, dann als weltlichem Gerichtshaus, auch viele Hexenprozesse statt. Ein finsteres Kapitel in der Geschichte. Er zog seinen Hut tiefer ins Gesicht und ging nun wieder weiter. So über das Geburtshaus des Caspar Olevian nachdenkend und durch die Stadt eilend, war er auch schon in der Neustraße angelangt. Er drosselte sein Tempo und genoss die kleinen Lädchen, die sich angenehm vom Einerlei der großen Filialisten und Ketten der großen Einkaufsmeilen abhoben. Auch hier fanden sich noch einige liebevoll erhaltene alte Häuser. Und einige, die einer behutsamen Restaurierung noch bedurften. Er ging etwas langsamer, sein Puls beruhigte sich.

„Hallo Herr Schreckenberg!", krächzte eine alte weibliche Stimme. Maximilian zuckte erst einmal zusammen. Er drehte sich um und schaute links und rechts, doch niemand war zu sehen. „Hallo! Hier!" Er drehte sich wieder um und sah aus der Germanstraße eine uralte Frau auf ihn zukommen. Sie trug einen bunt bedruckten Arbeitskittel und zeigte bei jedem Wort, das sie sprach, ihre krummen Zähne. „Kennen Sie mich nicht mehr?" Schreckenberg hob die Schultern und schaute ratlos und unwirsch drein. „Nein, wer sind Sie denn?" Die Frau, die unbeschreiblich alt sein musste und Schreckenberg neben sich wie einen Teenager aussehen ließ, stützte sich auf einen krummen Knüppel. Trotz ihres Alters schien sie sehr behende, und diese zu ihrer äußeren Erscheinung absolut nicht passende Vitalität verblüffte Schreckenberg. „Na, denken Sie mal nach", lachte sie. „Mir scheint es ja, dass ich trotz meiner 92 Jahre besser drauf bin als Sie!" Maximilian dachte nach, war das nicht ein wenig zu frech? „Was soll der Blödsinn? Ich kenne Sie nicht, fertig!" „Also, ist der Groschen endlich gefallen?", maulte die Alte, und Schreckenberg grübelte nach, obgleich er gar nicht hinter das Geheimnis der sonderbaren Frau kommen wollte. „Es tut mir schrecklich leid, aber ich kenne Sie nicht." Eine andere Frau rief nach der Alten. „Mutter, jetzt komm endlich!" Doch die alte Frau ließ nicht locker, beharrte darauf, dass sie sich kennen würden. „Ich kenne Sie nicht, wirklich nicht!", wiederholte Schreckenberg erfolglos. „Doch, doch, Sie sind der Schreckenberg! Ich weiß es!" Die Tochter der Frau kam angelaufen, sie mochte wohl in Schreckenbergs Alter sein. „Mama, lass den Herrn in Ruhe!" Sie lächelte verlegen. „Tut mir schrecklich leid, aber in ihrem Alter versagt das Gedächtnis schon mal. Sie meint jeden Menschen auf der Welt zu kennen." Schreckenberg schaute sie verständnisvoll an. „Mit 92 ist das kein Wunder." „92? Hat sie Ihnen das gesagt? Sie untertreibt gerne – sie ist in Wirklichkeit 97." Schreckenberg war beeindruckt. Er verharrte einen Moment lang und schaute sich die Frau an. Doch er konnte sich wirklich nicht erinnern. „Sie sind doch der Franziskus Schreckenberg! Ich bin mir sicher!", plauderte die Alte munter weiter. Schreckenberg war nun schlagartig klar, mit wem sie ihn verwechselte. Ebenso schlagartig sank auch seine Laune! Er hasste seinen Bruder schließlich noch immer, auch wenn der bereits seit einigen Jahren tot war. Vergeben hatte er nichts. „Nein, ich heiße Maximilian Nikolaus Schreckenberg!"

Die Tochter der Alten war erschrocken, als sie seinen plötzlichen Stimmungsumschwung bemerkte. „Ja, ja, Sie sind der Franziskus, Sie haben doch mal hier gewohnt!", insistierte die Alte. Schreckenberg drehte sich wortlos um und ging grußlos davon. Er und sein Bruder hatten sich sehr ähnlich gesehen. Er erinnerte sich, dass sein Bruder hier in der Nähe gewohnt hatte. Maximilian beschleunigte seine Schritte, denn er hatte kostbare Zeit aufzuholen. Immerhin hatte sich das Wetter gebessert. Die Sonne kitzelte die Menschen an den Nasen und ein strahlend blauer Himmel besserte Schreckenbergs Laune allmählich etwas auf. Bald würde bereits die Dämmerung einsetzen, doch das machte ihm nichts aus, er ging immer und gerne spazieren. Ob nun tagsüber oder nachts, das war ihm gleichgültig, Hauptsache Bewegung. Das Stadtwandern liebte er, auch wenn der heutige Tag einige merkwürdige und unliebsame Überraschungen für ihn parat gehalten hatte. „Hätte ich vielleicht doch nicht in die Moselstraße gehen sollen?" Er dachte über die Zeit nach, als er den kleinen Laden verloren hatte. Als die Abrissbirne alles niedergeschlagen hatte und die Bagger den Schutt wegfuhren, da hatte es sein Herz zerrissen. Kindheitserinnerungen können lange und ausdauernd schmerzen, ebenso die der späteren Jahre. Das war seine Art der Sentimentalität: seine Trauer um das unwiderruflich Vergangene.

Als er zum Lederladen kam, musste er einige Minuten warten, ehe er an der Reihe war. Nervös tippte er mit seiner Schuhsohle auf den Boden. Als er dem Lederpeter seine zwischenzeitlich leer geräumte Geldbörse anvertraute, schaute dieser mit einem leicht unterdrückten Lächeln auf Maximilian. „Mal ehrlich, wenn ich die Geldbörse repariere, besteht sie am Ende mehr aus Faden als aus

Leder. Wie alt ist sie denn?" Er blickte Maximilian an. Dieser verzog keine Miene. „Sehr alt." Maximilian verstand, worauf der Mann hinauswollte. „Was kostet denn ein neue, in gleicher Qualität und Haltbarkeit?" Er sah sich um, auf der Suche nach einer ebenbürtigen Geldbörse.

Der Lederpeter kramte eine sehr ähnliche aus einer der vielen Schubladen. Nach einigen Minuten des Nachdenkens kaufte Schreckenberg sie, allerdings nahm er seine alte Geldbörse wieder mit. Als er den Laden verlassen hatte, ging er einige Meter weiter und blickte links in die Kaiserstraße. Hinter den Häusern und Bäumen konnte er die Kaiserthermen und das Stadtbad erahnen. Aber sein Weg würde ihn heute in die andere Richtung führen, nämlich in die Maarstraße. Ein Blick auf seine Uhr zeigte: Er war früh genug dran, um noch einen Sitzplatz zu bekommen. Denn das war in seiner Stammkneipe ein Problem und er war heute beim besten Willen nicht in der Lage und willens, lange auf einen Platz und sein Essen zu warten.

3

„Der schon wieder!" Die Frau an der Kasse des Rheinischen Landesmuseums in Trier zog ihren Kollegen am Ärmel. Der Dauergast näherte sich der Glastür und drückte sich eine Weile im Vorraum herum. Seine olivgrüne Hose und die ebenfalls grüne Lodenjacke gaben ihm das Aussehen eines Waidmannes – ein Jäger war er auch in gewisser Hinsicht. Er versuchte, Gleichgültigkeit auszustrahlen, doch die Angestellten des Museums wussten Bescheid. „Der ist doch beinahe jeden Tag hier." Das Personal tuschelte bereits über das Wieso und Warum. Manche sagten, dass man doch froh sein könne über jeden, der sich für das Museum interessiere und damit Geld ins Haus bringe. Der Einwand anderer äußerte sich in der Frage, aus welchem Grund sich dieser unbekannte Lodenjackenträger wohl jeden Tag aufraffte, ins Museum zu kommen. Eine der Damen bezog es auf sich.

„Da ist es!", dachte der unbekannte Museumsbesucher, und seine Phantasie malte ihm aus, was auf ihn zukommen würde. Ein Schlag gegen das Panzerglas und der Sicherheitsmechanismus des extra gesicherten Raumes im Landesmuseum zu Trier würde ausgelöst werden. Als Erstes würden die Mitarbeiter des Museums kommen und nachsehen, was los ist, dann der Sicherheitsdienst, zuletzt die Polizei. Würde er erwischt, klickten die Handschellen schnell um seine Handgelenke; würde ihm die Flucht gelingen, wäre er reich. Aber das war nicht sein Plan. Das, was er vorhatte, ging in eine andere Richtung. Hier suchte er nur den Antrieb zu einem Schritt, den er sonst niemals gewagt hätte. Der Beobachter des goldenen Schatzes strich sich durch den Bart, seine schmale, schlanke Statur schwebte beinahe hin und her auf der Suche nach einer besseren Blickposition. Er starrte auf den Goldfund der Trierer Feldstraße, der 1993 bei Bauarbeiten entdeckt worden war. Neben einem Bronzegefäß fand man römische Goldmünzen, und mit beinahe 18 Kilo Gewicht stellte dieser Schatz nicht nur einen beeindruckenden Fund, sondern auch einen kaum ermesslichen Wert dar. Der rätselhafte Besucher schaute sich die schön drapierten Münzen an, sie lagen ausgebreitet in einer Vitrine. Aufseher, die ihn bereits öfter wahrgenommen hatten, standen nun regelmäßig in seiner Nähe. Die Überwachungskameras hatten ihn als „Dauerkunden" registriert. An diesem Tag mündeten seine Planungen in einem finalen Entschluss. „Ich muss es tun", grübelte er halblaut vor sich hin.

„Diese Woche noch."

Er hatte vor einiger Zeit jemanden kennen gelernt, der ihm zur Seite stehen könnte. Die mysteriöse Verbindung war durch das Internet zustande gekommen. Irgendwann, vor ein paar Jahren, hatte jemand in einem englischsprachigen Forum geschrieben, dass er für besondere archäologische Dienstleistungen gegen entsprechendes Entgelt zur Verfügung stünde. Durch intensives Nutzen diverser Suchmaschinen hatte er diesen alten Eintrag wiedergefunden, sogar mit Telefonnummer, die glücklicherweise noch aktuell war. Er rief an und verabredete sich mit dem „Dienstleister". Der hielt sich, wie der Zufall es wollte, auf Mallorca, seiner Lieblingsurlaubsinsel, auf.

An diesem Tag waren alle Blicke im Museum auf ihn gerichtet, das spürte er. Langsam und verdächtig unverdächtig schlich er durch die Räume des Museums, tat so, als ob er sich auch für die anderen Dinge interessierte. Er schlenderte an dem Modell des römischen Triers vorbei, schaute sich die Neumagener Gräberstraße an, aber in Wahrheit war ihm das alles gleichgültig. Er blieb vor einem Fenster stehen und blickte in den Hof des Museums, genau auf die Igeler Säule. Mit der rechten Hand kramte er sein Handy heraus und entriegelte die Tastensperre. Mit seinem Daumen klickte er sich durch das Telefonbuch und wählte eine Nummer. Diesmal kam das Telefongespräch zustande, im Gegensatz zu heute Morgen, als er den Zeitungsbericht über die Toilette an der Porta Nigra gelesen hatte. Die Museumsangestellten beobachteten ihn von weitem und überlegten, was dieser Sonderling da wohl vorhatte und ob sie nicht doch vorsorglich die Polizei benachrichtigen sollten. Während er telefonierte, marschierte er auf und ab, ließ seinen Blick über den Boden schweifen. Nach drei Minuten beendete er das Gespräch und schaute die Treppe zum Ausgang hinauf, dort sah er, dass er beobachtet wurde. „Egal!", dachte er sich. „Ich bin heute sowieso das letzte Mal hier." Er zwirbelte seinen Bart und machte sich auf den Weg zum Ausgang, vorbei an den Museumsangestellten, wobei er niemanden direkt ansah. Seine schmalen, eingefallenen Backen zuckten nervös, er atmete schneller. Dann machte er ein paar große Schritte und verschwand aus dem Museum. Die Museumsangestellten sahen sich schulterzuckend an.

4

Maximilian fehlte ganz entschieden die Eigenschaft des Hellsehens. Das war auch gut so, denn auf diese Art und Weise konnte er sich zumindest unbeschwert einem Genuss hingeben: dem einer Porz Viez. Er ahnte nicht, wie sehr sich die kommenden Tage als Veränderung in seinem Leben erweisen würden.

Bei seiner Stammkneipe in der Maarstraße kam er kurz, nachdem die Wirtin geöffnet hatte, an. Er musste sich beeilen, um noch einen Platz zu ergattern, der seinem Geschmack entsprach. Die Kneipe war klein und strahlte das Flair der 50er Jahre aus. Hier war lange nichts mehr verändert worden, und das gefiel nicht nur Maximilian. Hier – so glaubte er – war seine Jugendzeit konserviert. Schreckenberg nickte zur Begrüßung, als er die Kneipe betrat, und hängte dann seinen schweren Mantel an die Garderobe. Den Hut nahm er mit zu seinem Stammplatz und legte ihn neben sich auf die Sitzbank. Manchmal ließ er ihn auch auf dem Kopf, so wie es ihm gerade beliebte. „Tach, watt willste trinken?", fragte die Wirtin, die alle nur unter dem Namen Rosi kannten. Die Antwort auf diese Frage war immer die gleiche: „Einen Viez, bitte." Schreckenberg saß hinten rechts, neben dem Durchgang zur Küche und den Toiletten, an einem größeren Tisch, den er allerdings stets für sich alleine beanspruchte. Selbst wenn der Laden brechend voll war, trauten sich nur in den seltensten Fällen andere Gäste an seinen Tisch. Da die Wirtin ihren sonderbaren Gast kannte, setzte sie immer nur behutsam Leute zu ihm, von denen sie annahm, dass alles gut ginge. In der Kneipe machte die Geschichte die Runde, dass eine junge Familie, die an seinem Tisch gesessen hatte, fluchtartig die Kneipe verließ, ehe die Teller leer gegessen waren. Am Essen lag es nicht, aber was da wirklich passiert war, blieb Maximilians Geheimnis. Die Wirtin stellte den Viez in der weißen Porz auf den Tisch. Kurz danach legte sie ihm die Speisekarte daneben, obgleich er stets das Gleiche aß: Schnitzel mit Pommes frites und einem Beilagensalat.

Das bestellte er dann auch und freute sich auf das frisch panierte Schnitzel. Er kam bereits seit mehreren Jahren hierher, war als Einzelgänger bekannt. Die Wirtin lächelte immer freundlich, fand aber, dass sich ihr Stammgast hin und wieder merkwürdig verhielt. „Der lacht nie!", flüsterte sie einem anderen Gast zu.

Noch ehe sich Schreckenberg versah, füllte sich plötzlich die Kneipe. Das ging hier schnell, denn „Aom Ecken" war klein.

Jeder Platz wurde besetzt – bis auf den Tisch, an dem Schreckenberg saß. Er verspeiste genüsslich das Abendessen. Die Wirtin kam öfter an seinem Tisch vorbei und schaute ihn vorsichtig an, ohne dass er darauf reagierte. Er kaute weiter, ein Blickkontakt war nicht möglich, sein Hut war tief ins Gesicht gezogen. Eine Gruppe stand im Gang und wollte essen, und Maximilian blockierte einen Tisch für mindestens sechs Personen. Sie wusste, dass sie nun durchgreifen musste. Schließlich lebte sie davon, dass der Laden voll war, und nicht davon, dass sie einen großen Tisch für einen Sonderling freihielt. Sie bugsierte die Gruppe vorsichtig an seinen Tisch. Dann ging alles ganz schnell. Ruckzuck saßen die Herrschaften, eine Mischung aller Altersgruppen, um Maximilian.

Er aß ungerührt sein Schnitzel weiter. Das freundliche „Guten Tag!" der neuen Tischgenossen ließ ihn kalt. Diese begannen nach einigen Minuten bedrückender Stille zu diskutieren, rasch landeten irgendwelche Faltblätter auf dem Tisch, und ehe Maximilian sich versah, hatte er ebenfalls eines dieser grün bedruckten Informationshefte mit Terminen des Eifelvereins Trier vor sich liegen. „Wenn Sie mal Lust haben: Bei uns kann jeder mitwandern!", meinte ein Unerschrockener aus der Runde. „Ja, danke, ich wandere aber nur in der Stadt." Er schaute einen Moment lang auf das Faltblatt und steckte es dann ein. „In der Stadt wandern?" Ein Mann in Schreckenbergs Alter lachte. „Und die giftigen Abgase einatmen! Ist das denn gesund?" Der Mann schaute in seine Porz und nahm einen Schluck. Maximilian überlegte. „Hm, stimmt eigentlich. Darüber habe ich so noch nicht nachgedacht." Daraufhin diskutierten sie über den Sinn und Unsinn vom Wandern in der Stadt und ob es nicht sinnvoller wäre, durch die umliegenden Wälder zu marschieren. Schreckenberg bestellte sich einen Viez nach dem anderen, was er sonst nie tat, und lauschte den Ausführungen über die Verschiedenheit der Wandergruppen. „Es gibt was für die Einsteiger", meinte einer, „und was für die ganz Abgehärteten!" „Ja, und Pausen machen wir auch! Entweder Nimm2- oder Bananenpausen!" Maximilian grinste. Hörte sich ja interessant an und so ein wenig Geselligkeit war doch mal eine schöne Abwechslung.

Er dachte an das Erlebnis heute Nachmittag in der Moselstraße. War das ein Zeichen gewesen? Er fühlte sich kerngesund mit seinen 65 Jahren, er wanderte viel durch die Stadt und aß wenig Süßes. Viez trank er eigentlich nur hier im „Aom Ecken", zu Hause gab es Wasser und Tee. War der heutige Tag vielleicht ein Zeichen für sein baldiges Ende, oder etwa dafür, dass er sein Leben mal endlich in vollen Zügen genießen sollte? Auf jeden Fall war er rasch betrunken.

Das ging bis spät in die Nacht so weiter und er verstand selbst nicht, wie er es schaffte, so viel Alkohol in sich zu schütten. Irgendwann kam der Punkt, an dem er nun aber doch heimkehren wollte, er verspürte den dringenden Wunsch, nach Hause zu wandern. „Ruf doch ein Taxi!", meinte einer. „Nein, nein, ich wandere mich wieder nüchtern." Er zahlte die Zeche, warf sich seinen Mantel über, drückte den Hut fest auf seinen Kopf und verabschiedete sich. So verließ er die noch immer voll besetzte Kneipe und schaute die Maarstraße hinunter.

„Also, auf geht's!" Er zog sich seine Handschuhe an, die er in einer Innentasche seines Mantels verstaut hatte. „Es wird nachts immer ordentlich kalt." Langsam machte er sich auf den Weg zur Paulinstraße, überquerte sie und ging Richtung Porta Nigra. Gelegentlich fuhr ein Auto an ihm vorbei, die meisten Fenster der Häuser waren dunkel. Die Straßenlaternen leuchteten sauber und klar. „Bald bin ich zu Hause und lege mich in mein warmes Bett!" Er hatte eine Heizdecke mit Zeitschalter, die er auf zehn Uhr gestellt hatte und die jetzt wohl schon kuschelig warm war. Sonst ging er nämlich immer Punkt zehn ins Bett. Auf der Höhe des Porta-Nigra-Hotels blieb er stehen und machte eine kleine Pause. Er schaute hinauf in den sternenklaren Himmel. Den Kopf nach hinten gelehnt grübelte er über die hellen Lichtpunkte der Sterne nach, wie viele Lichtjahre diese wohl schon hinter sich haben mochten. Er schaute wieder nach vorne. „Eigentlich war das doch ganz nett, heute Abend." Er lächelte. „Meine Güte, was war mit mir los?" Jetzt schüttelte er den Kopf über sich selbst und war sich gar nicht so sicher, ob das richtig war, was er heute Abend getan hatte, sich einfach so gehen zu lassen. Das war so gar nicht seine Art, aber nun wollte er nicht weiter darüber nachdenken. „Was waren das früher noch für Zeiten. Damals, als meine Eltern noch lebten und der Laden noch da war. Zwar war die Stadt an vielen Stellen zerstört, aber es war ruhig und beschaulich, das ganze Leben lief langsamer ab." Er blickte hinüber zur Theodor-Heuss-Allee, während er mit sich selbst sprach. „Damals war es tagsüber so ruhig auf den Straßen, beinahe so wie heute Nacht." Er seufzte und machte sich weiter auf den Weg nach Hause. Schon einige Meter vor seiner Haustür kramte er den Schlüssel aus der Tasche, die Nachbarn waren wohl schon lange im Bett, zumindest waren keine Lichter mehr zu sehen. Die tagsüber stark befahrene Straße lag da wie ausgestorben, weit und breit kein Auto zu sehen, die Ampel schaltete monoton zwischen den Farben hin und her. „Himmlisch!", dachte er. „Wunderbar! So was gibt es nur nachts in der Tempusstraße! Diese Stille! Diese Ruhe!" Langsam erklomm er die Stufen des Hauses und schob den Schlüssel ins Schloss. Die Tür öffnete sich mit dem bekannten Knarren. „Hallo Haus!", murmelte er in den Flur und stolperte beinahe über das Nachnahmepaket, das noch immer unbeachtet und ungeöffnet im Flur stand und ihn ein wenig vorwurfsvoll ansah.

Er hängte seinen Mantel über einen Kleiderhaken, direkt daneben führte eine alte Holztreppe in die höheren Etagen. Die Wände waren dunkel vertäfelt. Maximilian Nikolaus Schreckenbergs Eltern hatten das Haus vor dem Krieg gekauft. Das Haus selbst stammte im Kern von 1856, war allerdings schon mehrfach umgebaut worden. Im Krieg war es wie durch ein Wunder von Bomben verschont geblieben. Neben dem Keller, der in eine nachträglich angebaute Garage mündete, gab es hinter dem Haus einen kleinen Garten, in dem Maximilian sich im Sommer regelmäßig aufhielt. Die untere Etage hatte ein Gäste-WC, das diesen Namen allerdings nicht verdiente, weil er nie Gäste hatte. Dann gab es da noch die Küche und ein Wohnzimmer. Und natürlich einen kleinen Abstellraum. In der oberen Etage fanden sich das Schlafzimmer, das Bad und ein weiteres Zimmer, das er als Lagerraum nutzte. Den Speicher ignorierte er; Maximilian war seit bestimmt fast zwanzig Jahren nicht mehr oben gewesen. Die Holztreppe knarrte bei jedem Schritt, als ob sie unter rheumatischen Beschwerden litt. Der Treppenaufgang war übersät mit alten Bildern aus seiner Heimatstadt, der er in Hassliebe verbunden war. Wenn er zu Bett ging, marschierte er an ihnen vorbei und hielt stille Zwiesprache mit ihnen – so auch heute Nacht. Im ersten Drittel hingen Bilder der Porta Nigra und des alten Porta-Nigra-Hotels – „Fast-Food-Kette!" Er ächzte und sah auf dem Bild einen Bus durch eines der Tore fahren. „Dass ich nicht lache!"

Bei dem Bild des Porta-Nigra-Hotels blieb er schweigend stehen. Es machte ihn immer wieder betroffen, wie man so etwas abreißen und durch so ein modernes, an Abscheulichkeit nicht zu übertreffendes Monster ersetzen konnte. „Idioten", seufzte Maximilian Nikolaus Schreckenberg. Eines seiner Lieblingsbilder des alten Bahnhofs war eine Postkarte aus den dreißiger Jahren. Der Bahnhof war, wie so viele schöne Gebäude, im Krieg zerstört worden. Doch Maximilian hielt sich nicht mehr lange an den Bildern auf, stattdessen legte er einen Gang zu und stolperte in sein Schlafzimmer.

Dort angekommen, warf er seine Kleidung achtlos auf einen Stuhl, der neben dem Bett stand. Nur mit seiner Unterhose bekleidet kroch er unter die Decke und streckte seine Beine lang unter dem dicken Plumeau aus, die Heizdecke wärmte von unten angenehm behaglich. „Ah, ist das gut!" Er freute sich wie ein kleines Kind. Der heutige Tag war ein besonderer, irgendwie komplett anders als seine sonst so gleichförmig verlaufenden Tage.

An die Decke seines Schlafzimmers starrend, sann er nach. „Ja, seit dem Tag vor vielen Jahren, nach der Gerichtsverhandlung, als das Haus in der Moselstraße verkauft werden musste. Wie lange habe ich darüber nicht mehr genauer nachgedacht, wie lange wohl nicht mehr?"

Es war einer dieser trüben Tage im Leben eines Mannes, der etwas verloren hatte, was vordem einen Teil seines Lebens ausmachte. Damals, als er sich mit seinem Bruder um den Erbteil stritt und als der Laden, in dem er selbst jahrelang gearbeitet hatte, verloren ging. Hätte das Haus mit dem Laden nicht verkauft werden müssen, so hätte er bestimmt verhindern können, dass es später abgerissen und an seiner statt dieses grausliche Kinoungetüm gebaut worden wäre. Doch der Alkohol zeigte seine Wirkung, er schlummerte langsam ein.

***

Er war wohl bald wieder aufgewacht, denn trotz der Wärme der Heizdecke überfiel ihn ein kurzes Zittern. Es war beinahe so, als ob sich die Wände bewegten, sich alles um ihn herum leicht, ganz sachte bewegte. „Das ist der Alkohol, sicher, das kann nur der Alkohol sein." Er schloss seine Augen und versuchte wieder einzuschlafen. Doch seine Gedanken hinderten ihn daran, ins Reich der Träume abzutauchen. War der Schlaf da, fiel sogleich ein kalter Erinnerungstropfen auf den Verstand und ließ Maximilian wieder kurz aufwachen. Plötzlich fiel ihm das noch immer ungeöffnet im Flur stehende Paket ein. Verrückt, er hatte einen im Tee, wie man so schön sagte. Doch seine kurze Erheiterung wechselte rasch wieder ins Nachdenken über sein Schicksal. Damals hätte er den Franziskus überreden sollen, mitzumachen und auch im Laden zu bleiben, aber die Eltern wollten das nicht. Sie wollten, dass Franziskus etwas anderes lernt und seinen eigenen Weg geht. Das tat er dann auch und irgendwann, nach vielen Jahren, als ihre Eltern bereits tot waren, kam er wieder und kämpfte. Einfach so. Er lebte in Trier, einige Straßen weiter und kämpfte gegen den Laden und damit natürlich auch gegen seinen Bruder. So lange, bis er das hatte, was er wollte. Natürlich war er nicht im Unrecht. Sein Pflichtteil stand ihm zu, aber er wollte nicht warten, bis sein Bruder das Geld auf anderem Wege zusammenbekommen hatte. Er wollte nur eines, nämlich, dass der Laden verschwand. Er hasste ihn, diesen Laden. Den kleinen Radio- und Fernsehladen, der so lange und so friedlich da in der Moselstraße existiert hatte. „Franziskus Schreckenberg, du allein bist schuld. Am Schicksal des Ladens und auch an meiner Einsamkeit. Du hast mich so verbittert werden lassen!" Maximilian schloss die Augen und versuchte, endlich wieder einzuschlafen. Aber eines war ihm für diesen Tag gewiss: Er hatte einen Teil dessen wiedergefunden, was er seit langem gesucht hatte – den Mut, zurück an die Stelle zu gehen, die er so sehr vermisste. „Morgen", brabbelte er. „Am Auto basteln." Nach einer Weile schlief er wieder ein.

***

Jemand läutete an der Tür. Maximilian drehte sich einmal um sich selbst. Dabei wickelte er die Bettdecke auf und wurde wach. Leise fluchend drehte er sich zurück. Er war noch so müde. Wer auch immer dort unten läutete, hatte es verdammt eilig oder hatte etwas anderes im Sinn. Anhaltend wurde nun die Türklingel betätigt. „Verdammt noch mal, was ist denn los? Um diese Uhrzeit so einen Krach zu machen, da muss man aber einen guten Grund haben!" Übelgelaunt sprang er auf, rannte ins Bad und warf sich dort seinen Bademantel über. Während er die Treppe hinunterstolperte, wurde die Klingel weiterhin gedrückt. Er sprach die wüstesten Flüche aus und wünschte dem Individuum an der Tür schon mal die Pest an den Hals. Er rannte und wäre um ein Haar über das Paket vom Vortag gefallen; im letzten Moment hüpfte er zur Seite.

„Ich komme ja schon!", brüllte er und drückte die Türklinke herunter. „Guten Morgen!" Vor ihm stand Maria Wagner, seine Nachbarin. „Guten Morgen, Frau Wagner", erwiderte er leicht verwirrt, denn sie hatte noch nie bei ihm geklingelt. Sie mochten sich auch nicht besonders. „Hier, das Unvermeidliche ließ sich nicht verhindern!" Frau Wagner war in ihrer Art Maximilian ziemlich ähnlich. Etwas älter, mürrisch und zu ihren Zeitgenossen nie übermäßig freundlich. Sie hielt ein Paket in der Hand. „Das hat der Paketdienst heute Morgen bei mir abgegeben. Sie haben ja auf das Klingeln des Postboten nicht reagiert." Sie hielt das kleine Päckchen vor Maximilians Nase, bis dieser es schließlich nahm. Dann drehte sie sich auf der Stelle um und marschierte die Treppenstufen wieder hinunter. „Dieser verfluchte Verkehr!" Sie hob ihre rechte Faust und hielt sie einigen Autofahrern entgegen. „Und ihr Busfahrer solltet euch auch mal an die Geschwindigkeitsvorschriften halten", schrie sie einem Stadtbus hinterher. Maximilian knallte die Tür zu, drehte sich um, und sein Blick fiel direkt auf seine Standuhr, die neben der Küche stand. „Es ist schon halb zwölf! Das erklärt natürlich einiges!" Maßlos hatte er verschlafen. Dies passierte ihm so gut wie nie. Aber der gute Viez hatte seine nachhaltige Wirkung nicht verfehlt. Er legte das Päckchen auf das Paket vom Vortag und betrat seine Küche. „Fürs Frühstück fast zu spät, aber was soll's, ich hab Hunger!" Im Ofen bewahrte er sein Brot auf, er griff sich zwei Scheiben Pumpernickel aus einer Tüte und schmierte eine dünne Schicht Margarine drauf. „Die Wagner, diese alte Schachtel, die stellt sich immer an!" Er musste lachen. „Alte Schachtel, naja, die ist vielleicht ein, zwei Jahre älter als ich. Na, vielleicht bin ich ja die männliche Version einer alten Schachtel, eine Mannschachtel." Er kaute an seinem mageren Frühstück und nahm sich einen Schluck Wasser dazu. Sich einen Tee zu kochen, dazu hatte er plötzlich keine Lust mehr.

„Wenn es schon so spät ist, dann war die Briefpost bestimmt auch schon da!" Rasch inspizierte er seinen Haustürbriefkasten. „Nur Werbung, Werbung! Die fangen jetzt schon an mit dem ganzen Weihnachtsmist. Die spinnen doch!" Ohne dem Ganzen seine weitere Aufmerksamkeit zu schenken, warf er alles gleich in den Müll. „Was könnte ich Entsorgungskosten sparen, wenn dieser ganze Müll nicht wäre, demnächst werde ich die Werbepost unfrei an den Absender zurücksenden, genau! Das mache ich!" Nachdem er zu Ende gefrühstückt hatte, ging er nach oben ins Bad. Sein Spiegelbild verwandelte sich allmählich wieder in das, was er von ihm gewohnt war. Dann fiel sein Blick auf die Glatze. „Ja, ja, der Kopf wächst durch die Haare!" Er musste selbst schmunzeln über seine prächtige, glänzende Kopfdecke. „Es dauert Jahre, aber irgendwann siegt die Kopfhaut über die Haare. Da hilft kein Mittel und auch kein Gebet!" Er lachte über sich selbst. „Ist das der Grund,

warum ich keine Frau habe?" Sein Lachen wich einem ver-
bitterten Gesichtsausdruck. Kinder? Ja, Kinder hätte er
schon gerne gehabt, sehr gerne sogar. Aber ohne Frau? Wie
hätte das denn gehen sollen? Mit seiner flachen Hand ver-
rieb er eine Hautcreme auf seinem Kopf und massierte sie
einige Minuten lang ein, es war jeden Morgen dasselbe
Ritual. „Einsamkeit ist schon etwas Schlimmes, das hätte
ich nie gedacht." Er schaute aus seinem Badezimmerfenster
hinaus in seinen Garten, daneben, direkt angrenzend, lag
das Gartenstück von Frau Wagner. Ein kleines Kind, mit
einer dicken Jacke bekleidet, sprang dort umher. „Frau
Wagner ist auch alleine, wieder alleine, aber sie hat ihre
Kinder und Enkel." Leicht benommen, seiner Gefühle
wegen, schaute er dem Treiben zu. „Merkwürdig, ihrem
Enkelkind gegenüber verhält sie sich ganz anders als
gegenüber ihren übrigen Mitmenschen. Diese Frau
Wagner, ihren Mann kannte ich auch noch. Und nun? Nun
lebt sie alleine in ihrem Haus und ich in meinem, direkt
daneben. Und wir reden höchstens im Notfall miteinander."

In Anbetracht der Tatsache, dass es schon recht spät
war, beendete er seine Wachträumereien und schlüpfte in
seinen Blaumann. Schließlich hatte er sich vorgenommen,
heute wieder einmal an seinem alten Mercedes herum-
zuschrauben. „Die Ventile müssten mal eingestellt werden
und auch die Zündkerzen habe ich schon lange nicht mehr
kontrolliert. Ganz abgesehen von einer gründlichen Politur,
die nicht schaden kann." Vor einigen Jahren hatte er sich
den Keller zu einer mittelgroßen, komfortablen Garage
ausgebaut. Er konnte von der stark befahrenen Tempusstraße direkt nach unten in den Keller fahren. Diese
schräge Einfahrt hatte er sogar selbst gepflastert und dafür
ein kleines Stück seines verwilderten Vorgartens geopfert.
Die Garage lag insofern sehr praktisch, als er bei
schlechtem Wetter durch das Haus ans Auto gehen konnte.
Von den zuvor bestehenden Parkplatznöten ganz zu

schweigen. Vier Mal hatte ein vorbeifahrendes Fahrzeug den Außenspiegel seines Wagens abgerissen, und es wäre gewiss nur eine Frage der Zeit bis zur kompletten Verbeulung des Wagens gewesen. Wenn man die Holztreppe zu Keller und Garage hinunterging, stand da ein altes, durchgesessenes Sofa, auf dem er sich während der Pausen von seiner Arbeit erholen konnte. Daneben hatte er auf einem Tisch ein Radio, Baujahr 1953, wie neu, aufgestellt. Eines, wie man sie vor ein paar Jahren noch oft auf dem Sperrmüll gefunden hatte, braunes Gehäuse, große, beleuchtete Sendersuchleiste. Aber auch der Klang konnte mit modernen Radios durchaus mithalten. Wenn er in seinen Pausen so dasaß, drehte er seinen Lieblingssender lauter und wippte zu der Musik. Neben dem Tisch türmten sich Kartons mit originalverpackten Geräten aus seinem alten Laden. Fernseher, Radio, Schallplattenspieler, alles das hatte er damals nicht mehr verkaufen können, als er den Laden auflösen musste. „Bei Ebay gehen diese original - verpackten Elektrogeräte bestimmt zu guten Preisen weg", dachte er sich so manches Mal, aber er konnte und wollte sich nicht davon trennen. Er hatte das auch nicht nötig. Vor dem Sofa stand ein Nierentisch mit einer Flasche darauf. In ihr steckte eine rote Rose – aus Plastik.

Der Gewölbekeller – eine Perle alter Baukunst – war sein Refugium. Er war stolz darauf. „So, was nun?" Er stand da vor seinem schwarzen Mercedes Benz 300 SE. Der Wagen war wie neu, keine Delle beeinträchtigte den perfekten Eindruck, der einen fast hätte glauben machen können, dass dieses Automobil frisch vom Fließband gekommen wäre. Genau genommen war es Baujahr 1964 und mit seiner Länge von fast fünf Metern ein richtiges Schiff. „So was sieht man zwischen den ganzen neumodischen Plastikschüsseln mit glatten runden Karosserien ja gar nicht mehr!" Maximilian öffnete die Tür und setzte sich auf den Fahrersitz, der doch schon ein wenig durchgesessen war. „Na ja, ganz wie neu ist der Sitz ja nicht mehr." Er suchte im Internet stets nach brauchbaren Ersatzteilen. Früher war er auch öfter auf Oldtimerbörsen gefahren, doch der zunehmende Verkehr schreckte ihn ab, sich mit seinem Wagen auf die Straße zu wagen. „Das wird mir zu viel des Guten! Aber auf der anderen Seite hat unsere Zeit ja auch die eine oder andere Bequemlichkeit zu bieten!"

Oben in seinem Wohnzimmer stand ein Notebook, mit dem er sich alles Wichtige via Internet besorgte. Obgleich heillos altmodisch in seinen Ansichten, wusste er doch durchaus brauchbare Neuerungen zu nutzen. Und das Internet mit seinen praktischen Segnungen für Oldie-Fans hatte er für äußerst reizvoll befunden. Dass der Verkäufer des Notebooks beinahe verzweifelt war, lag an Maximilians Unkenntnis der Materie. Er hatte vorher keinen Computer gehabt und machte so ziemlich jeden denkbaren Fehler. Mit seiner ganz besonderen Art ging er vielen EDV-Dozenten ordentlich auf die Nerven, mit dem Resultat, dass ihm niemand mehr Unterricht geben wollte.

Am liebsten schaute er sich aber hier unten das glänzende Chrom des Wagens an. „Überall Chrom!" Er rannte mit einem Polierlappen hin und her, wischte den Wagen glänzend sauber. Im Sommer, wenn das Wetter mal länger als zwei Tage Sonne brachte, fuhr er manchmal aus. Dann ging es an der Mosel entlang und nach Saarburg, natürlich stets langsam und gemütlich. Als er auf das Vorderrad schaute, fiel ihm wieder ein, dass er oben im Flur noch zwei Pakete liegen hatte. Rasch eilte er die Treppe hinauf und mit den beiden Paketen im Arm wieder hinunter. „Na ja, der eine versendet nur per Nachnahme, der andere auf Rechnung." Er schnitt die Verpackungen mit dem Klappmesser, das er immer in seinem Blaumann stecken hatte, auf. „So, schauen wir mal." In dem Nachnahme-Karton war ein Wackeldackel. „Ha, hurra! Ich habe ihn!" Ein kleiner, brauner Wackeldackel. Schnell stellte er ihn auf den Tisch, tippte seinen Kopf an, und er tat erwartungsgemäß das, was man von ihm erwartete. Nachdem

Maximilian ihn genau auf Funktion und Qualität hin untersucht hatte, positionierte er ihn auf der Hutablage des Mercedes. „Wunderbar!", frohlockte Schreckenberg. „Wirklich!" Nun zu dem nächsten, größeren Paket. Schnell war es aufgerissen und präsentierte seinen Inhalt: Vier Radkappen. „Sagenhaft!" Staunend hielt er eine nach der anderen vor sich. „Sogar die Farbe stimmt! Klasse!" Sofort packte ihn die Lust, sie anzubringen. Er vermutete, dass ihm die alten Radkappen im vergangenen Sommer auf der Oldtimerausstellung in Konz gestohlen wurde. Konz lag nur wenige Kilometer von Trier entfernt und bot einmal im Jahr allen interessierten Besitzern von alten, mobilen Schmuckstücken die Gelegenheit, sich zu treffen. Da fuhr dann jeder, der noch ein solches Liebhaberstück in seiner Garage stehen hatte, hin und präsentierte es stolz den staunenden Besuchern. Schreckenberg hatte beim letzten Treffen, ganz seiner persönlichen Art entsprechend, ein Schild im Fenster seines Wagens stehen gehabt – mit einer netten Aufschrift: „Finger weg, sonst Finger ab!" Er konnte eben nicht aus seiner Haut.

Schon seit der ersten Veranstaltung fuhr er jedes Jahr dort hin und erfreute sich mit seinen Schrauberkollegen an den wunderbaren alten Fahrzeugen. Nur für ihn selbst bedeutete dieser Wagen noch mehr; in seinen Augen beinhaltete er seine komplette Familiengeschichte. Als seine Eltern diesen sehr teuren Wagen, nur ein Jahr alt, bei einem lokalen Mercedeshändler erworben hatten, ging es ihnen noch sehr gut. In jeder Hinsicht – vor allem aber familiär.

Maximilian setzte sich auf den Fahrersitz und schaute nach hinten, der Wackeldackel saß auf der Hutablage und wippte mit dem Kopf sachte auf und ab. Seine Hände pressten sich fester um das elegante dünne Lenkrad. Alles in diesem Wagen roch nach Vergangenheit, nach vergangenen Ausfahrten mit den Eltern und dem Bruder. Sie fuhren damals oft kreuz und quer durch die Gegend, machten Tagestouren nach Luxemburg, nach Saarbrücken oder fuhren sonntags die bekannten Ausflugsrestaurants an. Sein Vater aß gerne gut und deftig und kannte jede Gaststätte in der Gegend. Am liebsten fuhren sie aber zur Löwenbrauerei hoch über Trier, dort gab es im Sommer ein gutes Bier unter Kastanien, und im Winter trafen sich alle Trierer dort in der gemütlichen Kneipe.

Vor einigen Jahren musste der Brauereikomplex einem Seniorenheim weichen. Über diese Schande fluchte Schreckenberg immer wieder, wenn er darüber nachdachte. Schade, dass er noch keinen ebenbürtigen Ersatz für diesen Biergarten gefunden hatte. Jedenfalls nicht in der Nähe der Stadt. Seine Lieblingskneipe hatte keinen Freisitz. Nur außerhalb der Stadt, etwa eine halbe Stunde Autofahrt entfernt, lag ein wunderschöner Biergarten mit mächtigen Kastanien direkt unterhalb der Ruine der Burg Ramstein, einer alten Burg, die der Trierer Erzbischof Dieter von Nassau zu bauen angefangen hatte und die der bekannte Erzbischof Balduin von Luxemburg fertiggestellt hatte. Hier ließ es sich auch prächtig sitzen, aber er mochte nicht gerne so weit fahren, und außerdem gab es dort ja auch nicht das süffige Löwenbräu-Bier. Das vermisste er beinahe so sehr wie den Brauerei-Biergarten. Obwohl, wie hatte ihm das Caspary-Bier damals geschmeckt? Er dachte nach. Das gab es schon viel länger nicht mehr. Irgendwann in den 70ern war dieser Brauerei in Heiligkreuz der Braukessel stillgelegt worden. Dabei hatte das Bier Tradition gehabt. Für ihn besonders, weckte es doch Heimatgefühle ganz eigener Natur. Seine Großeltern mütterlicherseits stammten nämlich aus Bernkastel an der Mosel, woher auch der Stammvater der Caspary-Brauerei in Trier stammte.

Egal, seitdem er in Trier nur noch die geschmacks-uniformen Biere der Großbrauereien angeboten bekam, war er schon aus Trotz auf das Regionalgetränk Viez umgestiegen. Irgendwie bekam ihm der Viez auch besser als das Bier, und gesünder war der Apfeltrunk allemal. Zudem ließ er seine Pfunde nicht gar so schnell anwachsen.

Aber was ihn am meisten bewegte, wenn er seinen alten Wagen betrachtete und über die Vergangenheit nachsann, war das damals noch harmonische Zusammensein mit seinen Eltern und seinem Bruder. Bevor er den Laden übernommen hatte und sein Bruder auswärts studierte, schien seine Zukunft noch vielversprechend. Doch als die Eltern gestorben waren, was alleine schon ein Drama für ihn war, kristallisierte sich des Menschen ureigenster Drang nach Geld heraus. Familienbande waren plötzlich nichts mehr wert und jeder hatte Angst, im Nachteil zu sein.

Mit der Rechten strich Maximilian über das leicht rissige Leder des Beifahrersitzes; dort hatte immer er gesessen und zugesehen, wie sein Bruder den Wagen bewegte. Dagegen hatte er nichts einzuwenden gehabt – zumal sein Bruder etwas älter war und mehr Fahrpraxis hatte. Maximilian war gerne Beifahrer, da er sich so in Ruhe die Gegend betrachten konnte.

Der Wagen stand jetzt mit dem Vorderteil zu einer aus Ziegelsteinen gemauerten Wand, das Heck zeigte zu dem zweigeteilten Garagentor aus Holz. Das Tor war oben halbrund, so wie man es von alten Scheunentoren her kannte. „Mir kommt da kein quadratisches Blechtor rein – nie!", hatte er sich geschworen. Auf der rechten Seite war wieder eine Wand aus Ziegelsteinen – dort hatte er eine Gummileiste angebracht, damit die Tür nicht gegen die Wand knallen konnte. Nachdem er den Duft der vergangenen Zeiten in sich aufgesogen hatte, öffnete er die Motorhaube und betrachtete das Innenleben seines Wagens. Der Zylinderkopf glänzte sauber und jede einzelne der Leitungen, die sich unter der Haube befanden, sah aus wie neu. Und das waren sie teilweise ja auch. Maximilian achtete penibel darauf, dass er nur Originalersatzteile verwendete. „Jawohl, ich bin ein richtiger 1A-Original-

Fanatiker!" Er musste schmunzeln, wenn er daran dachte, wie sein Beharren auf Originalsteckverbindungen für die Stromkabel belacht worden war. Das brachte ihm bei verschiedenen Oldtimerveranstaltungen zwar den Ruf als Originalitätsfanatiker ein, erfüllte ihn selbst aber mit tiefem Stolz. „Würden alle Menschen ihren Wagen so pflegen und über die Jahre hinweg nutzen, dann müsste sich nicht jeder immer wieder einen neuen Wagen kaufen. Und das wäre sogar ökologisch." Mit solchen Argumenten stieß er jedoch meist nur auf verständnisloses Achselzucken, aber so war er halt.

Nachdem er den Motor des Wagens genüsslich bewundert hatte, zog er die Haube vorsichtig herunter. Dann setzte er sich auf sein Sofa und nahm einen Schluck Wasser, schaute gegen die Decke. Einsam fühlte er sich dennoch irgendwie.

Bei all den schönen Dingen, die sich seiner Meinung nach in seinem Haus versammelten, fehlte ihm noch eines. Und das war das Wichtigste – wie er selbst zu spät festgestellt hatte: ein anderer Mensch. „Dagegen würde ich sogar fast den Mercedes eintauschen!" Solch einen Gedanken hätte er sich noch vor wenigen Jahren nicht ansatzweise träumen lassen. Diese Haltung war ihm neu und regelrecht revolutionär. „Oder etwa doch nicht?" Er kniff ein Auge zu und schaute den Wagen an.

Er hatte in der Vergangenheit schon mehrfach Versuche gemacht, eine Frau zu finden, allerdings hatten die Damen nicht so richtig zu ihm gefunden. Kam es dennoch zu einer Beziehung, so dauerte diese in der Regel nur einige Monate und führte nicht mal in die Nähe des Traualtars. „Vielleicht hätte ich nach dem Verlust des Ladens alles verkaufen sollen, auch das Haus hier. Und dann ganz woanders hinziehen. Und neu von vorne anfangen." Er tastete sachte und mit Bedacht die Wand hinter dem Sofa ab. „Mein Haus! Nein, das hätte ich doch nie getan." Das Haus hatte er von seinen Eltern schon zu Lebzeiten bekommen. Das war auch so ein Kapitel, das unter anderem zu dem Zerwürfnis mit seinem Bruder geführt hatte. „Nein, nein und nochmals nein. Das Haus halte ich! Hier will ich tot umfallen und dann in dem Mercedes begraben werden." Er war tatsächlich vor einigen Monaten auf dem Trierer Hauptfriedhof gewesen und hatte dort im Grünflächenamt nachgefragt, ob man da so etwas machen würde. Man hatte ihn nur verwundert angestarrt. „Sie wollen in Ihrem Wagen beerdigt werden?" Maximilian Nikolaus Schreckenberg hatte diesen Wunsch mit einem Kopfnicken bekräftigt. „Ja, das will ich!" Ein kurzes Auslachen, dann die Entschuldigung, so etwas Kurioses hätte man ja noch nie gehört. Die sofortige und kategorische Ablehnung folgte. „Die Bestattungsordnung sieht so etwas nicht vor – tut uns leid." Schreckenberg hatte sich bedankt und war mit hängendem Kopf gegangen. Was sollte er denn mit dem Wagen nur anfangen? Erben hatte er keine. Aber eigentlich sollte es ihm doch egal sein. Wenn er tot war, konnte er ja sowieso nicht mehr damit fahren. Zwar beschäftigte er sich hin und wieder mit anderen Religionen, aber keine versprach ihm, dass er nach dem Tode oder auch wiedergeboren mit dem Wagen noch was anfangen könnte. Auch das Haus wäre weg, aber wem könnte er es sonst vermachen? Wem? Der neue Besitzer würde es bestimmt direkt abreißen lassen und ein hässliches modernes Haus hinstellen. Nein, das wollte er auf gar keinen Fall. Aber wer hätte gedacht, dass er sich einmal Gedanken machen musste, was mit seinen Habseligkeiten passieren würde.

Er saß seitlich auf seinem Sofa, die Beine über der Lehne baumelnd, und wandte den Blick wieder auf den Wagen. Dort sah er im sauber polierten Blech sein Spiegelbild. Irgendwie war er hier unten anders als draußen vor der Tür. Sein Problem war wohl sein „Einsiedlerleben"; über den Ausdruck musste er grinsen. Er hatte ihn einmal gelesen und sich direkt angesprochen gefühlt. Er dachte wieder an gestern, als er der Frau in dem Sportwagen hinterhergebrüllt hatte, und musste lachen. „Dumme Schnepfe!" Wenn er allerdings geahnt hätte, was hier unten nur einige Meter von ihm lag, wären ihm seine Gedanken als völlig unwichtig erschienen.

5

In der Nähe der Porta Nigra blinkten die Baustellenampeln um die Wette. Gerade in der Nacht und vor allem kurz vor Weihnachten war das ein eher belustigender Anblick, da die ganze Stadt mit weihnachtlicher Terrorbeleuchtung geschmückt war. „Nächstes Jahr zu Weihnachten behängen wir die Porta Nigra ebenfalls mit Lichterketten und kleben einen riesigen, kitschigen Weihnachtsmann an die Seite", hatte unlängst ein Lokalpolitiker geulkt und damit bei manchen Parteifreunden durchaus ernst gemeinten Applaus geerntet. „Also, das war ein Witz!", versuchte er seine Aussage zu relativieren, doch man glaubte es ihm nicht so recht.

Doch zurück zu dem Loch in der Straße, ganz in der Nähe der Porta Nigra. Genau genommen in der Nordallee. Dort stauten sich tagsüber im Berufsverkehr „Milljunen" von gestressten Autofahrern und Autofahrerinnen, dazu die Busse und Lastkraftwagen. Alle zusammen quälten sich mit Gewalt und einer übelriechenden Mischung aus Abgasen durch die Stadt. Doch nachts herrschte Ruhe, und man konnte die tiefen Schlaglöcher besichtigen.

Doch diese Baustelle, die in der Nähe des alten römischen Stadttores lag, war eine besondere. Sie hatte ausnahmsweise nichts mit Straßenbau oder der Kanalisation zu tun. Ursprünglich wollte man hier einmal das Fundament für ein neues Verkehrsschild einlassen, doch ein paar Menschen erlagen der phantastischen Idee, dass dort mehr sein könnte als nur ein vergessener Abwasserkanal.

Ein heller, glühender Punkt wurde in der Dunkelheit sichtbar. Ein in eine dicke Jacke gehüllter Mann kam gemächlich aus Richtung Lindenstraße auf der Seite des Krankenhauses anspaziert. In seiner rechten Hand hielt er eine dicke, qualmende Zigarre. In fast gleichmäßigem Takt hob er die Hand und zog an ihr. War er aus dem Lichtschein einer Straßenlaterne heraus, sah man den glühenden Punkt wieder. Nach einigen Metern blieb er stehen und schaute zu der Baustelle, die das Ziel seines nächtlichen Spazierganges war. Dann sah er die zweispurige Straße mit ihrem parallel verlaufenden, parkähnlichen Fußweg hinauf. Dort standen große und mächtige Allee-Bäume, die die Sicht noch weiter verdeckten. Und dort wollte der Zigarrenraucher hin. Da die breite Straße zu solch später Stunde kaum noch befahren war, überquerte er sie ohne Zögern. Tagsüber walkten Reifen den Teer, nachts herrschte nahezu gespenstische Ruhe. Nur ein später Stadtbus glitt beinahe lautlos an ihm vorbei. Auf der anderen Seite angekommen, suchte er zwischen den Bäumen Deckung und gelangte auf den Fußweg. Zwischen den Bäumen standen Parkbänke, die im Sommer gern von Landstreichern als Schlafstatt genutzt wurden. „So, was nun?" Der Raucher sah sich um. Trotz der dicken Jacke war ihm kalt; quasi zur inneren Erwärmung zog er ständig und intensiv an seiner Zigarre. Er ging einige Meter auf und ab und schaute dabei nun unablässig auf die Baustelle. Es wurde ihm immer kälter und er sog noch intensiver an der Zigarre. „Ich arme Sau stehe hier rum und friere mir den Arsch ab!" Zumindest rechnete er mit einer angemessenen Bezahlung für seine Arbeit. „Schlechte Arbeit muss ja nicht schlecht bezahlt werden."

Abgesehen von einer kleinen Anzahlung hatte er bisher noch kein Geld gesehen, und dieses hatte er wie üblich schnell in Essen und Trinken umgesetzt. Das forderte seine recht kräftige Statur nun mal ein. Jetzt zitterte er vor Kälte und fasste mit seiner linken Hand in die Jackentasche, suchte nach den Handschuhen. Verschiedene Dinge zog er aus der Jacke hervor und legte sie auf die Parkbank, darunter seine Pistole. Rasch fand er seine Fäustlinge und zog sie über, dann packte er seine Utensilien wieder zurück in seine Jackentasche. Auf der gegenüberliegenden Straße unterbrachen ein paar Autos die nächtliche Stille. Der Zigarrenrauchende beobachtete, ob eines der Fahrzeuge stehen bliebe, doch alle fuhren mit gleichbleibender Geschwindigkeit vorbei. Er erwartete, dass der Mann, mit dem er verabredet war, mit dem Auto käme. Friedhelm war es gewohnt, Schmiere zu stehen. „Hallo?", fragte er in die Dunkelheit. Hatte er da etwas gehört? „Hallo? Sind Sie das?" Erneut spitzte er die Ohren, hörte aber zunächst nichts. Doch ehe Friedhelm sich versah, stand ein kleingewachsener Mann von Ende fünfzig vor ihm. Friedhelm hatte ihn nicht kommen sehen. „Schönen guten Abend!", säuselte der kleine Mann. „Ah, Herr Konter, hallo", antwortete Friedhelm leicht überrascht.

„Warten Sie schon lange auf mich?", fragte Konter grinsend. Friedhelm hob die Schultern und rieb die Hände, um zu verdeutlichen, wie kalt ihm war. Herr Konter lachte. Friedhelm steckte seine linke Hand in seine Jackentasche, dann zog er genüsslich an seiner Zigarre und hüllte Herrn Konter in eine Rauchwolke. „Danke, danke, ich bin nicht nur Nichtraucher, sondern auch Nicht-Passivraucher." Herr Konter ging einen Schritt zur Seite und stellte seine Aktentasche auf den Boden. „Aber ich bin es ja gewöhnt. Im Büro war das auch immer so. An das Rauchverbot hat sich da ja niemand gehalten. Was hab ich ein Glück, pensioniert zu sein, aber interessieren tut Sie das nicht, Herr ...?" Konter schaute sein Gegenüber an. „Ach so, ich ... mein Name ist Friedhelm. Das dürfte genügen. Den hatte ich Ihnen auch schon mal gesagt, Herr Konter." Dieser grinste schief. „Ach ja, tatsächlich?" Es wäre ihm recht gewesen, endlich den kompletten Namen seines Gegenübers herauszubekommen. Friedhelm war schlau genug, nicht auf diesen Trick hereinzufallen. „Haben Sie keine Angst, durch das viele Rauchen Krebs zu bekommen? Gerade Zigarren sollen da doch etwas schneller wirken als normale Zigaretten." Friedhelm beantwortete diese Frage mit einem Schulterzucken. „Das ist mir so was von scheißegal."

Konter hatte verstanden: Die Zeit des freundlichen Geplänkels war vorüber. Friedhelm hatte keine Lust mehr, hier in der Kälte festzufrieren. Er wollte schnellstmöglich zur Sache kommen, steckte die Zigarre in den Mund und zog absichtlich lange an dem Stummel, so dass die sich rotorange färbende Glut immer länger wurde. „Kommen Sie zur Sache, Konter!", befahl er. Konter, der bis jetzt eine gewisse Fröhlichkeit an den Tag gelegt hatte, zog nun seine Stirn in Falten. Er hatte das Treffen gewünscht, und nun standen sie hier. An der Stelle, die mit ihrem „Problem" zu tun hatte. Sie hätten sich auch woanders treffen können, doch Konter wollte der Symbolik wegen hier das Gespräch führen.

In der Eiseskälte dieser Nacht.

Er nahm seine Aktentasche und öffnete sie, entnahm einen kleinen Notizzettel und stellte die Tasche wieder ab. Dann suchte er aus seinem gefütterten Ledermantel einen Kugelschreiber heraus und notierte etwas auf dem Zettel. Er schrieb eine Zeile und beendete sie mit dem Datum und einer genauen Uhrzeit. „Was machen Sie da?", fragte Friedhelm genervt. „Ich notiere mir nur die Uhrzeit und das Datum unseres Treffens. Ich erstelle ein Protokoll." Konter konnte in Friedhelms rundem, dicklichem Gesicht das pure Entsetzen erkennen. Es hätte nicht viel gefehlt und er hätte Konter den Zettel aus der Hand geschlagen. „Jetzt machen Sie mal schneller. Man merkt, dass Sie Beamter waren! Kommen Sie jetzt endlich zur Sache, denn schließlich haben Sie Sonnen ja kontaktiert, damit wir uns hier treffen. Hier bin ich. Was wollen Sie also?"

Konter mochte dieses forsche Verhalten nicht. „Kommen Sie mit!", befahl er Friedhelm. Beide marschierten wortlos zu der Baustelle. „Es geht darum! Um das, was da unten ist!" Konter zeigte auf das Loch, das einen schmalen Rand der Straße einnahm. „Da unten, genau das meine ich. Ich bin zu der Ansicht gekommen, dass die Zeit vorbei ist, das weiter zu verheimlichen." Friedhelm beugte sich über das Loch im Boden. Er zog an der Zigarre und tippte an ihr, so dass ein wenig Asche herunterfiel. Er dachte nach. „So, so", murmelte er. Herr Konter nahm eine Taschenlampe aus seiner Aktentasche und leuchtete hinein. „Sehen Sie da unten? Da, diese Metallplatte? Wir brauchen sie nur wegzuschieben und wir erhalten die totale Information über das, was da unten ist. Ich weiß nicht, wieso andere Probleme damit haben! Wissen Sie, was auch immer da ist, es liegt seit Jahren un- entdeckt da unten. Und wir wissen das und unternehmen nichts!" „Klingt ja alles sehr mysteriös. Wissen Sie denn Genaueres, was da ist?", fragte Friedhelm.

Konter schwieg einen Moment lang. Wenn er ehrlich gewesen wäre, dann hätte er zugeben müssen, dass da unten vermutlich nur ein Hirngespinst begraben war, nicht mehr und nicht weniger. Es fußte auf den Ahnungen und Vermutungen von einigen Leuten, deren Phantasie mit ihnen durchging. Und die bisher nur Glück gehabt hatten, in ihrem undurchsichtigen Spiel nicht aufgefallen zu sein. „Nein, ich weiß es nicht. Aber mich macht genau das neu- gierig, diese Ahnungslosigkeit. Geht es Ihnen denn nicht auch so?" Konter lächelte wie ein kleines Kind, das kurz davor stand, ein Weihnachtsgeschenk unter dem Tannen- baum zu öffnen. Traurigerweise standen die Eltern in der Nähe und wachten darüber, dass Klein-Konter keine langen Finger machte. So oder ähnlich fühlte sich Ulrich Konter. Eigentlich hätte ihn das nicht aufhalten können, das Ge- schenk auszupacken, doch lag ein Hauch von Furcht und Respekt vor den Drohungen Otto Sonnens in der Luft. Also musste das Geschenk, die Überraschung unter der Stadt Trier, noch ungeöffnet bleiben. Friedhelm saugte gelangweilt an seiner Zigarre und zeigte Konter einen Vogel. „Mich interessiert sowieso nur das Geld, das ich von Sonnen bekomme. Ist mir auch schleierhaft, weswegen Sonnen so einen Aufstand um Sie und das Loch da macht. Aber mir ist das egal. Je länger das alles dauert, umso mehr Geld bekomme ich." Konter atmete tief ein. „Klar, Ihnen kann das alles egal sein. Der Sonnen will halt keinen direkten Kontakt mehr mit mir – vor allem seitdem ich frühpensioniert wurde. Na ja, wenn er das so will." Konter schob die Unterlippe nach vorne und zog gleichzeitig die Mundwinkel nach unten. „Er nannte mich mal einen Erpresser." „Stimmt, Sie haben wohl so was wie ein Geheimabkommen. Der eine sagt nichts und der andere auch nicht. Einer erpresst den anderen oder so. Aber spinnen tut ihr alle beide."

Friedhelm blickte abwechselnd auf Konter und das Loch in der Straße. „Los, machen Sie die Taschenlampe aus!" Ein paar Autos fuhren an ihnen vorbei. „Oder wollen Sie, dass uns jemand bemerkt?", fauchte Friedhelm. „Eigentlich schon!", sagte Konter. „Wieso sollen wir eigentlich weiterhin schweigen?"

Friedhelm machte einen Schritt rückwärts und kramte in seiner Jackentasche. Aus dieser zog er eine neue Zigarre heraus, die er sich anzündete, während er Konter lauernd beobachtete. Der sprach weiter: „Wenn ich könnte, wäre ich schon alleine da runter geklettert. Wissen Sie eigentlich, wie oft ich schon hier gestanden habe und den Sprung ins Loch wagen wollte?"

Friedhelm, genüsslich an seiner Zigarre ziehend, hob die Schultern. „Keine Ahnung." Wenn Ulrich Konter ihm einen Sack Geld in die Hand gedrückt hätte, wäre es auch gut gewesen, und alle wären glücklich nach Hause gegangen. Konter winkte ab.

„Ach, Sie interessiert das natürlich nicht, Sie sind doch nur ein Handlanger von ..." „Vorsicht! Passen Sie auf, was Sie sagen!" Friedhelms Ton wurde immer bedrohlicher. Er tippte auf die Tasche mit der Pistole, von der Konter keine Ahnung hatte.

„Wie lange wollt ihr überhaupt noch warten, mit der Sache herauszurücken? Irgendwann kommt es ja doch raus!" Konter redete auf Friedhelm ein. Nervös gingen beide auf und ab, dieses merkwürdige Treffen rund um diese merkwürdige Öffnung im Boden war befremdlich. Friedhelms Hand glitt in die Jackentasche und ertastete die Waffe. Er und Konter bewegten sich wie lauernde Raubtiere auf und ab, darauf achtend, dass keiner den entscheidenden Schachzug vor dem anderen machen konnte. Dennoch spürte Konter den Ernst der Lage nicht. Er und Sonnen sprachen sich via E-Mail ab und vereinbarten gelegentlich Treffen mit Friedhelm. Konter war es, der die Karten endlich offen legen wollte, und Friedhelm hatte Anweisung von Sonnen, entsprechend zu agieren, sollte Konter nicht mehr mitspielen.

Allerdings hatte Otto Sonnen nicht genauer definiert, was er damit meinte, dem Konter sollte mal ein richtiger Schrecken eingejagt werden. Vielleicht dachte er an das Äußerste ..., vielleicht hoffte er aber auch, dass Friedhelm kraft seiner massiven Erscheinung Ulrich Konter jeden Zweifel hinsichtlich seiner Absichten austreiben würde.

Friedhelms Auftrag war ansonsten klar und deutlich: Hören, was dieser Konter wollte. Dass Friedhelm die Waffe geladen hatte, war mehr oder weniger nur eine Vorsichtsmaßnahme; man konnte ja nie wissen, wie sein Gegenüber reagieren würde.

„Unser Gespräch hat ja nicht viel gebracht", stellte Ulrich Konter mit Recht fest. „Ich dachte, dass man vielleicht gemeinsam eine Lösung für die Angelegenheit finden könnte. Aber da lag ich wohl falsch. Dann kann ich ja morgen das tun, was ich tun muss! Ich möchte endlich wissen, was da unten ist." Er drehte sich um und würdigte Friedhelm keines weiteren Blickes. „Halt, das werden Sie nicht tun." „Doch, natürlich werde ich das! Wie wollen Sie mich denn davon abhalten? Mich etwa umbringen?" Konter bereute seine Worte sogleich, als er sah, wie sein Gegenüber eine Waffe zog. „Mist!" Der kleine, aber flinke Mann rannte los. Er kannte sich in der Stadt gut aus und schlug Haken zwischen den Bäumen, hin in eine Nebenstraße. Friedhelm hielt die Waffe verdeckt unter seiner Jacke, er wollte schließlich nicht auffallen. „Bleiben Sie stehen!", rief er hinter Konter her, doch dieser schrie: „Ich gehe morgen zur Zeitung! Direkt!" Konter beendete seine Drohungen und rannte schneller. Friedhelm sollte genau das verhindern, und nun war der Punkt gekommen, an dem ihm wohl eine freie Gestaltung dieses Auftrags eingeräumt wurde. „Wenn er nicht freiwillig schweigen will, dann zwingen Sie ihn halt dazu!", hatte sein Auftraggeber ihm gesagt, und genau das hatte er jetzt auch vor. Aber Konter verschwand gerade hinter einigen geparkten Autos und Friedhelm verlor ihn kurz aus den Augen. Er war etwas größer und schwerer und hatte seine liebe Mühe, den Abstand zu dem Verfolgten zu verkürzen. „Halt!", rief er ohne Erfolg. „Mich würde echt mal interessieren, warum der frühpensioniert wurde." Friedhelm hustete, während er seine 130 Kilo durch die Gegend wuchtete. Vor Konter lag die Bruchhausenstraße. „Da steht mein Wagen!" Er erkannte ihn und sprintete los, Friedhelm hinter ihm her. Die Straßen waren leer, die Fenster dunkel. Hätte ein Hilferuf etwas bewirkt? Konter dachte kurz daran, wollte sich aber lieber auf die Flucht mit seinem Wagen konzentrieren, das schien ihm aussichtsreicher. Während des Laufens schaute er kurz nach hinten. Der laut fluchende Friedhelm rannte schwerfällig und schwitzte jetzt trotz der Kälte. „Du Fettsack!", dachte sich Konter und spurtete immer schneller, bis er endlich seinen Wagen erreicht hatte und an der Autotür zog. „Klar, abgeschlossen!" Hektisch fischte er in seinen Taschen nach dem Autoschlüssel, fand ihn aber nicht.

„Oh Gott!" Er durchsuchte seine Taschen noch mal, bis ihm siedendheiß einfiel, dass er seine Aktentasche mit den Schlüsseln an der Baustelle vergessen hatte.

Sein Verfolger bemerkte, dass sein Opfer aus dem Konzept gekommen war. „Ha, der findet seinen Schlüssel nicht schnell genug!", frohlockte Friedhelm. „Gleich habe ich dich!" Doch Konter fasste sich wieder. „Langsam, langsam." Er holte tief Luft und rannte weiter, diesmal in Richtung Kutzbachstraße, einer kleinen Nebenstraße, die zurück zu der Stelle führte, an der er seine Aktentasche stehen gelassen hatte. „Oh, Scheiße, jetzt rennt der wieder!" Friedhelm rannte quer über die Straße und rempelte einen Punker an, der benommen aus einer Kneipe torkelte. „He, pass doch auf!", maulte der und stolperte über einen Müllsack, der am Straßenrand lag. Am Ende der Kutzbachstraße ging es links wieder runter in die Richtung, aus der Konter eben erst gekommen war. Er blickte in die Nordallee und sah aus der Ferne die leuchtenden Warnschilder der geheimnisvollen Baustelle. „Nichts wie hin!" Er war nun voller Zuversicht, seinen Verfolger bald abgehängt zu haben.

Doch er stolperte über eine zu hoch stehende Bodenplatte und flog der Länge nach hin, streckte seine Arme schützend aus und streifte mit den Handinnenflächen die Erde. „Verdammter Mist!", fluchte er und sah seine blutigen Hände an. Das durfte jetzt doch nicht wahr sein! Er rechnete jeden Moment mit Friedhelms Auftauchen. Schnell richtete er sich auf, drückte seine Hände gegen seinen Mantel und presste den Körper rücklings gegen eine Mauer hinter einer Bushaltestelle. „Er kommt, er kommt." Sein Herz pochte schneller. Eben war er noch der überlegene Läufer gewesen und jetzt das. Doch es half alles nicht, er musste weiter. Er gab sich einen Ruck und lief wieder los, bog in die Nordallee ein und rannte zwischen den Bäumen entlang. Nach einigen Metern machte er einen Satz hinter einen Baum, um zu sehen, wo Friedhelm geblieben war. War da ein Schatten? Konter glaubte etwas gesehen zu haben. Ein kurzes Warten.

Dann auf zum nächsten Baum, so kam er seiner Aktentasche immer näher. Sie stand auf dem Fußweg, gut sichtbar, eine Straßenlaterne warf ihr Licht genau auf sie. Konters Herz pochte ihm bis zum Hals. Über seinen Sturz ärgerte er sich maßlos, resignierte aber nicht. „Du bekommst mich nicht!" Doch er sah Friedhelm nicht mehr, was ihm größte Kopfschmerzen bereitete. Konter glitt an dem Baum herunter zu Boden. Diesen ganzen Mist hatte er sich selbst eingebrockt. Nur wegen Geld und Reichtum. Es war immer dasselbe. Die Vernunft setzte aus. Und zu lange gewartet hatte er auch noch. Er hätte doch dem Unsinn eher ein Ende setzen sollen. Der allerletzte Beweis seiner Naivität war dann wohl der Glaube, mit Sonnen sachlich reden zu können.

Nach einem kleinen Moment stand er wieder auf und machte sich vorsichtig auf den Weg zu seiner Aktentasche mit dem Autoschlüssel. Warum nur hatte er nicht geahnt, wozu dieser Friedhelm fähig war? Mit einer solchen Entwicklung der Dinge hatte er einfach nicht gerechnet. Plötzlich landete ein harter und schmerzhafter Schlag auf seinem Rücken. Konter ging zu Boden. „Ha!" Friedhelm lachte triumphierend auf. „Du Rindvieh! Anstatt hier herumzuschleichen, wärst du besser getürmt!" Mit Genugtuung verpasste er Konter einen weiteren festen Schlag. So schnell und flink Konter war, so hart und brutal konnte Friedhelm zuschlagen.

„Und noch einer! Und noch einmal!" Zweimal noch trat er ihm in die Rippen. Konter rührte sich nicht, Friedhelm blickte um sich. „Niemand da, kein Wunder, dass so viel in unseren Städten passiert", lachte er. „Keine Bullen, keine Passanten, ich liebe diese dunklen Ecken!" Langsam drehte er den regungslosen Konter herum und zog ihn am Kragen in Richtung Baustelle. Er versteckte sein Opfer hinter einem Gebüsch und blickte wieder vorsichtig um sich. Ein langsam fahrender Wagen kam auf ihn zu, um gleich darauf wieder zu verschwinden. Friedhelm kletterte in die Baustelle, sein schwerer Körper landete auf der stabilen Metallplatte, von der Konter vorhin gesprochen hatte. „Mal sehen." Er nahm einen Maulschlüssel aus seiner Tasche und entfernte vier große Muttern, die eingerostet und nur mit gehöriger Anstrengung aufzudrehen waren. „So, das war's!" Zufrieden machte er einen Schritt zur Seite und schob die Platte einen halben Meter weg.

Vor ihm tat sich ein schwarzes Loch auf, neben dem er beinahe ehrfurchtsvoll kniete, um vorsichtig hineinzuschauen. Aus der Dunkelheit kam ihm ein leichter Luftzug entgegen. Einen Moment lang atmete Friedhelm einen seltsamen Geruch der Vergangenheit ein. Sein simpler Verstand, geprägt durch die Eindrücke des 21. Jahrhunderts, vibrierte einen Moment lang. Er kannte keine Angst, aber so etwas wie Respekt zupfte jetzt an seiner Haut und ließ ihm die Haare zu Berge stehen. Zwischen der Straßendecke und dem tatsächlichen Loch in der Kanalisation klaffte ein Abstand von etwa zwei Metern. Es handelte sich hier um ein stillgelegtes Stück einer Abwasserleitung, die etwa mannshoch war. Eine der Straßenlaternen warf ein schwaches Licht im passenden Winkel in die Öffnung. Friedhelm konnte das fassgroße Loch im Boden der Abwasserleitung sehen. Er lauschte gebannt, ob er etwas hören konnte. Bei den Ausschachtungsarbeiten für das Fundament des neuen Parkleitsystems war ein Bauarbeiter durch die dünne Decke eingebrochen und in den Kanal gefallen; dabei war dieses Loch überhaupt erst entdeckt worden.

Stille! Was war da unten nur? Konter hatte doch recht; es war eine Schande, da nicht runter zu gehen. Friedhelm nahm einen Stein, warf ihn in das Loch und zählte mit.

„1, 2, 3." Dong. „Sonderlich tief ist das nicht." Dann hörte er erneut einen Ton. Dong. „So, muss wohl was Stufenartiges sein." Neugierig nahm er seine Taschenlampe aus der Jacke und leuchtete nach unten, ohne aber etwas erkennen zu können. Stattdessen hörte er plötzlich ein Geräusch von oben; Konter war anscheinend wieder zu Bewusstsein gelangt. „Mist – schnell weiter, bevor der mir wieder abhaut; noch mal schaffe ich so ein Rennen nicht." Friedhelm schaltete die Taschenlampe aus, verstaute sie wieder in seiner Tasche. „Ich komme gleich", flötete er und war mit zwei Schritten bei Konter, dessen Arm sich leicht bewegte. „Mach mir keine Dummheiten!", rief er ihn an, zog ihn zum Baustellenloch und sicherte kurz noch mal ab. „Kein Auto, kein Bus – läuft ja wie geschmiert. Das perfekte Verbrechen." Er ließ Konter in das Loch in der Straßendecke rutschen, bis er mit dem Becken am Rand des Loches angekommen war. „So mein Freund, gleich bist du im Untergrund, und keine Ahnung, was da unten ist, aber du wirst das sowieso nicht überleben!" Friedhelm zog Konters Beine kurz und schwungvoll hoch, woraufhin dieser in der Öffnung verschwand. Friedhelm lauschte ihm nach, wie vorhin dem Stein. „Hört sich wie ein Sack Kartoffeln an, der da herunterfällt. Auf Nimmerwiedersehen, Herr Konter!" Friedhelm nahm jetzt auch die Aktentasche, deren Verlust Konter zum Verhängnis geworden war, und warf sie ihm hinterher. Ihr Aufprall klang vergleichsweise laut. Er wartete noch einige Minuten und lauschte, ob sich etwas in den unbekannten Tiefen tat. Kein Stöhnen, keine Stimme – kein Lebenszeichen. Nach einer Weile schob er die Platte wieder auf ihren ursprünglichen Platz zurück und verschraubte die Muttern. „Arbeit erledigt, Auftrag erfüllt!" Er klopfte sich den Dreck von Jacke und Hose, kletterte aus dem Loch heraus und schaute sich um. Kein Mensch hatte gesehen, was in dieser Nacht geschehen war. Er stellte sich noch eine Weile neben einen Baum und betrachtete die Baustelle.

Am nächsten Morgen füllte sich die Straße schnell. Mit dem Verkehr rückte auch ein Trupp Straßenbauarbeiter an. Die machten sich an der Baustelle zu schaffen und begannen, das Loch zuzuschütten. Der Bautrupp hatte diesen Auftrag ziemlich überraschend erhalten. „Merkwürdig", meinte einer der Arbeiter. „Wieso sollen wir das jetzt zumachen? Ich dachte, hier soll noch geschafft werden." Ratlos standen er und seine Kollegen einen Moment da, bevor sie sich daran machten, das zu tun, was man ihnen gesagt hatte. Auftrag war Auftrag. Niemand schenkte ihrem Treiben Aufmerksamkeit. Bis auf eine Frau. Sie stand mehrere hundert Meter weit entfernt und richtete ein altes, verbeultes Fernglas in Richtung Baustelle. Sie wusste, was da war, und auch, wer angeordnet hatte, diese Öffnung zu schließen.

6

Vor vielen hundert Jahren schufteten die Menschen qualvoll und unter unwürdigen Umständen. Die Menschen im 21. Jahrhundert hatten es da etwas einfacher. Sie saßen in wohltemperierten Verwaltungsgebäuden und schauten auf die Welt hinab. Im Moment sah Otto Sonnen allerdings auf seine Kollegin, Frau Brunhilde Truske-Schmittmeier, hinab. Die Stimmung war gespannt, und das lag daran, dass „Bruni" etwas gesehen hatte, was ihr nicht gefiel. Sie fühlte sich hintergangen und saß dem Mann gegenüber, der über all das Bescheid wusste. Es handelte sich hier um Otto Sonnen, den ständigen Besucher im Rheinischen Landesmuseum und Friedhelms Auftraggeber. „Ich war heute Morgen in der Nordallee. Es passt mir nicht, was Sie da getan haben." Truske-Schmittmeier sprach das aus, was ihr auf der Seele lastete. Sonnen nahm einen Schluck aus seiner mit einer bunten Kuh bedruckten Kaffeetasse. „Aha, und was ist das?" „Sie wissen ganz genau, was ich meine. Das Loch mit der Metallplatte."

Sonnen wippte auf seinem Bürostuhl hin und her. Er drehte den Kopf in Richtung Bürotür, stand auf und gab ihr einen Stoß. Sie krachte laut und fest ins Schloss. Sonnen setzte sich wieder und nahm einen neuen Schluck aus der Tasse. „Ich dachte, das Thema sei erledigt?" Truske-Schmittmeier schloss das Bürofenster zu und marschierte nervös auf und ab. Sonnen betrachtete sie aus seinem Bürostuhl heraus mit einer gewissen Überlegenheit. Er spürte die panische Angst, die seine Kollegin hatte. Sie war nervös und fahrig, schlecht gelaunt und reizbar.

Plötzlich klopfte es an der Tür, und ein Mann streckte unaufgefordert den Kopf in das Büro im Tiefbauamt. „Warten Sie draußen!", fauchte sie ihm entgegen. Erschrocken zog er die Tür zu. Bruni schaute Sonnen an: „Ich weiß wirklich nicht, ob diese Entwicklungen so richtig verlaufen. Haben Sie was von diesem Friedhelm gehört?" Sonnen schüttelte den Kopf. Er log. Natürlich hatte er von ihm gehört, er war ja immerhin recht spät in der vergangenen Nacht noch von ihm angerufen worden. Sein rechtes Auge zuckte ein wenig. „Wissen Sie, Frau Truske-Schmittmeier, das mit dem Zuschütten der Baustelle war eine reine Sicherheitsmaßnahme, wir vom Tiefbauamt – Abteilung Straßenbau – bekommen doch ständig Anrufe von verärgerten Bürgern. Was wäre passiert, wenn da ein Kind hineingefallen wäre? Außerdem haben wir ja vermutlich noch einen zweiten Eingang." Sonnen spielte nervös an den Enden seines Bartes herum, das rechte Auge zuckte abermals. Die Atmosphäre war negativ aufgeladen. Er wünschte sich, dieses Gespräch schnellstmöglich zu beenden. Frau Truske-Schmittmeier zeigte sich unzufrieden mit seiner Antwort. „Als wir damals bei Bauarbeiten dieses Loch entdeckt haben, wussten wir nicht, was wir tun sollten. Nun wissen wir noch immer nicht genau, was zu tun ist und machen stattdessen immer mehr Fehler! Finden Sie das vielleicht richtig? Alles, was wir tun, ist höchst illegal." Truske-Schmittmeier schaut ihn forschend an. Sonnen erwiderte ihren Blick nicht. Er plante bereits den nächsten Schritt. Das, was ihrem ehemaligen Kollegen Konter passiert war, konnte ja wohl auch der Brunhilde

Truske-Schmittmeier zustoßen. Diesmal vielleicht ein wenig geschickter, getarnt als Unfall. Sonnen legte seine Hand auf seine olivgrüne Hose. Olivgrün war seine Lieblingsfarbe. Während sie sprach, sah er sie kurz an und schaute dann aus dem Fenster. Sein gestriger Besuch im Rheinischen Landesmuseum hatte alle seine Entscheidungen in eine Richtung gelenkt. Otto Sonnen, der Mann mit dem Blick für das Gold. Mit seiner beherrschenden, druckvollen Art steuerte er Menschen, gaukelte ihnen das Bild möglichen Reichtums vor. Otto Sonnen nahm einen Bleistift und zeigte auf Bruni. „Wissen Sie, was ich Ihnen einmal sagte?" Er schaute Bruni an, diese hob die Schultern. Er sprach weiter: „Dass man alles sachte und vorausschauend planen muss." Frau Truske-Schmittmeier nickte. „Ja, aber Sie haben uns auch erst etwas verheimlichen wollen, nicht wahr? Die Münze, die Sie gefunden haben. Ich kann mich noch erinnern. Plötzlich war das Thema vom Tisch, die Leute vom Museum oder Denkmalamt zu rufen." Bruni faltete nervös ein Stück Papier zusammen. Sie konnte sich noch genau erinnern, wie Sonnen das goldene Etwas aus dem Loch geangelt hatte. „Ich hatte den Eindruck, dass Sie das Geheimnis plötzlich für sich behalten wollten." Beiden war die Bedeutung des Münzfundes klar.

Bruni seufzte, ihre Unterhaltung wurde durch ein Telefongespräch unterbrochen. Ohne sich ordentlich von seinem Telefonpartner zu verabschieden, warf Sonnen gleich darauf den Hörer auf die Gabel. Bruni hatte sich inzwischen wieder an ihren Schreibtisch gesetzt und sah, den Kopf auf die Hände gestützt, Otto Sonnen an. „Aber es muss doch etwas passieren, schleunigst. Was ist, wenn jemand anderes das da unten entdeckt? Dann haben wir überhaupt nichts davon. Sie haben mir erzählt, dass Sie mit einer Person Kontakt aufgenommen haben, die uns helfen kann."

Sonnen musste kurz grinsen. „Dieser Kontakt ist erst vor Kurzem zustande gekommen. Ich gebe zu, es hat ein wenig gedauert, aber es scheint die richtige Person zu sein. Ein bisschen Zufall war das schon, aber ihren Angaben nach hat die Person bereits in Südamerika erfolgreich nach Schätzen und Gräbern gesucht. Und glauben Sie mir, bald werden sich unsere Wünsche erfüllen, Frau Truske-Schmittmeier, und Sie werden endlich in der Lage sein, Ihre erbärmliche Rostkiste auf vier Rädern gegen etwas Schnittigeres einzutauschen!" Otto Sonnen lachte. Sein dichter Bart bewegte sich in Wellen durch sein Gesicht. „Also, ist nun wieder alles in Ordnung?" Er schaute Truske-Schmittmeier tief in die Augen. „Möchten Sie auch eine Tasse Kaffee?", fügte er freundlich hinzu.

Sie nickte. „Aber was ist das denn für ein Typ? So eine Art Indiana Jones? Ist er ein richtiger Archäologe? Gibt es eine akademische Ausbildung? Referenzen?" Bruni bemerkte schnell, dass sie von ihrem Gegenüber keine Antwort bekommen würde. Otto Sonnen stand auf und ging in einen Nebenraum. Dort nahm er aus einer vor sich hin gluckernden Kaffeemaschine eine Kanne Kaffee und kam zurück. Sonnen goss seiner Kollegin auch etwas ein. Auf ihrem Becher stand: Bruni ist die Beste. Bruni kippte Milch und Zucker in den Kaffee. Daraufhin drehte sie sich auf ihrem Bürostuhl einige Mal um die eigene Achse. Möglichkeiten, herauszubekommen, was sich genau in dieser Öffnung unter der Stadt befand, gab es viele. Bruni hatte einmal den Vorschlag gemacht, mit einer modernen Schlauchkamera den Untergrund zu erkunden. Doch Otto Sonnen und auch Ulrich Konter lehnten den Vorschlag ab. „Natürlich könnten wir das tun. Aber Sie wissen doch, allzu viel Aufmerksamkeit schadet nur." Weiter äußerte sich Otto Sonnen zu diesem Thema nicht. Doch Bruni war nervös: „Das ist jetzt fast fünf Monate her, und ich möchte auch endlich wissen, was sich da unten verbirgt. Es kann ja sein, dass wir uns nur täuschen und uns blamieren. Was ist, wenn da unten gar nichts Besonderes ist oder nur ein vergessenes Teilstück der Abwasserleitung?"

Er schüttelte den Kopf. „Das hätten Sie wohl gerne, Bruni. Aber ich habe schon sorgfältig alle Unterlagen durchsucht, habe nichts gefunden. Und außerdem wissen Sie, dass so tief gar keine Leitungen mehr verlaufen." Er war sich seiner Sache ziemlich sicher.

Und so war es auch. Nirgends, in keinem Buch und in keiner Aufzeichnung war ein Wort über einen tieferen, unterirdischen Gang zu finden. Es war mysteriös.

Sonnen und Truske-Schmittmeier machten, was sie seit dem Zufallsfund in der Nordallee taten: Sie schauten sich gegenseitig mit dem größten Misstrauen an und überlegten, welchen Schritt sie als nächsten unternehmen sollten. Damals, als sie durch Zufall dieses Loch zusammen mit Konter gefunden hatten, waren sie sich alle drei einig: Da war mehr zu holen. Bruni konnte sich genau erinnern: Otto Sonnen kletterte mit einer Taschenlampe einen Meter weit hinunter und kam unterhalb eines Abwassertunnels an eine Stelle, wo sich der Boden leicht bewegte; prompt rutschte er einen Meter tief in das Bodenlose. Konter und Bruni zogen ihn wieder heraus. Otto Sonnens Taschenlampe, die er an einem Band am Armgelenk befestigt hatte, kreiste wild umher und ließ ihn etwas hell Blitzendes erkennen.

Nachdem Sonnen die Goldmünze gefunden hatte, war rasch Zwietracht entstanden. Denn bei dem Versuch, die Münze unbemerkt in einer seiner Taschen verschwinden zu lassen, unterlief ihm ein folgenschwerer Fehler: Sie fiel ihm aus der Hand – direkt vor Konters und Brunis Füße.

Bedauerlich, aber es war nun mal geschehen. Sonnen war auf Anhieb klar, dass es dort unten mehr zu holen geben musste. Also erinnerte er sich eines gewissen Friedhelms, der in entsprechenden Kreisen als Mann für bestimmte Tätigkeiten bekannt war. „Der kann ordentlich Angst einjagen!", ließ Sonnen seine beiden Kollegen wissen. Diese Vorstellung flößte Frau Truske-Schmittmeier einigen

Respekt ein. Konter hingegen hätte auffallen müssen, dass Sonnen ab sofort nur noch über Friedhelm Kontakt mit ihm aufnahm. Er war vor Kurzem frühpensioniert worden und hatte Angst, den Anschluss an seine beiden ehemaligen Kollegen und Mit-Geheimnisträger zu verlieren. Oder genauer gesagt: ausgebootet zu werden. Sonnen meinte, dass man aus „Sicherheitsaspekten" keinen direkten Kontakt mehr haben sollte. Das war natürlich blanker Unsinn. Er wollte nur im Falle eines Falles, so die Sache auffliegen würde, jeden Kontakt zu Konter bestreiten können. „Konter? Den habe ich schon seit Monaten nicht mehr gesehen", oder so ähnlich wollte er sich bei einer eventuellen Befragung ausdrücken. Und einem Mann wie ihm würde man eine engere Bekanntschaft mit Leuten wie Friedhelm ohnedies nicht zutrauen.

Alles in allem bewegten sie sich auf dünnem Eis. Doch die Aussicht auf Entdeckung eines ähnlichen Schatzes wie dem in der Feldstraße verlieh dem Ganzen einen besonderen Anstrich.

Bruni und Otto Sonnen verbrachten die nächsten Tage unter extremer Anspannung im Büro des Tiefbauamtes. Otto kündigte an, dass der „Forscher" in einigen Tagen auf dem Luxemburger Flughafen ankommen würde. Als er davon sprach, drehte er sich um und vergewisserte sich, dass es keinen ungewollten Mithörer gab. Bruni faltete an einem Stück Papier herum, das vor ihr auf dem Schreibtisch lag. Es war eine ihrer Angewohnheiten in stressigen Momenten: Sie drehte kleine Kügelchen aus Papierfetzen, die sie dann durch die Gegend schnipste. Die Putzfrau hatte sich bereits beschwert. „Ich werde mir Urlaub nehmen und mit ihm zusammen unsere Expedition leiten", sagte Sonnen und kritzelte einen Tunnel auf ein Stück Papier. Frau Truske-Schmittmeier schaute wie vom Donner gerührt, sie glaubte, nicht richtig gehört zu haben. „Eine Expedition?" Sie lachte laut auf. „Im Ernst? Sie nennen das eine Expedition?" Sonnen fand das gar nicht lustig. „Na, wenn Sie wollen, dann können Sie ja mitkommen, was halten Sie davon?" Bruni schleuderte ein etwas größeres Papierkügelchen gegen die verschlossene Fensterscheibe. Dort blieb es kleben, Bruni hatte verschwitzte Hände. Sie wusste genau, dass sie und ihr Vorgesetzter Otto Sonnen nicht gleichzeitig Urlaub nehmen konnten. Das Büro musste natürlich besetzt sein.

„Dann mache ich eben einen auf Krankenschein!" Bruni dachte an das bewährte „Notfallurlaubs-Mittel". „Ich komme auf jeden Fall mit, Herr Sonnen, da können Sie sicher sein." Dieser schaute zwischen seinen Akten auf. „Klar, sicher, aber Sie haben ja keinen Urlaub. Und außerdem wird der Friedhelm wahrscheinlich auch mitkommen. Der kann mir da unten sicher gut zur Seite stehen." Er schaute wieder in seine Akten. „Besser ist das bestimmt, er ist ein starker, kräftiger Typ." Truske-Schmittmeier sah ihn feindselig an. „Bruni, vertrauen Sie mir etwa nicht?" Otto Sonnen kratzte sich mit dem Bleistift in seinem Bart.

In der Mittagspause verschwand Sonnen mit seinem Handy. Draußen telefonierte er mit Friedhelm lange und ausführlich. „Wir müssen auf die Truske-Schmittmeier aufpassen. Ja, wenn das nicht anders geht, dann wie bei Konter!"

Truske-Schmittmeier ging währenddessen mit einer Kollegin aus einer andern Abteilung in die Kantine. Sie vermied es, alleine zu sein, ohne sich recht erklären zu können, weshalb. Sonnen würde mit Sicherheit keine Gewalt gegen sie anwenden.

In den nächsten Tagen machte Sonnen keinen Urlaub, sondern ließ sich wegen eines alten Rückenleidens krankschreiben. „Mit schmerzendem Rücken in den Untergrund klettern gehen – was für ein cleverer Bursche!", dachte sich Bruni und fühlte sich zugleich aus dem Rennen. Ihre Gedanken kreisten mehr und mehr um das, was da unter der Trierer Erde lag. Bei genauer Betrachtung hatte sich damals herausgestellt, dass dort eine Art Tunnel war, der schräg nach unten führte. Jeder rational Denkende hätte zu dem Zeitpunkt gewusst, dass man einen solchen Fund zu melden hatte. Doch die drei hatten anders reagiert.

Notgedrungen hatten sie diesen Bund der drei Verschworenen gegründet, um gemeinsam das Geheimnis des Tunnels im Boden der alten Römerstadt Trier zu ergründen. Als sie damals zum ersten Mal an der Baustelle in der Nordallee standen, hätte keiner von ihnen für möglich gehalten, was einmal passieren würde. Sie wollten nur ihre Arbeit erledigen. Otto Sonnen war gerade geschieden worden. Seine Exfrau wachte über die pünktlichen monatlichen Eingänge der Unterhaltszahlungen. Bruni suchte immer noch einen Mann, und Ulrich Konter war verwitwet. Der Münzfund riss sie aus der Eintönigkeit ihres Lebens heraus. Hätte nicht ein gewisser Grundton der Tristesse ihr Leben bestimmt, so wäre selbst Otto Sonnen zum Denkmalamt gegangen und hätte die Münze auf die Theke gelegt.

7

Maximilian öffnete seine Garage einen Spaltbreit und schaute hinaus. Es regnete ein wenig, was leicht zu Straßenglätte führen konnte. Der Belag der Garageneinfahrt schimmerte schon etwas. Die Wettervoraussagen versprachen ein ziemlich chaotisches Wetter mit den Vorboten eines klirrend kalten Winters. Schreckenberg entschied sich, vorsichtshalber zu Hause zu bleiben, und überlegte, was er noch tun könnte. Den Wagen hatte er in der vorangegangenen Woche schon ausgiebig poliert, die neuen Radkappen waren montiert und der Wackeldackel ordentlich auf der Hutablage positioniert. Da er also alles bestens fand, entschied er sich für einen gemütlichen Nachmittag auf dem Sofa im Wohnzimmer. Als er eben die Garage verschließen wollte, sah er seine Nachbarin, Frau Wagner, oberhalb der Einfahrt vorbeigehen und plötzlich der Länge nach hinfallen. Er schaute belustigt zu ihr hin und lästerte ungerührt: „Was macht die denn für ein Ballett?" Es bestätigte gleichfalls seine Vermutung der Straßenglätte. Frau Wagner lag da und rührte sich nicht.

Er war jetzt doch erschrocken, und sein Blick fiel auf einen Eimer mit Streusalz, der neben ihm stand. Jetzt wurde es aber höchste Zeit. Vorsichtig tappte er seine Garageneinfahrt hinauf und kämpfte dabei selbst gegen den glatten Boden. Die Kälte arbeitete sich schnell durch sein kurzärmeliges Hemd. Beinahe wäre er neben seiner Nachbarin zu Fall gekommen, konnte sich aber fangen. Er stellte den Eimer neben Frau Wagner ab, die ihn grimmig anstarrte. „Sie wissen doch, dass Sie verpflichtet sind, Ihren Teil des Bürgersteiges zu streuen, Herr Schreckenberg!" „Frau Wagner! Ich dachte, Sie seien bewusstlos. Sie haben sich einen Moment lang gar nicht gerührt!" Er grinste ein wenig, als er bemerkte, dass Frau Wagner ihre missliche Lage dramatisierte. Maximilian entschuldigte sich und half ihr wieder auf die Beine. Frau Wagner schlurfte mit einem leichten Humpeln zum Geländer und schaute Maximilian zu, wie er das Streusalz verteilte. „Das ist dieses Jahr aber früh, diese überfrierende Glätte", bemerkte er leicht verlegen. „Blitzeis!", fügte er noch hinzu.

Die alte Frau drückte ihre rechte Hand gegen den Rücken und schaute drein, als ob sie am Sterben wäre. „Soll ich Ihnen ins Haus helfen?", bot Maximilian ihr an. Doch Frau Wagner schüttelte den Kopf. „Nein, das schaffe ich schon selber." Auf der Straße war zurzeit nur wenig Verkehr, die Leute trauten sich wohl bei diesen Straßenverhältnissen kaum hinaus. Einige Meter weiter stand bereits ein Lieferwagen quer auf der Straße, kurz dahinter drehten die Reifen eines Stadtbusses durch. Maximilian schmunzelte: „Das schau ich mir gleich vom Wohnzimmer aus an." Doch zuerst wollte er noch warten, bis Frau

Wagner sicher in ihrer Haustür verschwunden war. „Denken Sie daran, Herr Schreckenberg, achten Sie darauf, dass Sie Ihren Teil des Gehweges immer ordentlich räumen!" Sie humpelte schimpfend weiter, bis sie zu ihrem Teil des Bürgersteiges kam. „Sehen Sie! Hier kann ich sicher gehen, ohne hinzufallen!" Sie tänzelte ein wenig übermütig von einem Bein auf das andere. Maximilian schüttelte den Kopf. „Heuchlerische Ziege."

Er drehte sich um und schaute in seine Garageneinfahrt, nahm den Eimer mit dem Streusalz auf und ging hinein. „So, wie geplant, ab ins Wohnzimmer!", sprach er zu sich selbst und machte vorsichtige Schritte. Plötzlich rutschte er aus und schlidderte auf dem Rücken liegend die ganze Auffahrt hinunter, ehe er mit seinen Armen, die er schützend vor sein Gesicht hielt, gegen den Kofferraum seines Wagens knallte. Seine Beine lagen längs unter dem Mercedes. Der rollte, da keine Handbremse angezogen und kein Gang eingelegt war, gegen die Kellerwand aus Ziegelsteinen. Ein leiser, blecherner Ton erklang. Der Streusalzeimer rollte auf dem Boden und verteilte seinen Inhalt über die Garageneinfahrt. „So eine verdammte Sauerei!", schrie Maximilian wütend und rappelte sich langsam auf. „Das hätte ich auch anders haben können! Das ist die alte Wagner schuld, die dumme Nuss!" Aber immerhin war nun auch die steile Garageneinfahrt gestreut. Mit schmerzenden Armen ging er nach vorne, um sein Auto auf etwaige Schäden zu untersuchen. Langsam und sachte rollte er den Wagen zurück und begutachtete die Stoßstange aus Chrom. Besorgt kniete er sich vor den Mercedes nieder und sah sich alles ausführlich an. Er nahm eine batterieschwache Taschenlampe und leuchtete jeden Millimeter der Wagenfront ab. Da hatte er tatsächlich noch einmal Glück gehabt. Mit einem erleichterten Seufzer setzte er sich auf den Fahrersitz und fuhr den Wagen noch etwas weiter zurück. Diesmal entschied er sich dafür, die Feststellbremse zu benutzen; aus diesem Beinahe-Malheur wollte er gelernt haben. Er ging noch einmal zurück und öffnete die Motorhaube, legte sich auf den Boden und schaute darunter. Der Aufprall war von keiner allzu schlimmen Wucht gewesen, aber man konnte ja nie wissen. Doch wie sein Glück es an diesem Tage wollte, gingen die Batterien der Taschenlampe nun gänzlich zu Ende. „So ein verdammter Mist!"

Fluchend suchte er in seinen Werkbankschubladen nach Ersatzbatterien. „Nichts da, keine einzige volle Batterie!", brummte er und überlegte, wie er seine Blitzinspektion am schnellsten erfolgreich beenden könnte. Kurz darauf fand er ein Feuerzeug. Nicht optimal, aber besser als nichts. So lehnte er sich vor seinen Wagen und versuchte, ihn mit primitiven Mitteln zu überprüfen. Vorsichtig, ja fast zärtlich tastete er die Oberfläche ab. Die verchromte Stoßstange war wie neu. Das Feuerzeug ging ständig aus, was seine Laune nicht eben steigerte. Maximilian nahm sich vor, in Kürze für eine bessere Beleuchtung in dieser Ecke der Garage zu sorgen. Die Flamme ging immer wieder aus, obwohl der Gastank vollen Inhalt signalisierte. Allmählich vermutete er einen Durchzug und ging zur Garagentür. Als er gerade die Tür verschließen wollte, entdeckte er, wie Frau Wagner spitzbübisch zu ihm hinunterschaute. „Na, Schreckenberg, auch Sie fallen wohl mal auf die Nase!", rief sie kichernd. „Ach, lassen Sie mich doch in Ruhe! Sie alte Fregatte!" Sie kicherte immer noch spöttisch und deutete mit ihrem ausgestreckten Zeigefinger auf ihn. „Selber alter Seesack!" Danach verschwand sie. „Meine Güte, was geht die mir auf die Nerven!" Schreckenberg warf die Garagentür mit Schwung zu und ging zurück zu seinem Mercedesstern. „Vielleicht ist das ja der Grund, warum ich solo geblieben bin. Mein innerer Drang zum Überleben hat mich vor so etwas wie der Wagner gerettet!"

Mit dem Feuerzeug in der Hand suchte er weiter und stellte fest, dass es immer noch ständig ausging. „Die Garagentür ist zu, die Tür ins Haus ist auch zu." Er hielt das Feuerzeug hoch und bewegte es vor dem Kühlergrill auf und ab. Hielt er es in Höhe des Mercedessternes, brannte die Flamme, führte er das Feuerzeug tiefer, erlosch sie wieder.

Maximilian wunderte sich und wiederholte das Experiment, sondierte Millimeter für Millimeter, wo die Flamme brannte und wo nicht. Das würde ja bedeuten, dass irgendwo aus der Wand Luft käme; absurd! Um seiner Vermutung besser nachgehen zu können, hob er die Verkleidung des Feuerzeugs ab und drehte das Rädchen, an dem man die Flammengröße einstellte, auf Maximum. Nun brannte die Flamme mindestens fünf Zentimeter hoch. Mit diesem kleinen Flammenwerfer bewaffnet untersuchte er die Wand, aus der der vermeintliche Durchzug kam, und fand die fragliche Stelle an einem Ziegelstein, der ein wenig schief in der Wand zu sitzen schien. Er lag genau auf der Höhe der Stoßstange. Somit war ihm klar, dass der Aufprall des Wagens für den lockeren Stein in der Wand verantwortlich war. „Aber wieso zum Donnerwetter kommt da Luft raus?", fragte er sich laut. Dahinter konnte unmöglich eine Verbindung nach draußen sein. Er zermarterte sich sein Gehirn, ohne zu einer Antwort zu gelangen.

Das Feuerzeug war ziemlich heiß geworden. Nun wohnte er schon sein Lebtag hier, hatte aber noch nie daran gedacht, was wohl hinter den Mauern sein könnte. Das würde ja bedeuten, dass dort eine Verbindung nach draußen wäre, wenn da von oben Luft durchkommt. Er versuchte sich bildlich vorzustellen, was da sein könnte. „Auf der einen Seite des Hauses ist der Garten, und auf der anderen Seite, hinter dem Garten, liegen wieder andere Häuser. Vielleicht gibt es ja eine Verbindung zwischen denen." Er rieb sich die Hände. Vielleicht eine Verbindung wie zwischen alten Nonnen- und Mönchsklostern? Er musste grinsen. Mindestens 500 Meter würden es bis zu den anderen Häusern sein. Er bückte sich vor den Stein und zog vorsichtig daran. Er fiel zu Boden. Jetzt stocherte er weiter und hielt kurz darauf einen zweiten Stein in der

Hand. In der Hoffnung, dass nicht gleich die ganze Garage in sich zusammenfiel, schaute er prüfend zur Garagendecke hoch.

Doch seine Suche wurde durch das Klingeln der Türglocke unterbrochen.

Wer störte ihn denn nun schon wieder, jetzt, wo es gerade spannend wurde? Verärgert ließ er den Stein zu Boden fallen. Er marschierte, laut und deutlich mit seinen Füßen auftretend, die Holztreppe hinauf. Gespannt, wer ihn ausgerechnet jetzt störte, drückte er die Türklinke mit Schwung und grimmigem Blick herunter, um kurz darauf in die Augen eines kleinen Mädchens zu schauen. Das kleine Mädchen war die Enkeltochter von Frau Wagner, die kleine Susanne. Sie hielt etwas kleines Braunes in der Hand. Erschrocken sah Schreckenberg darauf. Es war sein neues Portemonnaie. Er hatte es bei dem Versuch, der alten Wagner aufzuhelfen, verloren. „Danke, vielen Dank. Das habe ich wohl verloren, als ich der Alten, äh deiner Oma geholfen habe, wieder auf die Beine zu kommen." Das Mädchen blieb ernst und Maximilian lächelte verlegen.

Zur Belohnung wollte er dem Kind etwas schenken. Angestrengt ließ er seinen Blick durch den Flur schweifen. Er ging los, eine Süßigkeit zu suchen. Das fehlte ihm jetzt noch, gerade jetzt, wo er doch darauf brannte, wieder in den Keller zu kommen. Er musste die Kleine rasch loswerden, fand jedoch nichts. Im Flur stehend hob er die Hände hoch und zeigte seine Handinnenseiten, um anzudeuten, dass nichts da war. „Dann suchen Sie doch weiter!" Susanne war hartnäckig. Geld! Damit sind diese kleinen Blagen ruhig zu stellen! Er ging zurück in den Flur und suchte in seiner wiedergefundenen Geldbörse nach Geld. „So ein verdammter Mist! Ich wollte ja zur Bank gehen!" Er erklärte, dass er weder Geld noch Süßigkeiten im Hause hatte. „Dann geben Sie sich Mühe und geben Sie dem Kind was anderes!" Nun wusste er, was los war. Frau Wagner stand unten am Treppenanfang und wachte darüber, was

ihrer Enkelin widerfuhr. „Diese alte Hexe und dieses Balg!",
dachte er sich und hätte am liebsten die Türe zugeworfen.
„Wieso sind Sie denn so nervös? Haben wir Sie vielleicht
gerade bei etwas Verbotenem erwischt? Machen Sie wieder
einen Ölwechsel in den Kanal?", stocherte Frau Wagner in
Schreckenbergs offensichtlicher Hast herum. Der kramte
schließlich in der Küche in seinem Lebensmittelschrank
und fand eine Packung Kekse. Susanne ahnte nicht, wie
weit, weit hinten er in dem Lebensmittelschrank greifen
musste, um etwas zu finden. Dass da noch etwas war,
wunderte ihn selbst am meisten. Schnell griff er nach der
Kekspackung und wischte den Staub ab.

Zackig schnell ging er damit zur Haustür, wo sich das
etwa siebenjährige Mädchen neugierig umschaute. „Schickt
dich deine Oma vor, um mein Haus auszuspionieren?"
„Was bedeutet das?", fragte die Kleine und griff nach den
Keksen. „Danke!", fügte sie hinzu und schaute an
Maximilian vorbei. „Na Kleine, jetzt geh zu deiner Oma!" Er
versuchte, sie in Richtung Haustür zu schieben, als Oma
Wagner sie auch schon zu sich rief. „Sind das die billigen
vom Aldi? Lass mich mal sehen, ob das Haltbarkeitsdatum
noch nicht abgelaufen ist! Das traue ich dem
Schreckenberg zu!" Susanne stand vor der Haustür und
hörte diese ins Schloss fallen. „Ja, Oma, die sind abgelaufen!", rief sie zu ihr. Aber Maximilian war bereits
wieder im Keller. Auf die Türklingel reagierte er vorerst
nicht mehr.

Behende wie ein kleines Kind hüpfte er die Treppe
hinunter in die Garage, wo er sich seinen Blaumann überzog. Dann nahm er eine kleine Schaufel und einen Besen.
Vorher bedeckte er allerdings seinen Wagen mit einer alten
Decke, damit kein Staubkorn oder Schlimmeres daran-
käme. Vorsichtig kniete er vor dem kleinen Loch nieder,
das sich in seinem Keller aufgetan hatte. Seine Gelenke
knackten. Maximilian dachte einen Moment nach, ob es
wohl klug sei, seinen Arm in die dunkle Öffnung hineinzu-

stecken. Was wäre, wenn sich Horden von Spinnen auf ihm niederließen? Er lachte. Langsam tastete er sich mit der Hand voran. Er presste seinen gesamten Oberkörper mit der halben Schulter in die kleine Öffnung, hob den Arm auf und ab und tippte einmal kurz auf den sandigen Boden. Dann verspürte er auf einmal diesen leichten Windstoß. Es lagen genau zwei der roten Ziegelsteine vor ihm auf dem Boden. Sollte er es wagen? Er überlegte, ob er noch mehr dieser Ziegel herausbrechen könnte, um nachzusehen, was da nun für den Durchzug sorgte. Doch noch lehnte er sich abwartend zurück und grübelte, während er auf seinen Wagen starrte. Er dachte zurück an das alte Haus, in dem der Laden gewesen war. Das Haus in der Moselstraße. Dort hatte es auch einen Keller gegeben, der allerdings nur sehr klein und beengt gewesen war und wo er als Kind manchmal gespielt hatte, ehe später die Heizungsanlage installiert worden war. Und einmal hatte er dort im Boden einen Knochen gefunden, als er so zehn Jahre alt gewesen war.

Die erste Zeit danach hatte er Angst davor gehabt, wieder hinunterzugehen. Sein Vater fand aber heraus, dass es sich nur um den Knochen eines Tieres handelte. „Was ganz Harmloses, Kleiner!", hatte sein Vater gemeint und den Knochen hier im Garten des Hauses in der Tempusstraße vergraben. Aber seitdem hatte der Keller in der Moselstraße etwas Unheimliches für ihn gehabt.

Doch das hier kitzelte seine Neugierde. Was sollte daran schon unheimlich sein? Maximilian machte einige Verrenkungen und fuchtelte in der Öffnung herum, bis seine Hand in einen Haufen aufgeschütteter Erde fasste. Er steckte seine Finger hinein, und von oben rutschten Dreck und Sand auf die Handoberfläche. Rasch zog er sie heraus und sah den rötlichen Sand auf seiner Hand. Mit seinem Feuerzeuglicht versuchte er, sich ein Bild davon zu machen, was hinter der Mauer lag. Doch leider brannte das Feuerzeug immer nur sehr kurz und wurde vor allem sehr schnell sehr heiß. Der Durchzug ließ die Flamme zudem immer wieder ausgehen. Aber Maximilian wollte es nun genau wissen. Schnell streifte er ein paar Arbeitshandschuhe über und schon bald waren weitere Steine aus der Wand entnommen. Ein etwa 40 mal 40 Zentimeter großes Loch lag vor ihm. Mit seiner Hand konnte er ganz leicht den aufgetürmten Berg Sand und Erde, der hinter der Wand lag, bearbeiten.

Er steckte mit seinem gesamten Oberkörper in der Wand und schob mit der Hand den Sand zur Seite. Mit der größeren Öffnung kam auch mehr Licht aus dem Keller hinein, er konnte ein wenig mehr erkennen. Es sah so aus, als ob eine Wand hinter der gemauerten Kellerwand zusammengefallen wäre, überall lagen Steine herum. Schreckenberg unterbrach seine Forschertätigkeit und dachte darüber nach, welchen Schritt er als nächsten unternehmen sollte. „Wie an den Filmstellen, an denen kurz darauf die Monster auftauchen! Das in Trier? Monster aus einem Loch hinter einer Wand in einem Keller? Genau, ein Untier steigt da aus dem Höllenfeuer. Nette Vorstellung, wo die Untiere doch höchstens von einem Haus nebenan herkommen! Vielleicht wurde hinter der Kellerwand etwas versteckt?" Er dachte auch an eine Ausspülung des Bodens, die über mehrere Jahre entstanden sein konnte, weil dort Regenwasser durchgelaufen war und den gesamten Boden ausgewaschen hatte. Mit dem Feuerzeug kam er jedenfalls nicht weiter, und es wurde ihm klar, dass er eine Taschenlampe brauchte, um weiterzusuchen. Und das bedeutete, dass er sein Haus verlassen musste.

Er hastete zurück in seine Wohnung, zog sich um und ging nach draußen. Vor der Tür schaute er besorgt auf die Straße, wo noch immer Glatteischaos herrschte. Er dachte kurz darüber nach, noch zu streuen, doch ein Blick in alle Richtungen zeigte ihm, dass es sonst auch niemand tat. Jeder streute morgens schnell und dann den ganzen Tag über nicht mehr. Es war zwar leichtsinnig, sich heute drauße zu bewegen, aber Maximilian hatte es eilig. Er schaut rechts die Straße hinauf. „Wenn der alte Elektroladen von Kaurisch noch da wäre, dann hätte ich meine Batterien etwas schneller gehabt." Er musste allerdings auch noch Geld auf der Bank abheben gehen. Er zog seinen Mantel fest zu und marschierte los. Frau Wagner schaute mit ihrer Enkelin am Fenster zu, wie Maximilian Nikolaus Schreckenberg an ihrem Haus vorbeiging. „Glotzt ihr nur! Ihr Monster von nebenan!" Schnell verschwand er aus ihrem Blickfeld.

Als er in die Kaiserstraße einbog, präsentierte sich ihm das Verkehrschaos in seinem ganzen Ausmaß. Ein Stadtbus stand neben dem anderen, Pkws radierten ihre Reifen auf das Eis, Transporter drehten Pirouetten. Mit der rechten Hand an einer Mauer, einem Geländer oder an einem Baum hangelte er sich vorwärts, immer mit der Gefahr vor Augen, auszurutschen und sich der Länge nach hinzulegen. Es dauerte eine Weile, ehe er mit einer Großpackung Batterien wieder zu Hause war. Frau Wagner und Susanne sahen wieder zu, als er zurückkehrte, und grinsten. „Na, ihr Hexen, habt wohl gedacht, dass ich mich wieder auf die Fresse lege!" Er hielt die Tüte triumphierend in die Luft – und rutschte prompt aus. Vor den Augen der alten Wagner. Die Batterien kullerten aus der Tüte und rollten in alle Himmelsrichtungen, Schreckenberg fluchte vernehmlich. „So eine verdammte ..., wessen Bürgersteigabschnitt ist das denn hier? Der von der Wagner!" Er drehte sich zur Seite, um dann langsam aufzustehen, doch das misslang ihm. Er verlor die Balance und kniete auf allen vieren, geradeaus auf den Bürgersteig schauend. Die Tür bei Frau Wagner öffnete sich langsam und sie sah vorsichtig heraus. „Oma!", flüsterte ihre Enkeltochter. „Sollen wir dem Mann nicht helfen?" Frau Wagner schaute wenig glücklich. „Merkwürdig, da hat es wahrscheinlich wieder gefroren!"

Sie nahm einen Eimer mit Streusalz und tappte vorsichtig Richtung Maximilian, der sich nach und nach wieder aufrichtete.

„Na, dann steht es ja wieder eins zu eins", sagte Frau Wagner zu Susanne. Doch Maximilian fand das gar nicht lustig. Fluchend sammelte er seine Batterien ein und machte sich vom Ort des Unfalls auf und davon. Er würdigte seine Nachbarin keines weiteren Blickes.

Frau Wagner sagte zu Susanne, dass der Herr Schreckenberg äußerst sauer sei. Die schaute ihre Großmutter an. „Oma, was für ein Spiel spielt ihr denn?" Nach einigem Zögern antwortete sie. „Das ist kein Spiel." „Was ist es dann?", fragte sie erneut, doch die Oma ging nur mit einem unverständlichen Gesichtsausdruck weiter. „Spiel, Spiel ... das ist schon immer so gewesen."

Bald darauf fand Schreckenberg sich in seinem warmen Wohnzimmer wieder. Hier verbrachte er die meiste Zeit. Rechts auf einem Tisch hatte er seinen Fernseher aufgestellt und davor einen Wohnzimmertisch mit Marmorplatte. Zum Sitzen lud ein tiefes Sofa ein. Kein Sessel, kein Stuhl, einfach nur sein Zweisitzersofa, das genügte ihm. An der Wand stand ein großes Bücherregal, randvoll mit Fachliteratur über alte Mercedesfahrzeuge und Trevirensiae. Hier fand sich alles von Rang und Namen der Trierer Literatur wieder: Gottfried Kentenich, Emil Zenz, Gottfried Strasser und Paul Steiner. Am liebsten blätterte er durch die „Geschichte der Stadt Trier" von Gottfried Kentenich. Er besaß sogar eine der selten gewordenen Erstausgaben von 1915.

Da er nun aber noch einiges vorhatte, schlüpfte er schnell wieder in seinen Blaumann, nahm die Batterien und marschierte voller Tatendrang los. Rasch hatte er die Taschenlampe mit den neuen Batterien versehen und kniete auch schon wieder vor dem Loch in der Wand. Um sich ein genaueres Bild von dem noch Unbekannten dahinter zu verschaffen, entfernte er vorsichtig und mit einigen Mühen weitere Steine aus der Wand, streckte seinen Oberkörper in das Loch und zerstörte damit einige größere Spinnweben. Mit einer Schaufel beseitigte er den Hügel im Tunnel, der Sand fiel links und rechts zur Seite. Diverse größere Steine schob er mit der Schaufel zur Seite. Er verharrte einen Moment lang. Was sollte er tun? Maximilian zog sich wieder aus der Öffnung heraus und begutachtete den schmalen Eingang hinter seinem Keller. Langsam, mit Bedacht zog er einen weiteren Stein aus der Mauer. Ehe er sich versah, stapelte sich ein beachtlicher Haufen Ziegel vor dem Mercedes. Nun war es möglich, auf allen vieren hinter die Kellerwand zu gelangen. Er musste sich zwar ein wenig ducken, aber nachdem Maximilian sich das erste Mal den Kopf gestoßen hatte, vergaß er auch das nicht mehr. Seine mit neuen Batterien aufgeladene Taschenlampe warf ihren Lichtkegel auf den geplätteten Sandhaufen. Zwischen den Spinnweben konnte er nichts erkennen, mit der Hand voraus zog er sie zur Seite.

Seine Knie sackten ein wenig in den Sandberg ein, sein Blick ging so weit die Taschenlampe leuchtete. Er streckte die Arme aus und berührte sachte die rauen Wände links und rechts. Schichten aus Erde, Steinen und Geröll zeigten einen Querschnitt der Lagen. Maximilian schaute gebannt auf die Wand, bis zu diesem Moment. Er erstarrte. Deutlich verspürte er den Luftzug. Das war das Zeichen, das ihn hinter die Kellerwand gelockt hatte. Nachdenklich betrachtete er sich den Haufen Sand und Dreck, den er mittlerweile aus dem Loch befördert hatte, dann maß er mit raschem Blick die Wand hinauf bis zur Decke ab. Er machte sich schon ein wenig Sorgen darum, ob alles zusammenbrechen könnte. Vor allem das Wohl seines Wagens lag ihm am Herzen. Was wäre, wenn ein solider Steinbrocken auf das Dach fallen würde? Er schlug bei diesem Gedanken die Hände über dem Kopf zusammen. Dass ihm selbst etwas passieren könnte, kam ihm überhaupt nicht in den Sinn. Vielleicht sollte er den Wagen besser vorher in Sicherheit bringen? Dass er weiterforschen wollte, was es da mit diesem seltsamen Loch auf sich hatte, stand für ihn bereits fest. So eine interessante Abwechslung, und das schön für sich alleine, das fand er doch höchst willkommen. Aufgeregt rieb er sich die Hände, seine Wangen glänzten rot und frisch. Nicht eine Sekunde dachte er an die Möglichkeit, dass sich hieraus ein gefährliches Unterfangen entwickeln könnte.

8

Eine Geruchsmischung aus Feuchtigkeit und Moder, vor allem aber altem Staub setzte sich in Konters Nase fest. Vielleicht lag es vor allem an Letzterem, dass er sein Bewusstsein wiedererlangte. Seine Hände griffen in feinen Staub und Dreck, schoben ihn zur Seite und spürten den glatten Boden. Unter seinen Handballen knirschte und rieb der Sand. Seine Beine meldeten sich wieder, mit pochenden Schmerzen, die seinem Verstand zuriefen, dass er wohl noch lebte, sich aber in einer mehr als misslichen, wenn nicht sogar aussichtslosen Lage befand. Auf dem Rücken liegend streckte er seinen Kopf langsam nach vorne, drehte ihn hin und her.

„Bin ich denn blind geworden?", rief er erschrocken aus und blinzelte, doch er sah nichts. Panisch überlegte er, wo er sein könnte und rief um Hilfe, immer wieder und lauter. „Hilfe! Hilfe!" Doch niemand hörte ihn, außer vielleicht ein paar dicken Spinnen oder Ratten. Seine Stimme verhallte ungehört im Nichts des befremdlichen Ortes, an dem er sich befand. Traurig ließ er seinen Kopf hängen. „Wo bin ich hier? Lebe ich noch? Wie lange bin ich schon hier?" Fast dachte er, dass seine eigene Stimme etwas Tröstliches hatte, hier in dieser Finsternis. Mit seiner rechten Hand tastete er langsam zu seinem rechten Bein. Au! Verflixt! Das waren Schmerzen! Ganz langsam versuchte er, sich zu bewegen. Wenn er nur etwas hätte sehen können, doch er hatte weder Taschenlampe noch Feuerzeug. Ohne Licht glaubte er, durchzudrehen. Orientierungslos, hilflos und mit kaputtem Bein, schlimmer hätte es nicht kommen können. Langsam dämmerte ihm aber wieder, was geschehen war, und sein Hirn wob die Einzelheiten zu einem Ganzen zusammen. Er war von Friedhelm in das Loch in der Nordallee geworfen worden! Er konnte es nicht glauben, dass Friedhelm tatsächlich dazu in der Lage gewesen war. „So ein Schwein!", dachte er sich. Er hatte nicht aufgepasst, hätte sich nicht auf dieses Spielchen von Sonnen einlassen dürfen. Ein scharfer Schmerz unterbrach seinen Gedanken, doch er zwang sich dazu, seine Überlegungen fortzusetzen. Otto Sonnen hat ihn loswerden wollen, und das ganz bequem, ohne Spuren zu hinterlassen. Wie naiv war er doch gewesen, sich auf das alles einzulassen. Er konnte sich freuen, überhaupt noch zu leben, grenzte es doch beinahe an ein Wunder, dass er den Sturz überstanden hatte. Hektisch kramte er in seiner Jackentasche nach einer Lichtquelle, fand aber nur ein Geldstück. Obwohl er immer gerne in Höhlen geklettert war, hatte er eine solche Situation noch nie erlebt. Wenn er seine Beine wirklich gebrochen hatte, so war er hier unten ohne fremde Hilfe verloren. Dann hätte Otto Sonnen doch noch gewonnen. Doch für Reue war es nun zu spät. Es war seine Idee gewesen, er hatte hier unten Nachforschungen anstellen wollen. Konter versuchte, sich zu entspannen. Als er mit den Armen die Umgebung abtastete, berührte er etwas und zuckte zusammen. Dann erkannte er den Gegenstand, es war seine Aktentasche. Freudig überrascht griff er nach ihr und drückte sie fest an sich, umklammerte sie und nutzte sie als eine Art Kopfstütze. Er starrte nach oben und überlegte, was er wohl sehen würde, wenn er hier Licht hätte. Und wie lange er wohl hier würde überleben können? Auf keinen Fall durfte er hier einfach so liegen bleiben.

Plötzlich hörte er etwas. Er hielt den Atem an und lauschte. Wassertropfen? Seltsam gefasst versuchte er, sich eine Strategie zurechtzulegen, doch es wollte ihm nichts einfallen. Ob dieser Friedhelm gewusst hatte, was für ein grausames Ende er ihm da bereitete? Wenn nur die Beine nicht so schmerzen würden, könnte er über den Boden kriechen und versuchen, das alles hier zu erkunden. Aber ohne Licht? Da fiel ihm wieder etwas ein, und er griff in seine Aktentasche. Er erinnerte sich an seinen Schlüsselbund und an die Photonenpumpentaschenlampe, die er dort befestigt hatte. Es war nur ein Werbegeschenk, aber so praktisch. Tastend fischte er in seiner Tasche nach dem Bund. Er musste da drinnen sein. Hätte er ihn in der Hosentasche gehabt, wäre er Friedhelm wohl entkommen. Da hatte er sie, endlich hielt er die kleine Taschenlampe in der Hand und atmete erleichtert auf. Angeblich sollte die viele Stunden brennen, jetzt konnte sie sich bewähren. Vor Aufregung über das, was sich ihm wohl gleich bieten würde, zitterte er und tastete nach dem Schalter der kleinen Lampe. Endlich fand er den Einschaltknopf. Auf dem Rücken liegend hielt er die Lampe nach oben, so dass der Lichtkegel gegen die Decke fiel, und dort erblickte er rauen, von Menschenhand bearbeiteten Felsen. Langsam, ganz langsam ließ er das Licht an der Decke entlang wandern und fand eine gemauerte Wand, schwere Sandsteinquader bildeten den Abschluss der Höhle. Sandsteine hier unten, eine Mauer? Das kam ihm aber doch sehr seltsam vor. Unter Schmerzen drehte er sich zur Seite und inspizierte diese nun. Links und rechts war wenige Meter neben ihm ebenfalls behauener Fels zu sehen. Alles kam ihm wie ein Abwasserkanal vor, aber größer und aufwendiger gestaltet. So, als ob hier aufrecht gearbeitet und sich fortbewegt werden sollte. Geradeaus leuchtete er ins scheinbar Unendliche. Konter wunderte sich sehr und fragte sich, wie groß der Raum hier unten wohl sein mochte und was sich hier noch befinden würde. Seine Neugierde wuchs.

Für den Dauereinsatz fand er diese Taschenlampe aber wirklich nicht ausgelegt. Das Licht war letztlich viel zu dunkel. Konter mühte sich Zentimeter um Zentimeter ab – drehte sich, rollte mal oder robbte auf den Ellbogen vorwärts über den glatten Boden. Irgendwo musste doch ein Ausgang sein. Er konnte sehen, dass auf dem Boden hier unten Steinplatten verlegt waren. Seine Konzentration richtete sich darauf, das Ende dieses Tunnels zu finden und damit vielleicht auch einen Ausgang. Nachdem er einige Meter vorwärts gerobbt war, fiel ihm ein, dass er die Wand am Ende zwar gesehen, sie aber nicht auf einen möglichen lockeren Stein oder sonstige Anzeichen eines Ausganges hin untersucht hatte. Seine Kriechspuren waren in der dicken Staubschicht deutlich zu erkennen, und die Schmerzen ermahnten ihn, vorsichtig zu sein.

Tastend streckte er seine Hand aus und klopfte die Wand ab, so weit er kam. Aber alles machte zu seiner Enttäuschung einen soliden Eindruck, ohne versteckte Öffnungen oder Türen. Auch die Fugen waren fest und glatt. Die Wand reichte beinahe zwei Meter hoch; so hoch war der Stollen, in dem er sich befand. Es war keine Öffnung zu erkennen, aber mit dieser kleinen Taschenlampe war das keine Überraschung. Zitternd flatterte der Lichtkegel an der Wand entlang. Die Suche blieb erfolglos. Ernüchtert und erschöpft drehte er sich um und lehnte sich gegen die Wand. Der Tunnel führte hier mit einer leichten Steigung weiter, bis zu dieser Mauer. Aus irgendeinem Grund wurde der Zugang zu diesem Tunnel zugemauert. Die Schmerzen in seinen Beinen hatten ein wenig nachgelassen, er hatte aber immer noch Angst davor, aufzustehen, mit der Gefahr vor Augen, dass noch schlimmere Schmerzen ihn wie ein unerwarteter Hieb träfen.

Um die Batterie zu schonen, ließ er seine Hand von der Taschenlampe gleiten und machte eine Pause. „Genau das ist es, was ich mir mein Leben lang immer gewünscht habe: In meiner Heimatstadt unterirdisch zu verrecken. Toll,

Konter. Hast du prima gemacht! Wenn ich gleich da auf der anderen Seite nichts finde, dann ist es aus und vorbei." Wieder sprach er zu sich selbst. Ohne etwas zu sehen, drehte er seinen Kopf nach rechts. Die Wange schrammte nun an der kalten Sandsteinmauer entlang. „Hilfe! Hallo! Ist da jemand? Ich bin hier unten eingeschlossen!" Er wiederholte seine Hilferufe, brüllte förmlich, musste aber irgendwann aufgeben. „Jetzt kann ich nur hoffen, dass mich jemand gehört hat. Ich kann jetzt nur noch beten." Er faltete seine Hände und schaute nach oben. „Hallo Gott", flüsterte er. „Kannst du mich sehen?" Er blickte einige Momente lang hinauf. „Nein, du kannst mich nicht sehen. Aber wie geht es nun weiter?" Er ertastete die kleine Taschenlampe. Von weitem hörte er wieder diesen Ton, der sich wie ein Regentropfen in einem großen See anhörte. „Vielleicht kann ich mich ja ersaufen, das geht bestimmt schneller, als hier bei vollem Verstand zu verhungern. Wie lange überlebe ich hier? Mit kaputten Beinen und ohne Essen? Aber ich habe ja noch einen Versuch, ich werde in die andere Richtung kriechen und mal nachsehen, was da ist." Er umklammerte seine Taschenlampe und machte sich auf den Ellenbogen auf den Weg in diese Richtung. Ohne dass es ihm bewusst war, gaben ihm seine vermeintlich gebrochenen Beine Halt und drückten ihn weiter nach vorne. Die Schmerzen hielt er tapfer aus, in der Hoffnung auf einen guten Ausgang des Abenteuers.

Vor Staub hustend rutschte er an seiner Aktentasche vorbei, weiter bis zu der Stelle, an der er sich eben umgewandt hatte, und warf auch einen Blick in das Loch in der Decke, aus dem er in die Höhle gefallen und das für ihn unerreichbar hoch war. Mit der Taschenlampe leuchtete er; es waren weder eine Leiter noch Kerben in der Mauer zu sehen, die als Kletterhilfe hätten dienen können. Der Lichtkegel zuckte für wenige Sekunden durch den Tunnel und gab immer wieder dasselbe preis, einen halb ovalen Tunnel, grob behauen, und Spuren der Menschen, die anscheinend mit einfachen Werkzeugen unterhalb der Stadt Trier in die Tiefe gearbeitet hatten. Einen Gegensatz dazu bildete der Boden, der mit gleich großen Sandsteinplatten belegt war und wie gepflastert wirkte. Ansonsten gab es hier unten nichts, vielleicht auch keinen Ausgang. Ein wenig sah das für Konter wie ein nur halb fertig gewordener Tunnel aus. Er war gespannt, was er gleich zu sehen bekommen sollte, Gold hatte er jedenfalls noch keins erblickt. Er hielt inne und lauschte den Tropfen, gleich musste er an der Quelle des Geräusches angekommen sein. Ab und zu schaute er sich die Stollenwand an, alles war gleichmäßig. Er mutmaßte, dass die Nazis das hier als unterirdische Bunkeranlage gebaut hätten. Die hatten doch wie verrückt vor und im Krieg unterirdische Bunker angelegt. Überall gab es riesige, unfertige Anlagen, die man erst jetzt wiederentdeckt hatte. Es würde ihn also gar nicht wundern, wenn er gleich das erste Hakenkreuz zu sehen bekäme. Daran hatte er noch gar nicht gedacht. War das etwa der Grund dafür, dass sie in den städtischen Archiven nichts gefunden hatten? Er erinnerte sich an die Sache mit dem Toplitzsee. Einen Moment lang hielt er inne und sorgte sich ob seiner blödsinnigen Gedanken. „Nazigold", er lachte. Vielleicht lagen hier Unmengen an Gold versteckt. Nach dem Zusammenbruch des Dritten Reiches verschwanden kistenweise Schätze und wurden so gut versteckt, dass sie bisher nicht entdeckt wurden. Konter schwelgte in diesem Gedanken.

Er kroch weiter und schöpfte die leise Hoffnung, dass seine Beine vielleicht doch in einem besseren Zustand waren, als er anfangs angenommen hatte. Schmerzen hatte er immer noch, wenngleich auch nicht mehr ganz so schlimm wie vorher. Immer noch vernahm er das gleichmäßige Tropfen. Plötzlich hielt er erstaunt inne, denn da war auf einmal ein Hindernis. Es waren Steine und es sah aus, als ob ein Teil der Decke hier eingestürzt wäre. An einem der großen Felsbrocken, die den Durchgang blockierten, zog er sich hoch und kletterte mühsam darüber. Das hatte ihm gerade noch gefehlt. Um besser voranzukommen, musste er die Taschenlampe ausmachen. Er benötigte beide Hände, um den Steinhaufen zu überwinden, der bis zu einer Höhe von einem Meter vor ihm lag. Die Steine waren ziemlich spitz und hatten scharfe Kanten, und ehe er sich versah, hatte er sich auch noch seine Hand aufgeritzt. „Besten Dank!", zischte er zynisch und zog sich hoch, um den Felshaufen zu erklimmen. Noch traute er sich allerdings nicht, sein gesamtes Körpergewicht auf den Beinen abzustützen, sondern hangelte sich vorsichtig mit den Armen weiter. Auf der Spitze der Felsbrockenaufschüttung angekommen, rutschte er ab und kullerte mit einem Aufschrei auf die andere Seite. Heftig fluchend lag er nun wieder, wie nach seinem ersten Sturz, rücklings auf dem Boden. Seine Hände waren durch die scharfen Felskanten aufgeschnitten, er spürte das Blut, das langsam aus den Wunden rann. Dann riss er ein Stück seiner Jacke ab und verband sich provisorisch. Mehr konnte er nicht tun. So lag er wieder da, in einer Situation der Aussichtslosigkeit. Er schloss die Augen, lauschte den Tropfen und wartete auf den Moment, der aus seinem Inneren sagte: „Lass es sein, bleib liegen und stirb." Oder ihn stattdessen doch eher anfeuerte: „Los, schwing dich auf und versuche das Rätsel zu lösen!" Er öffnete die Augen, schaute wieder ins Dunkel. Zur Sicherheit ertastete er die kleine Taschenlampe in seiner Hosentasche. Sie war noch da, für was sollte er sich entscheiden?

Sein Lebenswille siegte klar. Entschieden nahm er seine Lampe wieder auf und ließ den Lichtkegel um sich kreisen. Doch der vermeintliche See entpuppte sich lediglich als Rinnsal. Da war kein See. Vor ihm, etwa zehn Meter weiter im Tunnel, tropfte Wasser von der Decke und bildete auf der Länge von einigen Metern ein schmales Rinnsal. Da witterte er Gefahr. War dort vielleicht ein Stück der Schieferdecke eingestürzt? Er schaute hinter sich und sah, dass er fast im Wasser gelegen hatte. Der Grund für diesen Felsrutsch war also wohl das Wasser gewesen. Der Lichtstrahl ging auf die Tunneldecke, Wasser rann dort am Fels vorbei und ließ die Wand wie einen glänzenden Spiegel erscheinen. Etwas sagte ihm, dass er schnellstens von hier fort sollte. An dem Rinnsal musste er vorbei und nachsehen, was danach kam. Nur nicht aufgeben, weiterkommen. Er rutschte weiter über den Boden, er versuchte die Distanz zu erfassen, die er zurückgelegt hatte. Er wusste nicht genau, ob es hundert oder dreihundert Meter waren. Das rasche Vorankommen begründete er mit dem leichten Gefälle, das ihm den nötigen Antrieb gab, weiterzukommen.

Und seine Willensstärke wurde belohnt. Mit großen Augen sah er endlich etwas, das die Hoffnung auf eine richtige Entdeckung näher rücken ließ. Erblickte er da nicht das Ende des Tunnels? Als er dort schließlich angelangt war, fand er eine schmale Öffnung, die eine Treppe preisgab. Ulrich Konter war überrascht. Wo die wohl hinführte? Staunend leuchtete er die Treppe hinunter, deren Stufen aus behauenem Sandstein waren. Der Durchgang hatte normales Türformat und war sauber aus dem Felsen herausgemeißelt. Er rutschte auf die erste der Stufen und drehte seinen Kopf zur Seite. Fast schien es ihm, als ob der Tunnel hinter ihm nur so eine Art Zubringer war. Genau das war es, was er Sonnen hatte klar machen wollen: dass hier herunter Fachleute gehörten! Was mochte das sein, neuzeitlich, römisch, oder was? In Trier fanden sich praktisch überall römische Spuren unter der Erde. Bei beinahe jedem Hausbau konnte man etwas finden, eine Thermenanlage, ein Mosaik, Hausfundamente. Nun musste er auf einmal schmunzeln. Er kannte jemanden, der bei der Fundamentlegung für eine Garage in der Innenstadt „altertümlichen Müll" im Garten gefunden hatte. Der hatte daraufhin zwei starke Männer vom Bau besorgt und mit denen in einer Nacht- und Nebelaktion die Mauerreste in tausend Teile zerschlagen.

Doch an dieser Stelle war bislang noch nicht so tief gegraben worden, sonst hätte man den Tunnel und die Treppe entdecken müssen.

Konter vergaß seine missliche Situation, er wollte nicht aufgeben. Weiter ging es, die Stufen hinunter, auf dem Hintern über die Sandsteinoberfläche rutschend, dabei verlor seine Jacke einige Knöpfe. Trotz der schweren, wärmenden Jacke kroch die Kälte immer deutlicher in seine Knochen. Es war kalt. Von irgendwoher kam ein schwacher Windzug, der das winterliche Klima von jenseits der Erdoberfläche zu dem klammen Diesseits addierte. Mit der kleinen Taschenlampe in der Rechten und mit der Linken abgestützt, ging es Stufe für Stufe, Meter um Meter tiefer in den Untergrund der Stadt Trier, einer Stadt mit einer mehr als 2000-jährigen Geschichte. Jede einzelne Treppenstufe erinnerte Konter an seine verletzten Beine. Doch Überlebenswille und Neugierde waren stärker.

9

Da saßen sie nun, in Otto Sonnens Wagen. Er und Truske-Schmittmeier schauten wie zwei eingesperrte Kaninchen aus dem Fenster. Ihre Köpfe bewegten sich hin und wieder zur Uhr, die sich in der Mitte des Armaturenbrettes befand. Otto Sonnen hatte sich in seiner Zeitplanung vertan. Von Trier aus war man schnell am Internationalen Flughafen Luxemburg-Findel, und trotz einem Tankstopp waren sie deutlich zu früh am Ziel. Über ihren Köpfen rauschten die Touristentransporter auf und ab, und der Minutenzeiger bewegte sich kaum, war wie angeklebt. Das Autoradio dudelte Musik vor sich hin, zu leise, um zu verstehen, was da gerade lief.

Zusammen warteten sie auf ihren Gast, die Person, die bei der Erforschung des unbekannten Trierer Untergrundes helfen sollte. Sonnen setzte große Hoffnungen auf die fremde Hilfe. Er hatte seiner Kollegin nicht viel erzählt, nur gegrinst, wenn sie ihn nach der Person fragte. Bruni fragte sich inständig, was das nun wieder zu bedeuten hatte. Sonnen erzählte lediglich, dass die Person, die da gleich ankommen würde, ein wenig seltsam sei. Bruni fragte, was er damit meinte. Schließlich verhielt er sich ja auch öfter mehr als nur seltsam. „Was bedeutet das?" Sie schaute Otto an. Dieser wippte ein wenig nervös auf dem Fahrersitz hin und her. Er grinste erneut. „Wie soll ich das nur erklären? Wie stellen Sie sich ihn denn vor?" Brunhilde hob die Schultern. „Wie soll ich mir den vorstellen? Er wird zwei Beine haben, einen Kopf, zwei Arme, vielleicht sieht er ja aus wie ein alter, wirrer Professor mit Pfeife und langem, weißen Bart." Sonnen lachte. „Das meinte ich nicht damit." „Was meinten Sie dann? Benimmt er sich merkwürdig? Hat er einen absolut irre komischen Sprachfehler, oder grabscht er Frauen immer an die Brüste? Ist er kriminell? Ist es das?" „Kriminell? Vielleicht? Wer ist das nicht?" Sonnen sprach erst leise, lachte auf einmal laut auf. „Was denken Sie eigentlich, was Grabräuber so tun, Bruni? Legal kann das ja wohl nicht sein", bemerkte er zynisch.

Brunhilde Truske-Schmittmeier schwieg, dachte sich aber, dass ihr Kollege und der Forscher dann ja gut zusammenpassten. Sonnen, Friedhelm und dieser Forscher; vielleicht war das jetzt der geeignete Moment, noch rechtzeitig auszusteigen? Die Ankunft des Gastes zog sich hin. Sie kamen gemeinschaftlich zu dem Entschluss, ihre restliche Wartezeit in der Cafeteria des Flughafens zu verbringen. Dort vertilgten sie mehrere Croissants und kippten Unmengen Kaffee in sich hinein. „Wo bringen wir den denn unter? Welches Hotel? Wer kümmert sich um ihn?" Brunhilde Truske-Schmittmeier sprach mit vollem Mund, was sie sonst nie tat. „Kein Hotel!", erwiderte Sonnen. „Kein Kümmern, die Arbeit geht direkt los. Er wird genau dort untergebracht, wo vermutlich der zweite Eingang in den Untergrund ist. Dort kommt ein Bauwagen hin. Sie werden sehen, alles wird ordentlich als Baustelle getarnt! In diesem Bauwagen kann er dann machen, was er will." „Zweiter Eingang? Wo ist der denn, Sie haben mir das bisher noch nicht verraten." Eindringlich schaute sie Otto Sonnen an. „Der zweite Eingang, nun, der ist irgendwo in der Herzogenbuscher Straße." „Dachte ich mir schon, bei den vielen Baustellen, die da im Moment sind." Sonnen nickte. „So ist es. Wir müssen nur beten, dass das niemandem auffällt. Aber schauen Sie, das Flugzeug scheint anzukommen!" Er deutete auf die Tafel in der Eingangshalle. Der Flug von Mallorca hatte eine Viertelstunde Verspätung. Sie zahlten und gingen die Treppe runter. Sonnen wurde jetzt doch nervös und verlor seine aufgesetzte Coolness.

Sie warteten und warteten – wo blieb der Mann bloß?

Sonnen, der mehr wusste als seine Kollegin, schaute angespannt in die Menschenmenge, die aus der Abfertigungshalle quoll. Ihre Augen fixierten sich auf jede Person, die irgendwie wie ein Grabräuber aussah. Bruni musste sogar einen Moment lang schmunzeln, als sie versuchte, sich so eine Person vorzustellen. In ihrem Kopf wanderten die einschlägigen Bilder diverser Filmhelden hin und her. Vielleicht würde ja ein kräftiger, gut aussehender Mann vor ihr stehen, der sie aus ihrem beziehungsfreien Leben rettete. Otto Sonnen wusste, auf wen er wartete, Bruni wusste es nicht. Und solange die Phantasie nicht mit der tristen Realität zusammentreffen konnte, war es gut. Doch Brunis Zeit des Träumens sollte rasch beendet werden. „Wo ist er?" Sie rieb sich die Hände vor Nervosität. „Er?", grinste Sonnen. „Er ist eine Sie!" Amüsiert zeigte er auf eine recht beleibte und bepackte Frau, die geradewegs auf ihn zugesteuert kam. Die Fünfzig schien sie schon eine ganze Weile hinter sich zu haben. In ihrem rechten Mundwinkel steckte eine dicke, qualmende Zigarre, sie schob einen Wagen mit zwei großen Koffern vor sich her.

Übergeworfen hatte sie einen alten Bundeswehranorak und darunter trug sie Jeans und T-Shirt. Besonders groß war sie nicht, vielleicht 1,60 Meter. „Guten Tag, Frau ... ?" Sonnen streckte die Hand aus und Truske-Schmittmeier stand mit weit geöffnetem Mund da. „Ich habe Ihnen doch schon auf der Insel gesagt, dass mein richtiger Name keine Rolle spielt. Klar? Nennen Sie mich Trude." Sie schaute Truske-Schmittmeier an. Sonnen zog die Hand langsam zurück. „Also, wo ist der Wagen?", fragte sie in einem sehr schnoddrigen Ton. „Da draußen." Er zeigte auf den Park-platz. „Na dann, Junge, bring den Kram mal dahin!" Sie zeigte auf den Wagen mit ihren Koffern. „Dann machen wir uns auf den Weg in Ihre Kleinstadt am Rande der Welt!", brummte sie grimmig und steckte die Zigarre in den anderen Mundwinkel. Wortlos nahm Sonnen das Gepäck und ging los, Truske-Schmittmeier nebenher und Trude hinter ihnen beiden. „Aus welcher Klischeekiste haben Sie die denn gekramt?", fragte sie, doch Sonnen starrte gerade-aus und reagierte nicht. Bruni lachte, Sonnen nicht.

Bruni verstand jetzt, dass er sie eiskalt hatte auflaufen lassen. Der stramme, gutaussehende Grabräuber ihrer Phantasie hatte sich in eine etwas dickliche, kleine Frau mit wenigen gelockten grauen Haaren verwandelt. Vom Alter her hätte es Brunis Mutter sein können. „Meine Fresse, was ist das für eine kleine Schuhschachtel!", lästerte Trude über den Kleinwagen. „Kostet nichts und ist auch nichts!", lachte sie dreckig laut. „Sagt mal, ihr zwei Hübschen. Wann geht es denn los? Wann geht es in die Tiefen eurer alten Stadt?" Sie streckte ihren Kopf zu den beiden, die vorne saßen. „Na, seid ihr stumm geworden?" „Nein, sind wir nicht, Frau Trude. Wenn Sie bereit sind, geht es gleich morgen schon los." Sonnen schaute Truske-Schmittmeier an. Die war sich nicht unbedingt sicher, ob diese grobe Person mit Namen Trude nicht nur ein weiterer Trick Sonnens war, um sie in den Wahnsinn zu treiben. „Frau Trude, kennen Sie sich denn überhaupt mit solchen Dingen aus?" Das war gewagt, aber Truske-Schmittmeier wollte wissen, was nun an dieser kleinen, dicken, zigarrenrauchenden Frau aus Mallorca wirklich dran war und was sie draufhatte. Trude schwieg erst einmal und dachte nach. „Was will die dünne Zicke von mir?" „Warten Sie nur ab, bis ich in meinen Element bin!", fauchte sie. Bruni nahm ihren Mut zusammen: „Das war jetzt keine überzeugende Antwort! Von wo sind Sie denn? Sie sprechen ...", Truske-Schmittmeier räusperte sich vorsichtig, „ ... ja, hochdeutsch. Von wo kommen Sie aus der Bundesrepublik?" Erneut sank Trudes Stimmung. „Das spielt doch keine Rolle, ich habe alles mit dem Sonnen besprochen. He, Sonnen, wieso fragt mich die Olle da neben dir so aus?" Sonnen bekam einen roten Kopf, hoffte aber inständig, dass die Truske-Schmittmeier nun vielleicht endgültig Reißaus nehmen würde. Doch Truske-Schmittmeier presste ihre Hände fest in den Sitz und biss die Zähne zusammen. „Mir ist nun alles klar", dachte sie sich. „Sonnenklar!" Sonnen hatte sich getäuscht, noch war Truske-Schmittmeier mit dabei!

Der Wagen bewegte sich wegen des Feierabendverkehrs nur langsam voran. Nachdem sie von der Autobahn abgebogen waren, standen sie im Stau der Bitburger Straße. Sie war das sprichwörtliche Nadelöhr für den Verkehr von und nach Trier. In Serpentinen drückte sich die Blechlawine langsam an das steile Moselufer. „Das dauert ja, fahr doch einfach links vorbei!", meldete sich Trude nach längerer Funkstille wieder zu Wort. „Das darf ich nicht!", konterte Sonnen. „Darf ich nicht", äffte sie ihn nach. „Dass ich nicht lache! Als ob du dich ans Gesetz halten würdest. Bei dem, was du vorhast, kommt es darauf nun auch nicht mehr an!" Sonnen bemühte sich, Trude zu überhören. Eigentlich wäre er ihrem Wunsch gerne nachgekommen und links vorbei gefahren, allerdings wollte er jetzt, kurz bevor es losging, kein Risiko eingehen und bei so etwas Banalem von der Polizei erwischt werden. Genervt rollten sie bis zur nächsten Ampel, um dann über die Kaiser-

Wilhelm-Brücke zu fahren. „Ich bringe Sie jetzt direkt in Ihre Unterkunft."

Vor dem Martinskloster drehte der Wagen und fuhr dann in Richtung Moselufer, weiter bis in die Nähe des Hauptfriedhofs und bog dort in eine Straße ein. „Gleich sind wir da!" Sonnens Stimme hatte einen triumphierenden Unterton. Der Wagen bog in die Straße an der Hospitalsmühle ein. Nach wenigen Minuten kamen sie am Ziel an.

„Sehen Sie da hinten den Bauwagen?" Er drehte sich zu Trude um. „Das wird Ihre Unterkunft für die nächsten Tage!" Trude rutschte nervös hin und her. „Na prima! Aber was soll das mit den nächsten Tagen? Ich habe ja gesagt, dass ich keine Zusage machen kann, wie lange das braucht. Es kann auch Monate oder sogar Jahre dauern." Trude zündete sich ihre nur halb gerauchte Zigarre wieder an. „Ich habe Ihnen gesagt, dass ich mir allergrößte Mühe gebe, aber wie lange so was dauert, das kann ich Ihnen nicht vorher sagen. Ich hoffe in Ihrem Interesse, dass mich da keiner stört, während ich arbeite." Truske-Schmittmeier wippte auffällig nervös mit den Beinen auf und ab. Sie spürte, dass sich da Ärger anbahnte. Glaubten sie tatsächlich, dort eine längere Zeit unentdeckt bleiben zu können? Wie stellte sich Otto Sonnen das alles vor? Schließlich waren sie hier nicht in einer entlegenen Gegend, wo kaum ein Mensch hinkam.

Der Bauwagen stand am Rande einer stark befahrenen Straße – der Herzogenbuscher Straße. Trude fuhr sich mit ihrer faltigen Hand durch die grauen, zu einem Zopf zusammengebundenen Haare. Der Zopf reichte bis zu den Schultern, ihr Gesicht war narbig und die schmalen Augen ließen sie müde erscheinen. Das runde, ansonsten freundliche Gesicht strahlte ein intensiv gelebtes Leben aus, das wohl schon viele Höhen und noch mehr Tiefen erfahren hatte. Wenn sie ihren Mund öffnete, sah man das ungepflegte Gebiss.

Truske-Schmittmeier dachte nach: „Soll ich jetzt abspringen?" „Dünne Latte, lass mich mal raus!", fauchte

Trude und riss sie unsanft aus ihren Gedanken. Benommen taumelte sie daraufhin aus dem Wagen und schaute zu, wie Sonnen im Schutz der Dunkelheit die zwei Koffer zum Bauwagen schleppte. „Los, machen Sie die Tür auf!" Sonnen warf ihr einen Schlüssel rüber. Mit zittrigen Händen hielt Bruni das Vorhängeschloss fest in ihren Händen, schaffte es aber nicht, den Schlüssel hineinzu-bekommen. Trude fluchte recht vulgär über Brunis Schwierigkeiten. Just in diesem Moment rutschte Truske-Schmittmeier der Schlüssel ab und fiel zu Boden. Trude rollte mit den Augen. „Was ist denn, Kindchen? Zu blöd, einen Schlüssel ins Loch zu bekommen." Sie lachte laut, und Truske-Schmittmeier schossen die Tränen in die Augen. „Weiber!", lästerte Sonnen und schaute Trude an. Truske-Schmittmeier ging zu Sonnen und zog ihn am Ärmel. „Sonnen, Sie haben es geschafft, endgültig! Es ist aus und vorbei! Ich steige aus! Lassen Sie mich in Zukunft in Ruhe! Ist das klar? Und ich bitte Sie, dass Sie mich in ein anderes Büro versetzen." Sonnen hörte das mit der aller-größten Freude, die er sich aber nicht anmerken ließ. „Ach Bruni, bleiben Sie doch. Denken Sie an die Reichtümer!" „Machen Sie mir nichts vor, Sie sind doch froh, wenn Sie mich los sind. Morgen früh werde ich als Erstes den Konter aufsuchen und mit ihm besprechen, was wir tun können."

Verwirrt und beunruhigt beobachtete Bruni Sonnens Mienenspiel. Der dachte kurz an Ulrich Konters Schicksal und konnte sich einer gewissen Assoziation nicht erwehren. Trude schaute die beiden abwechselnd an. „Hau doch ab!", rief sie Bruni an. „Dann haben wir wenigstens Ruhe zum Arbeiten." Mit diesen Worten bückte sie sich nach dem Schlüssel und öffnete die Tür zum Bauwagen. Mit ihrer qualmenden Zigarre verschwand sie im Wagen, gefolgt von Sonnen, der seine Kollegin einfach stehen ließ.

Die war kurz davor, vor Wut zu platzen. Es fehlte nicht viel und sie hätte losgeschrien und ihren ganzen Hass Otto Sonnen und Trude entgegengeschleudert. Doch so viel

Blöße wollte sie sich nicht geben. Wutentbrannt eilte sie einige Meter weiter, drehte sich um und wäre fast von einem LKW angefahren worden, den sie nicht wahrgenommen hatte. So ging sie nahezu im Zickzack auf die andere Straßenseite und taxierte aus der Ferne den Bauwagen. „Was denkt der sich überhaupt, engagiert dieses Tier und serviert mich eiskalt ab." Truske-Schmittmeier ging langsam weiter und blieb alle paar Meter stehen, betrachtete den Bauwagen. Sie wünschte den beiden, dass die „Expedition", wie Sonnen das nannte, ein gewaltiger Reinfall würde. Außerdem könnte sie die ganze Aktion mit einem Telefonanruf beenden, wenn sie nur wollte.

Währenddessen wuchtete Sonnen die schweren Koffer, wie von Trude gewünscht, auf das Klappbett, das in einer Ecke stand. Sie musterte den Bauwagen von innen, alles wurde inspiziert. „Nicht schlecht. Da kann ich pennen, da kann ich essen! Hier gefällt es mir." Sie schaute auf einen Campingtisch, wo mehrere Tüten mit Lebensmitteln standen. „Und wo ist der Pott?", schaute sie Sonnen fragend an. „Der was?", erwiderte der erschrocken, in der leisen Hoffnung, sich vielleicht verhört zu haben. Trude war beinahe beleidigt. „He, was machst du denn, wenn du dich erleichtern musst? Dann gehst du auf den Pott ... meine Güte, auf ein Klo!" Sie schrie es beinahe. „Nicht so laut, Frau Trude! Bitte nicht so laut!" Er hielt den Finger vor den Mund. „Sie dürfen hier nicht entdeckt werden. Deswegen habe ich die Fenster auch zugeklebt." Er zeigte auf die mit Bastelpappe verschlossenen Fenster. „Na prima, da denkt jeder, dass das hier ein Puffmobil ist! Soll ich noch ein rotes Herz aus Pappe an die Tür hängen? Dann kann ich nebenher noch was dazuverdienen." Trude riss die Pappe herunter und lachte, als sie Sonnens erschrecktes Gesicht bemerkte.

„Keine Angst, ich werde mich mehr mit der Arbeit befassen, als mir meinen Arsch hier breit zu sitzen! Weißt du, ich möchte schneller wieder nach Hause, als du denkst.

Deshalb bin ich ja auch aus Deutschland ausgewandert: wegen dieses schlechten Wetters!" Sonnen nickte verständnisvoll. Er staunte noch immer über die freche, ordinäre Art dieser Person. So hatte er sie zwar auf Mallorca kennen gelernt; ganz so aufgedreht wie jetzt hatte er sie dort allerdings nicht erlebt. „Also Chef, was geht nun ab? Wann und wo fangen wir an? Wo ist der Helfer? Bist du das?" Trude fasste Sonnens dünne Arme an. „Da fehlt aber noch was an Muskeln!" „Nein, das wird der Friedhelm übernehmen. Der ist morgen um acht Uhr hier." Trude drehte sich im Kreis. „Also erst kommt der Pott – klar? Sonst mach ich nichts!" Trude beharrte auf einer Toilette. Sonnen sagte ihr zähneknirschend zu, am nächsten Tag ein mobiles Klo zu organisieren, womit sie einverstanden schien. „So lange kann ich mir das verdrücken, oder im Notfall hinter einen Baum springen."

Sonnen stand mit offenem Mund da. „Nun schau nicht so entsetzt. Schieß los, du Spießer", entgegnete Trude, noch immer mit der Zigarre im Mund, herausfordernd. „Also, wie ich Ihnen ja bereits auf Mallorca und am Telefon gesagt hatte, geht es hier ..." Trude übernahm das Gespräch: „... um ein Loch im Boden, in dem ihr etwas Wertvolles vermutet." Sonnen nahm ein Taschentuch aus der Hemdtasche und legte es vor Trude auf den Campingtisch. Er faltete es vorsichtig auseinander und vor ihnen lag eine goldene Münze. „Interessant." Trude griff eine Brille aus der Tasche und steckte die mittlerweile schon wieder ausgegangene Zigarre in den anderen Mundwinkel. „Schon herausbekommen, von wann das ist?" Sie schaute Sonnen fragend an. „Nein." Trude murmelte unverständliche Worte vor sich hin. Die Münze war leicht verschmutzt und hatte deutliche Gebrauchsspuren. Trude schwieg und versank ganz und gar in ihrer Bestimmung, nämlich im Erforschen und Datieren dieses kleinen runden Fundstückes.

Es war die Münze, die Sonnen gefunden hatte und die ihm vor Konters und Truske-Schmittmeiers Augen aus der

Hand gefallen war. Behalten hatte er sie trotzdem. Gespannt sah er der angeblichen Expertin Trude zu. Er wollte endlich wissen, um was es sich da genau handelte. Sie machte mit der Linken eine Handbewegung und bedeutete ihm, zu warten. „Jochanan ben Sacharja", hauchte sie. Otto Sonnen war ratlos. „Was?", rief er, doch Trude bedeutete ihm nochmals mit einer Handbewegung, still zu sein. „Das ist Johannes der Täufer, hier!" Sie zeigte Sonnen die Münze. „Da hätten Sie aber auch ohne mich drauf kommen können, als guter Katholik." Otto Sonnen errötete. „Ja, jetzt, wo Sie es sagen." Er machte einen Schritt zurück. Trude lachte laut und schüttelte den Kopf. Sie drehte die Münze um und zog an ihrer Zigarre, die sie zwischenzeitlich wieder angezündet hatte. „Das ist eine Münze, nichts weiter. Ein Zahlungsmittel. Hier auf der Rückseite sind Wappen. Könnte aus Trier sein. Ich vermute, dass die von einem Erzbischof ausgegeben wurde." Otto stand ein wenig enttäuscht da. „Und? Wie alt? Was ist es wert?" Trude schaute einen Moment aus dem Fenster des Bauwagens. Ihr Gesichtsausdruck ließ viele Interpretationen zu, ihre Gefühle waren schwer zu deuten. Erstaunen, Wut oder Freude? Sie wusste es selbst nicht und schaute sich die Münze noch einmal genauer an, kratzte ein wenig mit den Fingernägeln über die Oberfläche. „Die Münze hier bringt vielleicht so um die 500 oder 600 Euro." Sonnen hätte gerne genauere Angaben gehabt, dachte an den Schatz der Feldstraße. Immer wieder an den Schatz und die Menge, die dort aus dem Boden geholt worden war, doch Trude sagte dazu nichts mehr. Er würde sich in Geduld üben müssen.

„Was wäre, wenn da unten alles voll damit läge?" Sonnen insistierte, er musste Trude zu einer Aussage drängen. „Womit voll?", fragte sie. „Na, mit solchen Goldmünzen!" Sonnens Gesicht bekam hektische Flecken, er regte sich auf, weil er sich behandelt fühlte wie ein kleines Kind. „Welche Goldmünze?", fragte Trude. Sonnen runzelte seine Stirn in Falten. „Wie bitte? Was? Es ist ja wohl eine Goldmünze, die ich Ihnen gerade gezeigt habe!" Trude lachte erneut. „Tja, und jetzt ist sie weg. Sehen Sie es mal als eine Art Anzahlung." Sonnen sah, wie Trude ihre rechte Hand in ihre Jackentasche drückte, und riss die Augen vor Empörung weit auf. Offensichtlich hatte diese Person seine Goldmünze soeben einkassiert. Er stand da wie vom Blitz getroffen und rang nach Worten. Als er sich wieder einigermaßen im Griff hatte, fragte er: „Aber wenn davon mehr da unten liegt, dann lohnt sich die Arbeit ja wohl, oder?" Trude schürzte nachdenklich die Lippen und dachte nach, ehe sie antwortete. „Das kann ich nicht genau sagen, aber ich vermute mal, dass die Chance recht groß ist!" Sonnens Augen leuchteten auf. „Klasse!", frohlockte er, alles andere war vergessen. Er dachte an den Schatz im Landesmuseum. Probleme, die auftreten würden, sollte er tatsächlich mit Trude irgendwelche Artefakte aus einem Erdloch in der Herzogenbuscher Straße heraushieven, verdrängte er.

Trude ging auf Sonnen zu, ließ die Zigarre von einer Ecke ihres Mundes in die andere wandern. „Sonnen, eines noch am Rande. Es haben schon viele Männer versucht, mich übers Ohr zu hauen. Oder in ein Loch zu schubsen oder im Urwald an einen Baum zu hängen. Sie haben allesamt den Kürzeren gezogen. Was ich damit sagen will: Ich bin nicht dank vieler Zufälle noch am leben. Aber dafür leben andere nicht mehr. Die könnten allerdings noch leben, verstehst du, was ich damit sagen will?" Sonnen hatte verstanden. „Also, verarsch mich nicht, und dir wird nichts passieren. Sag das deinen Handlangern und sorg dafür, dass deine Heulsuse da keinen Ärger macht. Dann wird alles problemlos über die Bühne gehen. Ich bin schließlich Profi. Klar?" „Klar! Sonnenklar!"

Trude lachte. „Sonnenklar, wie drollig, Sonnen. Aber ich wiederhole mich in deinem Interesse lieber noch einmal. Keine Störungen, kein Mobbing, keine Mordversuche, keine Intrigen, und sollte ich herausbekommen, dass du eine linke Tour vorhast ..." Sie knöpfte das erste Mal ihren Bundeswehranorak auf. „Siehst du?" Sonnen schaute auf ein sauber blitzendes Stilett. „Das ist mein Beschützer." Die schmale, spitz zulaufende Klinge garantierte einen sauberen Schnitt in verletzlichem Fleisch. Sonnen war nun nachdrücklich bewusst, was er tun und was er doch besser lassen sollte. Er nickte freundlich und verschwand mit dem Versprechen auf den Lippen, um Punkt acht Uhr am nächsten Morgen mit Friedhelm wieder hier zu erscheinen.

Nachdem Sonnen verschwunden war, machte Trude es sich erst einmal gemütlich. Endlich Ruhe. Sie blickte aus dem Fenster und sah und hörte einige Fahrzeuge vorbeifahren. „Na prima, was ist das für eine Scheiße. Das nächste Mal geh ich doch lieber in ein Hotel." Grimmig murmelnd warf sie ihre Koffer auf den Boden und machte sich bettfertig. „Dieser Sonnen ist schon eine merkwürdige Type." Mit sich selbst sprechend nahm sie das Stück Gold in die Hand und betrachtete es genauer. „Da unten, da unten wartet etwas ganz Besonderes auf mich. So was hab ich noch nie gesehen, das weiß ich jetzt schon!"

Sie legte sich hin und starrte gegen die trostlose Bauwagendecke. Und wenn das alles klappen würde, dann wäre endgültig Schluss. Wie viele Jahre war sie schon über die Kontinente gezogen, immer auf der Suche nach Schatzgräbern oder verborgenen Schätzen, immer für andere. Trude wischte sich Reste der Zigarre vom Mund. Sie war erschöpft. Wie gerne wäre sie endlich am Ziel. Im Hafen des Lebens, doch sie hatte nie das Glück gehabt, in die richtigen Hände zu gelangen. Währenddessen schlich Sonnen zu seinem Wagen und fuhr nach Hause. Trude kam ihm ein wenig vor wie eine aus einem Comic entsprungene Figur.

10

Maximilian konnte es noch immer nicht fassen. Er hatte Jahrzehnte hier in diesem Haus in der Tempusstraße gelebt und musste jetzt feststellen, dass sich hinter einer Wand im Keller seines Hauses ein rätselhafter Tunnel verbarg. Wie oft hatte er hier nachts an seinem Wagen herumgeschraubt und nichts davon geahnt. Wieso war das auch niemandem beim Bau des Hauses aufgefallen? Er war mehr als verblüfft.

Um den Kellerraum wieder in einen erträglichen sauberen Zustand zu bekommen, öffnete er die Garagentür, was eine Staubwolke aufwirbelte. „Brennt es bei Ihnen?", rief ein Passant zu Maximilian, der, nach frischer Luft schnappend, im Freien stand. „Natürlich brennt es hier!", rief er zurück. „Sie sehen doch die züngelnden Flammen hinter mir!" Der Passant eilte kopfschüttelnd weiter, und prompt kreuzte Frau Wagner auf. Anscheinend hatte die Alte den ganzen lieben Tag nichts anderes im Sinn, als ihm auf die Nerven zu fallen. Sie blickte argwöhnisch in die Garagenauffahrt und betrachtete ihren Nachbarn, als wollte sie zu gerne wissen, was der da tat; doch Maximilian reagierte nicht, und endlich verschwand sie wieder. Seine Entdeckung im Keller wartete auf ihn. Dort tat sich ihm dann ein ungeheuerliches Bild auf: Die Decke, die er schützend auf seinem Benz ausgebreitet hatte, war voller Dreck und Staub. Wie sollte er diese Sauerei denn wieder in den Griff bekommen? Mit seiner Taschenlampe leuchtete er in die Öffnung. Überall aufgewirbelter Staub, es würde einige Zeit brauchen, bis der sich gelegt hatte. Ihm kam eine Idee. Seine Gießkanne, die in einer Ecke stand, füllte er auf und spritzte das Wasser vorsichtig in das Loch in der Wand. Er konnte nun endlich sehen, was sich da verbarg. Das Loch in der Wand schien größer zu sein, als er zunächst angenommen hatte. Das Licht zeigte ihm links und rechts Mauern aus grob bearbeiteten Sandsteinen. Ehe er es sich versah, stand er zwei Meter weit in der neu ent-deckten Höhle hinter seinem Keller. Er überlegte, ob es nicht doch zu leichtsinnig wäre, einfach da hineinzugehen, und entschied sich dann doch dafür – allerdings nicht ohne vorher einen Rucksack mit ein paar Sachen für den Notfall vorzubereiten. Er war sich auch gar nicht mehr sicher, ob er seinen Fund nicht doch lieber melden sollte. Aber was sollte ihm schon passieren? Er schnappte sich seinen Hut und schnallte sich seinen Rucksack auf, um sich dann auf den Weg in die Höhle zu machen.

Mit der Taschenlampe leuchtete er die Wände ab, nach wenigen Schritten begann der Weg schräg nach unten zu führen. Die Taschenlampe leuchtete in eine Biegung, die nicht enden wollte. Sein Herz pochte schneller, aber der Entdeckertatendrang ließ seinen Verstand stumm und die Beine flink werden. Er drehte sich noch einmal um und sah das Licht aus seinem Keller. Weiter ging es, das Gefälle wurde steiler und der Staub verwandelte den Boden in eine Rutschbahn. Noch vorsichtiger ging er weiter, Meter um Meter. Bis auf den letzten, denn plötzlich rutschte er aus und fiel nach vorne. Seine Hände glitten über den Boden, er rutschte regelrecht darüber. Doch diese unfreiwillige Schlitterpartie endete so schnell, wie sie begonnen hatte, und die Taschenlampe, die ihm aus der Hand geglitten war, zeigte einen erschreckenden und faszinierenden Fund. Die Lampe rollte einige Zentimeter hin und her, schließlich blieb sie liegen. Maximilian rieb sich die Augen, doch er sah richtig: Der Lichtkegel fiel auf ein auf dem Boden liegendes Skelett. Nach wenigen Sekunden rappelte er sich wieder auf und nahm die Taschenlampe in die Hand. Vor ihm lagen tatsächlich die Überreste eines Menschen. Maximilian drückte seinen Körper gegen die Wand und betrachtete seinen Fund aus einer sicheren Entfernung. An den kahlen, weißen Knochen hingen an verschiedenen Stellen noch Kleidungsreste. Maximilian war in doppelter Hinsicht überrascht: Erst der Tunnel, dann ein Skelett. Was würde als Nächstes kommen? War das ein Signal, nicht doch besser gleich auf der Stelle umzudrehen? Langsam leuchtete er mit seiner Taschenlampe die Knochen ab. Es schauderte ihn und er versuchte, mit angemessenem Respekt an dem Toten vorbeizukommen. Er war diesen abschüssigen Weg bestimmt schon 50, 60 Meter weit gegangen, das Licht aus seinem Keller war von hier aus nicht mehr zu sehen. Jetzt gab es hier nur noch das Licht seiner Taschenlampe. Nachdem er den ersten Schock überwunden hatte, leuchtete er weiter in den Tunnel hinein, dann wieder auf das Skelett. „Wer das wohl war?", fragte er sich. „Wie mochte der hierher gekommen sein? Von oben oder von hier unten? Und wenn er von unten gekommen war, was war dann dort?" Er leuchtete das Skelett genauer ab. Der Schädel der toten Person hatte ein Loch. Es schien beinahe so, als ob ihr der Schädel eingeschlagen worden sei. Er suchte den Umkreis des Skelettes ab, fand jedoch nichts. Dafür fand sich etwas anderes – in der Hand des Toten.

„Eine Münze?" Er beugte sich langsam nieder, um sie aufzuheben und betrachtete sie anschließend im Licht der Taschenlampe. Maximilian fand das außerordentlich spannend. Danach betrachtete er den Toten genauer und war sich plötzlich sicher, dass er jetzt nicht einfach umdrehen und das alles hier irgendwelchen anderen Menschen überlassen konnte. Er hatte es entdeckt und wollte weitersuchen. Nach einem Moment des Innehaltens wandte er sich um, rückte seinen Hut gerade und zog seinen Rucksack zurecht. In seiner rechten Hand hielt er die Taschenlampe, in der linken die Münze. Ein Liedchen pfeifend marschierte er vorsichtig weiter. Je weiter er in die Tiefe kam, desto mulmiger wurde es ihm. Zur Zerstreuung dachte er an alles Mögliche, an den Weihnachtsmarkt, an den Glühwein, den er dort gelegentlich getrunken hatte, und vieles mehr. Unter seinem Fuß zersplitterte plötzlich etwas. Er trat auf einen metallischen Gegenstand. Maximilian leuchtete nach unten und sah im Staub eine

Armbanduhr. Verdutzt hob er sie auf und schaute sie sich an. Sie musste dem Skelett gehört haben. Das zerbrochene Uhrglas fiel zu Boden. Omega stand auf dem Zifferblatt. Er drehte sich wieder um und richtete die Taschenlampe auf das Skelett, steckte die Uhr ein und leuchtete wieder in die entgegengesetzte Richtung. Gebannt folgte er in dem Lichtkegel seiner Lampe, ließ ihn Meter um Meter an der Wand weiter in die Tiefe wandern.

Wenigstens nervte ihn hier unten niemand. Maximilian bemerkte erst gar nicht, dass seine unterirdische Wanderung immer ausgedehnter wurde. Er bewegte sich immer weiter von seinem Keller weg, wie viele Meter es genau waren, konnte er nicht schätzen. „Waren das nun schon 200 Meter oder 500 Meter?", dachte er sich. Es aber waren deutlich mehr. Doch man konnte gemütlich wandern, ohne dass einem ständig irgendwelche Menschen zwischen die Beine sprangen, keine Mütter, die einem den Kinderwagen gegen die Knie schubsten, und auch keine Touristen, die wie eine Horde Heuschrecken über einen herfielen. Nur ein Skelett. Er lachte leise und blieb zugleich wie angefroren stehen „Was ist das!" Der dünne Lichtstrahl präsentierte ihm etwas, was er hier unten nicht erwartet hatte. Er ging einige Schritte auf das zu, was auf den ersten Blick einem Portal, einem großen Tor glich. Er näherte sich vorsichtig und berührte es, wie um sich zu vergewissern, dass er nicht träumte. Da standen Figuren vor ihm, fassungslos ließ er das Licht über sie gleiten und starrte sie an. In der Mitte war ein Tympanon angebracht, darüber spannte sich die Bogenlaibung.

Zwar saßen auf den Archivolten kleine Figuren, jedoch reichte das Licht seiner Lampe nicht aus, sie erkennbar zu machen. Deutlicher konnte er die Skulpturen des Tympanons sehen. Schreckenberg riss die Augen auf, um genauer zu sehen, was sich ihm darbot. In der Mitte saß auf einem Thron Jesus Christus, der die rechte Hand grüßend von sich streckte. Vor seinen Füßen knieten zwei weitere

Figuren, die ihre Hände zum Gebet gefaltet hatten: eine Frau, die Maximilian an Marienbilder erinnerte, und ein jugendlicher Mann in einem langen Gewand, den er nicht identifizieren konnte. Er schaute weiter und sah, dass zu Füßen der beiden Heiligen offene Särge dargestellt waren, aus denen sich, gespenstisch wie in einem Horrorfilm, Leichen erhoben. Schreckenberg ließ die Lampe über das Bildfeld wandern und sah, dass hinter dieser Auferstehung der Toten die Figuren sich jeweils einer von zwei Gruppen anschlossen, die links und rechts neben dem Thron standen. Ohne allzu viel von christlicher Kunst zu verstehen, wurde ihm klar, dass es hier um die Verstorbenen am Tag des Jüngsten Gerichts ging, die in den Himmel kamen oder der Verdammnis preisgegeben wurden. Die Hölle schien auf der rechten Seite zu sein, weil dort ein kleiner Teufel eine Kette um die armen Seelen zog, wohingegen die linke Gruppe ruhig und geordnet dastand. Es verwunderte ihn, dass auf der Höllenseite auch ein Mann mit Krone, offensichtlich ein König oder Kaiser, zu sehen war. Im Kreis der Seligen wiederum führte ein Bischof die Reihe an, dessen Mitra ihn an seinen eigenen Namenspatron Nikolaus erinnerte.

Maximilian schaute sich die Seiten des Tores genauer an, obwohl hier keine Figuren mehr zu sehen waren. Der ganze Eingang war trichterförmig und sah wie eine auf die Seite gelegte Treppe aus. Er erinnerte sich an das Portal vor der Liebfrauenkirche; einzig die großen Figuren, die dort den Besucher begrüßen, fehlten hier. Waren sie vielleicht gestohlen worden? Hatte man sie zerstört? Da das Portal kaum einen Kratzer aufwies, verwarf er diese Idee wieder und sah das Fehlen der Figuren als eine weitere rätselhafte Frage an, auf die er sich keinen Reim machen konnte.

Das Ganze musste ja mindestens vier Meter hoch sein; ungläubig staunte der alte Mann und berührte wieder den sauberen und unversehrten Stein. Wer um alles in der Welt sollte so etwas hier unter der Erde erbaut haben, und wozu? Er wagte einen Blick durch das Tor, konnte aber nichts erkennen und sah die Figuren an. Doch leider fehlte ihm das fachliche Wissen, um diese sensationelle Entdeckung zu deuten. Der Tunnel, durch den er gekommen war, endete hier an diesem Tor und wurde durch einen etwas breiteren abgelöst. Das Gefälle ließ ein wenig nach, alles erschien etwas ebener. Seine Schritte hallten laut durch den unterirdischen Gang und gaben ihm einen ersten Eindruck der tatsächlichen Größe dieser Anlage. Er hoffte, bald eine Antwort auf das alles zu finden. Zu seiner weiteren Überraschung sah er, dass der Tunnel, in dem er nun stand, richtig befestigt war. Hier war nicht nur blanker Fels, sondern auch ein richtiges Gewölbe. Mit vor Erstaunen offenem Mund ging er langsam weiter. Er war vor Jahren einmal in einem Bergwerk gewesen und konnte sich noch daran erinnern, dass es dort so ähnlich ausgesehen hatte. Allerdings war hier alles etwas aufwendiger und großzügiger beschaffen, dachte er. Beinahe majestätisch.

Plötzlich hörte er etwas. Er blieb abrupt stehen, wendete den Kopf. Kam das nicht aus der Richtung seines Kellers? Jetzt wieder, es hörte sich wie ein nervöses Geflüster aus der Ferne an und kam eindeutig aus der Richtung seines Kellers! Woher auch sonst, schließlich war da ja sonst nichts. Schreckenberg sah sich plötzlich in der Entscheidung gefangen, weiterzugehen oder nachzusehen. Wer war da wieder bei ihm eingedrungen? Dann fiel ihm ein, dass er die Garage nicht verschlossen hatte. Verärgert über sich selbst kehrte er um. Durch das Tor und vorbei an dem Skelett. Er schwitzte auf einmal, schließlich musste er den wieder steiler werdenden Weg jetzt hinaufeilen; und er fluchte, weil irgendwer aus irgendwelchen, wahrscheinlich unwichtigen Gründen seine unterirdische Wanderung unterbrochen hatte. Der Rucksack zog ordentlich an ihm und ließ ihn deutlich spüren, dass er schon lange keine zwanzig mehr war. Ihm wurde nun auch die bisher zurückgelegte Distanz klar – es waren bereits mehrere hundert

Meter, und wer auch immer dort oben war, verdankte es nur der totalen Stille des Tunnels, dass Maximilian etwas gehört hatte. „Hallo!", hörte er eine Stimme. „Hallo!" Maximilian versuchte, trotz seiner Erschöpfung noch schneller zu gehen. Nun sah er bald seinen Keller durch das Mauerloch und kurz darauf war er angekommen. Die Stimme hörte sich nach einem Kind an. Und er sah nun auch, wer da in seinem Keller war.

Es war wieder Susanne, die Enkelin von Frau Wagner.

Wie eine Dampflok kam er in dem Durchgang zum Keller zum Stehen. „Was ist denn nun schon wieder? Was tust du hier?" Er schaute das Mädchen erzürnt an. „Die Tür war auf." Sie zeigte auf die halb offen stehende Garagentür. „Na und, deswegen geht man nicht einfach in fremde Häuser." Verärgert und enttäuscht zugleich, dass er seine Expedition hatte abbrechen müssen, warf er den Rucksack auf das Sofa. „Was ist denn?", fragte er Susanne, die nun eingeschüchtert neben dem eingewickelten Mercedes stand. „Die Oma ist krank", flüsterte das Kind und schaute an Maximilian vorbei in den Tunnel, in den sie bereits einige Meter gegangen war. „Na, dann sag deiner Mutter, dass sie ihr einen Arzt ruft."

Das Mädchen war dem Weinen nahe und vergaß diesen merkwürdigen Tunnel, aus dem er gekommen war. Die Oma war wichtiger. Sie gestand Maximilian, dass ihre Mutter nicht zu erreichen war. Er registrierte nicht die Panik des Kindes, obgleich ihr die Verzweiflung ins Gesicht geschrieben stand. Zunächst reagierte er kühl und riet: „Na und, dann kann ich dir auch nicht helfen. Ich kann dir höchstens ein Aspirin mitgeben." Während dieser Worte klopfte er sich seinen Blaumann sauber. „Aber Oma bewegt sich nicht." Das Kind rang unter Tränen nach Worten. Jetzt fiel auch endlich bei ihm der Groschen. Der Ärger über die Störung war verflogen. Susanne hatte versucht, ihm klarzumachen, dass ihre Oma anscheinend bewusstlos in ihrem Haus lag. Er nahm das Kind am Arm und zog es durch die

Garagenausfahrt nach draußen, und dann ins Haus der Nachbarin. „Komm, zeig mir, wo die Oma ist", rief er. „Gleich rufen wir den Notarzt." Irgendwie tat es ihm schon wieder leid, gerade eben noch so harsch zu der Kleinen gewesen zu sein. Aber Frau Wagner war für ihn eben ein rotes Tuch. In dem benachbarten Haus lag die alte Dame auf dem Boden ihres Wohnzimmers. Maximilian beugte sich über sie und brachte sie in eine stabile Seitenlage. „Sie atmet, Susanne." Das Kind weinte. Frau Wagners Gesicht war bleich und die Haut beinahe wie Pergament. „Der Tod war hier, ganz nah", flüsterte Maximilian zu Susanne. „Ist er noch da?", fragte das Kind. Er schüttelte den Kopf. „Ich glaube, er ist vorerst wieder gegangen." Maximilian sah sich um und entdeckte nebenbei das altertümliche Telefon. Er rief die Ambulanz an und blieb dann beim Telefon sitzen, betroffen von dem Anblick der alten Frau. So hilflos hatte er Frau Wagner noch nie erlebt. Er dachte darüber nach, was wäre, wenn er selbst einmal alleine in seinem Haus läge und niemand nach ihm schauen würde. Siedendheiß überkam ihn das Bewusstsein, dass er in so einem Fall völlig alleine wäre.

Vermutlich würde er einige Tage im Flur liegen, und wenn dann der Verwesungsprozess einsetzte, würde nur der Gestank die Leute auf seinen Tod aufmerksam machen. In diesem Moment wünschte er sich nichts anderes als eine kleine Familie, irgendein Auffanggitter, ein Netz, das ihn in solch einer Situation auffangen konnte. Es gab aber nichts, die Chancen dazu hatte er in der Vergangenheit erfolgreich im Keim erstickt.

Von weitem kündigte sich der Krankenwagen durch seine eindringliche Sirene an. Maximilian stand auf und öffnete schon einmal die Tür. Wenige Minuten später lag Frau Wagner festgezurrt auf einer Trage und wurde zum Krankenwagen gebracht. „Sie sind ein Verwandter?", fragte einer der Helfer. „Nein, der Nachbar." „Und zu wem gehört die Kleine?" In diesem Moment kam Frau Wagners Tochter

zurück, bleich vor Schrecken beim Anblick des Kranken-
wagens. Nach einem Gespräch in aller Kürze mit Susannes
Mutter verließ Maximilian das Nachbarhaus. Er schaute
noch mal in den Krankenwagen, wo Frau Wagner bereits
betreut wurde. Doch auch dieser Moment ging vorüber,
und etwas anderes, was ihn eben noch gefesselt hatte, kam
zurück: der Keller, der Tunnel und was auch immer da
unter seinem Haus war.

Nachdem er sich in der Küche etwas zu essen gemacht
hatte, ging er wieder hinunter in den Keller, setzte sich auf
das verstaubte Sofa und starrte auf das Loch in der Wand.
Er biss in das belegte Brot und kaute langsam vor sich hin.
Sein schnurloses Telefon lag vor ihm auf dem Tisch. Das
Beste wäre ja, wenn er die Stadtverwaltung anrufen würde
und mitteilte, was er entdeckt hatte. Ein Anruf, und er war
aus dem Schneider. Er dachte lange nach. „Was für ein
Tag!", atmete er tief aus. Erst der Tunnel, dann das mit der
Wagner – vielleicht sollte er besser aufpassen. Vielleicht
war das ja eine Warnung des Schicksals. Er nahm sich vor,
erst einmal eine Nacht darüber zu schlafen und sich erst
am nächsten Morgen zu entscheiden, wie er weiter vorgehen sollte. Gedacht, getan. Er lehnte sich auf seinem Sofa
zurück, plötzlich todmüde.

Er drehte sich einige Male hin und her, um eine gute
Schlafposition zu finden. „Aua!", rief er plötzlich. „Was ist
das denn nun wieder?" Er griff unter sich und dann in seine
Hosentasche und fischte schließlich heraus, was ihm da
Schmerzen zufügt hatte. Das hatte er ja schon wieder vergessen! Er betrachtete die Goldmünze, die er dem Skelett
aus der Hand genommen hatte. Mit einem Mal wieder
hellwach, stand er auf, eilte die Treppe hinauf und fing an,
in seinem Wohnzimmerschrank nach einer Lupe zu suchen.
Nachdem er sie gefunden hatte, prüfte er die Goldmünze.
Wie alt mochte sie wohl sein? Was war sie wert?
Maximilians Augen glänzten, und langsam reifte die Entscheidung, wie er weiter vorgehen wollte. Anstatt sich aufs

Ohr zu legen, machte er sich sogleich fertig, um die Unterwelt seiner Stadt genau zu erkunden. Er suchte rasch alles zusammen, was er hierfür brauchen konnte: ein Taschenmesser, mehrere Batterien, etwas Essbares und Wasser. All das packte er, zusammen mit weiteren nützlichen Dingen, in seinen Rucksack. Diesmal verschloss er die Garagentür; er wollte kein zweites Mal durch ungebetenen Besuch gestört werden. Ein Blick auf seinen in Decken eingepackten Wagen, nun konnte es losgehen. Der zweite Aufbruch, und diesmal hoffentlich ohne unliebsame Unterbrechung.

11

Samstagmorgen. Blechlawinen drücken sich durch die Herzogenbuscher Straße in Richtung Innenstadt. Ein Wagen klebt am anderen, nur die Stadtbusse rauschen auf ihrer eigenen Spur unaufhaltsam voran. Lastkraftwagen blockieren die Sicht nach vorne und provozieren den Unmut der Autofahrer.

Sonnen stand im Stau und versuchte, zu Trudes Bauwagen zu kommen, während er sich darüber aufregte, dass der Verkehr zu langsam vorankam. Auf der Höhe des Industrie- und Handelskammergebäudes ging es etwas schneller vorwärts. Endlich erspähte er den Bauwagen und parkte am Straßenrand. Nach seinem Klopfen öffnete sich sofort die Tür. Da sie nach außen aufging, knallte sie hart gegen seinen Schädel. Trude stand in ihrem Bundeswehranorak in der Türöffnung. „Los, Sonnenschein, komm rein!" Der wollte sich gleich wieder aufregen, weil es sehr streng nach altem Tabak stank. „Mann, diese Nacht war kühl und da wollte ich es eben ein wenig gemütlich haben. Aber wie geht es denn nun weiter?" Sie schaute aus einem der Fenster. Ein Wagen nach dem anderen drängelte sich in die Stadt hinein. Es störte sie, dass Sonnen erst so spät aufgetaucht und nicht, wie sie selbst, bereits um sechs Uhr arbeitsfertig gewesen war. Ein Streifenwagen rollte langsam näher und musste wegen des Staus neben Trudes „Hotel" warten. Trude trat vom Fenster zurück, Otto Sonnen stand wie gelähmt da. Die Polizisten schauten währenddessen gelangweilt geradeaus. War es dennoch ein Fehler gewesen, dass Trude die Abdeckung der Fenster heruntergerissen hatte? Plötzlich schauten die zwei Polizisten wie abgesprochen auf den Bauwagen. Trudes und Sonnens Herzschlag beschleunigte sich. War nun alles aus?

Doch ehe sie sich versahen, rollte der Verkehr weiter. Die Polizisten waren verschwunden. Trude setzte sich auf ihr Bett und wischte sich einige Schweißperlen von der Stirn. „Meine Güte, das hätte ins Auge gehen können!" Sie stand auf und ging zum Fenster, schaute links und rechts auf die Straße. Sie hatte die ganze Nacht lang gearbeitet. Otto Sonnen klappte eine schwarze Tasche auf, die auf dem Tisch des Bauwagens lag. Dort präsentierte sich ihm ein Notebook mitsamt einem kleinen portablen Drucker, daneben lag ein Mikroskop, das man per Kabel mit dem Notebook verbinden konnte. Sonnen war verblüfft; nie hätte er damit gerechnet, dass Trude mit so viel Hightech unterwegs war, geschweige denn, dass die alte Frau so etwas überhaupt bedienen konnte. Trude klopfte mit der geballten Faust auf den Tisch. Sonnen verstand das Zeichen und ging einen Schritt zurück. Nach einem Moment der Stille schaute er sich den Ausdruck mit der Vergrößerung der Münze an.

Obgleich sein Interesse sofort aufflammte, gähnte er. Er war müde. Trude aber wollte unbedingt den Abstieg wagen und keine weitere Zeit vergeuden. Deshalb wies sie Sonnen darauf hin, dass man ja von außen sehen könnte, wenn wer unter dem Bauwagen herumkrabbelte. Nun wurde Sonnen aktiv. „Das macht gar nichts!" Sein müder Gesichtsausdruck hellte sich auf. „Wie Ihnen bestimmt schon aufgefallen ist, ist der Bauwagen rundherum geschlossen." Er öffnete eine Klappe im Boden des Wagens. „Das heißt, dass der Bauwagen genau auf dem Eingang steht – Sie können also ein- und aussteigen, ohne dass jemand Sie sieht." Trude schaute in das Loch unter ihr. „Ist eine gute Idee. Das bedeutet, dass ich meine Sachen packe und gleich mal nach unten klettere!" Sonnen gab der Holzplatte einen Tritt. „Nein, wir müssen auf Friedhelm warten, der kommt mit." Trude ließ die Zigarre von einem Mundwinkel in den anderen wandern. „Wir gehen also zu dritt da runter?" – „Nein, wir müssen uns doch abseilen, schließlich gibt es ja keinen Fahrstuhl da runter. Einer bleibt hier oben und sichert das Seil, oder haben Sie eine bessere Idee? Schauen Sie mal." Sonnen öffnete den Holzdeckel wieder und zeigte durch den Boden des Bauwagens auf die Straße. Neben dem Loch waren zwei schwere Metallhaken. „Das habe ich wohlweislich arrangiert. An diesen Haken werden die Seile befestigt. Aber es muss trotzdem einer hier bleiben und aufpassen." Trude schaute sich die Haken an. „Wer bleibt denn hier, du oder dieser Friedhelm?" Trude schaute Sonnen tief in die Augen.

Sonnen dachte nach. „Ich weiß es selbst noch nicht." Trude machte einen Schritt auf ihn zu. „Ich aber, du kommst mit, ist das klar? Ich mache das immer so. Der Auftraggeber kommt bei mir immer mit. Das ist meine Art der Lebens-versicherung. Damit du nicht aus irgendeinem Grund da oben auf eine dumme Idee kommst." „Welche dumme Idee meinen Sie denn?" „Ich meine, dass du vielleicht irgend-wann merkst, die Sache ist aussichtslos, oder dass vielleicht die kleine Dünne vom Flughafen Ärger macht. Du bist doch der Erste, der bei den kleinsten Anzeichen von Problemen das Weite sucht!"

Sonnen wusste nur eines, nämlich dass er Trude falsch eingeschätzt hatte und jetzt aufpassen musste. Sie war un-berechenbar und kannte sich in ihrem Gewerbe aus. Vor allem durchschaute sie alles. Ohne groß zu diskutieren akzeptierte er Trudes „Vorschlag". Das hatte er so allerdings nicht geplant.

Der Vormittag verstrich und von Friedhelm war noch immer nichts zu sehen. Dabei hatte ihm Sonnen gestern übers Handy genaue Anweisungen gegeben. Nervös schaute er auf die Uhr. In seinem Gesicht konnte man bereits den Ärger über Friedhelms Unpünktlichkeit ablesen. „Es scheint, als ob du deinen Laden nicht im Griff hast. Erst diese Zicke und dann der unpünktliche Friedhelm." Trude schüttelte den Kopf. In diesem Moment öffnete sich die Tür und Friedhelm stand vor ihnen. „Na da bist du ja endlich!", meinte Sonnen erleichtert. „He, Mann, man klopft normalerweise an, ehe man eintritt, klar!", fauchte Trude Friedhelm zur Begrüßung erst mal an. Der zuckte zusammen und wusste nicht, wie ihm geschah. „He, Sonnen, was haben Sie denn da angeschleppt – die Putzfrau vom Karstadt?" Friedhelm lachte, und Sonnen hielt die Hand vors Gesicht. „Nein, das ist der Forscher!" Friedhelm lachte noch lauter.

Trude baute sich vor ihm auf, ihr Kopf reichte gerade mal bis zu seinem Hals. „He, du, ich war mal ganze drei Monate am Stück im Busch und hab nach einem Schatz gesucht. Ich hab mich gegen allerlei Tiere und Krankheiten durchgeschlagen, aber die Menschen da unten waren tausendmal höflicher als du." Trude kochte vor Wut, der Zigarrenstummel fand sich in Einzelteilen in Friedhelms Gesicht wieder. Dieser lachte jetzt nur noch gezwungen. „He, Oma, bleib mal auf dem Teppich!" Er schaute auf Trude herab, und schon knallte sie ihm eine auf die Backe. Überrascht rieb er sich mit seiner Hand über die Zielfläche. „Wie mich das ankotzt, das ist ja wie in einem schlechten Hollywoodfilm." Er starrte sie jetzt aggressiv an. „Jetzt pass mal auf", rief Trude, „entweder wir arbeiten zusammen, oder wir lassen es sein. Ich möchte eines nicht, und das ist kämpfen. Das habe ich schon oft genug machen müssen. Ich bin so, weil ich es so gelernt habe. Ansonsten wäre ich schon lange tot. Wenn ich ein Leben am Herd gewählt hätte, wäre mir manches erspart geblieben. So aber hab ich gelernt, zu kämpfen. Mit meinen Mitteln, auch wenn die dir vielleicht witzig vorkommen, als ob ich einem Comic entsprungen wäre! So bin ich." „Was für ein Monolog!", dachte sich Sonnen. „Die Standpunkte sind ja nun alle geklärt. Können wir jetzt zur Routine übergehen?", fragte er und zeigte auf das Loch im Boden. Trude nickte zustimmend und zündete sich eine neue Zigarre an. „Also, hier sind einige Seile, mit denen wir uns abseilen können. Ich habe herausbekommen, dass nach etwa 20 Metern ein Absatz kommt. Dann geht es auf eine unbekannte Länge weiter runter", sprach Sonnen, und schaute auf die Hanfseile, die er in die im Boden unterhalb des Bauwagens befestigten Metallhaken hineinfädelte. „Des Weiteren habe ich jeweils einen Rucksack mit Zubehör zusammengestellt." „So, wie ich es gesagt habe?", fragte Trude. „Na klar!" „Na, zu einer richtigen Bergsteigerausrüstung hat es wohl nicht gereicht!", erwiderte sie amüsiert. Sonnen und Friedhelm schauten sich an. „Glaubst Du, dass uns da unten eine Horde von wilden Tieren erwartet? Oder wozu schleppen wir sonst diesen Ballast mit?" Trude hielt eine Tüte mit Verbandsmaterial in ihren Händen. Sonnen sah zu, wie Trude einen Teil des Tüteninhalts auf den Boden warf. „Hm, mal sehen, ansonsten scheint alles einigermaßen in Ordnung." Sie nahm den zweiten Rucksack und selektierte ihn nach gleichem Muster. „Alles zu viel, ihr Angsthasen!", lachte sie und schnürte den Rucksack wieder zu. „Nun gut, ab jetzt hört alles auf mein Kommando. In dem Moment, ab dem wir unter der Erde sind, bin ich der Chef! Klar?" Sie schaute erst Friedhelm an und danach Sonnen, beide nickten. „Du bleibst also hier und bewachst den Bauwagen! Sonnen und ich seilen uns ab. Wenn jemand kommt und blöde Fragen stellt, schnell die Klappe auf den Boden des Bauwagens legen, klar?" Friedhelm, der noch die Backpfeife von vorhin verarbeitete, nickte: „Klar! Natürlich." Trude und Sonnen zogen sich jeweils einen Schutzhelm an, der mit einer Taschenlampe versehen war. Trude trug eine

Sporthose und ihren Bundeswehrparka. Sonnen hatte sich vor ein paar Tagen mit ähnlichen Sachen eingedeckt. Er sah aus, als ob er den Mount Everest erklimmen wollte. „Na dann, Indiana Jones, auf geht's!" Sie klopfte einem sichtlich nervösen Sonnen auf die Schulter. „Wie machen wir es, wahrscheinlich Ladys first?" Sie lachte und kletterte in das Loch unterhalb des Bauwagens.

Mithilfe der eingeschalteten Taschenlampe betrachtete sie das Loch unter sich. „Da passe ich gerade noch so durch." Sie hielt sich an dem Seil fest und hüpfte einige Male an der Wand hin und her. „Die Wand hier ist aber ziemlich alt!" Sie klopfte mit einem Hammer, den sie aus der Jacke gezogen hatte, dagegen. „Ja, die ist aus den Dreißigern, richtig interessant wird es erst da unten!", rief Sonnen und deutete in das Dunkel des Loches. „Wieso?", fragte Trude. „Weil wir da unten einige Felsreste und Platten weggemacht haben, dahinter ist dann dieser Tunnel nach unten. Aber ich dachte, Ihnen das schon erzählt zu haben!" Trude schaute aus dem Loch hoch. „Hm, kann sein, aber was gibt Dir denn die Hoffnung, gerade hier was zu finden? Ich meine, mir ist das ja egal, ich bekomme mein Geld in jedem Fall, auch, wenn wir nichts finden." Sie lachte und Sonnen ballte die Fäuste in seiner Tasche. „Egal, was da ist, du bleibst da unten, Trude!", dachte er und schaute zugleich Friedhelm an. Der konnte wohl Gedanken lesen und deutete auf seine Jacke – dort zeigte er Sonnen kurz seine Waffe. „Mensch, zeig die bloß niemandem!", zischte er, beugte sich über das Loch und grinste Trude zu. Die wartete. „Was ist nun? Beantworte mal meine Fragen, Junge! Oder soll ich hier abhängen wie eine dicke Salami? Habt ihr hier eigentlich auch eine Goldmünze gefunden?" Sonnen zuckte mit den Schultern. „Nein, das ist eine reine Gefühlssache, glauben Sie mir!" Als Sonnen das sagte, schwieg Trude. „Ja, das kenne ich, manchmal hilft da nur der Geist, die Intuition." Friedhelm grinste und gab Sonnen einen Stoß. „Meine Güte, ist die fertig!", sagte er. Die korpulente Frau seilte sich unterdessen langsam ab, das Seil klatschte gegen die runde Wand der Öffnung. Nachdem sie etwa zehn Meter hinter sich gelassen hatte, machte sich Sonnen auf den Weg. Ebenfalls mit einem Rucksack auf dem Rücken, tauchte er langsam ab. Friedhelm stand genau oberhalb der Öffnung, er schaute gelegentlich aus dem Fenster. Niemand in den stetig vorbeirollenden Wagen ahnte, dass hier gerade eine Expedition in den Untergrund stattfand. Dass er nicht da runter musste, war ihm nur recht. Er konnte nun, gemütlich im Bauwagen sitzend, die Sache ruhig angehen und abwarten.

Trude schimpfte derweil mit Sonnen, da der ständig mit seinen Stiefeln gegen die Wand stieß und so Dreck und kleine Steine loslöste. „Pass doch auf, du Elefant!", krähte sie, zog intensiv an ihrer Zigarre und pustete ihm den Qualm hoch. Sonnen hustete laut, Friedhelm erschreckte sich und dachte kurz, dass einer abgestürzt sei. Es dauerte nicht lange und die beiden Entdecker waren auf dem Absatz angekommen. „Aha, du warst aber fleißig!", stellte Trude fest, als sie sah, dass hier ebenfalls Haltevorrichtungen für die Seile befestigt waren. „Die hast du aber bestimmt nicht selber eingebaut, oder?" Trude hielt sich an der Wand fest. „Nein, ich habe das nur angeordnet." – „Haben die nicht gefragt, was das soll?" Sonnen schaute nervös. „Was soll die Fragerei? Ich habe Sie engagiert, um den Untergrund zu erforschen, nicht meine Arbeitsweise." „Oho, tut mir leid, Herr Sonnen!", frotzelte Trude.

Nun verknoteten sie schweigend die Seile, die sie zusätzlich mitgenommen hatten, an den Halterungen. Trude schaute abwechselnd zu Sonnen und hoch zu Friedhelm. Sonnen meckerte daraufhin, dass sie ihn ständig mit der Helmlampe blende. Trude war das aber mehr als unwichtig. Solange sie konnte, wollte sie diesen Friedhelm im Auge haben. Auf dem schmalen Absatz stehend, zeigte sie auf die nächste Öffnung im Boden. Man konnte erkennen, dass der Kanal durchbrochen wurde. Dort ging es nun weiter abwärts, in die unbekannten Regionen unterhalb der Stadt Trier. Sonnen machte einen Schritt an den Abgrund und begann ohne ein Wort mit dem Abstieg. „Hoffentlich ist das Seil auch lang genug!", meinte er und schaute nervös nach unten. „Keine Angst, Sie haben bestimmt auch eine Feuerwehr in Trier, die holt uns im Notfall wieder raus!" Trude zurrte ihren Rucksack wieder fest und machte sich hinter Sonnen auf den Weg nach unten.

Der Durchmesser des Schachtes, in dem sie sich nun befanden, war etwas breiter. Der obere Teil war glatt und rund gewesen, der jetzige rau und unbehauen. „Mal im Ernst, habt ihr nicht mal nachgemessen, wie weit es hier runtergeht?", fragte Trude leicht besorgt. Sie hangelte sich Meter für Meter tiefer. „Nein, habe ich nicht", erwiderte Sonnen, der aus diesem Grund am liebsten auch wieder hinaufgeklettert wäre. Dass er sich nicht richtig vorbereitet hatte auf diese wahnwitzige Expedition, war ihm nun auch klar geworden. Die Lichtkegel ihrer Helmlampen hüpften vor ihnen an der Wand auf und ab. „Hier ist ein Metallhaken!", stellte Trude fest. „Und?", fragte Sonnen. „Der ist halb verrostet!" „Können Sie feststellen, wie alt der ist?" Trude schwieg.

Dann meldete sie sich zu Wort „Nein, dummerweise habe ich kein Metallanalysegerät bei mir, und ich habe ein wenig Schnupfen, sonst hätte ich das Alter erschnüffelt. Mann, Sonnen. Diese Frage ist genau so blöde wie die des Kriminaloberkommissars, wenn er den Mediziner am Tatort nach der genauen Todeszeit fragt." Es dauerte nicht lange, und sie stellten fest, dass die Dunkelheit unter ihnen bodenlos war. Die Helmleuchten verschafften nur wenig Aufklärung darüber, was da unten zu erwarten war. Es war wie ein dunkler, pechschwarzer See. Die Seile waren knapp 30 Meter lang, und ihr Ende war nun bald erreicht. Dies verdeutlichte den Wahnwitz, in eine unterirdische Höhle abzusteigen, ohne vorher genauer sondiert zu haben, was einen dort erwartete. Trude wollte es jetzt genauer wissen.

Sie sammelte in ihrem Mund Spucke und feuerte selbige in die Tiefe. Sie lauschten und hörten sogleich das Aufschlagen auf dem Grund. Sonnen fasste Mut. Er ließ das Seil los und landete kurz darauf auf dem Boden. Ohne es zuzugeben, fiel ihm ein gewaltiger Stein vom Herzen, dass sie angekommen waren. Wo sie waren und ob es noch weiter nach unten gehen würde, bedachte er allerdings nicht. Es war für ihn ein Etappenziel. Trude kam mit ein paar Sekunden Verspätung an und ließ sich demonstrativ mit ihren schweren, festen Wanderstiefeln auf den Boden fallen. Sie stellte für sich fest, dass dieser Otto Sonnen doch ein wenig mehr draufhatte als vermutet. Ihr Aufprall sorgte dafür, dass Wasser nur so umherspritzte, und Sonnen wischte sich kopfschüttelnd ein paar Tropfen aus dem Gesicht.

Trude drehte sich einmal im Kreis, um sich einen ersten Überblick über den Ort zu verschaffen, an dem sie sich befanden. Der Tunnel wies in der einen Richtung ein wenig Gefälle auf, in der anderen Richtung ging es einige Meter weiter nach oben. Dort war allerdings alles zugeschüttet. Trude stand einen Moment lang da und schaute den Tunnel an. „Wahrscheinlich geht es hinter dem Geröll weiter nach oben, und irgendwo ist dann der ursprüngliche Ausgang. Wir sind sozusagen von oben durch dieses Loch in der Straße in diesen Tunnel hineingekommen." Trude drehte den Kopf. Sonnen, der sich weniger für den Tunnel als mehr für das hier erhoffte Gold interessierte, wartete darauf, dass es endlich weiterging. Trude berührte respektvoll die Tunnelwand mit ihrer Hand. War hier tatsächlich ein Schatz zu holen? In weiser Voraussicht hatte sie deshalb das Goldstück in ihrer Tasche verschwinden lassen; sie wusste nur zu gut, dass viele dieser Schatzsuchen mit einer Enttäuschung endeten. Aber sie hatte in der Vergangenheit auch schon so manche Entdeckung gemacht, egal, ob nun in irgendwelchen Höhlen oder verfallenen Ruinen. Immer wieder hatte sie auch erfahren, wie immens eine solche

Vorstellung von Schatzfund und Reichtum die menschliche Phantasie zu beflügeln vermochte und wie sie einem Menschen ermöglichte, gewaltige körperliche Anstrengungen zu vollbringen. Sie kannte aber auch das Gefühl, am Ende nichts gefunden zu haben, außer der Erkenntnis, dass aus Freunden Feinde geworden waren. Die menschlichen Abgründe, die dunkle Seite eines lächelnden Gesichtes, die kalte Seite eines warmen Händedrucks. Bei Sonnen und Friedhelm war die Sache nun allerdings ein wenig offensichtlicher. Trude hatte sich ihr raues Äußeres aus vielen Gründen antrainiert, und sie hatte so einiges an Kenntnissen über die menschliche Seele erworben. Sonnen war für sie so durchsichtig wie eine Flasche Wasser und Friedhelm war ein typischer Kleinkrimineller mit Ambitionen, in dieser Branche Karriere zu machen. Sonnen wollte – so glaubte sie – allzu gerne der Strippenzieher im Hintergrund sein. Er wollte zum Schluss nur abkassieren.

Trude dachte gelassen über alles nach, während Sonnen mittlerweile nervös mit der Helmlampe herumspielte. Rasch stellte sie sich unter die Öffnung, durch die sie heruntergeklettert waren, und von weitem sah sie einen hellen Punkt, der sich hin und wieder verdunkelte.

Es war Friedhelm, der sich jetzt schon langweilte. Immer, wenn er ein Geräusch hörte, schaute er in die Tiefe. Er hatte eine Zigarrenschachtel entdeckt und tat sich an dem Inhalt gütlich. Gelegentlich warf er einen Blick in das Loch, in dem beide verschwunden waren. Vor einigen Minuten hatte er sie noch sprechen hören. Doch jetzt herrschte absolute Stille.

Sonnen und Trude waren mittlerweile ein gutes Stück weitergekommen. Der Tunnel hatte ein geringes Gefälle, man konnte angenehm gehen, der Boden war eben und nur ab und an lag ein Rattenkadaver auf dem Weg. An verschiedenen Stellen fiel den beiden auf, dass die Tunneldecke unregelmäßig tief war. Einmal riss es sogar Sonnen den Helm vom Kopf. Trude hielt kurz inne, Sonnen fluchte, fasste sich aber schnell wieder.

Trude wollte von Otto Sonnen nun wissen, wie es in einer Stadt wie Trier möglich sein konnte, dass ein Tunnel dieses Ausmaßes noch nicht entdeckt worden war. Bei den anfälligen Kanalisations- und Ausschachtungsarbeiten hätte er doch längst auffallen müssen. Otto Sonnen konnte ihr diese Frage, die er sich auch selbst schon mehrfach gestellt hatte, nicht beantworten. „Gibt es denn keine Legende?", fragte sie. Otto Sonnen verstand nicht. „Ich meine eine Erzählung, eine unglaubliche Geschichte, die man sich seit Jahrhunderten erzählt", erläuterte Trude die Frage, doch auch hierzu fiel Otto Sonnen nichts ein. Sie gingen weiter, und er knallte erneut mit seinem Schutzhelm gegen die Tunneldecke. Sonnen wurde nervöser. Er bat darum, eine kleine Pause einzulegen. „Wie weit sind wir denn nun schon marschiert?", fragte er. Trude hob ratlos die Schultern. „Das waren bis jetzt bestimmt schon ein paar hundert Meter, vielleicht schon mehr als ein Kilometer", orakelte Trude. „Und wir wandern die ganze Zeit durch diesen abschüssigen Tunnel. Wie tief wir sind, das würde mich interessieren." Trude ließ ihre Hände über die raue Wand des Tunnels gleiten. „Wer weiß schon, was uns da noch alles erwartet." Trude leuchtete Otto Sonnen in die Augen, seine Helmlampe war durch die Kontakte mit der Decke schon etwas lädiert. „Reichtum!", flüsterte Otto Sonnen. Trude verzog das Gesicht. Doch Otto Sonnen stand der Münzfund aus der Feldstraße vor Augen. Der phantastische, unschätzbare, unfassbare Schatz hatte sich in sein Gehirn regelrecht eingebrannt. „Nur weil Sie diese eine kleine Goldmünze gefunden haben, bedeutet das ja nicht, dass hier unten noch mehr davon ist." – „Sie sagten mir aber doch, dass die Wahrscheinlichkeit, mehr Gold zu finden, groß sei?" Sonnen machte einen Schritt auf Trude zu. „Sicherlich sagte ich das. Aber ich sagte auch, dass es die gleiche Wahrscheinlichkeit gibt, gar nichts zu finden."

Trude hatte bei ihrem Treffen auf Mallorca klar gesagt, dass es keine Sicherheit geben konnte. Allerdings hatte Otto Sonnen, zu diesem Zeitpunkt durch mehrere Cola-Cognac außer Gefecht gesetzt, im Liegestuhl vor sich hingedämmert und nur noch die Worte in sein vernebeltes Hirn dringen lassen, die ihm gefielen. Und Trude hatte seine Chancen freilich ein wenig positiver ausgemalt, um den Auftrag zu bekommen. Sie war nicht mehr die Jüngste und ihre finanzielle Situation mehr als unsicher. Diese Schatzphantasien kamen ihr daher gerade recht. Andernfalls wäre sie bestimmt nicht in eine Provinzstadt gekommen, um einen solch unkommoden Auftrag zu erfüllen, nur weil ein unqualifizierter Laie dem Goldrausch verfallen war. Und als sie damals die Goldmünze in der Hand gehalten hatte, da war auch in ihr der Gedanke an einen größeren Fund aufgetaucht. Doch eigentlich war sie Realistin und hatte genügend Erfahrungen gesammelt, um an einer solchen Chance zu zweifeln. In der Regel war viel weniger zu finden, als es am Anfang den Schein hatte, wenn überhaupt, und wenn doch, dann waren andere meist schneller – manchmal um Jahrhunderte.

Otto Sonnen versuchte krampfhaft, sich an das Gespräch in der Bar zu erinnern. Der genaue Wortlaut war ihm aber entfallen, der Alkohol hatte ihm wohl doch zugesetzt. Den größten Schock hatte ihm aber die Rechnung versetzt, die er am nächsten Morgen begleichen musste. Trude hatte sich nicht lumpen lassen und auf seine Kosten ganz ordentlich gezecht. „Kann es sein, dass Sie gar keine Ahnung haben von Archäologie?", fragte er sie abrupt. Er blieb stehen und drehte sich zu Trude um, die hinter ihm herging. Sie sagte erst nichts, dachte über eine Antwort nach. „Vertrauen Sie mir." Sie deutete weiter in den Tunnel. Zähneknirschend ging er weiter. „Ich hab das vor vielen Jahren mal studiert. Leider habe ich es nie zu einem Abschluss gebracht." Sonnen hörte zu. „Und was hat Sie nach Mallorca verschlagen?" Trude schwieg kurz und

wartete. „Nach Mallorca bekomme ich meine Rente über-
wiesen." Sonnen blieb wieder stehen.

„Wie bitte? Wie alt sind Sie denn?" Trude ignorierte
seine Frage. Sie gingen weiter und kamen an eine Stelle, an
der Trude erst mal eine Pause machen wollte. Sonnen entschied sich für einen Kaugummi, doch die Pause dauerte
nicht lange. „Los, weiter!", befahl Trude auf einmal. Von
nun an ging sie voraus. Sonnen grübelte eingehend über
Trude nach – was hatte er sich da bloß an Land gezogen?
Nach einer Weile hörten sie ein Geräusch aus dem Tunnel.
Trude zündete sich ihre Zigarre wieder an. Sie war genauso
nervös wie ihr Auftraggeber. „Oh Mann, ist das spannend!",
flüsterte sie. Einige Meter weiter raschelte etwas, es klang
so, als ob jemand einen Papierkorb durchwühlte. Sie
rückten näher zusammen und gingen langsam, Schritt für
Schritt, vorsichtig weiter. Ihre Augen durchsuchten ständig
die wild hin und her tanzenden Lichtkegel ihrer Helmleuchten. „Ein dreiköpfiger Höllenhund?" Trude konnte
sich den Kommentar nicht verkneifen, als sie in das verzerrte Gesicht von Sonnen schaute. „Hören Sie auf damit.
Was ist das denn nur?" Trude arbeitete sich langsam
Schritt für Schritt weiter vor. „Bleib da stehen!", befahl sie
Sonnen, aber das hätte sie nicht zu sagen brauchen, Sonnen
hatte ohnehin weiche Knie. „Na, wer ist denn da?", rief sie.
„Hallo, hallo!" Der Lichtstrahl ihrer Helmlampe wanderte
immer weiter, doch das Geräusch auch. „Da will uns einer
einen Streich spielen!" Sonnen kam hinterher. Sie zeigte
auf den Boden. „Pergament!" Sie kniete sich hin und
sammelte die Reste auf. „Wahnsinn, das muss ja uralt sein,
und alles kaputt." Sie hielt Hunderte von Schnipseln in der
Hand. „Das waren wohl irgendwelche Nagetiere, Ratten
würde ich sagen." Sie konnte sich daran erinnern, eben
noch einige tote Tiere im Tunnel liegen gesehen zu haben.
Was wohl hier einmal draufgestanden haben mochte? Aber
es war alles unrettbar vernichtet. Trude sammelte dennoch
alle Fetzen ein und steckte sie in eine kleine Plastiktüte, die

sie aus ihrer Tasche zog. Sonnen zuckte gleichgültig mit den Schultern. „Na und, wen interessiert olles Pergament? Was ist mit dem Gold? Ich kann immer noch keins sehen." Trude drehte sich wieder einmal um. „Wir wissen ja noch gar nicht, was wir hier unten außer Gold noch so alles finden." In diesem Moment dachte Sonnen laut und ernsthaft darüber nach, die ganze Aktion abzublasen. Trude lachte. „Das ist so wie beim Glücksspiel – volles Risiko."

12

Brunhilde Truske-Schmittmeier war nervös. Sie versuchte nun schon seit Tagen, ihren ehemaligen Kollegen Ulrich Konter zu erreichen, jedoch bislang ohne Erfolg. Aufgeregt ging Bruni in ihrer Wohnung auf und ab. Kurz vorher war sie zu seinem Haus in Trier-Irsch gefahren, doch auch hier hatte sie keinen Erfolg gehabt. Niemand war zu Hause, und keiner öffnete auf ihr Klopfen, nur die Nachbarn schauten hinter den Gardinen ihrer Fenster hervor, als sie wie wild gegen die Tür pochte.

Eine Nachbarin, die im Vorgarten werkelte, meinte zu ihr, dass Konter vor einigen Tagen spät abends noch mal weggefahren wäre und sie ihn und seinen Wagen seitdem nicht mehr gesehen hätte. Bruni ahnte Schlimmes. In diesem Zusammenhang musste sie unwillkürlich an Sonnen denken. Immer wieder dieser Otto Sonnen. Sie machte sich also zurück auf den Weg in die Stadt. Jetzt im Weihnachtsgeschäft drängte sich beinahe die halbe Welt in den Gassen, um Weihnachtsgeschenke zu besorgen und auch noch einen oder zwei Glühwein auf dem Weihnachtsmarkt zu genießen. So auch Bruni. Sie zwängte sich mit der allergrößten Anstrengung durch die Massen zum Hauptmarkt. Von überall her dudelte Weihnachtsmusik, eine Bude reihte sich nahtlos an die andere, es gab Kerzen, Schmuck und Spielzeug. Und natürlich reichlich Ess- und Trinkbares. Zur Krönung des Ganzen hingen und saßen überall knallrote, weißbärtige Weihnachtsmänner herum – entweder überdimensioniert auf einem Sockel oder in Form von rotbäckigen, kleinen Figuren. Brunhilde Truske-Schmittmeier kaufte eine Tasse Glühwein und kippte das Gebräu rasch hinunter, dann bestellte sie direkt den nächsten. „Tut gut!" Nach und nach stieg auch ihr Alkoholpegel.

Irgendwann hatte sie genug, und ihr fiel wieder dieser komische Glühweinskandal ein, der vor Jahren die Runde im vorweihnachtlichen Trier gemacht hatte. Sie wollte nicht weiter darüber nachdenken, was da wohl alles für Inhaltsstoffe in dem Zeug waren. Aber den meisten Trinkern ging es ja auch mehr um die Atmosphäre auf dem Weihnachtsmarkt.

Der Glühwein half Bruni, wieder etwas ruhiger zu werden. Gedankenversunken machte sie sich nun auf ihren Weg weiter durch die Fleischstraße. „Was mach ich nun?" Grübelnd ging sie an den hell erleuchteten Schaufenstern der Läden vorbei. Sie dachte an Konter. Seit dem Tod seiner Frau lebte er alleine, er hatte keine Kinder und war ansonsten auch eher ein Einzelgänger. Nach einigen Metern drehte sie sich um und ging zurück zum Weihnachtsmarkt. Sie dachte an die Stelle, an der das Unheil seinen Anfang genommen hatte.

In der Nordallee.

Dort war die erste Öffnung gefunden worden, sie wollte nun zu der Stelle, mit der sie den ganzen Ärger, den sie zur Zeit spürte, verband. Als sie dort ankam, erschrak sie: Nichts erinnerte mehr daran, was hier gewesen war. Sie stand zwischen den Bäumen der Allee und starrte irritiert auf die Straßenlampen, die sich im Takt des Windes sachte hin und her bewegten. Sie hatte zwar gesehen, dass hier weiter gearbeitet wurde, aber dass man so gar nichts von dem erkennen konnte, was hier einmal gewesen war, schockierte sie dennoch.

Nach wenigen Minuten des Nachdenkens machte sie sich wieder auf den Weg zurück zum Weihnachtsmarkt. Plötzlich hatte sie Appetit auf einen Reibekuchen. Sie schlenderte durch einige Straßen und entdeckte zu ihrer Überraschung Konters Wagen. Sie erkannte das Fahrzeug direkt an dem Nummernschild wieder. Sie begann durch die Straßen zu laufen, schaute in jede Ecke und hoffte inständig, Konter irgendwo zu entdecken, doch ohne Erfolg. Kein Konter, kein Ende ihrer Suche.

Sie rannte einige Meter weiter, blieb stehen, rannte wieder zurück zum Wagen. Laub und Strafzettel bedeckten den Wagen. Sie schaute sich die Belege an. „Aha, vor zwei Tagen sind die ausgestellt worden." Nun war ihr klar, dass sie mit ihrer Befürchtung richtig lag: Hier stimmte etwas nicht. Sie überdachte den nächsten Schritt. Sollte sie die Polizei rufen? Aber was sollte sie denen sagen? Sie stellte sich vor, was passieren würde. Oder sollte sie nicht besser einfach zurück zu diesem Bauwagen gehen und Sonnen zur Rede stellen? Bruni dachte nach und rang sich zu Letzterem durch. Zu Fuß machte sie sich auf den Weg in die Herzogenbuscher Straße. Wachsam um sich blickend huschte sie durch Trier, halb aus Angst, dass Sonnen vielleicht hinter ihr her wäre, und halb erwartend, dass sie Konter doch noch irgendwo finden würde. Nach einer halben Stunde und einem ordentlichen Marsch durch die Paulinstraße sah sie schon von weitem den Bauwagen. Kurz sah sie eine Gestalt von innen vor dem Fenster vorbeihuschen. Bruni dachte an Trude, die dort bestimmt saß und nur darauf wartete, sie erneut zu beleidigen. Bruni zitterte etwas, ihre Entschlossenheit machte einer gewissen Angst Platz.

Jetzt erst fiel ihr der umbaute Unterteil des Wagens auf – die Räder verschwanden zur Hälfte hinter einer Bretterwand. Sie stand nun ganz nahe an dem Bauwagen und hörte schwere Schritte innen auf und ab gehen. Sie gab sich einen Ruck, zog an der Tür und riss sie beinahe aus dem

Schloss. „Wer ist da?" rief ein Mann und schaute aus der Tür. „Wer sind Sie?", fragte Brunhilde Truske-Schmittmeier und realisierte kurz darauf, dass es sich wohl nur um diesen Friedhelm, den Handlanger und Helfer Sonnens handeln konnte. Sie hatten sich bisher noch nie zu Gesicht bekommen. „Wer zum Teufel sind Sie?" „Mein Name ist Brunhilde Trusk ...". Plötzlich wurde ihr in vollem Umfang bewusst, mit wem sie es aller Wahrscheinlichkeit nach zu tun hatte und dass es gefährlich wurde. „Aha, Sie sind die Kollegin vom Otto Sonnen", antwortete Friedhelm, und ehe sie sich versah, wurde sie von seinen kräftigen Armen in den Bauwagen gezogen. Brunhilde Truske-Schmittmeier war entrüstet. Friedhelm bugsierte sie auf einen Stuhl. Kurz darauf bemerkte sie das Loch im Boden. Sie blickte auf die Öffnung. Friedhelm sagte nichts. Er erinnerte sich daran, dass Sonnen angedeutet hatte, diese Frau auszuschalten. Galt dieser Befehl noch? Friedhelm war nun kein Gelegenheitskrimineller mehr, mittlerweile war er zum Mörder geworden. Die Hürde war für ihn überschritten, die Hemmschwelle überwunden. Er starrte sein nächstes Opfer an. Bruni starrte zurück. Jede Bewegung konnte eine Reaktion erzwingen. Brunhilde Truske-Schmittmeier wippte schließlich nervös hin und her. „Na, haben die schon was gefunden?", fragte sie Friedhelm. „Was?" „Na, Sie wissen schon, was ich meine, da unten!" Sie zeigte auf die Öffnung im Boden der Straße unterhalb des Bauwagens. „Keine Ahnung." Friedhelm sprach in kurzen, knappen Worten. Zwischenzeitlich steckte er sich eine von Trudes Zigarren an, der Qualm stand bereits in dem kleinen Bauwagen.

Wieder Stille. Bruni hustete. Beide beäugten sich. Friedhelm zog an seiner Zigarre.

Er stellte sich vor, wie er kurzen Prozess mit ihr machen und sie den anderen hinterherwerfen würde. „Haben Sie denn nun wirklich noch nichts da unten gefunden?", bohrte sie erneut nach Informationen. Friedhelm rollte die Augen. „Verdammt noch mal – nein!" Brunhilde Truske-

Schmittmeier schaute zur Tür des Bauwagens. „Dann kann ich ja gehen." Friedhelm stand auf und stellte sich grinsend vor die Tür.

„Verdammt!", dachte sie sich. „Flucht aussichtslos." Es war ein fataler Fehler gewesen, hierher zu kommen. Friedhelm nahm ein zweites Vorhängeschloss und hing es zu dem anderen. Er drehte den Schlüssel herum und steckte ihn in seine Jackentasche. „Jetzt sitze ich wohl in der Falle, was?" Bruni stand auf, Friedhelm grinste noch breiter. „So kann man es sagen." „Aber was machen Sie, wenn ich laut um Hilfe schreie, überall hier sind Menschen. Auf dem Bürgersteig gehen hin und wieder Leute, überall fahren Autos." Friedhelm fasste mit seiner linken Hand an seine Jacke und öffnete sie leicht, zum Vorschein kam, was Brunhilde Truske-Schmittmeier erst mal erstarren ließ. „Sie haben da eine Waffe!" „Ja, und genau deshalb werden Sie auch nicht schreien", fügte Friedhelm hinzu.

Ruhe. Lähmende Stille.

Brunhilde Truske-Schmittmeier suchte mit ihren Blicken jeden Winkel des Bauwagens ab. Die Fenster des Wagens waren nicht verhangen, hin und wieder sah sie Personen daran vorbeigehen. Sie wollte nicht akzeptieren, dass sie hier gegen ihren Willen festgehalten wurde. Doch je länger sie Friedhelm mit seiner Waffe ansah, desto klarer wurde ihr, dass es keine Gelegenheit zu einem Fluchtversuch gab. Friedhelm steckte sich eine neue Zigarre an und schaute sich Brunhilde Truske-Schmittmeier genauer an. „Die hab ich von der Trude geklaut", schmunzelte er. „Rauchen Sie auch?" Brunhilde schüttelte sich. „Nein danke, ich bin militanter Nichtraucher." Friedhelm lachte. „Ich lasse bei uns in der Kantine immer die Aschenbecher verschwinden und verklebe den Zigarettenautomaten. Manchmal, wenn mir danach ist, kippe ich ein wenig leicht entzündbare Flüssigkeit in den Ascher." Brunhilde Truske-Schmittmeier lachte nervös. „Sie sind ja krank!", meinte Friedhelm. Doch Bruni bewegten nur zwei Fragen: nämlich, wie sie hier herauskommen konnte und wo Konter war. „Wo ist der Konter?", fragte sie ohne Umschweife. Friedhelm verschluckte sich vor Überraschung und hustete, mit dieser Frage hatte er nun wirklich nicht gerechnet. „Wieso sollte ich das wissen?" Friedhelm rieb sich seinen Kopf, ein Reflex, der seine Unsicherheit übertünchen sollte. „Sagen Sie es schon!" Brunhilde ließ nicht locker.

In diesem Moment stand Friedhelm wieder auf und machte einen Schritt auf sie zu, wobei er beinahe in die Öffnung des Bauwagens gefallen wäre. Er gab ihr eine Ohrfeige. „Was soll das?", brüllte Brunhilde. „Was das soll? Sie gehen mir auf die Nerven mit Ihrer Fragerei!" Brunhilde ging auf die Tür des Wagens zu, in der vagen Hoffnung, sie doch irgendwie aufreißen zu können, doch die Schlösser hielten. Friedhelm zog sie von der Tür zurück und warf sie auf den Stuhl. „Machen Sie nur weiter so und Sie enden wie Konter." Jetzt war es raus, ungewollt hatte er seine Tat preisgegeben. „Ich habe ihn in das Loch geworfen, und wenn Sie nicht aufpassen, landen Sie auch da unten." Er zog sie an den Haaren über die Öffnung. Brunhilde Truske-Schmittmeier starrte auf die Seile, die an den Haken festgemacht waren. „Wollen Sie eine kostenlose Fahrt in die Tiefe?", zischte er ihr ins Ohr. Friedhelm war einfältig, und das machte ihn so gefährlich. Er schaute aus dem Fenster des Bauwagens. Niemand war zu sehen – er konnte also auf der Stelle handeln.

Bruni bat Friedhelm, den schmerzhaften Griff zu lockern, und er ließ sie tatsächlich los, bugsierte sie aber auf den Stuhl zurück. Sein Hemd war mittlerweile aus der Hose gerutscht, Bauch quoll hervor. Von den Seilen, die sie für den Abstieg erworben hatten, ergriff er eins, das noch auf dem Boden lag, und fesselte die verängstigte Frau an ihren Stuhl. Dabei beeilte er sich und zog das Seil ziemlich fest, sein Opfer konnte sich keinen Millimeter mehr bewegen. „Wenn Sie die Klappe halten, brauche ich Sie nicht zu knebeln." Brunhilde Truske-Schmittmeier nickte und schwieg.

Er setzte sich wieder auf seinen Platz und steckte sich eine neue Zigarre an. In der Packung waren jetzt nicht mehr viele übrig. Sie taxierten sich gegenseitig. Truske-Schmittmeier hoffte inständig, dass jemand an die Tür des Bauwagens klopfen würde, aber sie hoffte vergebens. Vor ihr lag das Loch im Bauwagen, darunter die Öffnung im Belag der Straße. Manchmal glaubte sie, etwas zu hören, doch der Lärm der vorbeifahrenden Autos machte es unmöglich, die Geräusche zu identifizieren. Friedhelm zog an seiner Zigarre und schnippte alle paar Minuten die Asche in die Öffnung unter sich. Er hustete einige Male und schaute sich Truske-Schmittmeier genau an. Sein Opfer auf dem Stuhl gegenüber registrierte es mit Unbehagen.

13

Maximilian hatte jedes Gefühl von Zeit verloren. Nachdem er das Portal wieder durchschritten hatte und immer weiter abwärtsgelangt war, glaubte er, eine Biegung gegangen zu sein. Der Boden war eine Zeit lang nass. An der Wand des Tunnels sickerte Wasser durch, was die Wanderung in eine Rutschpartie verwandelte. Plötzlich blieb er staunend stehen. Weiter unten im Tunnel war die Wand sauber ausgebaut und sorgfältiger verarbeitet worden, und auch der Boden war mit schweren Sandsteinplatten gepflastert.

Je weiter er ging, desto trockener wurde es wieder. Er konnte sich das nur damit erklären, dass tatsächlich eine Kurve im Tunnel war. Jeder Meter, den er nun zurücklegte, kam ihm wie zwanzig vor. Wenn er durch Trier lief, machte ihm das weniger aus. Er wunderte sich darüber, doch konnte das auch an der Luftveränderung liegen oder an der Anspannung, oder an beidem! Er platzte ja geradezu vor Neugierde! Doch sein Weg sollte jäh unterbrochen werden, als er plötzlich vor einem Riss im Boden stand, der Spalt verlief von rechts nach links und teilte den Tunnel. Die etwa zwei Meter breite Kluft schien zwar nicht sonderlich tief, stellte aber eine unkalkulierbare Gefahr dar. An der Seite war ein fußbreiter Rand, über den man möglicherweise hätte balancieren können. Am Rand des Spaltes gab er einem lockeren Sandsteinstück einen Tritt. Der Stein brach ab und fiel in den Spalt. Er schätzte die Tiefe auf ungefähr anderthalb Meter, vertraute darauf, dass ihm schon nichts passieren würde und machte sich auf, über den Rand zu balancieren. Ein schmaler Riss im Boden konnte ihn doch jetzt nicht aufhalten! Mit seinem Bauch drückte er sich gegen die Wand, der Rucksack hing über dem Abgrund. Langsam, Zentimeter für Zentimeter, arbeitete er sich voran. Seine bangen Blicke hingen auf dem Absatz; er hoffte inständig, dass er hielt.

Und er hielt.

Erleichtert kniete er sich vor den Spalt, an dessen Rand er sich gerade vorbeilaviert hatte. Doch ehe er sich versah, brach der schmale Sockel nun doch und rutschte in die Tiefe. Er lachte über sich selbst, als ihm der Gedanke kam, dass es für einen Mann in seinem Alter nicht unbedingt vernünftig war, alleine einen Trip unter der Stadt zu unternehmen. Vielleicht war das Skelett vom Anfang des Tunnels auch nur so ein alter, übermütiger Wanderer gewesen, der hier unten sein Leben ausgehaucht hatte. Immerhin musste er ja nachher wieder über diesen Spalt zurück. Bei diesem Gedanken brach ihm der Schweiß aus, er erhob sich und machte noch einen achtlosen Schritt nach hinten. Dabei stolperte er über eine Stufe und stürzte einen Meter weit nach unten. Ein fester Aufprall gegen irgendetwas Hölzernes beendete den Fall und beförderte Maximilian Nikolaus Schreckenberg erst mal ins Land der Träume.

„Maximilian, sprich doch!" Eine ihm gut bekannte Stimme rüttelte an seinem Verstand. „Hallo!" Sie wurde lauter und Maximilian schaute in die vertrauten Augen seines Bruders Franziskus. „Was ist los?", sagte er und sah seinen Bruder fragend an. „Was los ist? Ich weiß es nicht." Maximilian hob den Kopf und erblickte auf der anderen Straßenseite das Geschäft seiner Eltern. „Wir haben uns solche Sorgen um dich gemacht!" Von weitem sah Maximilian seine Eltern hinter dem Schaufenster auf und ab laufen. Sein Bruder, der sich noch immer über ihn beugte, sah jung aus, und alles um ihn herum war so wie früher. Er musste auf den Boden gefallen und bewusstlos geworden sein. Müde drehte er seinen Kopf zur Seite, schaute auf den Stein neben dem Bürgersteig. Es war dieser Stein, der aussah wie ein Gesicht, der Pflasterstein, der neben einem Gullydeckel etwas hervorstehend eingepflastert war. Doch statt sich auf seinen Bruder zu konzentrieren, stand Maximilian auf und schaute an ihm vorbei; er sah alles so, wie es einmal gewesen war. Die alten Häuser standen alle noch, nichts war abgerissen. Hier und da standen noch Ruinen aus dem Krieg. Der Mercedes parkte auf dem Gehweg mit geöffnetem Kofferraumdeckel. Die Mutter trat aus dem Laden und betrachtete ihren Sohn sorgenvoll. „Was ist denn los mit dir?" Sein Bruder Franziskus stand wortlos neben der Mutter. „Alles wird gut ... gut ... ihr werdet das schon schaffen ... schaffen ... schaffen ..."

Maximilian erwachte, leicht und leise atmend. Mit einem Geschmack von Holz im Mund wandte er sich um, rollte aber immer wieder gegen diesen Widerstand, der seinen Sturz abgefangen und mit dem Aufprall die kurzzeitige Bewusstlosigkeit erzeugt hatte. „Was war das denn nun schon wieder?" Er öffnete die Augen und angelte geblendet nach seiner Taschenlampe, die vor ihm lag und ihm geradewegs in die Augen leuchtete. Beim Sturz musste sie ihm aus der Hand geglitten sein. Schreckenberg lag auf dem Rucksack, den Oberkörper leicht nach oben angewinkelt, und tastete seine Beine ab, um beruhigt festzustellen, dass alles in Ordnung war. Langsam stand er auf und betrachtete den Grund seines Stolperns: schon wieder ein Tor! Es ähnelte dem, durch das er vorhin erst gekommen war. Schreckenberg nahm sich einen Moment, um es anzuschauen, doch bot sich hier nicht der reiche Anblick, den das erste Portal präsentiert hatte. Es gab keine Figuren, und die Wände waren glatt. Ansonsten war es formgleich, nur dass hier noch eine Holztür eingebaut war. Er zog an der schweren, mit Eisenbeschlägen versehenen Tür, die mit einem lauten Ächzen der Angeln antwortete. Die Tür erinnerte ihn an eine Kirchentür, das mächtige Stück Eichenholz war nur sehr schlicht verziert und die schweren Eisengriffe waren mittlerweile festgerostet. Maximilian trat mehrere Male dagegen, doch das Tor rührte sich nicht. Er fand kein Schloss, nichts, das Tor war einfach nur wie festgeklebt. Wie alt das hier wohl sein mochte, grübelte er und versuchte erneut, die Tür aufzustoßen, doch ohne den geringsten Erfolg. Immer wieder warf er sich gegen das mächtige Tor, nur um festzustellen, dass seine Anstrengungen nicht ausreichten, es zu öffnen.

Als er bald darauf vollkommen außer Atem war, legte er eine Pause ein. Sein Taschenlampenlicht führte er leicht zitternd die Wand hinauf und stellte fest, dass der Tunnel sauber und sorgfältig ausgebaut war. Da hatte sich jemand wirklich Mühe gegeben. Wenn er doch nur wüsste, für wen und warum. Auch als Laie konnte er sich denken, dass dieser Aufwand nicht ohne ganz besonderen Grund betrieben worden war. Er fragte sich, wie viele hundert Meter er nun schon marschiert war. Durch das ständige Bergabgehen schmerzten ihn bereits die Zehen. „Das war bestimmt mehr als ein Kilometer!" Maximilian wandte sich dem Tor zu und versuchte erneut, es aufzubekommen. Dabei konzentrierte er sich auf die Stelle, an der die beiden Torteile zusammentrafen. Er warf sich mit seinem gesamten Körpergewicht gegen das Tor. Ob da etwas hinter dem Tor die Öffnung blockierte? Kurz bevor er aufgeben wollte, geschah es. Mit voller Kraft und Schwung ließ er sich ein letztes Mal gegen das Tor fallen, und endlich öffnete es sich unter erbarmungswürdigem Quietschen der rostigen Angeln. Der Hauch einer unbekannten Zeit umströmte ihn. Maximilian kniff die Augen zusammen.

Mit dem Schein seiner Taschenlampe konnte er die Ausmaße des vor ihm liegenden Raumes nicht erfassen, er leuchtete in ein schwarzes Nichts ohne sichtbare Beschränkungen durch Wände oder Decken. Es schien ihm, als ob man ihn mit verbundenen Augen in eine Großraumhalle schickte. Er suchte im fahlen Licht der Taschenlampe nach einem Hinweis, ein feuchter Lufthauch zog an ihm vorbei. Maximilian lauschte und staunte, fragte sich, wo er sei – und ob er nicht doch träumte: einen unglaublich realistischen Traum? Tief sog er die recht frische Luft ein. Die ungeahnten Dimensionen zeigten kein Ende, es war sehr kühl und er fröstelte. Nach und nach verstand er wieder: Er war unter der Stadt. Einem Maulwurf gleich hatte hier jemand Tunnel gegraben, die in einer riesigen Halle endeten. Wie konnte so etwas unter den Füßen der Trierer sein, die einige Meter höher völlig ahnungslos ihren alltäglichen Beschäftigungen nachgingen? Er leuchtete wieder auf den Boden, es war derselbe Bodenbelag aus Sandsteinplatten wie vorhin im Tunnelgang, mit einem dichten Schleier aus Staub bedeckt. Vorsichtig ging er paar Schritte weiter nach vorne und dachte darüber nach, dass er nun schon sein Leben lang in Trier und in diesem Haus über dem Tunnel wohnte, der in eine geheimnisvolle Welt führte! Es kam ihm alles so fremd und unheimlich vor.

Maximilian hob den Kopf und schaute in den dunklen Raum. Es kam ihm beinahe vor, als ob er aus dem Dunkel heraus etwas spürte. Irgendetwas mit einer mächtigen Präsenz lag dort vor seinen Füßen. Dann machte er ein paar Schritte nach vorne. Im richtigen Moment stellte er fest, dass er am Anfang einer Treppe stand. Ein unvorsichtiger Schritt, und er wäre erneut gestürzt. Er versuchte abzuschätzen, wie viele Stufen die Treppe hatte. Doch auch hier verlor sich der Lichtkegel in der Dunkelheit. Maximilian setzte sich auf die erste Stufe. Er schaltete die

Taschenlampe aus und starrte ins Dunkel. Erneut vernahm er den Klang von Wasser, das von der Decke tropfte. Er atmete leise und achtete darauf, nicht einen Ton zu überhören. Dabei ließ ihn ein kalter Windzug erzittern. Wie viele Meter war er hier wohl unter der Erde? Dreißig? Vierzig? Fünfzig? Oder noch mehr? Er hatte jede Orientierung verloren. Wie war es möglich, dass bisher noch niemand dieses Tunnelsystem gefunden hatte? Konnte es sein, dass er – Maximilian – per reinen Zufall etwas gefunden hatte, was bisher jedem anderen Menschen verborgen geblieben war? Seine Handfläche glitt über den Boden, und auf einmal bekam er etwas zu fassen. Er schaltete seine Taschenlampe wieder ein. Es stellte sich als ein Stück Metall heraus, etwa zehn Zentimeter lang und einen Daumen dick. Der Gegenstand sah wie ein zerbrochener Eisenstab aus. Maximilian konnte nichts damit anfangen. Kurzerhand steckte er es ein, zusammen mit der Goldmünze waren es jetzt bereits zwei Stücke, die er hier unten gefunden hatte und die er, wenn er wieder zu Hause war, begutachten wollte.

Nach dieser kleinen Verschnaufpause stand er auf und ging langsam die Treppe hinunter. Er orientierte sich am Rand und tastete sich vorsichtig vor. Die Treppenstufen waren aus Sandstein mit einem sauber verarbeiteten Rand. Alles sah noch so neu und unverbraucht aus, wo man doch sonst in alten Gemäuern die Treppen stets ausgetreten vorfand. Diese hier sahen dagegen aus, als ob er der Erste war, der sie benutzte. Ihm fuhr ein absonderlicher Gedanke durch den Kopf. Vielleicht war das hier alles gar nicht alt, sondern neu?! Er dachte darüber nach, kam aber zu dem Schluss, dass diese Idee noch absurder war als alles andere, was er sich zurechtgereimt hatte. Vorsichtig ging er weiter und gelangte nach einigen Minuten des behutsamen Treppenabsteigens an der letzten Stufe an. Was erwartete ihn nun? Sachte klopfte er gegen die Taschenlampe, die gelegentlich flackerte. Nach wenigen Schritten tauchte wie aus dem Nichts eine Mauer auf. Im selben Moment ereilte Maximilian erneut das Schicksal einer Bewusstlosigkeit, diesmal durch einen beabsichtigten und energischen Schlag gegen seinen Kopf. Dunkelheit umgab ihn.

Sonnen stand neben Trude und beide sahen zu, wie Maximilian zusammensackte. „Wer ist das denn? Gehört der zu deinen Leuten?", fragte Trude ihren Auftraggeber. Der schüttelte den Kopf. Beide betrachteten ihr Opfer, das gekrümmt vor ihnen lag und bei seinem Sturz eine Menge Staub aufgewirbelt hatte. „Der hat gar nicht gemerkt, dass wir auf ihn zukamen." Sonnen lachte. Beide waren durch einen anderen Tunnel nur einen kurzen Moment vor Schreckenberg hier angekommen und hatten den Ort selbst noch gar nicht richtig wahrgenommen. Der Tunneleingang, durch den sie gekommen waren, lag mehrere hundert Meter entfernt. Sie hatten das Licht gesehen und um nicht entdeckt zu werden ihr eigenes gedämpft. Trude kaute auf ihrer Zigarre, die sie gelöscht hatte, Sonnen ließ seine Lampe durch die Gegend tanzen. Auch Trude schaltete nun ihre Lampe ein. Sie koordinierten die Lichtbündel und konnten nun mehr erkennen, und auch sie beide standen jetzt einfach nur da und staunten. Ihr Licht brachte Bemerkenswertes zum Vorschein.

Trude versuchte ruhig zu bleiben und zündete sich die Zigarre neu an. Bei dem Versuch zitterte ihre Hand; es dauerte ungewöhnlich lange, ehe die Zigarre endlich brannte. Sie nahm sich Maximilians Taschenlampe. Man hätte die sprichwörtliche Nadel fallen hören können. Noch nie war Trude dermaßen in den Bann einer Entdeckung gezogen worden. Und das hier, in einer kleinen Stadt mitten in Europa! In einer Zeit, die eigentlich keine Überraschungen, geschweige denn wirkliche Entdeckungen mehr bot, schon gar nicht dieses Ausmaßes. Man stieß hier und da vielleicht mal auf einen alten Keller, die kümmerlichen Reste eines Klosters oder irgendwas an römischen Überbleibseln, aber das hier war etwas ganz anderes. Nicht, dass die anderen Dinge keinen Wert gehabt hätten, nur: Dieses hier stellte sie alle in den Schatten.

Sie gingen einige Meter weiter, langsam, beinahe andächtig schauend. Sonnen dachte einen Moment lang nicht an Münzfunde und Gold, auch er war beeindruckt. Magnetisiert schwebten sie auf das Ziel zu, das nicht mehr zu verfehlen war. Trude hörte in ihrem Kopf eine Musik, sie wurde immer lauter und variierte kaum. Immer lauter, immer heftiger. Sonnen marschierte wie hypnotisiert hinter Trude her.

Maximilian kam unterdessen zu sich und vernahm Schritte. Er drehte seinen Kopf in die Richtung, in die seine Peiniger verschwanden. Er sah das, was die anderen auch sahen. „Wahnsinn", dachte er sich und blieb einfach liegen.

Vor ihnen, im mageren Licht der Taschenlampen, präsentierte sich eine Unmöglichkeit.

„Das Haus Gottes." Trude sagte das und schwieg danach. „Was?" Sonnen schaute sie kurz an. „Domus Dei, das Haus Gottes", wiederholte sie. „Da steht ein Gebäude unter der Stadt. Und es sieht aus wie eine Kirche, wie ein Dom." Trude blieb stehen, andächtig, und nahm die Zigarre aus dem Mund. Sonnen wippte auf und ab. Er war wie Trude gebannt und dennoch nervös. Der Fund der Feldstraße blitzte wieder in seinem Hirn auf. Wenn das alles hier so überwältigend war, so müsste doch auch ein gleichfalls überwältigender Schatz hier sein, vielleicht ein prunkvoller Altar. Trude legte ihre Hand auf die gemauerte Wand. „Das ist das Schönste und Beeindruckendste, was ich jemals gesehen habe." Sie ging ehrfürchtig an der Außenmauer vorbei und konnte die Breite noch nicht abschätzen, die Mauern mündeten im Fels. Von weitem erweckte es den Anschein eines in eine Höhle gemauerten Gebäudes. Der oder die Erbauer hatten den Fels als naturgeschaffenen Anfang und Ende des Domes genutzt. Ein Dach gab es nicht, die Mauern führten bis an die Decke. Maximilian dachte an eine Ähnlichkeit mit der Felsen-

kirche in Idar-Oberstein. Soweit es das schlechte Licht ermöglichte, sah man die Mauerenden mit dem Fels ver-
schmelzen.

Trude und Sonnen standen zusammen vor dem verschlossenen Portal. Nach einigen Sekunden unterbrach
Trude die Stille. „Sonnen, stell dir vor, du würdest vor
eurem Trierer Dom stehen, nur ein paar Meter tiefer!"
Sonnen nickte. Trude wünschte sich eine bessere Beleuchtung, aber Otto Sonnen wollte nur möglichst rasch
wissen, was es mit dem Gebäude auf sich hatte. „Jetzt sagen
Sie doch endlich!", blaffte er Trude an. Doch die wusste auf
die Schnelle keine Antwort. Wie auch; so etwas hatte wohl
kein Mensch zuvor, außer den Erbauern, jemals gesehen.
„Jetzt halt mal den Mund, ich habe das gerade erst entdeckt
und muss mich konzentrieren." Sonnen ging einen Schritt
zurück und schaute sich um. Seine Suche galt schließlich
nur einer einzigen Sache. Insgeheim plante er bereits, so sie
denn nichts fänden, schnell den entsprechenden Behörden
Bescheid zu geben. Ohne dass diese Pseudoexpertin das
mitbekommen würde. Er spazierte auf und ab, getraute
sich allerdings nicht, die große Tür des Portals zu öffnen.
Die Fenster des Domes waren hoch, man konnte nicht einfach hineinschauen, und sie waren auch nicht verglast,
sondern einfache Öffnungen.

Maximilian war schon seit einigen Minuten wieder bei
Bewusstsein, rührte sich jedoch vorsichtshalber nicht,
sondern belauschte die beiden, um herauszufinden, was
hier eigentlich gespielt wurde. Da er einige Schritte hinter
ihnen auf dem Boden lag, sah er ihr Taschenlampenlicht
auf der Außenmauer des unterirdischen Gebäudes tanzen.
Maximilian konnte es nicht glauben, was er da sah.

Trude ging weiter, drehte sich alle paar Meter um, malte
eine Skizze der Umgebung auf. Sie war von der Geräumig-
keit des Vorplatzes beeindruckt, überhaupt von allem beeindruckt. Aufgrund der Schlichtheit des Bauwerkes ging
sie davon aus, dass mit größeren Goldfunden hier wohl

kaum zu rechnen war. Doch behielt sie diese Annahme vorerst für sich. Sonnen stand mittlerweile wieder neben Maximilian.

Trude zeichnete in ihre Skizze die beiden ihr bekannten Tunnelausgänge. Ansonsten konnte sie nur den großen Vorplatz vor dem Gebäude grob aufmalen. Sie forderte Sonnen auf, zu ihr zu kommen. Doch der deutete auf Schreckenberg. „Stimmt, den hab ich in der Aufregung ganz vergessen. Den nehmen wir am besten mit." Maximilian regte sich, und Sonnen befahl ihm in einem harschen Ton aufzustehen. „Los! Auf die Beine!" Maximilian erhob sich und übertrieb ein wenig, was die Schmerzen betraf. Unter lautem Stöhnen und Ächzen humpelte er hinter Trude und Sonnen her. Sonnen hätte gerne herausbekommen, wer sein Gefangener war, doch Maximilians übertriebenes Schauspiel brachte ihn vorerst von seinem Vorhaben ab. „He, jetzt pass mal auf", fauchte Trude Maximilian an, „du kennst doch bestimmt diese Filme, wo der Gefangene immer ein lockeres Mundwerk hat und nicht merkt, dass er besser die Schnauze halten sollte." Maximilian schüttelte den Kopf. „Nein, kenne ich nicht. Kennen wir uns? Wieso duzen Sie mich überhaupt?" Trude stand kurz vor einem Wutausbruch. „Hast du nicht verstanden, was ich damit sagen wollte? Mund halten und mitkommen, oder soll ich noch deutlicher werden?" Trude hob die Faust in die Luft. Unter dem Licht ihrer Helmleuchte sah sie sehr bedrohlich aus. „Die duzt jeden!", fügte Sonnen mit erhobenem Zeigefinger hinzu. Das Dreiergespann marschierte weiter; Trude verlor keinen Moment Zeit, sich die Entdeckung genauestens anzusehen. So sehr sie eben aufgebraust war, so schnell war ihr Interesse an dem alten Mann wieder erloschen. Schließlich gab es hier unten weitaus Interessanteres zu sehen, und Schaden konnte der Alte wohl auch nicht anrichten. „Wenn ich mich nicht täusche, ist das gotischer Baustil." Sie dachte nach. „Kann aber auch Romanik sein." Sonnen und Maximilian spitzten die Ohren. „Romanik oder Gotik?" Trude blieb stehen und schaute hinauf, dann wieder runter auf die Fensterlaibungen. Schließlich drehte sie sich zu Maximilian um. „Hast du auf dem Weg hier runter ein Tor gesehen, so ähnlich wie das da?" Sie wies auf das Tor, das vor ihnen lag. Maximilian nickte. „Wo und wie sind Sie überhaupt hier reingekommen?", fragte Sonnen, doch Maximilian schwieg zu dieser Frage.

„Na gut. Im Notfall kriege ich das schon aus Ihnen heraus." Sonnens Drohung hörte sich glaubwürdig an. Zusammen schritten sie die Fassade des unterirdischen Gebäudes ab, kamen in der Mitte an einem Portal vorbei, das sie aber erst mal links liegen ließen, um die Dimensionen genauer herauszubekommen. Zuletzt gelangten sie am Fels an. „Hier wäre also Ende. Wir gehen zurück und öffnen das Portal." Trude hatte die Schritte mitgezählt, die sie vor der Mauer abgegangen waren. Sie kam auf ungefähr 300 Meter. „Ich vermute, das hier ist alles Romanik. Ich bin mir da noch nicht ganz sicher, muss mir noch eine Bestätigung holen. Wenn die Lampen hier mehr leisten würden und ich bis zur Decke sehen könnte, wüsste ich es genau." Maximilian tapste in der Mitte des Trios und betrachtete sich alles in Ruhe. Er schaute sich zwischenzeitlich nicht nur das Bauwerk unter der Stadt an, sondern auch seine Geiselnehmer. Trude, so schätzte er, war in seinem Alter – und knallhart. In ihrem alten Bundeswehrparka sah sie für ihn wie eine Landstreicherin aus, Dreck und Staub hatten sie zusätzlich verunstaltet. Sonnen war etwas größer als er, Mitte vierzig, und trug einen Vollbart. „Komischer Typ", dachte Maximilian.

Als sie wieder am Portal angelangt waren, machten sie eine Pause. Trude griff zu ihrem Notizblock und kritzelte etwas hin. „Das Tor hinter uns liegt fast in der Mitte und wird uns nachher bestimmt etwas Interessantes präsentieren." Sie schaute Maximilian an. „Der Platz vor unseren Füßen ist ein Halbkreis. Allerdings weiß ich noch nicht, wie viele Tunnel es nun wirklich gibt. Wie hast du den Eingang gefunden?" Maximilian schwieg zunächst, rückte dann aber mit Einzelheiten raus. „Ich habe den durch Zufall bei mir zu Hause im Keller gefunden." Sonnen schaute Trude an. „Siehst du, Sonnen, jeder Trierer kann so was finden. Das grenzt schon an ein Wunder, dass das hier noch niemand vor uns gefunden hat. Schließlich ist das alles schon uralt." „Tja, und es ist wohl ein noch größeres Wunder, dass wir es nun gleichzeitig entdeckt haben", meinte Maximilian. „Wie alt ist das wohl?" „Wenn ich mich nicht täusche, kann man das so um 1000 bis 1250 datieren." „Nach Christus?", fragte Sonnen, und Trude rollte mit den Augen. „Natürlich!" Maximilian hatte ein wenig Vertrauen gefunden, frei zu sprechen. „Das ist ja unvorstellbar, das ist ja wie der Fund einer Pyramide!" Trude lachte erneut. „Da hast du gar nicht mal unrecht. Allerdings sind die Pyramiden deutlich älter. Das hier scheint mir aufgrund des Portals Romanik zu sein. Die klare, einfache und etwas grobe Bauart deutet darauf hin."

Maximilian fragte sich, wie es jetzt weitergehen sollte. Als momentan Gefangener wollte er diese Frage allerdings nicht laut stellen. „Wo sind denn nun die Reichtümer?", fragte Sonnen. Trude zog an der Zigarre und lehnte sich gegen ihren Rucksack an die Mauer. Sie versuchte Sonnen vorsichtig zu erklären, dass er wohl nicht mehr mit einem Goldfund zu rechnen habe. „Aber was ist dann mit dieser Goldmünze?", fragte er mit einem Seitenblick auf Maximilian. Trude hob die Schultern. „Keine Ahnung. Vielleicht hat die jemand verloren, Zufall eben. Vielleicht sind damit Leute bezahlt worden, die hier unten geschuftet haben." Maximilian dachte ebenfalls an seinen Münzfund, behielt das aber für sich. Trude versuchte Sonnen zu erklären, dass es schon öfter solche Zufälle gegeben hatte, dass Streufunde üblich waren, wo Menschen gelebt und gearbeitet hatten. Allein die Tatsache, dass sie beide und ihr Gefangener gleichzeitig hier unten waren, war schon erstaunlich genug. Der Graue hatte sie verteilt, und schließlich hatten die Münzen ihren Zweck nun auch erfüllt. „Vielleicht kommt ja der Römerexpress gleich um die Ecke." Maximilian sagte das und lächelte. Es handelte sich bei diesem „Express" um eine von Touristen gerne genutzte Stadtrundfahrt in einer bunten Bahn auf Rädern. Trude hielt sich die Hand vor den Mund, sie lachte. Sonnen nicht. Er malte mit seinem Finger Zeichen in den staubigen Boden. Seine Gedanken klammerten sich an die Phantasien, die ihn zu dieser riskanten Aktion verleitet hatten. War alles nur ein Hirngespinst gewesen? Alles nur eine fixe Idee? Verdammt! Wie sollte er diese Trude, wenn hier unten außer altem Gemäuer nichts zu finden war, bezahlen? Was wurde aus seinem Job? Konter? Verdammt, verdammt – er hatte einen Menschen auf dem Gewissen – und wofür? Sonnen konnte unter dem Strich nur eine Bilanz ziehen: totale Katastrophe.

Seine Blicke begegneten denen von Maximilian und Trude. Sonnen dachte wieder an die Goldmünze, die er gefunden und die Trude einkassiert hatte. Er fragte sich, ob Maximilian wohl auch etwas gefunden hatte, und fuhr ihn in einem scharfen Ton an, seinen Namen zu nennen, was dieser auch tat. „Haben Sie etwas Sonderbares gefunden, Maximilian?", fragte Sonnen und meinte Gold. Maximilian war klar, dass dieser Mann auf der Suche nach Wertgegenständen war. „Habe ich nicht. Soll hier etwas Bestimmtes sein, Gold vielleicht?", log er. Sonnen verpasste ihm ohne erkennbare Vorwarnung einen festen Tritt, woraufhin Maximilian zur Seite kippte. Sonnen tobte innerlich; er ahnte, dass seine Expedition in eine Richtung ging, die keinen seiner Wünsche erfüllen würde. Die Dunkelheit nagte an dem Wenigen, was an Hemmungen noch bei Sonnen vorhanden war. Friedhelm war nicht mehr nötig, nun würde Sonnen persönlich zuschlagen. Trude bemerkte die Wandlung fröstelnd, und mit erstauntem Gesichtsausdruck sah sie ihn an. Erneut trat Sonnen Maximilian in die

Seite, dieser wand sich vor Schmerz auf dem Boden. Nun schritt Trude ein, ging auf Sonnen zu und landete, ebenfalls ohne Ankündigung, einen festen Faustschlag in dessen Magengrube. „Hier prügelt nur einer, und das bin ich!", brüllte sie Sonnen an, ihre Spucke flog ihm deutlich sichtbar entgegen, der jetzt auch leise wimmernd auf dem Boden kniete und sich den Bauch hielt. Die Zeit blieb für wenige Augenblicke stehen. Dann half Trude Maximilian, sich aufzusetzen. Sonnen stand langsam auf und entfernte sich von den beiden. Er schwieg, ging mit hängendem Kopf zu der Tür des Portals und öffnete sie. Trudes Stimme hallte durch den Raum. „Halt, stopp!", rief sie, doch zu spät. Unter lautem Geächze schwang eine der beiden Türhälften auf. Sonnens Helmleuchte blitzte kurz auf, ehe sie im Dunkel verschwand. Die Tür fiel kurz darauf mit lautem Krachen wieder zu. „Sonnen, bleib stehen!" Doch der ignorierte sie, ging wortlos weiter und drehte sich nicht einmal mehr um.

„Dieser Idiot!", fluchte Trude und wandte sich Maximilian zu. „Ist alles klar?", fragte sie, beugte sich zu ihm und legte die Hand auf seine Schulter. Mit einem überraschten Blick sah er zu Trude hinauf und bat dann – fast verlegen – um Aufklärung. „Was hier los ist? Es sieht so aus, als ob ich hier etwas ganz Besonderes entdeckt hätte."

Maximilian musste lachen. Aus irgendeinem Grund wollte er etwas sagen. Nichts Unüberlegtes. „Meinen Sie damit mich oder diese Höhle?" Trude sah verwundert zu ihm zurück. „Wie meinst du das?" Sie verstand nicht – oder wollte nicht verstehen –, worauf Maximilian hinauswollte. „Habe keine Zeit, ich muss weitersuchen. Kannst du gehen?" Sie deutete auf seine Beine, denn er saß ja noch auf dem Boden und erholte sich gerade erst von Otto Sonnens Angriff. Er nickte. Trude blieb einen Moment lang stehen, drehte den Kopf so, dass ihre Helmlampe in sein Gesicht leuchtete. Rasch griff sie nach der Taschenlampe, die Sonnen eben aus der Hand gefallen war, und reichte sie

Maximilian. Danach kramte sie in ihrer Jackentasche und zog einen Zigarrenstummel heraus, den anderen hatte sie vor lauter Nervosität zerkaut. Mit ihrem alten, zerbeulten Sturmfeuerzeug zündete sie die Zigarre an. „Du bleibst hier und machst keinen Fehler, und selbst wenn wir dich in deinem Keller zurücklassen sollten, sag niemandem, was hier ist, ehe ich nicht meinen Anteil vom Kuchen bekommen habe." „Kuchen?", fragte Maximilian verwundert. „Na hör mal, ich möchte doch gerne für meine Arbeit hier auch meinen versprochenen Lohn bekommen! Dieser Sonnen muss mich bezahlen." Dass sie bereits das Goldstück einkassiert hatte, war nebensächlich, nur eine Anzahlung. Ihre letztlich mit Sonnen geteilte Hoffnung auf einen Goldfund löste sich beim Anblick dieser unterirdischen Gemäuer nach und nach in Staub auf. Ähnlich wie Sonnen, aber in einem viel geringeren Maße, hoffte sie jetzt nunmehr auf ein kleines Wunder. Sie hoffte. Für Maximilian aber war das alles ein gewaltiges Durcheinander, seine anfängliche Abenteuerlust bereute er mittlerweile heftig. Denn nun saß er in der Klemme.

Ganz zu schweigen von Sonnen, der gerade wie kopflos durch die unbekannten Gänge unterhalb Triers marschierte.

Trude wandte sich wieder der eigentlichen Entdeckung zu, dem Gebäude unter der Stadt. Dem vermeintlichen Dom, der sich tief unter der geschäftigen Moselmetropole verbarg. Sie lauschte, hörte die Schritte vom sich entfernenden Sonnen. Mal langsam, mal schnell. Erst wollte sie rufen, ihn dazu bewegen, vernünftig zu werden. Doch sie ließ es. Maximilian meldete sich zu Wort. „Wo genau sind wir? Wo unterhalb der Stadt sind wir und wie tief?", fragte er. Trude nahm ihren Notizblock und schaute drauf, dann fischte sie einen alten, zerknitterten Stadtplan aus ihrer Jacke. „Die hab ich mir bei Ebay ersteigert!", fügte sie lachend hinzu, als sie die Karte auf dem staubigen Boden ausbreitete. „Gute Frage. Kann ich nicht beantworten."

Maximilian nickte, zwischenzeitlich hatte er sich auf den Knien rutschend Trude genähert. Er wollte auch einen Blick auf die Straßenkarte werfen und erklärte ihr, wo er wohnte; in der Nähe der Mosel.

Er berichtete, wie ihm aufgefallen war, dass er eine Biegung durchschritten hatte, in der der Boden und die Wände sehr feucht waren.

„Also muss das Ganze hier möglichst weit von der Mosel weg gebaut worden sein. Das erklärt auch die extremen Biegungen in dem Tunnel." Maximilian bestätigte auch das. Sie lauschten einen Moment der Dunkelheit und hörten von weitem die Stimme von Sonnen, der nach wie vor planlos durch die Gegend lief. „Was schreit der? Nach Gold?" Maximilian lachte. Er kramte die Münze aus seinem Rucksack und zeigte sie Trude. „So was habe ich auch." Sie nahm ihre Münze und verglich beide miteinander. „Woher ist die?", fragte sie. „Die habe ich einem Skelett abgenommen, es lag im Anfangsbereich meines Tunnels." „Einem Skelett? Interessant. Denn bisher habe ich noch keine Spuren eines Menschen gefunden. Das müsste ich mir mal ansehen, aber nicht jetzt, später."

Trude verstaute Maximilians Fundstück schnell in ihrer Seitentasche. „Das hebe ich mal bei mir auf, da ist es sicher." Maximilian gefiel das gar nicht, aber es war ja auch seine Dummheit gewesen, in einem Anfall von Vertrauensseligkeit dieser Frau seinen Fund zu zeigen. Nun war er weg, und Trude hatte zwei Münzen. Sie sah Maximilian an, während sie den Reißverschluss der Brusttasche zuzog, in der ihre Beute lag. Dabei blieb ihre Mimik ausdruckslos. Maximilian schwieg schockiert, und Trude rechnete damit, dass er jeden Moment aufspringen würde, um sich seine Münze wiederzuholen. Doch er rührte sich nicht, schaute wieder auf die Straßenkarte. Auf einmal deutete er mit dem Finger auf eine Straße und lachte albern los. „Schauen Sie mal da, die Adolf-Hitler-Straße!" Er lachte laut. Trude hob eine Augenbraue und sah selbst: Sie hatte sich einen völlig veralteten Plan andrehen lassen. „Für einen Euro. Mein Gott! Dass ich das nicht gemerkt habe." Der Fehlkauf und seine Entdeckung lockerten indessen die Atmosphäre auf – wenn auch nur kurz. „Bekomme ich die Münze nun wieder?" Er blickte auf die Tasche, in der Trude das Goldstück hatte verschwinden lassen.

Sie grinste.

„Nein."

14

Otto Sonnen hörte von weitem das Lachen, doch er kümmerte sich nicht darum. Sein Ziel war klar, er musste etwas Wertvolles finden. Er trieb sich selbst voran, um endlich und endgültig diesem unseligen Trip unterhalb der Stadt ein Ende zu setzen. Sonnens olivgrüne Kleidung starrte nur so vor Dreck. Bei einem Sturz hatte er seine Jacke der Länge nach aufgerissen, verkrustete Kratzer übersäten seine Arme. Das Licht seiner Helmleuchte tastete sich über den Boden. Seine Phantasie konstruierte sich eine mit Reichtümern versehene Grotte, einer Schatzkammer gleich, deren Pracht blenden würde. Sein Zickzackkurs durch den unterirdischen Gang wirbelte Staub auf. Nach wenigen Minuten des unkoordinierten Rennens sah er seine eigene Hand nicht mehr. Eine dichte Staubwand schwebte um ihn herum und senkte sich nur langsam wieder zu Boden. Immer, wenn er nichts mehr sah, blieb er so lange stehen, bis er mit seiner Helmlampe wieder einige Meter ausmachen konnte. Eine Ecke, ein Mauerstück. Alles sah aus, als ob dort etwas hätte versteckt werden können. Doch er fand immer nur einen ebenen, mit Staub überzogenen Boden. Merkwürdig aufgeräumt war hier alles, und staubig. Aber sonst nichts. Nirgends lagen Reste, die von menschlichem Dasein zeugten. Keine Abfälle, keine Werkzeuge, keine Felsreste oder behauene Steine. Nichts. Er phantasierte wirres Zeug zusammen und brabbelte vor sich hin, gefangen in seiner surrealen Welt. Was für andere Menschen ein wertvoller Fund war, war für ihn nichts, rein gar nichts wert.

Er rannte immer schneller, zog Kreise, wirbelte immer mehr Staub auf, so sehr, dass er ihm in den Lungen brannte. Er hustete und fiel hin. Doch das hielt ihn nicht auf. Otto Sonnen stand immer wieder auf und ließ sich nicht bremsen. Ihm war, als ob der Boden unter seinen Füßen weggezogen würde. Es pochte in ihm die Angst, von seinen Schandtaten eingeholt und dafür zur Rechenschaft gezogen zu werden.

Nach etlichen Stürzen, die blutige Ellenbogen und Knie zur Folge hatten, kam er atemlos in der Mitte des unterirdischen Gebäudes zum Halt und ließ sich erschöpft nieder. Weit entfernt hörte er die Stimmen von Trude und Maximilian und versuchte, etwas zu verstehen. Es gelang ihm nicht. Er stellte sich vor, wie die beiden sich im Moment über ihn lustig machten. Gebeugt ging er weiter, das Licht seiner Helmlampe strahlte hell und deutlich. Die schweren Sandsteinplatten waren sauber verlegt, nahe aneinander, ohne eine erkennbare Fuge. Sonnen sammelte Dreck und Staub auf und presste ihn zwischen seinen Händen zusammen. Er malte sich aus, in seiner Hand all jene zu zerdrücken, die ihn im Stich gelassen hatten. Er glaubte, der Einzige zu sein, der mit voller Überzeugung bei der Sache war. Trude hatte ihn bitter enttäuscht. Sie hätte ihm vorher ehrlich sagen müssen, dass die Aussicht auf einen Fund ebenso gut auch nur ein Hirngespinst sein konnte. Friedhelm war sein bestes Pferd im Stall, der machte wenigstens, was man ihm sagte.

Wie lange oder wie weit er schon gelaufen war, wusste er nicht. Obwohl er in einem Gebäude saß, das anscheinend seit Jahrhunderten unentdeckt war, interessierte es ihn nicht. Weder die Dimensionen noch die Architektur würdigte er mit einem Blick. Er brauchte Geld, und wenn es hier unten auch nur irgendetwas gab, was sich ummünzen ließ, so stünde es einzig und alleine ihm zu. So viel kriminelle Energie musste sich doch auszahlen. Und noch immer glaubte er, dass die enorme Mühe, die man sich mit der Errichtung eines solchen Gebäudes gemacht hatte, gekrönt worden sein musste – in Form eines Goldschatzes.

Plötzlich, der Staub legte sich langsam wieder, erspähte er etwas. Rasch rannte er hin und warf sich, als ob sein Leben davon abhinge, auf das unbekannte Etwas im Staub. „Ein Buch!" Er hustete, seine Enttäuschung war groß. Er stand auf und gab ihm einen Tritt, worauf der fragile alte Pergamentband mehrere Meter weit über den Boden schlitterte. „Sonnen, du bist ein Held. Kletterst hier runter und findest ein Buch." Eine Staubfahne über der Schlitterspur sank langsam zu Boden. Sonnen verharrte, lauschte erneut den Stimmen, die er von weitem vernahm, dann ging er noch einmal auf das Buch zu. Als er danebenstand, schob er es mit seinem linken Fuß der Länge nach vor sich. Sein Blick fiel auf den reich verzierten Deckel, der durch seinen Tritt arg in Mitleidenschaft gezogen worden war. Dann kniete er sich nieder und klappte das Buch auf. Er konnte die Schrift nicht lesen. Nach und nach flatterten lose Pergamentseiten aus dem Buch heraus. Otto schenkte den ausgerissenen Seiten keine weitere Aufmerksamkeit, und als er aufstand, trat er mehrere Male auf das Buch ein.

Jetzt erst registrierte er sich näherndes Taschenlampenlicht. Trude konnte jeden Moment hier auftauchen. Er fragte sich sowieso, worauf sie wartete und was sie da hinten noch suchte. Sein Blick wanderte nach rechts, zu der zweiten Tür, die wohl hier hinausführte. Er rannte los und prallte gegen die schwere Eichentür. Es folgte eine Reihe von Versuchen, die Tür gewaltsam zu öffnen. Doch sie wehrte sich. Während er die Tür malträtierte, suchten seine Augen weiter nach Edelmetallen. Er tastete jeden Winkel, den seine Helmlampe erleuchtete, ab.

Plötzlich schaffte er es, einen der Türflügel aufzudrücken. Unter lautem Quietschen krachte das Tor gegen die Außenmauer und schwang wieder zurück, Sonnen passte nicht auf und rannte im Durcheinander gegen das Tür. Benommen wankte er auf der anderen Seite aus dem unterirdischen Gebäude. Er stolperte und rutschte rücklings einige Meter abwärts. Sein Oberkörper tauchte in das eiskalte Wasser eines unterirdischen Sees. In Sekundenschnelle zog er sich aus der unangenehmen Situation und kniete durchnässt auf dem Boden neben dem Wasser. Sein Helm mit der Leuchte war heruntergefallen und lag ein Stück entfernt. Auf allen vieren kroch er zu ihr. Er schaute nicht zu dem Portal, sondern in das Wasser und sah, dass es bis Bauchhöhe in einem schroffen Tunnel stand. Im Gegensatz zu dem vorhergegangenen war dieser hier völlig unbehauen, nur wenige Stellen an den Wänden deuteten auf eine Bearbeitung durch Menschenhand hin. Aus dem Wasser ragten Felsstücke. Anscheinend waren die Arbeiter hier nicht weitergekommen oder nicht fertig geworden. Sonnen setzte seine Helmlampe wieder auf und schaute gebannt auf die Wasseroberfläche. Die Wellen legten sich langsam, und die Wasseroberfläche verwandelte sich wieder in eine saubere, glatte, dunkelgrüne Fläche. Weiter vorne reichte die Felsdecke fast bis zum Wasser. Er überlegte, was er als Nächstes tun sollte. Otto Sonnen musste jeden Winkel durchsuchen. Das Licht seiner Helmleuchte spiegelte über das schwarzgrüne Wasser und funkelte gespenstisch. Seine Beine rauschten leise, als er die glatte Wasseroberfläche durchschnitt. Um seinen Rucksack, der noch trocken war, vor dem Wasser zu schützen, zog er ihn bis zu seinem Kopf hoch, mit seiner rechten Hand hielt er ihn fest. Der Felstunnel wurde immer schmaler, hier und da stolperte er über Unebenheiten und Gegenstände im Wasser. Vorsichtig arbeitete er sich weiter und stand schließlich bis zum Nabel im Wasser, die Decke rückte immer näher. Er war an einer Stelle angelangt, an der seine Helmleuchte beinahe an die Felsendecke stieß. Von weitem hörte er Rufe von Trude, doch er antwortete nicht.

Er näherte sich jetzt der engsten und tiefsten Stelle und tauchte immer weiter in das Wasser ein. Das Wasser stand ihm jetzt bis zum Hals, und die Kälte kroch in jede einzelne Pore; er zitterte am ganzen Körper.

Trude und Maximilian befanden sich nun auf den Spuren Sonnens, der offensichtlich durch den Dom geeilt war. Trude versuchte die Bauzeit zu ergründen. Doch ihr Wissen über Architektur und Baustile war bereits zu löchrig, einiges hatte sie sogar komplett vergessen. In ihrer jetzigen Branche war eine zeitaufwendige Analyse oder sogar eine wissenschaftliche Auswertung nicht nötig. Sie konnte sich schon zeitbedingt nicht erlauben, einen Pinsel auszupacken und alles fein säuberlich freizulegen. Das ging nicht. Sie konnte nichts vermessen und auch nicht fotografieren. Es musste immer sehr schnell gehen, da ihr meistens noch andere auf den Fersen waren. Doch genau wie Maximilian wollte Trude wissen, was das hier war, und vor allem, wer dafür verantwortlich war. Denn so ein Gebäude unter einer Stadt schüttelte man nicht so einfach aus dem Ärmel. Eines war ihr deutlich geworden: Es waren hier mehrere Epochen durcheinander gewürfelt worden. Da stimmte schon etwas nicht. Sie wusste nicht genau, was, doch die Fenster, Mauern und anderen Elemente sahen aus wie aus einem Legokasten, mit Teilen verschiedener Sets. „Können Sie mir nun sagen, was das hier ist?" Maximilian kam alles ein wenig verwirrend vor. Trude ging wortlos auf eine der Wände zu. „Das ist der pure Wahnsinn! Wie groß mag das nur sein? Aber was mich wundert, alles sieht so unfertig aus. Beinahe so, als ob hier jemand nach dem Rohbau alles hingeworfen hätte." Sie marschierte langsam die Wände ab. Staunend und ehrfurchtsvoll, wie man es von ihr eigentlich nicht erwartet hätte, rang sie nach den richtigen Worten. „Bevor ich nach Trier kam, habe ich mir alles an Literatur gegriffen, was ich bekommen konnte, aber hier habe ich wahrscheinlich daneben gelegen." Maximilian ging ihr leise hinterher. „Daneben?", fragte er.

„Ja, ich bin davon ausgegangen, dass wir – wenn überhaupt – was Römisches finden würden." „Ist das nichts Antikes? Schließlich findet man hier fast nur Dinge aus der Römerzeit", flüsterte Maximilian. Trude lachte. „Ja, die Porta Nigra sieht dagegen wie ein Scheunentor aus, sag ich dir. Ich habe tatsächlich gedacht, etwas Römisches zu finden. Aber das hier ist, wie ich schon mal sagte, höchstwahrscheinlich Romanik, so zwischen 1000 und 1200." Sie zeigte auf ein Fenster. „Hier, die klaren Linien, wie an dem Portal im Tunnel und dem Eingangsportal da hinten!" Sie deutete auf das Tor, durch das sie hineingelangt waren. „Aber irgendwie sieht das Ganze aus wie eine Mischung aus mehreren Epochen. Auch der Grundriss erscheint mir nicht so wie der des Doms, eben nur ähnlich. Schließlich ist an dem Dom ja auch in den Jahrhunderten immer weitergebaut worden." Maximilian stand ratlos da und starrte Trude an. „Und?"

„Und? Warte mal ab, ich stehe doch auch das erste Mal in so einem Gebäude! Wir befinden uns hier unter deiner Stadt, und wir stehen in einem domähnlichen Gebäude. Du als alter Trierer müsstest doch erkennen, wie ähnlich sich die beiden Domgebäude sind. Da das hier anscheinend noch niemand entdeckt hat, gibt es logischerweise auch keine Literatur darüber. Das wiederum bedeutet, dass ich hier völlig planlos herumstehe und eigentlich keine der Fragen beantworten kann. Wer baut so was? Weshalb? Gibt es Aufzeichnungen? Was aber wirklich schleierhaft ist, ist, dass das hier bisher niemand gefunden hat! Über Jahrhunderte lag das hier verborgen unter der Erde, unter der Stadt. Ich kann das nur mit einer großen Prise Zufall erklären."

Maximilian lachte. Trude schaute weniger amüsiert. „Hallo, Alter, was ist daran so lustig?" Maximilian lachte erneut. „Alter? Alte!" Trude machte einen Satz auf ihn zu und gab ihm mit ihren Händen einen Schlag auf die Schulter. „Was soll das? He? Nur weil ich eine alte Frau

bin, heißt das nicht, dass ich senil bin, klar?" „Tut mir leid."
Er machte eine Pause, hoffte, dass sie sich beruhigte. „Aber
das alles hier ist schon sonderbar." Trude nickte. „Ja, das
kann man wohl sagen. Hier, die Fensterbögen, halbrund.
Die Emporen: Mal sind da Rundbogen, mal Spitzbogen-
arkaden. Solche Formen, wenn ich mich recht erinnere, erscheinen am Ende der Romanik, sind aber noch nicht
richtig gotisch." Sie hielt ihre Taschenlampe in die Höhe.
„Oder auch die Kuppeln. Es gibt noch keine richtigen Gewölbe, keine Rippensteine, noch nicht einmal Grate. Es
sind ganz einfache Hängekuppeln. Ich denke, dass ich mit
meiner Zeitangabe nicht ganz falsch liege." Sie rannte auf
und ab. „Ich möchte mal wissen, wie viele Meter dieser
Dom lang ist!" Unterhalb eines Rundbogens blieb sie
stehen. „Mist, zu hoch!" Sie richtete die Lampe nach oben.
„Hier, das Kapitell ist kaum verziert. Aber da hinten sind
überall Figuren!" Maximilian rannte ihr artig hinterher.
„Das Interessanteste ist aber, dass es kein Dach gibt.
Logisch, was hätte das Dach auch für eine Funktion, wenn
direkt darüber die Felsdecke ist. Oben ist alles offen, die
Ränder des Gemäuers wandern teilweise in den Fels oder
ragen einfach in die Höhe. So oder so bin ich der Meinung,
dass es sich hier um ein Gebäude handelt, das aus verschiedenen Epochen stammt. Das war damals nicht unüb-
lich, dass ein Bischof oder Kaiser die Fertigstellung einer
Kirche nicht erlebt hat. Natürlich ist es für diese Region
schon seltsam, dass man das hier unten errichtet hat. Sehr
seltsam. Da hatte jemand einen Grund dafür. Ich glaube,
die haben damals, so im 12. Jahrhundert, wie die Wahnsinnigen gebaut." Trude folgte nun Maximilian. „Die
Menschen haben für einen solchen Bau bestimmt ganz
schön geblutet! Ich hätte mehr über die ottonische,
salische, staufische und andere Zeiten lesen sollen! Aber
wer hätte auch schon damit gerechnet, einen romanischen
Dom hier unterhalb dieser von römischen Ruinen
strotzenden Stadt zu finden! Ich vermute, dass wir im

Moment im Mittelschiff stehen, da hinten ist das Querschiff. Und da auf beiden Seiten hinter den Säulen sind die Seitenschiffe. Eine dreischiffige Basilika also."

Maximilian räusperte sich leise, dann zeigte er auf die Spuren auf dem Boden. Es waren Otto Sonnens Fußabdrücke. „Der muss wohl gefallen sein!", lachte Trude. Nach einigen Metern kamen sie an die Stelle, an der Sonnen das Buch gefunden hatte. „Dieser Irre, er hat das komplett zerstört! So ein Mist, verdammter!" Trude konnte ausgiebig und sehr laut fluchen. „Der hat es einfach kaputt gemacht!" Trude war außer sich, es lag alles zerfleddert und zerstampft im Dreck.

Maximilian bückte sich und schaute sich das Produkt von Sonnens Zerstörungswut an. „Damals hatten die wohl noch keinen Buchdruck, oder? Das ist Pergament, handbeschriebenes." Trude nahm ein Stück. „Dieser Wahnsinnige ist wirklich nur hinter Gold her, sonst will der nichts. Und anstatt den anderen Kram einfach nur liegen zu lassen, macht er ihn kaputt!" Trude war klar, dass ein solch alter Pergament-Folioband einen immensen Wert gehabt hätte, wenn er noch komplett gewesen wäre. Sie ballte ihre Fäuste, hier hatte dieser Idiot von Sonnen einen unbezahlbaren Schatz sinnlos zerstört. Und das in doppelter Hinsicht – was den Verkaufswert für sie und den ideellen Wert für die Wissenschaft betraf.

Maximilian atmete tief ein. Er bereute es mittlerweile, dass er seinen Tunneleingang nicht gleich den Behörden gemeldet hatte, und sagte das auch. Trude klopfte ihm auf die Schulter. „Nimm das nicht so eng, ich bin schon in etliche Gräber eingedrungen und hab dort geräubert. Davon hab ich gelebt. Beim 20. Mal macht dir das nichts mehr aus." „Ja, das mag ja sein. Ich bin aber nur ein Rentner und lebe nicht davon, Gräber zu plündern. Ich hätte besser die Polizei gerufen, dann würde ich nicht so in der Klemme sitzen." Darauf antwortete Trude zunächst nicht. Später meinte sie. „Was denkst du denn, was die

Stadt hiermit macht? Die stehen doch eher auf Römer-romantik als auf gutes deutsches Mittelalter." „Trotzdem, eine unglaubliche Entdeckung!" „Ja, genau, die Touristen strömen in Scharen hier durch, wahrscheinlich bauen die dann noch Laufbänder ein. Und ein Fast-Food-Restaurant, das kommt auch noch." Trude war nicht mehr zu bremsen. „Fast-Food-Restaurant? Touristen?" Maximilian schüttelte erbost den Kopf „Das habe ich doch diese Woche schon mal gehört, in die Porta Nigra wollten die eins hinein-setzen. Das war wohl aber eher ein schlechter Scherz." Trude grinste. „Wirklich? Wer weiß!"

Maximilian lief nachdenklich um sie herum. „Wenn ich an den Viehmarkt denke, da überkommt einen schon das Grausen." Er schüttelte sich. „Nein, aber mal im Ernst. Wenn jemand so etwas wie das hier findet, der wird sich daran nicht vergehen. Sagen Sie mir, dass ich recht habe!" Trude zuckte mit den Schultern. „Wer weiß. Wahrscheinlich gibt es hier auch eine finanzstarke Bau-trägergesellschaft, die alles für einen symbolischen Euro kauft und dann machen kann, was sie will." Maximilian dachte an den kleinen Laden seiner Familie, den Laden, der im Rahmen von Erbstreitigkeiten und später unter dem Druck eines großen Bauträgers zu Staub zerfallen war. „Aber Sie können mir nicht im Ernst erzählen, dass das hier zu einem unterirdischen Vergnügungspark verkommen wird?" Maximilian war außer sich.

Trude suchte alles, was sie von dem zerfledderten Buch finden konnte, zusammen und packte es in eine Tüte, die sie aus ihrer Jackentasche zog. „Vielleicht bezahlt ein Sammler was dafür. Oder ich bring es mal zu Kunst und Krempel." Sie kicherte. Maximilian war entsetzt, er sah pure Tütenarchäologie vor seinen Augen. „Hier ist sonst nix! Also weiter!" Sie ging in den Chor, der vor dem Quer-schiff lag, und bestaunte die Apsis. Sie sah nach oben. „Wahnsinn! Schau mal nach oben, das ist bestimmt Spät-romanik." Maximilian nickte. „Klar, wenn Sie das sagen."

„Da! Wie heißt das noch? Das dort hinten ist eine Empore im Felsen eingelassen." Beide befanden sich innerhalb der Apsis des Doms. Sie liefen von einer Ecke zur anderen und suchten nach weiteren Pergamentstücken, fanden aber nichts. Der Dom machte einen unfertigen Eindruck, etwas fehlte: der letzte Schliff und die komplette Innenausstattung. Oder einfach nur Zeichen, dass Menschen hier gewesen waren, nicht nur die, die wahrscheinlich über Generationen daran gearbeitet hatten. Nein, es fehlten auch alle Spuren, dass dieser Dom jemals genutzt worden war. Er erweckte den Eindruck eines Geisterschiffes, das durch die Zeit trudelte. „Hier, diese Stufen ...", sie waren zurück zur Eingangstür gegangen. „Unbenutzt! Wenn hier Menschen gewesen wären und dieses Gebäude je genutzt worden wäre, dann müssten doch diese Sandsteinstufen wenigstens einen Hauch von Abnutzung zeigen."

Sie sahen hingegen aus, als ob der Steinmetz sie gerade eben erst abgeliefert hätte. Wie neu.

Trude selbst verbarg die wahre Tiefe ihrer Überraschung, Maximilian dagegen staunte offensichtlich. Trude dachte zunehmend konkret darüber nach, wie sie aus diesem Projekt den größten Gewinn schlagen konnte. Klar, sie hatte einen mündlichen Vertrag mit Sonnen, aber der zählte nun nicht mehr; geschweige denn, dass er genügend Geld hatte, um sie zu bezahlen, selbst wenn er es wollte.

Was wäre, wenn? Trude grübelte. „Was wäre, wenn ich als Entdecker in die Geschichte einginge? Dann hätte ich auf einen Schlag die Anerkennung, die mir bislang immer gefehlt hat." Es war ihr klar, dass der Fund auf der einen Seite eine phantastische Entdeckung war, auf der anderen Seite dagegen ein finanzieller Flop. „Wenn das so weitergeht, dann bleibt mir weiterhin nur meine Mini-Rente!" Trudes Forscherleben war wenig mit Reichtümern gesegnet gewesen, und wenn überhaupt etwas dabei herauskam, so wurde das Geld direkt in den Konsumkreislauf gebracht. „Sparen? Nein danke!" war ihr Motto. Sie schaute zu

Maximilian, der im Boden herumstocherte. „Sehen Sie mal!" Er wies auf eine große Steinplatte, die sich sonderbar von den anderen abhob. Trude starrte auf den Boden und verstand sofort, was Maximilian da entdeckt hatte. Mit wenigen Schritten war sie bei ihm und wischte mit dem Ärmel über die Platte. „Na, hier steht nichts drauf." „Na und? Wieso sollte da was draufstehen?" „Ach, das hier könnte eine Grabplatte sein. Früher haben die ihre prominentesten Toten in den Kirchen begraben. Meistens die Bischöfe und den ganzen Lokal-Adel." „Hm, dann müsste doch da was draufstehen", warf Maximilian ein. „Klar, ist ja auch nur eine Vermutung. Schließlich ist dieses Gebäude hier auch alles andere als normal. Wer sagt dann, dass das hier normal sein sollte, oder?" Trude wischte weiter – die Platte war etwa 1,40 Meter lang und 40 Zentimeter breit. „Jetzt bin ich aber gespannt!" Trude fischte ein Messer aus ihrer Jackentasche. „Das habe ich mal einem Krieger in Kenia abgekauft!" Ihre Augen funkelten. „Das war ein Kerl!" Sie steckte das lange Messer in den verdreckten Spalt um die Platte herum und kratzte ihn sauber. Nach wenigen Minuten lagen um sie herum kleine Häufchen aus Staub und Dreck. „So, sehr geehrte Zuschauer und Zuschauerinnen. Applaus für die nächste Entdeckung! Vielleicht reicht das, was wir finden werden, für mein Gehalt, Herr Sonnen!" „Nicht so laut!", meinte Maximilian. „Sonst kommt der noch wieder!" Trude stemmte das Messer in die Fuge und warf sich dagegen, in der Hoffnung, dass sich die Platte durch ihr Gewicht nach oben bewegte.

Doch sie bewegte sich nicht um einen Millimeter. „Toll, damit habe ich fast gerechnet." Trude setzte sich erschöpft auf den Hintern. „Wie war dein Name noch mal genau?", fragte sie ihr Gegenüber. „Maximilian Nikolaus Schreckenberg", antwortete dieser. „Maxi", kicherte sie. „Ich bin die Trude, aber das ist ja schon klar." „Maxi." Maximilian bekam einen roten Kopf. „Ich hasse diese Abkürzung!", fauchte er so leise, dass Trude es gerade noch verstand. „Maxi, Maxi." Sie lachte sich halbtot. „Trude und wie weiter?", fragte Maximilian in der Hoffnung, von seiner Namensverunglimpfung abzulenken. „Trude." Der Name war ihr auf dem Luxemburger Flughafen eingefallen. „Das ist mein Künstlername für diese Vorstellung hier." „Und, wie ist denn Ihr richtiger Name?" Doch „Trude" ließ seine Frage unbeantwortet. „Hallo? Wie heißen Sie denn nun richtig? Da ist doch bestimmt mehr als nur Trude?" Maximilian ließ nicht locker. Trude schaute ihn an. „He, Mann, lass das mit dem Namen. Vielleicht kommt mal der Moment, in dem ich mich offenbare – klar!?" „Klar! Und wann soll das sein?"

Trude grub wortlos in der Fuge herum und ignorierte ihn. Sie machte sich daran, die Platte herauszuhebeln. Schreckenberg packte mit an. Doch die Platte war widerspenstig, wollte sich nicht bewegen. „Wir brauchen noch ein zweites Stemmeisen, ein Messer oder sonst was Stabiles. Wenn ich dann den Deckel einen Millimeter weit aufbekomme, muss ich nur was darunterlegen und die Dose ist auf!" Sie kramte hektisch in ihrem Rucksack. „Aha! So, nun kann es losgehen." Sie zog ein zweites Messer heraus und setzte sich nahe an die Platte, Maximilian bohrte mit dem anderen Messer an der gegenüberliegenden Fuge. Langsam bewegte sich die Steinplatte in dem gereinigten Spalt. „Die ist gar nicht so dick, wie ich dachte!", meinte sie und klopfte mit der Faust auf sie ein.

„Klingt hohl!" Trude schaute ab und an nach oben, leuchtete mit ihrer Helmlampe die Ecken aus. „Ich vermute mal, dass es keine Legende über einen versunkenen Dom hier in Trier gibt?" „Legende?" Maximilian lachte. „Was soll das heißen?" Trude schüttelte den Kopf. „Mann, ist das so schwierig? Atlantis ist doch ein Begriff, oder Vineta. Ich meine, dass sich vielleicht die Eingeborenen eine Geschichte aus der frühen Zeit erzählen. Aus dem Mittelalter zum Beispiel. Ich stell mir das so vor, eine Alte mit Kopftuch, runzlig und ziemlich zahnlos, erzählt bei Kerzen-

licht und bei einem Porz Viez die Mär von einem unterirdischen Dom."

Maximilian dachte nach. „Ah, habe verstanden, nein, ich
kann mich nicht erinnern, so was je gehört zu haben. Es
gibt zwar die uralte Gründungslegende Triers nach Trebeta,
aber das meinen Sie wohl nicht!" „Nein, nein, nun gut,
wundert mich auch nicht weiter. Aber nun schauen wir zu,
dass wir diesen Deckel hier herausbekommen!" Trude
schnaufte angestrengt und gab Maximilian Anweisungen,
wo er anpacken sollte. Der war kurzzeitig abgelenkt, weil er
meinte, etwas gehört zu haben. „Los, bei drei heben wir den
Deckel raus!" Maximilian nickte und konzentrierte sich
wieder auf Trude und den Steindeckel.

„Eins."

„Zwei."

„Und raus damit!", rief sie. Beide hebelten gemeinsam
die Platte heraus. Der steinerne Deckel rutschte einen
Zentimeter zur Seite. Trude setzte sich hin und drückte mit
ihren festen Stiefeln die Platte weg. „Kaputt!" Maximilian
warf das zerbrochene Messer hinter sich. Trude schaute mit
Hilfe der Helmlampe in das Loch, das sich vor ihnen auftat.
Sie steckte den Kopf hinein. Maximilian hörte wieder ein
Geräusch. „Was ist das nur?", fragte er, doch Trude war in
diesem Moment nicht abzulenken. „Das ist ja klasse!", rief
sie und schaute ihn mit einem strahlenden Gesicht an.
„Wenn das der Sonnen sieht, der platzt vor Neid!" Trude
lachte laut und ausdauernd. Schreckenberg schaute sie an.
„Ich habe da was gehört", versuchte er ihr klarzumachen.
„Ja, klar, schau mal hier hinein!" Sie zeigte wiederholt in
das Loch. „Was? Was ist da? Schon wieder ein Skelett?",
fragte er und richtete seine Taschenlampe aus. „Nein, eine
kleine Kiste aus Gold!" Trude beugte sich freudig grinsend
über das Kästchen. „Dieser Amokläufer von Sonnen! Der ist
quasi über seinen Lottogewinn drüber gerannt. Aber davon
bekommt der jetzt nichts mehr zu sehen." Gemeinsam
hoben sie die Kiste aus dem Loch, das sich nun doch nicht

als Grab herausgestellt hatte. Die Kiste hatte Abmessungen von ungefähr 20 mal 20 Zentimetern und war etwa zehn Zentimeter hoch.

„Sind Sie sicher, dass das Gold ist?" Schreckenberg kannte sich in solchen Sachen nicht aus. Trude tastete sie ab. „Eigentlich ist sie aus Holz, aber sie ist mit Goldplatten verziert, mit dicken Goldplatten. Ich möchte nicht wissen, was die wert sind!" Trude war in ihrem Element. „Das ist ja wie vor vielen Jahren im Tal der Könige!", frohlockte sie. „Frau Trude, was haben Sie damit vor?" „Na, es gibt da zwei Möglichkeiten. Die erste, ich schmelze das Gold ein, oder ...", sie dachte nach. „Wenn mir einer von den verrückten Kunstsammlern für das ganze Teil mehr geben sollte, dann geht es am Stück weg." Trude fuhr mit ihrer vernarbten Hand über das alte Stück und wischte den Staub ab. „Was ist denn nun da drinnen?", fragte Maximilian neugierig. Trude öffnete die Kiste, beide Augenpaare maßen den Inhalt. „Na, dachte ich mir, erst die Freude, dann die Enttäuschung. Immerhin konnte Sonnen das nicht zerstören." Es handelte sich um Pergament, mehrere Dutzend Seiten bunt bemaltes und beschriebenes Pergament. „Ich kann diese Schrift allerdings nicht lesen." Schreckenberg war enttäuscht. „Das ist natürlich traurig, wie erfahren wir denn nun, was das hier unten soll?" Er schaute Trude fragend an, die rollte die Unterlippe auf und kramte in ihrer Jackentasche nach einer weiteren Zigarre.

Schreckenberg wartete auf eine Antwort. Trude schaute in die Kiste und dann auf den Boden. „Vielleicht sind hier noch mehr dieser Kisten versteckt", flüsterte sie. Während sich Trude weiter umsah und nach ähnlichen, größeren Bodenplatten suchte, hörte Maximilian wieder diesen Ton. „Frau Trude, da hört sich was an, als ob sich Steine von einer Wand lösen!" Trude hörte genauer hin. Sie schaute zum Portaltor. „Ich sehe nichts, die Taschenlampe reicht nicht so weit." Sie lief zum Tor, stand nun wieder vor dem Dom, auf dem Platz, der sich vor dem Gebäude befand und über den sie hierher gekommen waren. „Wasser." Maximilian stand inzwischen hinter ihr. „Da scheint Wasser einzudringen." Ängstliche Blicke wanderten hinauf, doch die Decke war nicht zu sehen, nur schemenhaft deutete sich hier und da ein vorstehender Felsen an. „Nicht, dass uns das Ganze hier noch auf den Kopf fällt!", orakelte Maximilian. „Ruhe!", rief Trude. „… jetzt ist es wieder vorbei!" Beide lauschten minutenlang, doch es blieb still. Nur ein Wassertropfen platschte von weitem irgendwo auf den Boden. Es war eine unheimliche Situation.

Trude versuchte cool zu bleiben, drehte sich um und schaute Maximilian an. „Na und, Angst? Ich kenne das. Es kann immer sein, dass einem ein Stein auf den Kopf fällt. Das geht ganz schnell – zack – und das Licht ist für immer aus." Sie lachte und ging wieder in den Dom hinein, zu der Kiste mit den Goldverschlägen. Dann kramte sie in ihrem Rucksack herum, warf einiges Material heraus. „Das brauche ich alles nicht, raus damit!" Sie steckte die Kiste in den Rucksack. Maximilian schaute sie mit großen Augen an. „Was ist?", fragte sie. „Wir haben uns diese Pergamente doch noch gar nicht genauer angesehen." „Du kannst das auch nicht lesen", maulte sie. „Ich mache Ihnen einen Vor-schlag. Da können Sie nicht Nein sagen." „Was denn nun?" „Wir schauen uns diese Pergamente genauer an. Vielleicht finden wir ja einen Hinweis auf andere Schätze, auf den Schatz."

Trude überlegte – und grinste.

„Raffiniert!" Sie klopfte Maximilian auf die Schultern. „Wirklich raffiniert, du glaubst, dass wir das da gemeinsam lesen könnten? Wie sieht es denn mit deinem Latein aus?"

Trude legte ihre Hand auf seine Schulter. Maximilian konnte natürlich genauso wenig Latein wie Trude. Doch er wollte unbedingt einen Blick auf die Blätter werfen. Trude schob die Augenbrauen zusammen und legte die andere Hand auf seine Schulter. „Du bist mir sympathisch!" Maximilian war wie vom Blitz getroffen. „Danke für die

Blumen! Da sind Sie wahrhaftig der erste Mensch in Trier, der mich mag." Er lachte. „Ach ja? Gehören Sie auch zu diesen ewigen Eigenbrötlern, die am liebsten alleine in ihrer Stadt wohnen würden?" Maximilian lachte lauter. „Volltreffer!" Beide lachten herzlich.

Sonnen spuckte das Wasser aus seinem Mund, der Rucksack scheuerte entlang der Höhlendecke, er fror. Die tiefste Stelle hatte er indessen überwunden und sah nun er, dass es bergauf ging. Erschöpft schleppte er sich an das Ufer. Ganz leise vernahm er die Stimmen von Trude und Maximilian in der Ferne. Hass und Ärger stauten sich immer mehr in ihm auf. Sonnen nahm einen Stein, den er neben sich fand, und warf ihn ins Wasser. Seine Helmleuchte zitterte mit ihm. Er sehnte sich ein wärmendes Feuer herbei. Im Gegensatz zu dem ordentlich ausgebauten Tunnel, durch den er mit Trude hineingeklettert war, sah das hier aus wie ein grober, unbearbeiteter Stollen. Erneut marschierte er unter der Stadt. Langsam, fast nicht bemerkbar, ging es aufwärts. Nach einigen Metern musste er stehen bleiben und kurz durchatmen. „Meine Güte, das wird ja immer mehr zu einem Wandertag!" Nach einigen hundert Metern lehnte er sich gegen die Felswand. Er versuchte die Stimmen von Trude und Maximilian zu hören, doch um ihn herum lag nur Stille. Kurz darauf ging es weiter. Er glaubte beinahe, dass dieser Gang gar nicht mehr aufhören würde, doch endlich kam er ans Ende seiner unterirdischen Wanderung. Er schaute erschöpft auf die schroffen Felsstufen, die sich aufwärts wanden. Er ballte seine Hände zu Fäusten und fluchte laut. „Verdammt. Was soll ich nur tun? Ich hoffe nur, dass Friedhelm noch im Bauwagen ist. Ich muss einen Ausgang finden!" Er kletterte Meter für Meter weiter und bemerkte, dass der Felsen zunehmend feucht wurde. Immer mehr Wasser drückte sich durch den Tunnel, es lief an den Wänden hinunter. Das machte den Aufstieg nicht einfacher. Sonnen rutschte immer öfter aus und drohte abzustürzen. Er pausierte häufig und dachte nach. Anscheinend hatte man diesen natürlichen Tunnel entdeckt, aber nicht zu Ende ausgebaut.

Wie so oft in den letzten Stunden kam ihm all das in den Sinn, was er für das waghalsige Abenteuer hier auf sich genommen hatte. Kein Gold, kein Job und höchstwahrscheinlich ein Dauerplatz im Gefängnis würden wohl der Lohn sein. Er dachte an Konter und dass ihm die schlimmsten Strafen blühten. Er legte seine schmutzigen Hände vors Gesicht, wärmte seine eiskalten Wangen und sah danach aus wie ein Bergarbeiter nach einem langen Arbeitstag. „Ich habe keinerlei Orientierung, wo ich bin." Ratlos schaute er den Tunnel hinauf, der sich nach oben schlängelte, setzte sich wieder in Bewegung, stützte sich vorsichtig auf Felsübersprüngen ab und hangelte sich ohne Halt und Sicherheit weiter über die rutschigen Felsbrocken weiter nach oben. Plötzlich glitt er ab und fiel einen guten Meter weit nach unten. Sein Kopf landete haarscharf neben einem spitzen Stein. „Ich kann nicht mehr." Der erwachsene Mann kämpfte mit den Tränen. Seine Füße lagen einen halben Meter oberhalb des Brustkorbs, und das Blut drängte langsam, aber sicher in seinen Kopf. Ein Gefühl der inneren Lähmung erfasste ihn, Schmutz und Dreck drangen in seinen Mund ein und verliehen dem Ganzen einen erdigen Beigeschmack.

Sonnen sah vor seinem geistigen Auge ein Pendel hin und her schwingen. Ein kleiner Schritt weiter ins Dunkel würde keinen Unterschied mehr machen, stand das Strafmaß doch bereits fest. Anstiftung zum Mord, Verschleierung, Missbrauch seiner Stellung und wer weiß, was sonst nicht noch alles. Doch immer noch lockte der schimmernde Schein des Goldes. Reichtum. Dann gäbe es nur noch einen gepackten Koffer und dann die Flucht. Der ständige Andrang des Blutes in seinen Schädel trieb die schrägen und unausgewuchteten Gedanken auf die Spitze. „Nein, ich ziehe das alles weiter durch!" Mühsam richtete er sich wieder auf. „Weiter!", feuerte er sich selbst an, während sich der Tunnel oder vielmehr das Loch im Fels zunehmend verengte. „Wer hat diesen Stollen nur in den Boden getrieben?", fragte er sich. Nun schob sich der Tunnel beinahe vertikal in die Höhe. Wasser tropfte immer öfter aus der Höhe in sein Gesicht, die Helmleuchte zeigte ins Endlose. Mit gespreizten Beinen und ausgestreckten Armen kämpfte er sich nach oben, achtete penibel darauf, dass er nicht abrutschte. „Ich komme mir vor wie ein Bergsteiger ohne Sicherungsseil und ohne Sicherungshaken!" Es war an dem Punkt angelangt, an dem jeder Sturz sein Ende bedeuten würde, einen solchen Aufprall konnte er keinesfalls überleben.

Über ihm staute sich Wasser, das sich wiederholt über ihn ergoss. „Was ist da los?", fragte er sich. „Entweder komme ich gleich in der Mosel raus oder es regnet wie aus Kübeln." Aus irgendeinem Grund schaute er auf seine Uhr. Sie zeigte kurz nach halb zwölf. „Tag oder Nacht? Ich weiß es nicht." Er machte eine kleine Pause. Das Gewicht seines Rucksacks zog an seinem Rücken. „Den muss ich loswerden!" Er schlüpfte vorsichtig erst mit dem rechten, dann mit dem linken Arm aus den Schlaufen, und der Rucksack schlug mit einem dumpfen Schlag weit unter ihm auf. Er blickte wieder nach oben. Da er nun den Rucksack los war, wurde das Klettern leichter. Er hoffte, bald am Ende des Tunnels angelangt zu sein. Das schwächer werdende Lampenlicht machte es ihm nicht leichter. Sein Nacken schmerzte durch das ständige Nach-oben-Schauen. Seine Augen suchten immer wieder einen sicheren Halt, um dann die Hand oder den Fuß dort anzusetzen. Plötzlich knallte sein Kopf mit der Leuchte gegen Fels – das Ende des Tunnels. „Es geht nicht weiter!", schrie Sonnen verzweifelt auf. Nur langsam beruhigte er sich wieder. Seine Hände tasteten sich hastig nach vorne. Immer mehr Wasser drang zu ihm durch. Über ihm quoll es durch Felsrisse. Doch er sah etwas, was er hier nicht erwartet hatte: Oben in der Ecke des Tunnels steckte ein Meißel.

Sonnen fasste ihn an. Irgendwer musste den hier mal stecken gelassen haben. Er wollte ihn herausziehen, doch er zerbrach im selben Moment in seinen Händen. Ihm wurde klar, dass er unter Umständen in einer Falle saß; wer auch immer hier einen Tunnel gegraben hatte – er hatte exakt hier damit aufgehört! „Aber wieso nur?" Verzweifelt klopfte er mit seinem Helm gegen die Felswand. „Wieso?", schrie er und spuckte das Wasser aus, das ihm in den Mund floss. Seine Kräfte schwanden zusehends und es war nun mehr eine Frage der Zeit, bis er abstürzte. Er spreizte seine Beine und Arme von sich und versuchte, sich festzuklammern. Vorsichtig blickte er nach unten, dann wieder hinauf. Er legte seine rechte Hand leicht auf die Decke über sich. Ein leichtes Rauschen war zu vernehmen. Er drückte die Hand fester gegen den Stein über seinem Kopf. Gab er nach? Wie dick war er?

Vorsichtig kletterte er höher, krümmte sich nun unter dem Ende des Tunnels und drückte seinen Körper gegen die Decke. Steine zerbrachen und Risse taten sich über ihm auf. Beinahe wäre er abgerutscht, er fing sich in allerletzter Sekunde ab und stemmte sich mit letzter Kraft gegen die Decke. Was er vorhatte, schien beinahe unmöglich, doch für ihn war es der einzig mögliche Weg aus der Falle. Über seinem Kopf hörte er Wasser. Da! Ein Riss, größer als der vorhin. Wasser spritzte ihm ins Gesicht, er steckte seinen rechten Arm durch die aufgerissene Decke über ihm. Steine fielen herab. Nun ging alles sehr schnell. Geistesgegenwärtig presste er auch den zweiten Arm durch die Decke, und die aufgelockerten Steine rutschten ihm entgegen. Er schob die Arme weiter hinaus, fand Halt am Rand der Öffnung, die sich über ihm auftat, und zog sich hinauf. Für einen Moment lang war er blind, sah vor lauter Schutt, Staub und Wasser nicht, wo er war. Eine Mixtur aus ekelhaft riechendem Wasser und Unrat verbreitete sich über seinen Körper. Nur eines spürte er: dass er auf nassem, aber festem Boden lag. Die Steine knallten lautstark gegen die Tunnelwände und zerbrachen in tausend Teile. Sonnen zählte eine Minute, die es dauerte, bis das Steinschlagkonzert aufhörte. Wie ein Maulwurf war er durch die Decke gekrochen.

Er hatte es geschafft. Seine Helmleuchte war erloschen und wollte nicht mehr funktionieren. Otto Sonnen sah in die zersplitterte Leuchte, die Schutzabdeckung war weg und die Birne zerbrochen. Er streckte sich vorsichtig aus, seine Hände berührten glatte, übereinandergestapelte Steine. „Nanu." Verblüfft tastete er sein Umfeld genauer ab. Er lag mit dem Rücken im Wasser, Wasser, das nun in das Loch floss. Langsam stand er auf und fasste mit seinen Händen an die Decke. Er ertastete einen halbrunden Tunnel, die Steine fühlten sich wie Backsteine an. Mit der Gefahr vor Augen, in der Dunkelheit in das Loch zu stürzen, durch das er gerade erst gekommen war, tastete er die neue Umgebung behutsam ab. Licht! Einige Meter vor sich sah er einen schwachen Lichtstrahl in den Gang fallen. Langsam umging er das Loch im Boden. Das Licht, von oben einfallend, verschwand gelegentlich wieder. Als er der Lichtquelle näher kam, erkannte er den Grund dafür. „Ein Gullydeckel!" Sonnen wollte schreien. „Ich bin gerettet!" Er war wohl in einem alten Abwasserkanal gelandet – vor ihm in der Wand waren Trittmulden! Rasch kletterte er an ihnen hinauf. Er warf einen vorsichtigen Blick durch einen Schlitz des Gullydeckels.

Das Licht kam von einer Straßenlaterne, die vor einem Baum stand. Der Baum wurde vom Wind hin und her geschüttelt und sorgte so für das Lichtspiel im Kanal. Sonnen schaute auf seine Uhr und stellte fest, dass gerade Mitternacht vorbei war. Vorsichtig drückte er die Abdeckung hoch. Dreck rieselte vom Rand in sein Gesicht, er spürte es kaum mehr. Erleichtert sog er die frische Luft ein. „Tut das gut!" Er schluchzte vor Glück und streckte die Arme aus. Dann schüttelte er den gröbsten Dreck von seiner Kleidung. Aber wo war er hier denn nur gelandet? Um sich herum sah er lauter kleine Häuser und Hütten, allesamt mit Zäunen umgrenzt. Otto Sonnen war im Kleingärtnerverein Trier Ost gelandet, denn vor ihm stand ein Schild mit dieser Aufschrift. Im Geiste durchmaß er die Distanzen, die er da unterirdisch zurückgelegt haben musste. Das Tunnelsystem hatte ein gewaltiges Ausmaß. Ein Glück nur, dass er an diesem Ort gelandet war; zu dieser Jahres- und Tageszeit gab es hier wohl kaum etwas für Kleingärtner zu tun.

Sonnen machte sich auf den Weg. Er hatte ein ganz bestimmtes Ziel. In seinem Kopf spielte er verschiedene Szenarien durch. Alles war möglich; er wusste, dass er kurz vorm Scheitern stand. Eine warme Zelle im Gefängnis wäre ihm dann ziemlich sicher. Aber gänzlich aufgeben? Nein, er würde erst mal weitermachen!

15

Maximilian zitterte. Er saß neben Trude auf dem Boden des unterirdischen Doms, fröstelte und klagte leise, wie kalt ihm sei. „Mir nicht!" Trude hockte locker und gut gelaunt neben ihm. Missmutig registrierte Schreckenberg, wie bei ihm die klamme Kälte in die Knochen hineinkroch. „Mir ist kalt, und ihr nicht", flüsterte er vor sich hin. Trude zog aus ihrer Hosentasche eine kleine Metallschatulle. „Kennst du das nicht?" Sie klappte es auf, darinnen lag ein Stück Kohle und glühte vor sich hin. „Ah, ein Taschenofen! So was hätte ich auch gerne", murmelte er. Trude zögerte nicht lange und gab ihm zwei der handlichen Taschenwärmer. „Danke, das kann ich aber nicht annehmen, dann frieren Sie ja."

Doch Trude musste lachen. Sie zeigte ihm noch zwei weitere. „Ich gehe in dieser Jahreszeit nie ohne ausreichend Taschenöfen vor die Tür. Die hatte ich mir kurz vor meinem Abstieg hier runter eingesteckt, und Zigarren, von denen habe ich natürlich auch immer welche dabei." Maximilian steckte die Öfen in seine Hosentaschen, und schon nach wenigen Sekunden glühten seine Oberschenkel.

Trude stellte sich auf. „Hörte sich an, als ob irgendwo Geröll heruntergekommen wäre." „Das habe ich kurz vorher auch von da hinten mal gehört." Trude starrte durch das Portal, durch das Sonnen vor einiger Zeit verschwunden war. „Nichts mehr zu hören. Wer weiß, wo dieser Sonnen hin ist." Unruhig durchschritt sie das Kirchenschiff und schaute zum anderen Tor hinaus. „Kein Schwein da!", rief sie Maximilian zu. „Was ist nun mit dem Pergament? Können Sie gar nichts mit der Schrift anfangen?", fragte er Trude, als sie zurückkam. Sie schaute verlegen; denn ihr Wissen über das Gefundene war zu begrenzt und sie schämte sich dafür. Sie atmete tief ein und setzte sich neben Maximilian. „Ich muss es zugeben, aber ich kenne mich nur in Ansätzen mit dem ganzen Kram hier aus. Das mit dem Gebäude, mit dem Baustil, da liege ich richtig, hundertprozentig, aber der Rest ..."

Sie schaute Maximilian entschuldigend an. „Ich habe dir oder dem Sonnen doch schon erzählt, dass ich früher mal ein paar Semester Kunstgeschichte und Archäologie studiert habe, aber dann meine Karriere als Schatzräuberin begonnen hat." Sie holte Luft. „Ich bin in Breslau geboren. Meine Eltern mussten nach dem Krieg flüchten. Wir hatten alles verloren, was wir besaßen. Unser Haus, unsere Grundstücke. Sie konnten zwar etwas Geld retten, hatten aber die Nase voll von Europa. Sind dann über Italien nach Argentinien geflüchtet." „Nach Argentinien? Geflüchtet? Warum?" Maximilian sah sie neugierig an.

Trude schwieg kurz. Sie hatte bisher mit niemandem über ihre Familie und die Gründe ihrer Flucht gesprochen, und sie hatte dies auch weiterhin nicht vor. Maximilian dämmerte jedoch, weswegen sie geflüchtet waren, doch er zeigte keine Regung. „Ich war doch damals noch ein junges Mädchen, meine Mutter starb nach einigen Jahren in Chile. Mein Vater verschwand eines Tages. Er hatte ...", sie zögerte, „er hatte in der Zeit des Dritten Reiches wohl einige schlimme Fehler begangen." Maximilian spitzte die

Lippen. „Das ist aber eine dramatische Geschichte." „Die stimmt! Rate mal, was sonst aus mir geworden wäre? Bestimmt nicht die entwurzelte Schatzräuberin ohne Halt und Familie! Ich bin jetzt, genau wie du, in einem Alter, wo die Wahrscheinlichkeit für den Sprung in die Kiste immer größer wird. Dann ist mir auch alles egal, aber bis dahin spüre ich diesen verdammten seelischen Gram. Das ist schon mein Leben lang so." Maximilian konnte es sich nicht so recht erklären, aber er freute sich über Trudes neue Aufgeschlossenheit. Vorsichtig fragte er: „Was war denn nun mit Ihrem Vater? Haben Sie ihn wieder zu Gesicht bekommen?" „Nein, aber daher kommt wohl auch mein Lebenswandel. Ich habe ihn anfangs überall gesucht und bin dann auf den Geschmack gekommen, auch noch nach anderen Dingen zu suchen, lukrativeren! Wenn man immer kurz vor der Pleite steht, menschlich wie finanziell, dann hat man gar keine andere Wahl."

Schreckenberg konnte seine Neugierde nicht mehr beherrschen. „Ich würde so gerne wissen, was mit Ihren Eltern los war? Weswegen sind die abgehauen?"

Wieder Schweigen.

Trude blickte in die Tiefen des Domes, eine beklemmende Stille dröhnte in den Ohren.

„Weißt du, ich verdränge das alles lieber. Ich schiebe das alles vor mir her, in der leisen Hoffnung, dass es mal eine hohe Klippe herunterfällt und für immer aus meinem Kopf ist. Ich weiß nur, dass ich so geworden bin, weil irgendwann die Weichen so gestellt wurden. Ich bin völlig am Ende. Wie naiv war ich nur, hierher zu kommen!" Trude schossen Tränen in die Augen „Siehst du, das mache ich sonst nur, wenn ich alleine bin und kilometerweit kein anderer Mensch in der Nähe ist." Maximilian lief es kalt den Rücken herunter. Diese Situation, in der sie waren, schien eine Wendung zu nehmen, mit der keiner gerechnet hatte. „Wissen Sie", sagte er leise, „vor ein paar Tagen bin ich durch die Stadt gewandert und habe mir alles genau angesehen. Ich habe auch einen Moment gehabt, an dem ich auf offener Straße zusammengebrochen bin, und das nicht aus gesundheitlichen Gründen, nein. Vor meinen Augen spielte sich die Vergangenheit ab, die ich irgendwie bis dahin völlig weggedrängt hatte."

Er erzählte von dem Geschäft seiner Eltern und kicherte verlegen. Trude wischte sich die Tränen aus dem Gesicht. Maximilian steckte seine Hände in die angewärmten Hosentaschen. „Sehen Sie, ich renne seit Jahren durch die Stadt und ärgere mich über alles und jeden. Ich spreche kaum mit anderen, habe wahrscheinlich das Image eines alten, verschrobenen Kauzes." Beide mussten lachen. „Ich habe keine Kinder und keine Freunde. Irgendwann, wenn ich nicht mehr bin, dann ...", er seufzte. „Dann ist alles das, was ich bei mir zu Hause habe, auch verloren. Eigentlich habe ich keinen Grund, noch weiterzuleben. Alles ist so aussichtslos und freudlos. Immer, wenn ich vor die Tür gehe, stoße ich mich an allem Möglichen. An den Passanten, an den Touristen, und den Kindern. Denen würde ich manchmal gerne den Hintern versohlen!" Trude lächelte ein wenig: „Siehst du, und wir zwei treffen uns hier unten an einer eigentlich völlig unmöglichen Stelle und schütten uns gegenseitig das Herz aus. Und Kindern den Hintern versohlen, das möchte ich manchmal auch."

Maximilian fügte dem Gesagten nur ein wohlwollendes Nicken hinzu. Er schaute vor sich auf den Boden. Was war hier los? Beide sprachen über ihre Gefühle und zeigten ihrem Gegenüber eine Seite von sich, die sie selbst noch nicht gesehen hatten. Nach einigen Augenblicken der Stille sagte Maximilian: „Ich versuche mir vorzustellen, wer das hier unten gebaut hat und wieso das Ganze hier entstanden ist." Trude sah ihn jetzt geradeheraus an. „Ich hab keine Ahnung, wirklich. Vielleicht erkennen und verstehen wir auch nur bestimmte Zusammenhänge nicht." „Sollen wir denn nun nicht doch noch mal in die Goldkiste schauen?" Maximilian wollte unbedingt noch mal einen Blick hineinwerfen. Trude nahm sie aus ihrem Rucksack und stellte sie zwischen sich und Maximilian ab.

Die Pergamente lagen durcheinander in der Kiste. Sie waren nicht gebunden. Verschiedene waren beschrieben, andere nicht. „Wieder nur was Halbfertiges!", stöhnte Trude. Sie nahm das erste Stück Pergament und hielt mit einer Taschenlampe darauf. Maximilian kaute nervös auf seinen Lippen. „Ich kann das nicht lesen, so was nennt man aber eine gotische Minuskel", bemerkte Trude. Maximilian schaute sich das Pergament genauer an. In diesem Moment schepperte es aus der Richtung des Tunnels, aus dem sie gekommen waren. Sie dachten gleich an Sonnen, der sicherlich wieder etwas Unangenehmes plante. Trude erhob sich fluchend vom Boden; gerade wollten sie sich die Pergamente in Ruhe ansehen und wurden prompt gestört. Beide schauten zugleich verärgert und besorgt durch das Portaltor.

Wegen der zu geringen Leuchtkraft ihrer Taschenlampen konnten sie das Ende der Höhle nicht erkennen und auch nicht sehen, ob und was da los war. „Sollen wir nicht lieber verschwinden?", fragte Maximilian mit ungutem Gefühl. Trude schüttelte den Kopf. „Nein. Zurück zum Pergament." Die beiden knieten sich mit ihren Taschenlampen wieder neben die Kiste. „Mensch, vielleicht ist das hier eines der größten Rätsel, die ich in meinem Leben entdeckt habe! Das wäre doch was, nicht wahr, Maxi?" Konzentriert besah sie die Seiten, während Maximilian sich mit rotem Kopf über die Kiste beugte. Er hasste diese Anrede, konnte paradoxerweise dieser grobschlächtigen Frau aber gar nicht so böse sein.

In diesem Moment krachte es erneut, etwas Schweres knallte auf den Platz. Eine dichte Staubwolke wehte langsam durch die großen Fenster hinein. Innerhalb kürzester Zeit konnten sie vor lauter Staub ihre Hände nicht mehr vor den Augen sehen. Von weitem hörten sie Wasser rauschen. Sie rührten sich nicht. „Schnell, packen Sie das

Pergament rasch ein!", rief Maximilian. Trude kramte halb blind alles zusammen, steckte es in den Goldkasten und zurück in ihren Rucksack. Die Taschenlampe ließ sie auf dem Boden liegen. Der Staub bildete vor ihrem Taschenlampenlicht eine Mauer, durch die sie keinen Meter weit sehen konnten. Das Rauschen des Wassers hörte auf, dafür krachten hier und da noch Steine auf den Boden. Alles um sie herum war in eine dichte Wolke gehüllt und aus allen Richtungen schallte der krachend aufschlagende Ton von Felsen oder Steinen. Jeden Moment rechneten sie mit Steinbrocken auf dem Kopf, die alles beenden würden. Trude schwankte von einem Fuß auf den anderen und berührte zufällig Maximilians Hand. Dieser ergriff ihren Arm und zog sie an sich heran. Starr vor Furcht drückten sich beide aneinander und warteten gemeinsam auf das schmerzhafte Ende von oben. Ein scharfer Felsbrocken, ein Sandsteinquader des Domes – irgendwas würde sie gemeinsam, Hand in Hand, zerquetschen. Von weitem krachte es erneut ziemlich laut, der Boden erzitterte kurz wie bei einem Erdbeben. Der Staub der Geschichte wirbelte seinen geheimnisvollen Inhalt immer stärker durcheinander. Eine Mischung aus Angst, Erstaunen und Faszination ergriff sie. Da! Schon wieder donnerte etwas Großes, etwas hörbar Schweres zu Boden. Diesmal ein Stück näher, hinter der Mauer des Domes. Sie hielten den Atem an und hielten sich noch fester.

Beide hatten Angst, verfluchte Angst. Trude spuckte ihre Zigarre über Maximilian Schulter auf den Boden. Fast majestätisch tanzte der Staub im Licht der Taschenlampe. Ein weiterer Schlag auf den Boden ließ die Taschenlampe erzittern und einige Zentimeter weit rollen. Der Lichtkegel fing die nur schwach erkennbaren Konturen des Mauerwerks ein. Trude und Maximilian schauten noch fassungsloser als beim ersten Anblick des Gebäudes. Das Echo in dem großen Raum vervielfachte ihre Eindrücke; nahm man

den Staub hinzu, summierte sich alles zu einem be-
ängstigen Spektakel.

Die Taschenlampe hatte ihr Licht nun genau auf das
Eingangsportal geworfen. „Was ist das?", fragte
Maximilian. Er sah, wie sich einer der beiden Türflügel bewegte. „Da kommt jemand!", flüsterte Trude, auffällig
nervös. Sie drückten sich immer fester aneinander und
rechneten mit allem. Wer sollte da schon kommen? Ein
Geist? Ein vor langem verstorbener Bischof? Otto Sonnen?

Fehlanzeige. Die Tür schwang weiter auf, schliff dabei
einige Gesteinsreste mit sich und produzierte so einen
sägend kreischenden Ton, als ob jemand mit den Fingernägeln über eine Tafel kratzen würde. Plötzlich hörten sie
ein lautes Husten. Im staubenden Durcheinander sahen
sie, wie sich eine Gestalt im Portal langsam auf die
Taschenlampe zubewegte und nach ihr griff. Die Gestalt
humpelte, hielt sich auf der einen Seite mit einer
provisorischen Krücke aus Holz fest. Langsam ent-
klammerten sich Maximilian und Trude wieder. „Wer ist
das?", fragte Trude. Der Mann hustete wieder, seine
Kleidung sah ziemlich mitgenommen und verschlissen aus.
Staub und Dreck rieselte von ihm und aus seinen Taschen.

„Ulrich Konter", röchelte er.

„Ulrich Konter?" Maximilian hob die Schultern. „Und
was machen Sie hier unten?" „Das könnte ich Sie auch
fragen. Also, wer sind Sie?" Sie stellten sich einander vor.
„Trude, sonst nichts? Das soll ich Ihnen abnehmen?" „Klar,
wieso nicht?" „Hören Sie, ich bin von einem Kriminellen in
ein Loch geworfen worden. Da wollte mich jemand loswerden." „Aber wieso denn?", fragte Maximilian völlig un-
bedarft. Trude witterte gleich einen Zusammenhang.
„Dieser verfluchte Sonnen und sein Handlanger Friedhelm!", schimpfte Konter. Trude schaute Schreckenberg an.
„Na, das ist ja interessant." Trude zeigte um sich und erläuterte Konter die Zusammenhänge. Der schüttelte den
Kopf, als er hörte, was sonst noch alles hier vor sich ge-

gangen war. „Wo ist er? Wo ist Sonnen? Ich wäre dabei fast draufgegangen. Ich dachte zuerst, dass ich mir beide Beine gebrochen habe. Ich hatte aber Glück im Unglück. Es war nur eine Prellung. Es geht mir schon besser. Allerdings wäre ich bei dem Erdrutsch beinahe wieder umgekommen." Er hielt in seiner anderen Hand die kleine Photonenpumpentaschenlampe. „Jetzt habe ich endlich eine richtige, da brauche ich die nicht mehr!" Er steckte das Minigerät ein und begutachtete die große Taschenlampe. „Sie können sich gar nicht vorstellen, was für einen Höllentrip ich hinter mir habe. Ich bin durch einen Tunnel gerutscht, dann mehrere Treppen weiter runter gehumpelt und kam dann an eine Stelle, an der die komplette Decke heruntergekommen war. Da es meinen Beinen besser ging, konnte ich mit viel Glück den Schuttberg beiseite räumen." „Aha, dann waren Sie für das da eben verantwortlich!" Trude meinte den Erdrutsch. „Ja, wahrscheinlich. Tut mir leid. Wenn ich gewusst hätte, dass hier noch jemand ist - ich hätte es trotzdem getan. Wie wäre ich denn sonst weitergekommen?" Langsam erfasste Konter den Dom, in dem er stand. Geradezu andächtig ließ er den Blick über die Mauern wandern. „Aber das ist ja ..." Trude erklärte in schnellen, knappen Worten ihre Vermutungen.

„Aber wer das gebaut hat, wissen Sie auch nicht?", fragte Konter. Maximilian schüttelte den Kopf. „Nein, wir sind aber auf dem Weg, es zu klären. Aber leider kommt immer was dazwischen." Konter humpelte staunend ein Stück durch den Dom. „Das ist ... es gibt keine Worte dafür! Und der Sonnen glaubte natürlich, hier unten Gold zu finden?!" Konter lachte bitter. „Ja, dachte er. Vielleicht hat er sogar schon welches gefunden. Schließlich haben wir ihn schon länger nicht mehr gesehen", meinte Maximilian. „Aber von mir aus kann der auch da bleiben, wo er ist." Konter kam zurück und schaute nicht mehr erstaunt, sondern verbittert. Er humpelte mit seinem Stück Holz unter dem Arm auf beide zu. „Wenn ich den in die Finger bekomme, dann mach ich ihn fertig! Ich werde den mit meinen eigenen Händen erwürgen!" „Wirklich?" Maximilian nahm ihm das nicht so recht ab. „Wahrscheinlich nicht, aber ich werde ihn ins Gefängnis bringen. Darauf haben Sie mein Ehrenwort!" Trude ging auf den Vorplatz des Domes, dort zeichnete sie die neue Tunnellage auf. „Der Eingang, durch den du gekommen bist, war vorher verschüttet!", meinte sie. Konter schaute Maximilian verdutzt an. „Ja, die duzt jeden und alles, wie sie gerade will", erklärte er Konter, wie es ihm wenige Stunden vorher von Sonnen erklärt worden war.

„Meiner Meinung nach", sagte Konter, der zwischendurch immer wieder erbarmungswürdig hustete, „sollten wir einen direkten Weg an die Oberfläche suchen und das Ganze hier den Behörden übergeben. Ich vermute, dass wir eigentlich alle eher Laien sind und nicht die richtigen Leute hierfür." Er blickte Trude und Maximilian vorsichtig fragend an. Letzterer nickte. „Ja, das war eigentlich auch meine Idee, aber wir müssen vorher noch etwas herausbekommen. Nämlich, was das hier unten alles soll. Die Neugierde, verstehen Sie, sie brennt so fürchterlich." Konter setzte sich auf den Boden und ruhte sich aus, er war von seiner Klettertour durch den Tunnel völlig entkräftet. „Na, das ist aber schon ein wenig widersprüchlich. Wie wollen Sie als Laie hier was herausbekommen?" Konter schaute die beiden fragend an. Trude und Maximilian schwiegen. Nach einigen Momenten der Stille erschnorrte Konter sich von Trude einen Schokoriegel, den er in Sekundenschnelle verschlang.

Trude schaute in die Richtung, aus der Konter gekommen war, und richtete nervös ihre Taschenlampe aus. „Da war doch was?", flüsterte sie. Maximilian und Ulrich Konter drehten zugleich die Köpfe. „Ich dachte, da einen großen Mann mit grauen Haaren gesehen zu haben." Sie hielt ihre Taschenlampe etwas höher. „Nein, da ist nichts", meinte Maximilian. Trude schaute erneut. Nichts zu sehen. „War bestimmt nur eine Halluzination."

16

Sonnen riss die Tür des Bauwagens auf. Friedhelm saß da, er war eingenickt, und Truske-Schmittmeier versuchte immer noch erfolglos, sich aus ihren Fesseln zu befreien. Otto Sonnen schrie Friedhelm an. Dieser zuckte zusammen und riss die Augen auf, als ob er ein Gespenst sähe. „Wie sehen Sie denn aus!" „Wie ich aussehe? Wie Pauli der Maulwurf, wie sonst?" Nachdem Sonnen sich ausgetobt hatte, warf er einen Blick in den Abgrund, den er aus eigener Anschauung bereits kannte. „War da was zu hören?", fragte er Friedhelm. Dieser schüttelte den Kopf. Sonnen nahm sich einen Stuhl und setzte sich gebeugt, den Kopf mit den Händen abstützend, darauf. Er war fix und fertig. Man glaubte, einen Menschen vor sich zu haben, der gerade einem Schlammloch entstiegen war. Neben dem Tisch sah er eine Tüte mit Süßigkeiten, die Trude mitgebracht hatte. Er griff hinein und verschlang fast alles. Dann nahm er einen großen Schluck aus einer Flasche Bier, die in Griffnähe stand. Er rülpste. Bruni sah ihn voller Entsetzen an. So hatte sie ihn noch nie gesehen. Selbst auf der wildesten Weihnachtsfeier hatte ihr Chef stets zu jenen gehört, die sich immer noch halbwegs ordentlich benahmen. Doch Otto Sonnen war nicht mehr der Mann, den sie von der Arbeit her gewohnt war. „Kannst du noch Leute besorgen, die so sind wie du?", fragte Sonnen. „Wie ich? Was bedeutet das denn wieder?" „Mann, irgendwelche Typen, die für Geld alles machen." Friedhelm nickte. „Mal sehen." Er schaute auf Bruni. „Was machen wir mit der?", fragte er und deutete mit dem Kopf auf seine Gefangene. Sonnen blickte Bruni düster an. „Was wissen Sie?" „Ich vermute mal, das die wegen dem Konter wiedergekommen ist und weiß, was mit ihm ist." Sonnen schaute wieder in das Loch, dann zurück zu Brunhilde Truske-Schmittmeier. „Wissen Sie, ich hätte keinerlei Hemmungen Sie in dieses Loch da zu werfen." Friedhelm stand auf und stellte sich neben den Stuhl. „Soll ich?", fragte er.

Bruni riss die Augen weit auf.

„Mach es!" Er gab Friedhelm ein Zeichen. Dieser verpasste ohne Zögern dem Stuhl mit Frau Brunhilde Truske-Schmittmeier einen Stoß. Das Gestell drehte sich auf einem Bein. Sie flog mit dem Rücken nach unten in das Loch, blieb jedoch stecken. Ihre Beine streckte sie hoch in die Luft, sie wollte sich wehren, trat in alle Himmelsrichtungen. Damit hatte sie wirklich nicht gerechnet. Sie wollte schreien, doch die Zunge klebte ihr vor wahnsinniger Todesangst am Gaumen. Der solide Stuhl klemmte mit Rückenlehne und Stuhlbeinen fest. „Los, tritt zu, mach schon!" Sonnen rastete nun völlig aus. Er konnte nicht widerstehen, selbst Hand anzulegen, kletterte an das Loch und gab dem Stuhl einen Tritt. Erst brach ein Stuhlbein, dann ein nächstes. Brunhilde Truske-Schmittmeier wackelte hin und her, sie stemmte ihre Beine gegen die Wand. Der Stuhl, der sie kurz vorher noch in der Öffnung und vor einem Absturz bewahrt hatte, war knackend zerbrochen, die Stuhlbeine in die Tiefe gestürzt. Friedhelm hörte mit stoischer Miene zu, wie sein Auftraggeber – auf einmal selbst tätig, und das sogar sehr drastisch – zu Bruni hinunterbrüllte: „Los, lassen Sie die Beine locker!" Verzweifelt versuchte sie sich zu halten, rutschte aber trotz ihrer Gegenwehr einige Zentimeter tiefer. Der nun beinlose Stuhl, an den sie festgebunden war, zog sie langsam nach unten. „Los, mach dich runter!", schrie Sonnen. Friedhelm schaute aus dem Fenster, niemand da. Es war früher Morgen, niemand war zu sehen.

„Was sollen wir machen?", fragte Friedhelm ruhig. „Soll ich Ihnen meine Waffe geben?" Sonnen drehte sich zu ihm um. „Die Waffe!" Er sah sie in Friedhelms Halfter hell blitzen, schob seine Unterlippe nach vorne und blickte wieder zu Brunhilde Truske-Schmittmeier hinunter. „Nein, keine Waffe." In diesem Moment fand Bruni ihre Stimme wieder. Sie fing an zu stöhnen vor Anstrengung, glitt weiter ab, hielt sich wieder, schrie. Sonnen setzte sich an den Rand des Loches – sich mit einem Arm abstützend – und gab Brunhilde Truske-Schmittmeier einen letzten Tritt in den Bauch. Sie rutschte schreiend ab. Sonnen und Friedhelm hörten, dass sie hart aufschlug. „So, Deckel drauf!"

Sonnen ordnete an, alle Hinweise auf ihren Aufenthalt zu beseitigen. „Schmeiß alles hier auf den Müll, oder besser noch, verbrenne alles. Und sieh zu, dass hier nichts mehr daran erinnert, dass diese Trude hier war." Sonnen zeigte auf die Koffer und einigen anderen Kram.

Friedhelm erkannte Sonnen nicht mehr wieder. „Ich ziehe hier jetzt andere Saiten auf!" Der Hass in Sonnens Stimme und sein wirrer Blick ließen sogar Friedhelm einen Moment lange erschauern. „Was haben Sie denn nun vor?" „Was ich vorhabe? Ich werde denen da unten erst mal die Fluchtlöcher stopfen. Dann sitzen die alle in der Mausefalle. Danach werden wir über einen Eingang, den nur ich kenne, da unten für Ordnung sorgen. Wenn ich tatsächlich festgestellt habe, dass da unten nichts zu holen ist ..."

„Dann was?", fragte Friedhelm. Sonnen schwieg verdächtig lange. „Das geht dich erstmal einen Dreck an!" Friedhelm hielt den Mund. Er machte weiter mit, denn er wusste, dass die zweite Rate, also der Hauptteil seiner Bezahlung, davon abhing, ob Sonnen Erfolg hatte. Eine Anzahlung hatte er schon erhalten, aber ein dicker Brocken stand ihm noch zu. Sonnen trat aus dem Bauwagen und schaute sich um. Obwohl es draußen recht kühl war, schwitzte er. Friedhelm rackerte sich unterdessen im Bauwagen ab und warf alles, was nicht hierhin gehörte, in das Loch, schob dann eine Metallplatte, die unter dem Wagen lag, darüber und verschraubte sie in den im Boden befindlichen Bohrungen. Danach kam er raus und meldete: „Alles erledigt, Chef!" Er schlug die Hacken zusammen und grinste. „Was machen wir nun?" Sonnen klang seltsam klar. „Wir verlegen unser Quartier woanders hin." Er dachte an die Schrebergartensiedlung Trier-Ost, wo er aus dem Boden gekommen war. „Aber vorher müssen wir noch etwas besorgen."

Neue Seile und eine neue Ausrüstung würden nötig sein, um sich durch das Loch abzuseilen, beides hatte er noch im Wagen. Ihm war auch bewusst, dass sich unter Umständen trotz der Jahreszeit der eine oder andere auf dem Gelände herumtreiben könnte. Diese Überlegung äußernd, ballte er die Fäuste und schaute zum Himmel. „Mich kann niemand aufhalten! Mir soll sich niemand in den Weg stellen." Friedhelm lachte. „Genau, dann werfen wir alle in ein Loch!" Sonnen fand das nicht zum Lachen.

„Was ist denn nun da unten?", fragte Friedhelm, der neben Sonnen in dessen Wagen saß. Dieser schwieg. Es war Friedhelms zweiter Versuch, etwas zu erfahren. „Was ist nun, bekommen wir noch ein paar Leute zusammen, die mitmachen?", fragte Sonnen. „Wahrscheinlich schon, aber wobei? Ich muss denen ja was sagen. Auch, was das Geld betrifft. Ganz umsonst machen die nichts. Ich will damit sagen, dass es nicht reicht, denen eine Kiste Bier für diese Arbeit zu spendieren. Mit ein paar Euroscheinen muss ich da schon winken." Sonnen schwieg wieder. Der Wagen bewegte sich in Richtung Paulinstraße, dann links ab vorbei an der Porta Nigra in Richtung Bahnhof, dann rechts ab durch die Balduinstraße. Sonnen bog auf den Parkplatz der Tankstelle. Sein Magen rebellierte schon seit geraumer Zeit, und er stieg aus. Friedhelm sah auf die Uhr. „Es ist knapp nach vier Uhr – wie wär's mit einem Nickerchen?"

„Kein Nickerchen, Mensch! Jetzt geht es doch erst richtig los!" Sonnen hatte einen Punkt erreicht, an dem es kein Schlafbedürfnis mehr zu geben schien. „So, nun werde ich mir Hilfe von Profis holen!" Sein Gesicht zeigte Spuren eines Lächelns. „Profis? Ich dachte, ich bin ein Profi!", antwortete Friedhelm leicht verdutzt. „Ich meine einen Profi, der sich mit den Dingen auskennt, die da unten sind." „Aha, das große Geheimnis, von dem Sie mir nichts sagen wollen." Sonnen nickte. „So ist es. Ich will jetzt nur noch so schnell wie möglich ans Ziel kommen. Diese planlosen Deppen gammeln da unten herum und wedeln durch den Staub. Ich Hornochse! Habe mich von dieser Alten bequatschen lassen! Gleich können wir vielleicht trotzdem ein kleines Nickerchen machen." Als Sonnen das sagte, fiel Friedhelm ein Stein vom Herzen. Sie befanden sich auf dem Weg in Richtung Weimarer Allee. Nachdem sie sich am Nachtschalter der Tankstelle mit allerlei Essbaren eingedeckt hatten, fuhren sie langsam durch die ruhige Stadt, in der alles schlief.

In der Nähe des Rheinischen Landesmuseums kam der Wagen zum Stehen. Sonnen sah sich nach einem guten Versteck um, fand aber nichts. „Dann parke ich eben auf dem Hauptparkplatz genau vor dem Museum. Das, was ich vorhabe, merkt eh keiner." Gesagt, getan.

Der Wagen stand da, und die Morgendämmerung kündigte sich langsam an. Da Sonnen Friedhelm vorerst nicht über seine Pläne aufklärte, konnte der auch nicht richtig schlafen. Er hatte seine Hand auf die Pistole gelegt, sicher war sicher. Alle paar Minuten öffnete er die Augen und sah Sonnen an.

Berufspendler verstopften die Straßen. Das Wetter war unbeständig, es war sehr kühl und der Himmel verhangen mit schneeschwangeren Wolken. Sonnen rutschte tiefer hinter das Lenkrad, er hatte den Personaleingang im Visier. Als Erstes kamen die Putzfrauen. Sie gingen zügig die Sandsteintreppe hinauf und klingelten an der Tür, die daraufhin von innen geöffnet wurde. Er hatte keine bestimmte Person im Auge. „Er oder sie sollte Kunsthistoriker sein", dachte er und hielt konzentriert Ausschau nach einem geeigneten Opfer. Gänzlich planlos tat er das nicht; er kannte einige von seiner Arbeit her. „Da – den habe ich schon mal gesehen!" Er öffnete die Tür des Wagens, doch in diesem Moment gesellte sich eine weitere Person dazu. „Nein, zu gefährlich." Wieder wartete er. Nach und nach füllte sich der Parkplatz. Viele ihm fremde Menschen gingen entweder zum Seiteneingang oder verschwanden durch den Haupteingang im Museum. „Den da!", rief er. Friedhelm wurde plötzlich hellwach. „Ich gehe jetzt los und komme mit einem Mann zurück. Den bedrohst du mit deiner Waffe! Und ansonsten hältst du den Rand, klar?" Ehe Friedhelm noch etwas sagen konnte, war Sonnen bereits ausgestiegen. Er rannte einem fettleibigen Mann hinterher, der einen schweren alten Ledermantel trug. Sein Bauch wölbte sich darunter deutlich sichtbar nach vorne. In der rechten Hand hielt er einen Hartschalenkoffer. Friedhelm rätselte über das, was Otto Sonnen jetzt vorhatte. „Wie will der den denn in das Auto locken?" Er sah von weitem, dass Sonnen mit dem Dicken sprach und dabei mit den Händen durch die Luft wirbelte, schließlich kamen beide zum Wagen. Friedhelm schaute nach unten, hielt seine rechte Hand am Halfter. Die Waffe war einsatzbereit.

Sonnen öffnete die hintere Tür, während er mit dem Mann sprach. „Da schauen Sie, auf dem Rücksitz liegt es." Er deutete auf den Sitz, doch dort lag außer Verpackungsresten eines Schokoriegels nichts. „Ich sehe nichts! Wo soll denn sein, was Sie gefunden haben?" Nur beiläufig stellte er fest, dass da noch jemand auf dem Beifahrersitz saß. „Tag!", sagte er.

Der Dicke war um die vierzig, etwa 1,70 Meter groß und hatte kaum noch Haare auf dem Kopf. Friedhelm nickte und schwieg, so wie Sonnen es ihm aufgetragen hatte. Sonnen tippelte hinter dem Mann hin und her. „Na, Sie müssen mal näher dran, es ist sehr klein! Kann sein, dass es beim Bremsen auf den Wagenboden gerutscht ist." Der Mann streckte seinen massigen Körper in Sonnens Wagen. „Da ist nichts!", brummelte er genervt. „Sagen Sie mal, was soll das denn? Zeigen Sie mir endlich, was Sie gefunden haben, oder ich gehe!" „Doch, doch, Sie müssen nur weiter hinein. Es ist klein und zerbrechlich, ich habe Angst, es anzufassen. Wenn wir dann Pech haben, zerbricht es!" Der

Dicke wuchtete sich einige Zentimeter weiter in den Wagen. Sonnens Geduld kam ans Ende. „So, du Wurst, jetzt aber los!" Mit diesen charmanten Worten gab er ihm einen Tritt, dass der Mann mit dem Kopf auf der gegenüberliegenden Tür aufschlug und sein Hartschalenkoffer hinter dem Fahrersitz landete. Sonnen warf die Tür zu und sprang an das Lenkrad. „Nichts wie weg!" Schnell betätigte er noch die Kindersicherung. Doch der Mann wollte nicht tatenlos zusehen, wie er entführt wurde. „Lassen Sie mich hier raus! Was soll das?" Er rüttelte an der Wagentür, erst an der rechten, dann an der linken. „Ich will hier raus!", brüllte er und griff Sonnen von hinten ins Lenkrad. Der Wagen schlingerte zwischen einem Stadtbus und einem LKW hin und her. „Los, die Pistole!", schrie Sonnen Friedhelm an. Endlich hielt der dem beleibten Mann die Waffe ins Gesicht. „Keine Bewegung!" Friedhelm drehte sich ganz zu ihm um und sah ihn drohend an.

„Ok, ok, ich halte ja Ruhe!", meinte der Entführte. „Wie heißen Sie?", fragte Sonnen. „Mein Name? Kennen Sie den denn nicht? Oder entführen Sie Ihre Geiseln immer, ohne zu wissen, wer sie sind?" „Mann, red keine Operetten – wie ist der Name?" Friedhelm sprach in seinem gewohnten Slang. „Ich bin Dr. Federlein. Eberhard Federlein. Kunsthistoriker!" Sonnen jubelte innerlich. „Volltreffer", dachte er. „Wusste ich doch, dass ich den Dicken schon mal hier gesehen habe." „Was haben Sie mit mir vor? Wo bringen Sie mich hin? Ich bin mittellos, quasi arm. Täuschen Sie sich da nicht? Bei mir ist nichts zu holen! Liegt bestimmt eine Verwechslung vor!"

Sonnen beobachtete den Verkehr, sie standen an der Ampel an den Kaiserthermen. Federlein musste zusehen, wie sie am Polizeipräsidium vorbeifuhren. Kurz darauf kamen sie an eine zweite Ampel, direkt neben ihnen stand nun ein Polizeiwagen. „Denken Sie nicht mal daran." Friedhelm hielt die Waffe zwischen den beiden vorderen Sitzen auf Eberhard Federlein gerichtet. „Nein, ich denke nicht mal daran", flüsterte der völlig außer sich, als er sah, dass der Polizeiwagen trotz seiner hilferufenden Blicke seine Fahrt fortsetzte. „Tja, die können noch keine Gedanken lesen, Herr Federlein." „Was haben Sie denn vor? Wer sind Sie? Wo bringen Sie mich hin?" Federlein war mehr als nur aufgeregt. „Ich habe heute morgen einen Termin bei einer Ausgrabung an der Mosel." „Pech gehabt. Aber wenn Sie keine Fehler machen, kann ihnen das Ganze auch einen Nutzen bringen." Sonnen drückte das Gaspedal feste durch. „Nutzen? Wie, bitte sehr, soll ich einen Nutzen aus einer Sache ziehen, die ich nicht kenne? Ich glaube, Sie sind verrückt, ich werde gerade eindeutig entführt. Nicht mehr und nicht weniger. Was soll schon dabei für mich herausspringen? Ein freier Tag vom Museum? Ich glaube, ich muss lachen. Ich mache meine Arbeit gerne!" Sonnen nickte. „Dann wird es Ihnen wahrscheinlich auch Spaß machen, wenn Sie sehen, was wir gleich machen." „Was machen Sie denn?" Friedhelm schaute Sonnen an, der sagte nichts. „Jetzt halten Sie mal den Mund!" Friedhelm deutete auf die Waffe. „Sie machen einen ja nervös mit Ihrem Geschwätz." Doch Dr. Eberhard Federlein war am Ende seiner Nerven. Entführt am helllichten Tag vor dem Rheinischen Landesmuseum! Wer konnte denn damit rechnen? „Meinen Chef, wieso haben Sie sich den denn nicht gegriffen? Meine Eltern haben auch nix – ich fahre ein altes Auto. Wohne in einer Mietwohnung. Ich habe auch keinen Schmuck, kein Gold – tote Hose, Leute! Ich zahle jetzt noch einen Kredit ab, den ich aus meiner Studienzeit habe. Mein einziges Kapital ist mein Wissen!"

„Genau das haben wir auch entführt: Ihr Wissen! Glauben Sie mir, genau das brauchen wir. Aber jetzt sage ich eines: Sie reden zu viel. Reden Sie weniger. Viel weniger. Ich möchte nicht Ihr Geld, ich möchte Ihr Wissen. Das werden Sie als Lösegeld einsetzen. Haben Sie es eingesetzt, dann brauche ich Sie nicht mehr." Dr. Eberhard Federlein wurde still. Sonnens Gedanken gingen allerdings weiter. „Der soll nur aufpassen und ja keine Scheiße bauen! Sonst endet der genauso wie Bruni." Sonnen grinste verbittert. Er benötigte schließlich nur jemanden, der für ihn das Gold finden würde. Jemanden, der mit all den Dingen da unten etwas anfangen konnte. Trude war für ihn nichts weiter als eine Legasthenikerin. Eine Fehlinvestition. Eine große Fehlinvestition. Dr. Eberhard Federlein allerdings war nun die Garantie, dass er das Wissen auf seiner Seite hatte. Wenn nicht, dann würde Sonnen alles und jeden dort unten beerdigen, der sich ihm in den Weg stellte. Er steckte mittlerweile schon zu tief in der Sache, als dass er sich jetzt noch hätte herausziehen können. Federlein rutschte nervös auf der Rückbank des Wagens auf und ab. „Wahrscheinlich wird bald bemerkt, dass ich nicht zur Arbeit komme." Er schaute Sonnen an. „Wenn ich in ein paar Stunden nicht auftauche, dann suchen die mich bestimmt." „Und wo?" „Was?" „Wo sollten Sie denn gesucht werden?" Sonnen parkte den Wagen irgendwo in der Olewiger Straße. „Schauen Sie, niemand hat gesehen, wo Sie hingegangen sind. Bis also jemand auf die Idee kommt, Sie hier zu suchen, nein, das wäre schon ein zu großer Zufall. Vor allem dürfen Sie eines nicht vergessen, dass Sie nämlich gleich von der Erdoberfläche verschwinden werden." „Wollen Sie mich in einem Erdloch verstecken? In einem unterirdischen Holzkasten? Das gab es doch schon mal. Da wurde ein Kind ..." „Halten Sie den Mund", fauchte Friedhelm. „Los, aussteigen. Und denken Sie daran, hinter Ihnen ist immer noch eine Waffe auf Sie gerichtet! Wir haben unser Ziel klar im Visier, in doppelter Hinsicht, wenn Sie verstehen, was ich meine." Der dicke Mann wurde von Sonnen und Friedhelm in die Mitte genommen. Sie bogen in einen schmalen Gehweg ein, der von der Straße wegführte. „Wenn jetzt zufällig einer vorbeikommt, kein Wort! Sonst sind Sie dran!" Friedhelm spulte sein Standardprogramm des Drohens und Einschüchterns ab. Ein Fahrradfahrer kam ihnen entgegen, der aber in raschem Tempo vorbeifuhr. Sonnens Hände zitterten in seiner Hosentasche. Sie gaben schon ein merkwürdiges Bild ab, er, der verwahrloste Sonnen, der korpulente Federlein und hinter diesem der grimmig dreinschauende Friedhelm. Dessen Blicke wechselten zwischen der unter der Jacke verborgenen Waffe und Federlein. Was mochte wohl ein Passant denken, der die drei sah? Eine ältere Frau kam mit ihrem Dackel vorbei und schaute den dreien kurz hinterher. Sonnen drehte sich um und sah den Kopf der Alten sich zu ihnen zurückdrehen. Er hatte Angst, aufzufallen. Federlein hatte seinen Hartschalenkoffer dabei. Nach einigen Metern kamen sie an das Begrüßungsschild des „Schrebergartenvereins Trier-Ost" und passierten dann die ersten Gartenhäuschen, die liebevoll hergerichtet waren.

Sie gingen den geteerten Weg weiter und kamen an die Stelle, an der Sonnen vor einigen Stunden aus dem Gullideckel gekrochen war. Der sah sich einige Male um, doch es war niemand zu sehen. Auch in keinem der Häuschen brannte Licht, keiner der kleinen Kamine rauchte. Alle Gartenbesitzer schienen wegen der winterlichen Kälte lieber in den größeren vier Wänden zu bleiben.

Sonnen bückte sich und hob den Gullideckel aus dem Boden. Er befahl Eberhard, sich als erster durch das Loch im Boden zu zwängen, was sich als nicht unproblematisch erwies. „Wieso haben Sie sich gerade den dicksten Kunsthistoriker ausgesucht, um ihn dann durch ein so enges Loch zu quetschen?!" Friedhelm grinste breit übers ganze Gesicht. „Schnauze! Rein da, bewegen Sie sich ein wenig, drehen Sie die Wampe!", maulte Sonnen. Er stellte seinen Fuß auf die Schulter des dicken Mannes und drückte. „Na, geht doch!" Eberhard landete unsanft mit dem Hintern auf dem Boden des alten Abwasserkanals. „Los, Friedhelm, runter!", befahl Sonnen und warf ihm einen Rucksack hinterher. Dann kletterte er selbst in den Kanal, vergaß aber nicht, den Deckel von innen wieder zurück auf die Öffnung zu schieben. „So, geschafft. Vorsicht, da geht es steil nach unten!" Er wies auf das Loch im Boden, aus dem er vor Stunden geklettert war. Das Tageslicht warf einen spärlichen, aber ausreichenden Strahl in den Kanal. „So, für jeden einen." Sonnen verteilte Helme mit angeschraubten Taschenlampen, die er vorher aus dem Kofferraum seines Wagens entnommen hatte. Dann zauberte er aus dem Rucksack einige Seile. „Die befestigen wir hier." Er wies auf die Haltesteige in der Wand, über die sie in den Kanal geklettert waren. „Halten die denn?", fragte Friedhelm. „Natürlich!", erwiderte Sonnen. Sie schnürten die dicken Hanfseile fest an die Metallbügel in der Wand und warfen die Enden in das Loch. „Können Sie mir nicht endlich sagen, was Sie hier vorhaben?", flehte Federlein seine Entführer an. Sonnen überhörte die Frage geflissentlich. Von oben waren Stimmen zu hören. Friedhelm bedeutete Federlein mit seiner Waffe, er solle endlich still sein. „Poldi, wo sind die Männer denn? Eben sind doch noch drei hier gewesen?" Ein Hund stand plötzlich auf dem Gullideckel und die Herzen der drei im Kanal klopften nervös, jedes aus einem anderen Grund. Die Alte verschwand zusammen mit ihrem Dackel.

Sonnen atmete auf. „Das geht echt an die Nerven, aber jetzt geht es ja weiter. Herr Doktor, Sie gehen voran!" Sonnen zeigte auf das Seil. „Klettern dürfte für Sie ja kein Problem sein, oder?" Dieser schüttelte den Kopf. „Klar, alles kein Problem." Er fügte sich in sein Schicksal und warf seinen Koffer voran in das Loch. Der krachte donnernd in die Tiefe. „Wissen Sie denn eigentlich, was Sie da tun? Das ist poröser Buntsandstein. Feucht ist er auch noch. Unter Umständen bricht hier noch der eine oder andere Felsen heraus." Er schaute sich aufmerksam die Umgebung an. „Ich bin hier raufgekommen, also können Sie auch da runter." Nachdem Federlein mit Ach und Krach seinen schweren, breiten Körper durch das Loch gequetscht hatte, folgte ihm Friedhelm. „Versuch keine Dummheiten, sonst schieße ich!" „Lieber nicht, Friedhelm, sonst verstopft der noch das Loch!" Sonnen lachte über seinen Witz auf Eberhards Kosten. „Fetter Sack, sollte lieber etwas Sport treiben anstatt irgendwelche Praktikanten und Studenten durch seine Ausgrabungen zu hetzen." Mit rotem Kopf fluchte Federlein leise vor sich hin. Trotz seines massigen Körpers hangelte er sich an dem Seil herunter, kollidierte allerdings öfter als die beiden anderen mit den Felsen, die aus der Wand ragten. „Wo soll das denn enden?", rief er nach oben. „Ganz unten!", rief Sonnen hinterher. „Das hier sieht aus wie ein grob behauener Stollen, der senkrecht nach unten führt. Wie haben Sie den gefunden?" Sonnen hatte die Frage nicht gehört. Friedhelm steckte seine Waffe in sein Halfter zurück. Ständig lösten sich Steine, am häufigsten brach bei Sonnen etwas ab und fiel dann auf Friedhelm und letztendlich auf Federlein. „Eines muss ich Ihnen ja zugutehalten, nämlich, dass Sie mir einen Helm gegeben haben." Ohne den wäre er wohl tatsächlich jetzt schon hinüber. Aber schließlich war er ja wichtig für Sonnens Vorhaben, was immer das auch sein mochte. Federlein schwieg, er witterte etwas, wusste aber nicht so recht, was. Wozu war er entführt und in solch einen Schacht gestopft worden? Wollte man etwas erpressen, hätte man es viel leichter und einfacher arrangieren können. Irgendeine abgelegene Hütte, vielleicht sogar eines dieser Gartenhäuser, hätte es auch getan.

Aber weshalb sollte sich jemand die Mühe machen und ihn mehrere Meter tief unter die Erde bringen? Es entsprach der Wahrheit, dass er und seine Familie unvermögend waren – also konnte Geld nicht der Grund der Entführung gewesen sein. Dieser durchgeknallte Typ hatte Andeutungen gemacht, dass er sein Wissen brauchte. „Ich habe Hunger!", brummte er vor sich hin. „Wenn ich nicht bald etwas zwischen die Zähne bekomme, können Sie mich erschießen!", fügte er hinzu. „Was? Was ist denn jetzt schon wieder?", nörgelte Friedhelm.

Eberhard dachte nach. „Das scheint ein Teil eines alten Brunnens zu sein." Es dauerte eine Weile, bis sie ganz unten angekommen waren. Federlein kullerte rücklings über seinen Hartschalenkoffer, der unversehrt am Boden lag. Friedhelm zückte sogleich seine Waffe, als er wieder fest auf dem Boden stand. „Die brauchen Sie jetzt nicht mehr! Oder glauben Sie, dass ich über den Aufzug flüchte?" Federlein lachte fast trotzig, aber Friedhelm verstand keinen Spaß. „Schnauze!", zischte er. Sonnen erreichte als Letzter den Boden und richtete seine Helmtaschenlampe aus. „Na, Herr Doktor, was sehen Sie hier?" Federlein drehte sich im Kreis. „Was ich hier sehe? Ich bin kein Geologe. Ich bin Kunsthistoriker." Er verdrehte genervt die Augen. „He, Dicker, rede kein Blech!" Friedhelm fummelte mit seiner Waffe herum. „Na, ich meine, das sieht doch jeder, der Bereich ist eine natürliche Höhle, der Schacht, durch den wir gekommen sind, ist von Menschenhand gearbeitet. Das sieht man ja an den Meißelspuren", Federlein überlegte, „... nanu, Meißelspuren?" So viel wusste Sonnen auch schon, schließlich hatte er bei seinem Aufstieg den in der Wand festgerosteten Meißel gefunden. „Also los!" Sonnen zeigte in den Gang. „Jetzt können Sie auch was für Ihre Figur tun, denn bis wir am Ziel sind, müssen wir noch etwas marschieren!" Die drei gingen los. Eberhard Federlein besah sich jetzt den Boden. „Wann sind wir denn nun am Ziel?" Er musste häufig stehen bleiben, um sich auszuruhen. Friedhelm und Sonnen ließen ihn gewähren, schließlich waren auch sie an die Grenzen ihrer körperlichen Belastbarkeit angelangt. Außer Atem blieb Federlein stehen. „Und das ... das da hinten ist wohl Grundwasser!"

Er zeigte auf das Wasser, durch das Sonnen geschwommen war. „Der Fels dort kommt ziemlich tief herunter, es könnte gefährlich sein. Ich weiß nicht, wie stabil das Ganze ist. Deswegen würde ich mich nicht allzu lange hier aufhalten wollen." Sonnen blickte Friedhelm kurz an. „Was tun wir nun?", fragte Eberhard Federlein.

„Los, plaudern Sie weiter", meinte Sonnen und zeigte auf den Felsen. „Plaudern? So eine Höhle ist ungewöhnlich. Wie viel Meter sind wir unter der Stadt?" Sonnen hob die Schultern. „Die Seile waren fast 60 Meter lang, und wir gehen die ganze Zeit einen abschüssigen Weg." Dr. Eberhard Federlein war beeindruckt. „Das ist schon eine Menge. War das alles? Ich meine hier diese Höhle. Also, wenn Sie klettern wollen, kann ich Ihnen im Busental ganz ansehnliche Höhlen zeigen. Dagegen ist das hier ein Kinderspielplatz." Sonnen zog eine Grimasse. „Nun gut, dann werden wir ein wenig im Wasser spielen gehen." Er zeigte auf das Wasser vor ihnen. „Was? Wir sollen da reingehen? Weshalb?" Sonnen gab Eberhard einen Stoß. „Auf geht's!" Missmutig ging Federlein voran und schließlich Schritt für Schritt tiefer ins Wasser. Gelegentlich stolperte er über etwas, das im Wasser lag. Sonnen auch, Friedhelm sowieso. „Was ist das?" Eberhard blieb stehen. „Ist das kalt! Aber was war das?" „Was war was?", fragte Sonnen. „Na, das unter Wasser. Da liegt doch etwas." „Ja? Was soll das denn sein?" „Ich weiß es nicht, aber es fühlt sich nicht wie ein grober Stein oder Fels an." „Hopp, tauchen Sie unter und bringen Sie es hoch!" „Nein, das werde ich nicht!", erwiderte Federlein. Friedhelm, der hinter ihm stand, hielt die Waffe über der Wasseroberfläche auf den Doktor. „Los, machen Sie schon!", befahl er. „Nein!" „Doch!" Friedhelm näherte sich ihm und presste die Waffe fest gegen seinen Kopf. „Moby Dick – du tauchst jetzt! Sofort!"

Federlein ließ seinen Hartschalenkoffer los, der dann auf der Wasseroberfläche langsam weitertrieb. „Ich hasse euch beide!", sagte er mit so viel Verachtung in der Stimme, wie er nur hineinzulegen vermochte. „Ja, ja, das tun Sie aber auch, wenn Sie nicht tauchen, also los!" Friedhelm deutete auf das Wasser. Eberhard holte tief Luft und tauchte unter. Nach wenigen Sekunden tauchte er wieder auf. „Einen Moment, ich bin das nicht gewöhnt." Er atmete tief ein und tauchte erneut ab. Er ertastete etwas, das sich eindeutig nicht nach einem Stein anfühlte. „Etwas Metallisches!" Eberhard war erstaunt und begriff, dass er es – was es auch immer sein mochte, besser erst einmal dort unten liegen ließ. Nach einigen Sekunden tauchte er wieder auf. „Einen Moment. Einen Versuch habe ich noch." Wieder tauchte er ab und brachte diesmal einen kleinen, behauenen Sandstein mit nach oben. „Ein Rohling ... aber er wird mir doch zu schwer." Er ließ ihn wieder ins Wasser plumpsen.

Dr. Eberhard Federlein sah das enttäuschte Gesicht von Sonnen. „Was dachten Sie denn, was es sei? Pures Gold?" „Weiter!", schnauzte Sonnen ihn an. Eberhard überlegte, ob er wohl eine Chance bekommen würde, noch einmal hierherzukommen. Der Gegenstand hatte sich interessant angefühlt.

Doch vorerst musste er irgendwas zu dem sagen, was er Sonnen gerade gezeigt hatte. „Ein behauener Sandstein, hier unten! Das kann doch noch interessant werden!" Er tastete die Meißelspuren in der Felswand ab. Dann hob er eine Hand. „Schauen Sie sich das alles doch nur an!", rief er und schwieg dann. „Was ist denn mit dem los, der ist so merkwürdig still", flüsterte Friedhelm zu Sonnen. Sie ahnten beide, dass Eberhard Federlein mehr wusste, als er verlautbarte. Es war ihnen klar, dass er mit den wenigen Dingen, die er bisher gesehen hatte, eine Menge anfangen konnte und unter Umständen bereits erste Schlüsse zog.

Nachdem sie die tiefste Stelle erreicht hatten, ging es wieder bergauf. Völlig durchnässt standen sie unterhalb der Stadt und froren. Eberhard Federlein zitterte am ganzen Leib. Friedhelm zog seine mit Wasser vollgesogene Jacke aus und hängte sie an einen Felsen. Sonnen zeigte keinerlei Anzeichen, dass es ihm zu kalt oder zu nass war, er zeigte sich innerlich wie äußerlich abgehärtet. „Also, Federlein, weiter geht's!" Er zeigte weiter nach vorne in die Dunkelheit, gespannt auf den Anblick des Doms und gespannt auf Federleins Kommentare. Die Helmtaschenlampen mühten sich ab, etwas zu zeigen, die Batterien wurden langsam schwächer. „Auch hier ist wieder eine natürliche Höhle. Wie wir alle sehen, wird sie immer breiter und höher. Hier rechts und links sehen wir behauene Sandsteinplatten auf dem Boden." Federlein blieb stehen. „Interessant, hier hat jemand tatsächlich den kompletten Boden gepflastert, wie skurril. Hier unten?!" Er schmunzelte. Dann fiel seine Aufmerksamkeit auf die Wände. „Nun, ich sehe nur einen Teil, leider reicht die Taschenlampe nicht so weit. Aber die Höhle scheint doch ausgebaut worden zu sein." Er zeigte auf sauber gemauerte Ränder an den Höhlenmauern. „Soll wohl so was wie eine Mauer andeuten." Er ging weiter und blieb plötzlich stehen.

„Das kann doch nicht wahr sein!?" Federlein warf seinen Hartschalenkoffer vor sich auf den Boden. Auf seinen Knien rutschte er einige Meter hin und her, stand dann wieder auf. „Haben Sie mir irgendwelche Drogen gegeben? Das da kann nicht sein!" Sonnen stellte sich neben ihn. Eberhard erstarrte in Ehrfurcht. „Das ist ja unglaublich!"

17

Maximilian und Trude winkten hinter dem Krankenwagen her. Nachdem sie mit viel Anstrengung den Weg durch den Tunnel zurück in Maximilians Keller geschafft hatten, war ihnen klar, dass Ulrich Konter zügig in ärztliche Behandlung musste. Der anstrengende Marsch zurück inklusive der Überquerung der Bodenspalte im Tunnel war kein Kinderspiel gewesen. Sie hatten es aber geschafft. Aus der Küche drang das Geräusch der dort vor sich hingluckernden Kaffeemaschine, und Trude hatte ein Stück Kuchen auf ihrem Teller vor sich stehen. Sie mochte keinen Tee und daher musste Maximilian jetzt extra für sie einen Kaffee brühen, was er aber gerne tat. Nachdem der Kaffee durchgelaufen war, verlagerten sie ihr Kaffeekränzchen in den Keller – sie wollten sozusagen am Puls der Ereignisse bleiben und platzierten sich auf Schreckenbergs Sofa. Den Mercedes hatte Maximilian vor das Loch in der Wand geschoben und die Handbremse angezogen. Schließlich wollten sie ja nicht, dass irgendein Unbefugter seinen Kopf vom Tunnelinneren her in den Keller steckte. Auf dem Tisch vor dem Sofa lag Trudes Rucksack. „Was machen wir bloß, wenn der Sonnen durch den Tunnel hierher kommt?", fragte der besorgte Maximilian. Trude biss ein Stück vom Kuchen ab. Sie schüttelte ratlos den Kopf, doch nach kurzem Nachdenken hob sie die Faust in die Luft. Im Notfall also das Faustrecht, Sonnen war ja auch nicht zimperlich. Kuchenkrümel rieselten auf den Boden. „Wer weiß, was der plant." Maximilian stellte seine Tasse ab und schaute auf das Loch in der Wand. „Was soll der denn planen? Der hat doch keine Ahnung. Der glaubt, da unten in jeder Ecke Gold zu finden. Er übersieht den wahren Schatz, der da unten liegt." Trude wischte sich Reste des Kuchens aus den Mundwinkeln und griff sich gleich ein zweites Stück.

Sie starrten eine Weile schweigend auf die Wand. „Wie sieht denn Ihre weitere Strategie aus?", fragte Schreckenberg Trude. Die lachte erst einmal. „He, warum siezt du mich denn noch?" Sie schaute ihn erwartungsvoll an. „Soll ich das denn nun nicht mehr?" Maximilian war etwas verwundert. Irgendwie war es für ihn selbstverständlich, Trude zu siezen. „Sag doch Trude, bitte." Sie faltete in gespielter Dramatik ihre Hände wie zu einem Gebet und schaute ihn betont flehend an. „Gut – Trude. Mach ich." Beide lachten. Schreckenberg genoss sein Stück Kuchen, und er sah Trude nun mit anderen Augen, was wohl daran lag, dass sie sich nicht mehr so extrem rüpelhaft verhielt. „Da wir uns ja wieder frisch gemacht haben, könnten wir noch mal los, was meinst du? Das Skelett, an dem wir vorbeigekommen sind, möchte ich mir mal genauer ansehen. Jetzt, wo wir unsere Akkus wieder aufgeladen haben, könnten wir frisch ans Werk!" Trude stand auf und ging durch den Keller auf und ab. „Schöner Wagen!" Sie lüftete einen Teil der Decke, die zum Schutz vor Staub darüber lag. „Pass bitte auf, das ist nämlich ein Familienerbstück." Trude schaute durch ein Fenster hinein. „Sehr schön ... mein Vater fuhr damals auch immer Mercedes. Da kann ich mich noch düster dran erinnern." „Dein Vater. Erzähl doch etwas mehr über ihn." „Nein!", entfuhr es Trude. Ihr Interesse für den Wagen erlosch augenblicklich. Sie schaute wieder gebannt zu dem Loch in der Wand, als ob sie damit rechnete, jeden Moment jemanden dort auftauchen zu sehen.

„Wie geht es nun weiter?", fragte Maximilian. „Wir gehen gleich wieder da runter." Nun, nichts anderes wollte auch er. „Ja und dann? Wir haben die Pergamentseiten. Ganz zu schweigen von dieser vergoldeten Kiste. Was denkst du denn, was als Nächstes passiert? Wir dürfen Sonnen nicht vergessen, irgendwo da unten ist der ja auch noch, und wir wissen nicht, was er plant." Trude nickte. „Aber ich möchte diesem Arsch das alles nicht alleine überlassen, auf gar keinen Fall!" Maximilian leuchtete das ein. Er bereitete sich innerlich auf die nächste Exkursion vor, doch da läutete die Türglocke. Sowohl ungehalten als auch neugierig rannte er die Treppe hinauf. Er öffnete; wieder war es die Enkeltochter von Frau Wagner. „Was ist denn?", fragte er nicht sonderlich freundlich. „Meine Oma ist wieder zu Hause. Sie ist gesund!" „Schön für dich, Susanne. Aber hör mal, ich muss noch was arbeiten." „Woran denn? An dem ollen Auto?" Susanne kannte Maximilians Vorliebe für das alte Blech. „Genau, an dem ollen Auto." Er schob die Tür langsam zu. Doch die kleine Susanne ließ sich nicht abwimmeln. „Oma sagt, ich soll mal nachsehen, ob Sie noch leben, weil es bei Ihnen so still ist. Und die Post aus dem Briefkasten herausschaut." Er sah, dass der Briefkasten überquoll. „Danke. Wie du siehst, lebe ich noch!", sagte er und leerte den Kasten. Susanne nutzte die Ge-

legenheit, ging in den Flur und warf einen Blick die Kellertreppe hinunter.

„So, nun kannst du deiner Oma ja berichten, dass ich
noch lebe." Er warf die Post auf den Boden. „Werbepost!"
Doch ehe er sich versah, stand Frau Wagner schon an der
Eingangstreppe. „Na, alles klar?", krächzte sie. Maximilian
nickte. „Danke", rief sie ihm zu, schließlich hatte er ihr das
Leben gerettet. „Nichts zu danken", erwiderte er ungeduldig mit einem Blick auf das Kind. Wie konnte er die
beiden nur loswerden? Susanne ließ sich jedoch auf Teufel
komm raus nicht abwimmeln, schaute neugierig in jede
Ecke. Sie lief unbefangen herum und steckte ihren Kopf
durch alle offenen Türen. „Was ist das?", fragte sie, als sie
aus dem Keller Geräusche hörte. „Nichts ist das. Deine
Oma wartet draußen auf dich." „Ne, die sagte mir, ich soll
mal nachsehen, ob hier alles in Ordnung ist." „Du kannst
ihr sagen, dass alles in Ordnung ist, und ich habe nun keine
Zeit mehr." „Keine Zeit?", fragte Susanne. „Wieso nicht? Sie
sind doch nur ein alter Mann." Maximilian ballte die
Fäuste. Am liebsten hätte er das Kind gepackt und in
hohem Bogen aus dem Haus geworfen.

Susanne hörte wieder verdächtige Töne aus dem Keller,
und Maximilian hoffte inständig, dass sich Trude nicht zu
erkennen gab. Was würde das für einen Klatsch geben,
wenn es hieß, der Schreckenberg habe eine Frau im Haus.
Draußen vor der Tür hörte man Frau Wagner, die mit
ihrem Gehstock nun auf die ersten Treppenstufen klopfte.
Es wehte ein scharfer Wind, die Bäume und Sträucher
waren mit einem leichten, weißen Eisfilm überzogen, und
dennoch tappte die alte Frau zu seinem Haus. „He, Schreckenberg!", rief sie. Zusehends genervt wollte Maximilian
gar nicht antworten, rief dann aber doch: „Frau Wagner,
was ist denn?" „Was machen Sie denn mit meiner Enkeltochter?" „Ich mache nichts mit Ihrer Enkeltochter. Sie will
nicht gehen." Frau Wagner lachte. „Gut so, lass dich nicht
rauswerfen, Kind. Schau genau nach. Vielleicht habe ich ja

doch recht." Aha, Susanne war also nur hier, um Spionage zu betreiben. „Oma, da ist noch wer im Keller!"

Frau Wagner rieb sich die Hände.

Maximilian verlor nun langsam, aber sicher die Geduld. Er baute sich vor dem Kind auf und knallte die Kellertür hinter sich zu. „So, jetzt pass mal auf. Auch wenn du das vielleicht nicht verstehst, aber man läuft nicht einfach in den Häusern fremder Leute herum. Klar?" „Klar!", antwortete die Kleine und versuchte, an ihm vorbeizukommen. „Mein Gott! Welche Neugierde treibt dich nur an, bei mir hier alles auf den Kopf zu stellen? Lass bloß die Finger von der Türklinke." Draußen klapperte der bedrohliche Takt von Frau Wagners Stock immer näher. Sie war wieder auf dem Weg die Treppe hinauf, zur Eingangstür, und außerdem knarrte die Treppe im Keller. Da war jemand im Begriff hochzukommen. Innerlich faltete er seine Hände zu einem Gebet, dass Trude um Gottes willen unten blieb.

Die Schritte auf der Treppe wurden immer schneller und hektischer. Trude war scheinbar dabei, die Treppe auf und ab zu laufen. Susanne wollte unbedingt an die Tür, doch Maximilian verhinderte, dass sie an die Klinke kam, und rätselte gleichzeitig, was Trude da unten wohl Geheimnisvolles trieb. Plötzlich wurde es wieder still, doch nur kurz. Was nun kam, hörte sich für ihn unbeschreiblich grausam an. Es folgten mehrere Schläge, die klangen, als ob jemand einen festen Gegenstand wiederholt auf Blech krachen ließ. Er hörte Trude sprechen, konnte die Worte jedoch nicht verstehen. Verdammt noch mal, da musste noch jemand sein. Für ihn wurde es jetzt allerhöchste Zeit zu handeln. Er musste so schnell wie möglich in den Keller. Wie konnte er nur dieses Kind abwimmeln? Er drehte sich um, und da tauchte auch schon Frau Wagner vor ihm auf. Sie stand mit ihrem Gehstock in der Tür. „Was machen Sie mit meiner Enkelin?" „Ich mache überhaupt nichts mit ihr.

Was macht sie mit mir? Sie dringt einfach in mein Haus ein und meint, hier machen zu können, was sie will!" Susanne machte einen Schritt zurück und ging dann zu ihrer Großmutter. Die legte ihren Arm um die Schulter der Kleinen. „Oma, der Mann lässt mich nicht in den Keller gehen." Die Wagner schaute Maximilian schräg an. „Wie sehen Sie denn aus?" Er hatte sich zwar frische Kleidung übergeworfen, sein Gesicht und seine Haare waren aber immer noch vom Staub der Trierer Unterwelt bedeckt. „Was war das eben für ein Krankenwagen, und was für eine Frau war das, die da neben Ihnen gestanden hat?", fragte Frau Wagner.

Nun war Maximilian die Wurzel dieser ungeheuerlichen Neugierde klar. Schließlich hatten er und Trude dem Wagen mit Konter hinterher gewunken. „Was geht Sie das überhaupt an?" Unten im Keller krachte es nun immer lauter. Schläge waren zu hören, die auf etwas trafen, das Maximilian sehr wichtig war. Trudes Stimme wurde immer lauter. Er hoffte, dass er sich das nur einbildete, doch er glaubte, einen Hilfeschrei gehört zu haben, leise, wie von jemandem, dessen Mund gewaltsam zugepresst wurde. Maximilian war nun alles egal, er konnte und wollte nicht mehr auf Susanne und Frau Wagner Rücksicht nehmen, es war immerhin sein Haus. Er drehte sich um, öffnete die Tür und schaute die Kellertreppe runter. „Trude?" „Trude heißt sie also", tuschelte Frau Wagner zu Susanne. Das Kind wiederholte den Namen mehrere Male, erst laut, dann leiser. Doch es war nicht Trude, die jetzt vor Maximilian stand, nein, Otto Sonnen stand auf seiner Kellertreppe und zielte mit einer Pistole auf ihn. „So sieht man sich wieder!", lachte Sonnen und kam die Treppe gänzlich herauf. Langsam ging Maximilian Schritt für Schritt zurück. „Wo kommen Sie denn her?", fragte er mit einem tiefen Schrecken in den Augen. „Durch Ihren Tunnel, Herr Schreckenberg, woher sonst? Nur leider hat Ihr alter Mercedes nun einige Beulen abbekommen." Maximilian wurde kreidebleich im Gesicht, als er an seinen Wagen dachte. Doch machte er sich größere Sorgen um Trude. Aus dem Keller war nichts zu hören. Was hatte Sonnen getan? „Die schläft im Moment!" Otto Sonnens Gesichtsausdruck war diabolisch. Er hatte den Treppenabsatz erreicht und sah nun auch Frau Wagner und Susanne. Beim Anblick der Waffe in seiner Hand standen die beiden schweigend und wie angewachsen im Flur des Hauses. „Familientreffen!" Sonnen schaute mit einem schnellen Blick durch den Flur des Hauses. „Nein, wir gehören nicht zu dem Herrn", krächzte Frau Wagner und wollte sich gerade umdrehen, um zu verschwinden. „Halt!", rief Sonnen. „Stehen geblieben!" Sie gehorchte.

„Was haben Sie vor? Was kommt als Nächstes?" Maximilian bemerkte, dass ihm die Knie zitterten. „Nun, leider habt ihr alle schon zu viel gesehen, ihr kommt jetzt mit in den Keller!" Sonnens Befehl erging an Frau Wagner und Susanne. Er wedelte mit der Pistole in Richtung Kellertür. „Und machen Sie die Haustür zu." Frau Wagner hob ihren Stock und gab der schweren Holztür einen Stoß. Dann ging sie mit ihrer Enkelin und einem extrem vorwurfsvollen Gesichtsausdruck an Maximilian vorbei. „Ich dachte mir schon, dass hier etwas Illegales läuft!" Und an Sonnen gewandt: „Sie sehen aus wie ein Penner!" „Weiter!" Er gab Schreckenberg den Auftrag, die Haustüre ordentlich abzuschließen und blieb so lange auf der Stufe stehen. Sonnen lachte, als er die Truppe dann im Keller versammelt vor sich hatte. Frau Wagner und Susanne saßen auf dem Sofa, Maximilian stand daneben. Und wo war Trude? Sie lag gefesselt auf der Rückbank des Mercedes. Und der Mercedes? Maximilians Wut und sein Ärger wuchsen plötzlich ins schier Unermessliche.

Sonnen hatte mit seinen schweren Stiefeln gegen den Kühlergrill des Wagens getreten! Da die Handbremse nicht fest angezogen war, hatte Sonnen den Wagen ein paar Zentimeter nach hinten schieben und sich so einen Zugang zum Keller verschaffen können. Der Stern lag zerbeult auf dem Boden, der Grill wies einen dicken Abdruck von Sonnens Stiefel auf. „Wie können Sie nur so was tun?" Maximilian zeigte auf den Wagen. „Ich hab ihr doch nicht weh getan; noch nicht. Warten Sie nur ab, bis ich richtig loslege!" Sonnen merkte nicht, dass er eigentlich die Zerstörungen an seinem Wagen meinte. Trude versuchte indessen angestrengt, zwischen den Vordersitzen hindurchzuspähen und die Vorgänge im Keller zu verfolgen. Der Wagen stand einen Meter weiter hinten und gab den Zugang zum Tunnel frei. Frau Wagner und Susanne sahen verstört drein und Maximilian wurde schlagartig der Ernst der Lage bewusst. Er fragte sich schaudernd, wie das alles enden würde. Die Tatsache, dass Otto Sonnen nun eine ganze Gruppe von Gefangenen um sich versammelt hatte, ließ einen bereits fortgeschrittenen Realitätsverlust bei ihm erahnen. Anstatt die ganze Angelegenheit einfacher, klarer und schneller durchzuführen, häufte er sich immer mehr Ärger auf. Sonnens Blicke fielen auf den Tisch vor dem Sofa, er sah die mit den Goldblechen beschlagene Kiste und die Pergamentseiten. „Los, du da!" Er zeigte auf Susanne. „Pack das alles da in die Tüte!" Er deutete auf die Plastiktasche, die neben dem Sofa auf dem Boden lag. Ängstlich wuchtete das Kind die schwere Kiste in die Tüte und stellte sie ihm vor die Füße. Rasch griff er sie, wobei er Schreckenberg nicht aus den Augen ließ. „Macht keine Dummheiten! Sonst gibt es Tote." Susanne fing an zu schluchzen. „Der meint das nicht so. Sei nur still und komm her, mein Schatz", beschwichtigte Frau Wagner. „So ist es, gute Idee, Oma. Wenn alle befolgen, was ich sage, dann passiert nichts. Ab in den Keller vom Keller!" Er lachte als Einziger über seinen Wortwitz. Während Sonnen noch etwas vor sich hin murmelte, sah sich Maximilian mit Entsetzen die Schäden an seinem Wagen an. Trude hatte es mittlerweile aufgegeben, sich gegen die Fesseln zu sträuben. „Sie können doch nicht erwarten, dass die Frau Wagner in ihrem gesundheitlichen Zustand da runter geht. Sie wissen doch, wie lange man bis nach unten gehen muss! Die war erst im Krankenhaus", sagte er dann laut – fragte sich allerdings gleichzeitig, weshalb sie so schnell wieder entlassen worden war. Frau Wagner nickte zustimmend und setzte noch eines drauf: „Der Krankenwagen kommt ja häufiger hierher, der war eben auch hier." Maximilian wurde klar, dass er schnellstens handeln musste. Die alte Frau und das Kind durften auf keinen Fall weiter in diese Sache verwickelt werden. „Sonnen", sagte er in geradezu flehendem Ton, „wie soll die Alte denn durch diesen Tunnel kommen? Sie wissen doch selbst, wie unwegsam das da unten ist." Sonnen lachte erneut. „Dann raten Sie mal, wo ich reingekommen bin! Dagegen ist das hier wie eine Roll-treppe bei Karstadt." Er kicherte. „Verrückt!", dachte sich Maximilian.

Er war sich wirklich nicht mehr sicher, inwieweit Otto Sonnen noch Herr seines Verstandes war. „Aber was war mit dem Krankenwagen? War hier noch wer?"

Frau Wagner wollte den Mund öffnen, doch Maximilian kam ihr zuvor. „Ich hatte den gerufen, weil ich dachte, einen Herzinfarkt zu haben. Nach all den Aufregungen, Sie wissen, in meinem Alter." Er schickte ein Stoßgebet nach oben, dass Sonnen das Ablenkungsmanöver nicht durch-schaute. „Na also, kein Herzinfarkt. Gut, dann können wir ja jetzt mit dem Abstieg in die Hölle beginnen." Er lachte so blechern, dass Susanne sich erschrak. Frau Wagner tätschelte ihr den Kopf. „Kleine, der Mann tut nur so, in Wirklichkeit ist der wie der Herr Schreckenberg." Sonnen konnte sich ein Grinsen nicht verkneifen, er hielt die Waffe auf Frau Wagner. „Wie ist der denn so?", fragte er. Frau Wagner stotterte erst. „Der, der ist immer so wortkarg und schlecht gelaunt. Aber in Wirklichkeit ist er ganz harmlos."

Sonnen lachte diesmal verdächtig leise und drehte sich zu dem Mercedes um, in dem Trude ausharrte. Die Tür stand offen. Maximilian und die anderen drehten sich ebenfalls um und sahen jetzt, dass Trudes Beine ein wenig herausragten. Sie beugte sich leicht. „Ich bin also harmlos?", flüsterte Sonnen, hob die Waffe, drückte den Abzug und schoss, ohne auch nur einen Moment zu zögern, zweimal auf den Wagen. In dessen Tür waren nun zwei Einschusslöcher zu sehen. Trudes Beine bewegten sich nicht mehr.

„Stehen bleiben!", kreischte Sonnen seine Gefangenen an. „Keiner rührt sich auch nur einen Millimeter. Spätestens jetzt dürfte jedem wohl klar sein, dass ich nicht spaße. Ich mache das, was ich sage!"

Betroffenes Schweigen. Maximilian hoffte, dass jemand die Schüsse gehört hatte. Ihm schossen mit einem Mal die Tränen in die Augen. In diesem Moment war das Gefühl wieder da, das sich eingestellt hatte, als er mit Trude gemeinsam unten im Dom stand und sie sich im dichten Staub die Hände hielten. Nur war es diesmal stärker und zugleich auch grausamer, weil sie sich nicht mehr bewegte. Sie war plötzlich so fern, obwohl sie dort ganz nahe vor ihm lag. Sonnen stellte sich zwischen das Auto und die anderen. „Eine falsche Bewegung und ihr könnt euch zu ihr legen. Da habt ihr mein Ehrenwort!" Sonnen selbst hatte nun das erste Mal in seinem Leben den Finger krumm gemacht und auf einen Menschen geschossen. „Das erste Mal ist immer was Besonderes", dachte Sonnen. Er, der sonst immer nur ausführen ließ, konnte sich nun selbst helfen! Er hatte das Gefühl, seine Verwandlung nun abgeschlossen zu haben. „Kann ich nicht mal nachsehen? Bitte!", flehte Maximilian Sonnen an, doch der blieb eisern. „Los, ihr geht jetzt alle in den Tunnel, die Kleine nimmt die Tüte und die Alte gibt jetzt mal Gas." Er winkte mit der Waffe in Richtung Loch. Maximilian verschwand als Vorletzter in dem Tunnel, Sonnen folgte ihnen mit der Waffe, drehte sich kurz um und ging dann weiter. „Los, los, nicht einschlafen!", rief er wie ein Kuhtreiber seiner Herde zu. Schreckenberg drehte sich vorsichtig um, um noch einen Blick auf Trude zu werfen. Doch Sonnen blockierte die Sicht. „Glotz nicht!", befahl er. Maximilian war nun sicher, dass er es mit einem eiskalten Killer zu tun hatte.

Aber vielleicht lebte Trude noch. „Ich bete für sie." Maximilian bereitete der mögliche Verlust einer Frau, die er erst vor wenigen Stunden kennen gelernt hatte, allergrößte Probleme. Er, der eigenbrötlerische Mensch, trauerte nun tatsächlich um einen anderen Menschen. Das war das erste Mal seit Jahren, denn seit dem Tod seiner Eltern hatte er dieses Gefühl nicht mehr erlebt.

Sonnen drängte seine Geiseln weiter. Maximilian hatte er eine Taschenlampe gegeben, der alten Frau Wagner eine Helmleuchte aufgesetzt. „Was ist das nur für eine Truppe!", bemerkte er ironisch. Frau Wagner schrie kurz auf, als sie das Skelett entdeckte. Sie stand mit einem Meter Abstand vor ihm und versuchte Susanne den Anblick zu ersparen, indem sie sich vor das Kind schob. Ihr Schrecken wich schließlich einem Staunen. Dann ging sie weiter.

Susanne wurde die Tüte mittlerweile zu schwer, sie ließ sie einfach fallen. „Ich kann nicht mehr!", maulte sie. Sonnen ging zu ihr und nahm die Tasche selber auf. „Also, los!" Sie gingen weiter und kamen an die Stelle des Tunnels, an der Schreckenberg schon einmal einen Drahtseilakt vollbringen musste, um über den Spalt im Boden zu gelangen. Frau Wagner lehnte mit zittrigen Beinen an der kalten Wand. „Nein, das können Sie nicht von mir verlangen!" Sonnen schaute sich den Riss an. „Ich bin da eben einfach rübergekommen! Sie doch auch Schreckenberg, oder?" „Nein, ich musste vorsichtig am Rand vorbeibalancieren. Sie sind jünger und können wahrscheinlich rüberspringen." Sonnen dachte nach. Er kam jetzt zu dem Schluss, dass er die Truppe besser oben gelassen hätte. Aber diese Erkenntnis kam zu spät. Er schaute Frau

Wagner an. „Versuchen Sie es lieber! Es kann Ihr Leben retten." Nervös fummelte er an der Waffe herum. „Geladen ist sie noch mit ausreichend Patronen für euch alle." Wo Maximilian bereits ein Stück aus der Wand gebrochen hatte, musste sie einen für ihr Alter bemerkenswerten Hüpfer machen. Susanne ging als Erste rüber, sie hatte keinerlei Bedenken. „Oma, schau mal, ich bin schon drüben!" „Wie tief geht es da runter?", fragte sie Maximilian. „Nicht besonders tief, aber in Ihrem Alter würde ich das nicht testen." Susanne winkte ihrer Groß-mutter. Diese zitterte am ganzen Leib. Maximilian hielt sie an einer Hand fest und zeigte ihr, wie sie den schmalen Ab-satz am besten nutzen konnte. „Machen Sie langsam, ich weiß nicht, ob ich Sie halten kann!"

Frau Wagner konnte es sich nicht verkneifen, Maximilian darauf hinzuweisen, dass er auf sich selbst auf-passen solle. Dass die Wagner selbst in dieser Situation noch auf ihm herumhackte, das überraschte ihn nun doch. Aber so war sie nun mal, wie Sonnen, einfach nur gnaden-los. Was konnte er denn dafür, dass die Alte ihre Enkel-tochter zum Spionieren rübergeschickt hatte? Das hatte sie nun von ihrer Neugier! Eigentlich hatte er andere Sorgen, sie lagen in Gestalt von Trude oben im Keller. Er grübelte über eine Strategie, einen Weg, ihr zu helfen. Seine Ge-fühle schwankten zwischen Verzweiflung und blanker Wut. Nachdem sie alle auf der anderen Seite angelangt waren, ging es weiter Richtung Portal. Sonnen trieb seine un-freiwillige Wandertruppe hinunter zu dem geheimnisvollen Ort unter der Stadt.

18

Eberhard Federlein rannte auf und ab, legte sich in beinahe jede Ecke und betastete alles, was er in die Finger bekam. Jeder Stein fand seine Beachtung. Am liebsten hätte er alles in einem Atemzug aufgesogen und als Konzentrat in seinen Kopf abgespeichert. Nun zahlte es sich aus, dass er seinen Hartschalenkoffer bei sich hatte, denn darin befand sich seine mobile Ausrüstung.

Im Boden war eine Öffnung. „Da hat jemand was rausgeholt!", bemerkte er. Es war die Stelle, an der Maximilian und Trude die Steinplatte herausgelöst hatten. Friedhelm hatte ihm zwei Taschenlampen gegeben, mit denen Federlein nun kreuz und quer durch den unterirdischen Dom eilte.

„Phantastisch!", rief er die ganze Zeit über. „Das ist alles so phantastisch!", wiederholte er ständig. Auf Anhieb war ihm klar, dass das hier unten eine Entdeckung ohnegleichen war. So etwas im 21. Jahrhundert noch zu finden, unter der Stadt Trier, glich einem Wunder. Selbst Friedhelm war anfangs erstaunt beim Anblick der Mauern, doch seine Überraschung wich schnell einer gewissen Langeweile. Er hoffte auf das Geld, das er benötigte; solche Aufträge mussten ihn schließlich eine Zeit lang über Wasser halten. Seine kleine Wohnung war nicht teuer, sein täglicher Verbrauch an Alkohol schon eher. „Im Trierer Dom bin ich mal als Kind gewesen. Meine Eltern hatten mich dazu gezwungen. Die waren Katholiken und tiefgläubig. Wenn die wüssten, wo ihr Sohn jetzt gerade steht." Federlein fragte von weitem, was Friedhelm wolle. „Nichts – suchen Sie weiter. Ich hoffe, dass der Sonnen bald wieder da ist." Friedhelm hätte gerne ein Bier getrunken, aber er hatte seine Büchsen vergessen. Seine Hand zitterte ein wenig, Bier hätte sie beruhigt. Federlein ließ sich die Aufforderung, weiterzusuchen, nicht zweimal sagen. Und im Moment brauchte es auch keine Waffe, um ihn in Schach zu halten. Diese hatte ohnehin Sonnen mitgenommen – für alle Fälle, wie er gemeint hatte.

Eberhard war im Paradies gelandet. „Wenn ich das gewusst hätte, wäre ich freiwillig mitgekommen! Aber ich hätte es denen nicht geglaubt! Nie!" Er war einfach hingerissen und vergaß die reale Bedrohung, die von Friedhelm auch ohne Schusswaffe ausging. „Das alles hier ist reinste Romanik, da bin ich mir sicher, sehr sicher sogar." Er betrachtete sorgfältig die Wände, die Decken und die beiden Portale. „So einen ungewöhnlichen Sakralbau habe ich noch nie gesehen." „Ungewöhnlich, wieso?", fragte Friedhelm, der beständig ein wachsames Auge auf seinen Gefangenen hatte, der sich gerade im Kreise drehte, um alles wahrzunehmen. „Sehen Sie doch, das hier kann so eigentlich nicht sein. Es stellt eine Unmöglichkeit dar!" Friedhelm tat neugierig und ratlos zugleich, Interesse war da, Verstehen nicht. „Das hier ist eine Mischung aus verschiedenen Bauelementen. Das bedeutet, dass irgendwann mal angefangen wurde. Bis so was fertig wird, vergehen Jahrzehnte!" Friedhelm schaute weiterhin fragend, er wollte, dass Eberhard zur Sache kam. „Ich verstehe das hier nicht. Es fehlt weitgehend alles, was zu einem Dom gehört. Keine Figuren, also keine Bauplastiken. Sie haben doch bestimmt schon mal eine Kirche aus der Nähe gesehen, oder?" Friedhelm nickte. Allerdings konnte Federlein zu diesem Zeitpunkt noch nicht wissen, dass sich in dem Tunnel, durch den Maximilian gekommen war, Figuren an den Eingängen befanden. „Prima, wenn Sie sich das hier ansehen, dann bemerken Sie doch das Fehlen von Figuren. Um das mal simpel auszudrücken: nirgends ein Petrus." Friedhelm nickte zustimmend. „Mir kommt das alles wie eine Art unfertiger Bau vor. Ein Rohbau. Das alleine macht es schwierig, anständig zu datieren. Das Mauerwerk ist glatt und die Steinquader sind sehr ordentlich gearbeitet. Sie sind sicherlich nach 1100 entstanden. Es gibt aber noch keine Steinmetzzeichen, was dafür spricht, dass wir uns in einem Raum befinden, der vor 1230 gebaut wurde. Man darf sicherlich von einer Datierung von 1150 bis 1200 ausgehen." Er kniete sich neben seinen Hartschalenkoffer und machte sich Notizen. „Ich werde vergesslich, oder ist das ein Zeichen dafür, dass ich Hunger habe?" Er schaute Friedhelm an. „Haben Sie nicht zufällig einen Schokoriegel oder so was dabei?" Friedhelm schüttelte den Kopf. „Meinen Sie nicht, dass Sie auch so schon zu dick sind?" Der Angesprochene kommentierte diese beleidigende Äußerung nicht. „Meinen Sie nicht, dass Sie zu minderbemittelt sind?", flüsterte er. „Was?", fragte Friedhelm. „Nichts, Sie haben wahrscheinlich recht, mein Herr." „Mein Herr? Das hört sich vielleicht komisch an." Federlein schüttelte irritiert den Kopf. „Affe!", murmelte er vor sich hin und kritzelte weiter Namen auf seinen Zettel. „Wie hießen die noch mal ...", er kratzte sich am Kopf. „Da war doch mal ein Bericht in einem Trierer Jahrbuch. Oh Mann. Ich müsste es doch wissen." „Was?", fragte Friedhelm Federlein. „Lassen Sie mich bitte in Ruhe meine Arbeit machen!" Friedhelm öffnete seine Jackentasche und fummelte in ihr herum. „Oh, was haben Sie denn da? Einen Schokoriegel?", fragte Federlein. „Nein, ein scharfes Klappmesser. Das soll Sie nur daran erinnern, dass ich auch ohne Pistole nicht ungefährlich bin. Da sollte man eben vorsichtig sein mit spöttischen Bemerkungen. So doof, wie Sie meinen, bin ich nun auch nicht."

„Aha", seufzte Federlein. „Das war jetzt keine Bemerkung, nicht dass Sie mir wegen eines missverstandenen Seufzers ein Messer in die Wampe stecken." Friedhelm steckte es wieder zurück und schaute ihn grimmig an. „Ich muss mal überlegen. Die Bischöfe hießen Egilbert von Ortenburg, Bruno von Bretten, Gottfried von Falmagne, Meginher von Falmagne und Albero von Montreuil. Stimmt die Reihenfolge?" Er strich sich nachdenklich über seinen breiten Bauch. Dann notierte er sich wiederum einige Gedanken. „Wenn das stimmt, haben wir einen weiten Zeit-

raum, aber mein Bauch sagt mir, dass alles in einem Zeit-
raum von 1100 bis 1200 entstanden ist. Also der Bau dieser
Anlage. Wobei ich ja noch gar nicht genau weiß, wie groß
und alt die Anlage insgesamt ist. Es sind ja scheinbar
mehrere Tunnel, die hier hineinführen. Wobei einer tatsächlich unfertig war, man trieb ihn von innen nach außen.
Am liebsten würde ich überall herumlaufen und nachsehen.
Gerade die Tunnel sind bestimmt aufschlussreich. Nur
meine Entführer lassen das nicht zu." Eberhard hatte
Hunger. „Die haben sich bestimmt alte Brunnen zu eigen
gemacht, um hier ungestört arbeiten zu können." Er
schaute Friedhelm an.

Friedhelm wippte gelangweilt auf und ab. „Wissen Sie,
ich bin ein waschechter Trierer. Ich bin hier aufgewachsen
und ich werd hier beerdigt. Aber es gibt doch weiß Gott
schon genügend von diesem alten Römerschrott. Da sollte
man das hier gleich abreißen und eine ordentliche Tief-
garage daraus machen." Federlein konnte es kaum fassen.
Er stand auf und klopfte sich Staub vom Pullover. „Römerschrott? Oh Mann! Das hier ist doch gar nichts Römisches!
Das stammt höchstwahrscheinlich aus der Romanik, einer
Zeit zwischen 1050 und 1200. Das war das ... na, für Sie
drücke ich mich mal einfach aus: das Mittelalter, ganz
genau, das Hochmittelalter."

„Aha!" Friedhelm mimte den beeindruckten Zuhörer.
„Was soll das also mit dem Parkhaus?" „Was das soll?!
Dann braucht man nicht so lange nach einem Parkplatz zu
suchen." „Dann fahren Sie doch mit dem Bus!" „Bus
fahren?", erwiderte Friedhelm mit einem so verwunderten
Gesichtsausdruck, als hätte man ihn gebeten, sich zu Fuß
nach Mallorca zu begeben. Eberhard schüttelte den Kopf.
„Ich weiß nicht, wieso ich überhaupt mit Ihnen rede."
„Passen Sie mal auf, Sie aufgeblasener Heini, wir haben
hier genügend von diesem alten Scheiß. Stellen Sie sich mal
vor, was das hier für eine Baustelle gibt! So was hat Trier
schon lange nicht mehr gesehen!" Federlein musste

grinsen, dann kniete er sich wieder hin und notierte weiter das, was er im Rahmen seiner „erzwungenen" Forschungen entdeckte. „Wissen Sie, mein Lehrer hat mal gesagt, dass wir, wenn alles immer so bleiben würde wie vor tausend Jahren, immer noch wie in der Steinzeit leben würden." „Dass der überhaupt einen Lehrer hatte, das wundert mich", dachte sich Federlein und sagte. „Soso, das war aber ein schlauer Mann. Man kann aber auch bestimmte Dinge erhalten und pflegen. Auf die Idee ist er wohl nicht gekommen?" „Ne." „Dachte ich mir, aber ich bin prinzipiell der Meinung, dass man alles erhalten sollte. In irgendeiner Form. Schauen Sie, man kann doch zumindest die Front eines Hauses erhalten. Selbst wenn nur der schöne Schein da ist, dann tu ich zumindest was für die Augen. Ich erfreue mich an einem Spiegelbild der Vergangenheit! Wenn man dann natürlich noch das unheimliche Glück hat, wirklich historische Gebäude mit originalen Treppen und Wandverzierungen zu entdecken, dann muss das doch erhalten werden." „Watt?" Friedhelm war auf derlei Ausführungen nicht eingestellt. „Können Sie sich noch an das alte Hotel Porta Nigra erinnern?" „Nö – habe nur mal ein Bild davon gesehen. Das neue finde ich aber moderner und schöner."

Federlein verzweifelte ob der Ignoranz dieses Mannes. „Lass es sein, Eberhard. Es bringt nichts", murmelte er und wandte sich wieder seiner Arbeit zu. „Ihr Chef will also, dass ich Gold für ihn finde", fragte er kurze Zeit später. „Ich denke mal, dass er da Pech haben wird." Er forschte weiter. „Wie wäre es, wenn wir mal raus gingen, ich meine vor das Portal, durch das Ihr Chef verschwunden ist?" „Nein, er hat gesagt, dass wir hier drinnen warten sollen, bis er wiederkommt." „Aber hier bin ich fertig!", sagte Eberhard so ruhig er eben konnte. Er war das Lügen nicht gewohnt, hielt es jetzt aber für angebracht, schon mal nach potentiellen Fluchtmöglichkeiten Ausschau zu halten.

Doch nun kündigte sich von weitem der Trupp aus dem Tunnel an. Lichtkegel tanzten die Treppe herunter, immer näher an den Dom heran. Als Federlein und Friedhelm sie bemerkten, gingen sie ihnen entgegen und durchschritten das Portal. „Phantastisch!", rief Eberhard wieder aus, als er die Größe des Vorplatzes erkannte. Sonnen kam als Letzter die Treppe herunter, mit der Waffe im Anschlag. Als Erstes sah Federlein Maximilian, dann kam die kleine Susanne und danach folgte Frau Wagner. Die fasste sich ans Herz, als sie sah, was sich da unter „ihrer" Stadt verbarg. „Los, los – weiter!" Sonnen trieb seine Herde voran. „Und, wie sieht es aus?", fragte er Friedhelm mit einem Seitenblick auf Eberhard Federlein. „Was gibt es zu berichten?" Eberhard hatte unterdessen betroffen die kleine Truppe gemustert. „Also, was möchten Sie als Erstes wissen? Die historischen Informationen oder ob wir Gold gefunden haben?"

Sonnen machte einen Schritt auf den Doktor zu. „Gold, sonst nichts, oder von mir aus auch irgendwelches kostbares Zeug, das ich auf dem Kunstmarkt verkaufen kann!" Er warf ihm die Tüte vor die Füße. „Da, vielleicht hilft das Ihnen weiter. Und da haben Sie auch schon den Beweis, dass es hier unten Gold gibt!" Er zeigte auf die Kiste mit den Goldbeschlägen, die Eberhard sofort neugierig begutachtete. „Ja und nein. Das hat nichts zu sagen. Solche Schmuckverzierungen deuten nun nicht zwangsweise auf einen Goldschatz hin. Nicht in diesen Regionen und auch nicht in der Zeit, in der das hier entstanden ist." „Ist mir egal, finden Sie halt was!", blaffte Sonnen ihn an. „Chef, was machen wir mit denen?" Friedhelm zeigte auf die Geiseln. „Ich dachte erst, Sie würden Ihre Familie mitbringen." Friedhelm hatte seine großen Füße gekonnt in einen Fettnapf gestellt. Sonnen verkniff sich die Antwort. „Das ist nun deine Arbeit. Du kannst jetzt Altenpfleger und Kindergärtner zugleich sein, viel Erfolg!"
Friedhelm nickte.

Danach wandte Sonnen sich wieder Eberhard zu. Er musterte ihn und wartete nur darauf, dass der etwas Falsches sagte. Sein Blick wanderte dann zu der Tüte mit den Pergamenten, Eberhard folgte ihm. „Also, erwarten Sie bloß keine Wunder. Manche Forschungen brauchen Jahre, ehe man etwas Genaueres weiß. Ich werde mir das da mal im Detail ansehen und Ihnen dann mitteilen, welchen Schluss ich daraus ziehe." „Hoffentlich den richtigen." „Ja, ich weiß, worauf Sie hinauswollen. Gold. Aber ich habe eben schon angedeutet, dass die Wahrscheinlichkeit gering ist." „Finden Sie es! Finden Sie das Gold!! Ich weiß, dass es hier unten ist." Gier und Erschöpfung vermischten sich in Sonnens Stimme. „Entschuldigen Sie diese Frage: Aber woher wollen Sie das wissen? Ich meine, man kann so ein Gefühl haben; wenn Sie das haben, sagen Sie mir, was Sie darauf bringt?" Nach Sonnens Meinung redete Eberhard Federlein viel zu viel. „Ich sage es nur noch einmal, suchen Sie und finden Sie das Gold oder etwas anderes Wertvolles."

Er machte einen Schritt auf Eberhard zu. „Sie haben nun eine Tüte voll mit altem Kram, der Ihnen als studiertem Fachmann sagen sollte, wo das Gold ist. Also, ab an die Arbeit." Eberhard Federlein merkte nun, dass man Sonnen mit logischen Argumenten nicht kommen konnte; er handelte offenbar rein aus purer Gier. Otto Sonnen sah am Horizont eine Fata Morgana. Und Eberhard hatte die undankbare Aufgabe, ihm genau das klar zu machen. Trude hatte es gewusst, ihn aber in seinen Illusionen belassen, und Eberhard musste jetzt die Suppe auslöffeln. „Dieser Ignorant. Versteht gar nichts. Aber ich vermute, dass der mit jeder weiteren Minute, die er ohne Gold in den Händen hier unten ist, immer weiter durchdreht und vielleicht am Ende jemanden umbringt. Wenn ich dem kein Gold präsentiere, passiert auf jeden Fall etwas, und bestimmt nichts Gutes." Eberhard Federlein schaute sich Maximilian, Frau Wagner und Susanne an, sie alle wahren von dem anstrengenden Marsch durch den Tunnel erschöpft. „Oh Gott!" Er nahm die Tüte mit den Fundstücken und setzte sich resigniert vor dem Portal auf den Boden, bastelte sich dabei aus der kleinen, mit Gold beschlagenen Kiste einen Minischreibtisch und legte die Pergamentstücke darauf. Sein Notizblock lag aufgeklappt auf seinem Hartschalenkoffer. „Nun gut, fangen wir mal an."

In der plötzlich einkehrenden Stille breitete sich die wunderbare Atmosphäre einer unbekannten Vergangenheit aus. Aus jeder Ritze strich ein leichter Atem, der Unverständliches flüsterte. Eberhard war zu sehr Wissenschaftler, um nur trunken herumzustolpern und einen Freudentanz aufzuführen. Sein rasender Herzschlag von vorhin legte sich zwar langsam, aber die Pergamente in seinen Händen sorgten für einen erneuten Adrenalinstoß. Er konnte zumindest versuchen, dem Ganzen eine Aufklärung zu entlocken. Im Geiste versuchte er vorab schon einmal, sich vorzustellen, was hier passiert war. Er stellte sich Hundertschaften vor, die hier unter schwersten Bedingungen Unfassbares geschaffen hatten.

Sonnen und Friedhelm standen neben ihren Geiseln und beobachteten sie. Das spärliche Taschenlampenlicht machte aus dem Raum vor dem unterirdischen Dom einen unheimlichen Ort. Sonnen wirbelte gelegentlich ein wenig Staub mit seinem Fuß auf, dann schaute er zu, wie der Staub zu Boden rieselte. Er dachte weder an die Geiseln noch an das, was passieren würde, sollte ihm diese Angelegenheit aus dem Ruder laufen.

Frau Wagner legte sich auf den Boden, sie war sehr müde. Ihre Enkeltochter ebenfalls. Maximilian beobachtete Eberhard von weitem und fragte sich, wer der wohl war und woher er kam. „Der Boden ist so kalt!", flüsterte Frau Wagner und drehte sich hin und her. In ihrer Nähe lag der Schutthaufen, den Konters Erdrutsch hinterlassen hatte. Der Aufprall gelegentlich herunterfallender Wassertropfen hallte gespenstisch durch den ansonsten nun sehr stillen Ort.

Federlein sah ab und an zu Sonnen und seinen unfreiwilligen Gästen hinüber. Doch immer mehr versank er in das, was da vor ihm lag. „Das ist ein Schatz, ein wahrer Schatz, von dem ich dem Sonnen nichts erzählen kann. Es ist kein Gold, was wir hier finden werden, aber dennoch ein Schatz. Sage ich es ihm doch? Versteht er es dann auch?" Eberhard schüttelte den Kopf und las weiter, was vor ihm lag.

Friedhelm schaute Sonnen besorgt an. Es war ihm nicht wohl bei dem Gedanken, so viele Geiseln hier unten zu haben; es nötigte ihm allerhöchste Aufmerksamkeit ab. „Ein Kind und zwei Alte", meinte Sonnen. „Was soll da schon passieren!" Friedhelm brannte die ganze Zeit über eine Frage unter den Nägeln. „Wo ist denn diese Trude?" Barsch war die Antwort, begleitet von einem bösen Blick. „Halt den Mund." Friedhelm hob die Schultern. „Was soll das? Wo ist sie denn nun?"

Entnervt zog Sonnen ihn am Ärmel auf die Seite. „Wenn du es unbedingt wissen willst: Der habe ich zwei Kugeln verpasst, und zwar aus deiner Waffe!" Friedhelm sagte nichts. „Ich möchte ihren Namen nicht mehr hören", fuhr Sonnen fort. „Die waren dabei, es kann sein, dass die ausrasten, wenn sie wieder daran erinnert werden." Doch Maximilian hatte die beiden beobachtet, und obgleich er mehr ahnte als wusste, wovon die Rede war, sagte er: „Dieses Monster, hat einfach die Trude erschossen!" Hasserfüllt presste er seine Hand in die dichte Staubdecke des Bodens.

Völlig unpassend lachte in diesem Moment Eberhard vor Freude auf und war gleich darauf wieder still. Sonnen schnauzte ihn an, ob er etwas von Wert gefunden habe. Das hatte er nicht. „Nein, aber etwas anderes." Eberhard schaute ihn nicht an, sein Blick war auf seinen Notizblock gerichtet. „Nichts, was von irgendeinem finanziellen Wert wäre." Sonnen fixierte ihn mit dem Blick einer Elster; er musste erfahren, was Eberhard zum Lachen gebracht hatte.

Federlein klappte das Pergament um, das er gerade las. „Nichts, glauben Sie mir. Das Ganze hier ist nur aus wissenschaftlicher Sicht interessant, und es gibt kein Indiz für irgendwelche verborgenen Reichtümer hier unten. Wenn ich das Puzzle zusammengesetzt habe, kann ich es Ihnen am Stück vortragen, einverstanden?" „Sie sollen mir nichts vortragen, Mann, Sie sollen nachher aufstehen und mir die Stelle zeigen, wo Gold oder andere Schätze sind, ist das jetzt endlich klar?"

„Meine Güte, der hat es noch immer nicht kapiert! Aber was mache ich denn nur, wenn der nun durchdreht? Ich weiß nicht, was der für Vorstellungen hat, wie lange so eine Ausgrabung dauert. Hier ist man in ein paar Jahren noch nicht fertig. Soll ich ihm das sagen? Mal abwarten. Ich habe aber auch einen Hunger!", dachte Eberhard und kaute dabei an seinem Stift herum.

Frau Wagner lag nun ruhig auf dem Boden, Susanne schlief, und Maximilian beobachtete weiterhin aufmerksam seine Bewacher. Sonnen hatte Friedhelm seine Waffe wiedergegeben. „Wenn einer aufmuckt, abdrücken!" Er sagte das so laut, dass es auch jeder mitbekam. Schreckenberg wollte am liebsten aufspringen und durch den Tunnel in sein Haus laufen, um dort nachzusehen, was mit Trude war. Das war erst das zweite Mal in seinem Leben, dass er in einer schwierigen Situation nicht mehr Herr der Lage war. Damals, als das Drama um das Haus in der Moselstraße seinen Lauf nahm, war es ihm so ähnlich ergangen, aber da hatte es sich ja nicht um ein Menschenleben gehandelt. Ihm war unbehaglich, Maximilian verlagerte seine Sitzposition weiter nach hinten.

„Und nun? Ein Mensch." Bei all den Veränderungen, die er in den letzten Tagen erlebt hatte, war ihm nun endlich die Verhältnismäßigkeit klar geworden. Trude lag da oben in dem alten Mercedes, und er konnte nichts tun. Würde er aufstehen, musste er damit rechnen, selbst durchlöchert im Dreck zu landen. Damit würde er Trude auch nicht helfen. Er dachte nach, welcher Schritt der beste wäre.

Wie wäre es, wenn er Sonnen eine erfundene Geschichte über einen Lageplan erzählen würde. Irgendetwas, das ihn glauben ließe, dem Gold näher zu kommen. Und vor allem, um einen Vorwand zu haben, mit ihm hoch in den Keller zu gehen. Er hoffte, Trude noch helfen zu können. Was allerdings im Einzelnen dort oben passieren würde, konnte er nicht planen. Aber er musste wissen, ob sie noch lebte. Mehr nicht. An etwas anderes mochte er nicht denken.

Trotz der drohenden Gefahr versank der alte Mann in einen Hoffnungstaumel und sprach Otto Sonnen an. Dieser leuchtete mit seiner Taschenlampe direkt in seine Augen, Maximilian hielt die Hand dazwischen. Dann begann er von einem angeblichen Fund zu erzählen, den er verheimlicht hatte. Sein Gehirn ratterte auf Hochtouren, ihm musste rasch etwas einfallen, etwas, das genügte und glaubwürdig genug war, Sonnen nach oben zu locken.

„Kein Goldschatz, aber etwas wie ein Plan, eine unterirdische Land- oder Schatzkarte", dachte sich Maximilian. „Dort hinten, in diesem Schuttberg habe ich es gefunden." Er zeigte auf den Haufen Steine, den Konter bei seinem Eindringen durch den Tunnel hinterlassen hatte. Sonnen wollte wissen, was zum Teufel genau er dort gefunden habe. Also erfand Maximilian eine Karte, auf der Tunnel eingezeichnet waren, aus Pergament und ziemlich in Mitleidenschaft gezogen. Sonnen schaute skeptisch. Maximilian legte noch ein Argument nach. Die Karte sei in einer Schatulle aus Holz gewesen, aber dennoch wohl durch das Alter beschädigt. Sekunden der Stille, beide Seiten überlegten, was zu tun war. „Und das stimmt auch?", fragte Sonnen. Maximilian nickte. „In meinem Haus, ich habe es dort in meinen Tresor gelegt." „Tresor?" Natürlich war auch das eine Lüge, er hatte ja gar keinen. „Wenn Sie also einen Tresor haben, dann sagen Sie mir jetzt, wo der ist und wie ich ihn aufbekomme." Maximilian merkte, dass sein Plan fehlschlagen könnte. „Den bekommen Sie so nicht auf. Ich habe in meinem Haus einen Schlüssel, den Sie dafür benötigen, der ist aber sehr gut versteckt." „Stimmt das denn auch wirklich?", fragte Sonnen eindringlich. „Das stimmt, Ehrenwort!"

Sonnen winkte Friedhelm zu sich und erklärte ihm die Sachlage. „Ich werde mit dem da die Karte holen, die die hier gefunden haben wollen. Gib mir deine Waffe." Er zeigte auf Friedhelms Jacke, unter der in einem Halfter die Pistole steckte. „Und was mache ich dann? Schließlich habe ich es dann immer noch mit dreien zu tun, die ich bewachen muss." Sonnen rollte mit den Augen. „Ein Kind, eine uralte Frau und einen Wissenschaftler, der eh nur eines will, nämlich das hier alles untersuchen. Wenn der flüchten will, kommt der mit seinem Gewicht nicht weit. Wenn der hundert Meter am Stück rennen kann, dann fresse ich einen Besen."

Sonnen forderte Schreckenberg nun auf, ihm zu folgen. „Los jetzt! Und denken Sie daran, keine Spielchen!" Maximilian wusste eigentlich gar nicht so recht, was er tun sollte, wenn er zu Trude kam. In welchen Zustand würde ihn der Anblick versetzen, und was wäre, wenn sie tatsächlich tot war? Er schaute zu Frau Wagner und ihrer Enkelin hinüber. Susanne war wach geworden. „Können wir jetzt nach Hause gehen?", fragte sie ihre Oma. Diese richtete sich auf. „Nein, noch nicht." Sie starrte Schreckenberg an, so als ob sie sagen wollte: „Tu was! Aber ausnahmsweise mal was Vernünftiges!"

Kurz darauf verließen Maximilian und Otto Sonnen den Vorplatz des unterirdischen Domes. Federlein schaute kurz hinter den beiden her und senkte dann wieder seinen Kopf über das Pergament und seine Notizen. Friedhelm forderte Susanne und Frau Wagner auf, sich in der Nähe Eberhards hinzusetzen. „Damit ich euch besser im Blick hab! Und ehe ich es vergesse ..." Er zog aus seiner Jackentasche das bereits bekannte Messer heraus. „Falls jemand auf die Idee kommen sollte, stiften zu gehen, einen treffe ich auf jeden Fall damit." Er steckte es wieder zurück. Susanne zitterte, so kalt war ihr. Sie trug nur einen dünnen Pullover. Federlein dagegen war in eine dicke Jacke gepackt, die er unter seinem Mantel trug. Schließlich hatte er an diesem Morgen ja wieder einmal Ausgrabungsarbeiten vornehmen wollen und sich daher ordentlich warm angezogen. Es war immerhin Winter. „Na, Kleine, ist dir kalt?", fragte er das bibbernde Kind. Susanne nickte und zeigte auf ihre Großmutter, die ebenfalls zitternd da lag. Er zog seine Jacke aus und reichte sie den beiden. „Ich habe eine Jacke wie ein Zelt. Da passen deine Oma und du locker drunter." Er lachte mit Susanne. Friedhelm schaute schweigend wachsam zu, wie Eberhard die Jacke auszog. „Mein dicker Pulli reicht mir auch." Susanne und ihre Großmutter legten die Jacke auf den Boden und rollten sich dann in sie ein.

19

Eberhard Federlein tauchte gleich darauf wieder ab in diese andere Welt. Je mehr er von dem las, was er da vor sich liegen hatte, desto besser konnte er sich ein Bild von dem machen, was damals hier geschehen war. Die Pergamentseiten erhellten ihm ein wenig das Dunkel der Vergangenheit. Langsam puzzelte er die Einzelteile zusammen, ließ vor seinem inneren Auge die Welt des Mittelalters wieder auferstehen und ahnte auch das Motiv, aus dem heraus dieses Gebäude hier unten errichtet worden war. „Es ist unfassbar, dass Menschen so etwas getan haben. Was die Arbeiter und Handwerker hier überhaupt geleistet haben, das ist schon sagenhaft." Er hatte komplett vergessen, unter welch unangenehmen Umständen er nach hier unten gekommen war.

Friedhelm und Otto Sonnen waren nur noch diffuse Gestalten, deren Sucht nach Gold und Reichtum letztendlich nicht belohnt werden würde. Aber dankbar war er ihnen schon, auf gewisse Weise, denn ohne die beiden wäre er nie hier unten gelandet. Aber die Vorstellung, hier unten Gold zu finden, brachte ihn zum Schmunzeln. So sehr, dass er gelegentlich auflachen musste. „Was ist?", rief Friedhelm, der nun selbst ziemlich müde und hungrig war. „Erzählen Sie uns den Witz!" Federlein winkte ab. Sein Stift flitzte flink über den Notizblock. Noch traute er sich nicht, seine Vermutungen über die damaligen Geschehnisse offen auszusprechen. Er konnte sich täuschen und sich blamieren. „Es ist beinahe unglaublich! Unmöglich und unglaublich! Als ob sich ein Schriftsteller eine phantastische Geschichte ausgemalt hätte!", dachte er. Hin und wieder überlegte er, dass das alles hier vielleicht nur ein Traum war und er jeden Moment, auf dem Boden liegend, vor dem Museum aufwachen würde. Vielleicht war er ja bewusstlos geworden, aus irgendeinem Grund. Er lachte wieder auf, was Friedhelm immer weniger vertragen konnte. Denn dieser Doktor-Typ lachte und erfreute sich die ganze Zeit, ohne sagen zu wollen, worüber. Dass es aus Freude über die Entdeckung war, überstieg Friedhelms Vorstellungsvermögen. Er vermutete stattdessen, dass dieser Typ ihn auslachte, und spielte auffallend mit dem Messer herum. Eberhard spürte, dass dies doch die Realität war, und er konzentrierte sich wieder auf seine Arbeit. Das Pergament war in einem schlechten Zustand, die Farben, die einst schön und kräftig gewesen sein mussten, waren deutlich verblasst. Da sich eine Verlagerung der Arbeit in ein Labor mit seinen entsprechenden Geräten und Konservierungsmethoden nicht gerade anbot, musste er hier unten das tun, was unter modernen Gesichtspunkten geradezu verboten war, die Unterlagen ungeschützt sichten. Es war eine Schande, denn sie waren von unschätzbarem Wert. Dass man sie hier einfach anfasste, ohne Handschuhe, und sie diesen äußeren Einflüssen aussetzte, war höchst bedenklich. Eberhard wusste das. Aber da er bedroht wurde, musste er alles tun, um sein Leben zu retten. Es war schon seltsam, da lagen diese Pergamentseiten wahrscheinlich seit Jahrhunderten im Boden und wurden nun aus ihrem sicheren Grab herausgerissen, mit der Gefahr, in einem Moment für alle Ewigkeit zerstört zu werden. Eberhard Federlein besaß ein unfangreiches Wissen über das Mittelalter. Nun beugte er sich unter der Last der Verantwortung für diese Entdeckung.

Susanne und ihre Großmutter schliefen wieder, Friedhelm kämpfte ebenfalls mit dem Schlaf, zwang sich aber, wach zu bleiben. Eberhard las den Text, notierte und stellte frustriert fest, dass ihm das Lesen zunehmend schwerer fiel. Die Lichtverhältnisse waren ausgesprochen miserabel. Trude und Schreckenberg waren außerdem recht unsanft mit den Dokumenten umgegangen. Susanne, die die Kiste hatte tragen müssen, war beim Abstieg die Tüte mehrfach aus der Hand geglitten und samt Inhalt über den staubigen und dreckigen Boden gerutscht, was dem Erhalt des Materials auch nicht zuträglich war.

Federlein dachte nach. Was würden seine Kollegen sagen, wenn er von „seiner" Entdeckung hier erzählen würde? Alleine die Konstruktion und die statischen Berechnungen dazu rückten alles in einen phantastischen Bereich. Sie zeugten von einem genialen Baumeister, der wiederum nur die allerbesten Handwerker eingesetzt hatte. Und die Bauzeit erst! Unfassbar, wie lange das gedauert haben musste. Eberhard legte sich die Pergamentstücke zurecht. Leider waren manche unbeschrieben. Friedhelm ging derweil gelangweilt auf und ab, um seine Müdigkeit zu bekämpfen. Susanne murmelte im Schlaf, ihre Großmutter lag regungslos neben ihr. Nur das sanfte Anheben der Jacke beim Atmen zeigte, dass sie noch lebte.

Eberhard stützte seinen Kopf auf der Hand ab. Seine Gedanken umkreisten das Vergangene, er glich sein Wissen mit dem ab, was er hier lesen konnte. Einen Namen konnte er immer wieder lesen, nämlich den des Archidiakons Folmar. Damit standen verschiedene Dinge fest. Alles, was mit der Entstehung dieses Gebäudes zu tun hatte, spielte sich am Übergang vom Frühmittelalter in das Hochmittelalter ab, und zwar vor dem Ausbruch der Pest, die viele Menschenleben in ganz Europa auslöschte. Die Nennung des Namens des Archidiakons Folmar war in der Tat eine wichtige Hilfe bei der genaueren Datierung. „Das ist ja interessant. Immer wieder dieser Name. Folmar hier, Folmar dort." Er machte sich Notizen. „Zumindest kann ich schon einmal ein Datum festlegen. Egal, worum es hier genau ging, es muss sich um 1150 zugetragen haben." Er blätterte die Pergamentstücke hin und her. Während er dasaß, öffnete Susanne die Augen. Eberhard bemerkte es. „Na? Ausgeschlafen?" Sie schüttelte den Kopf. „Nein, hab Angst. Und Hunger." Eberhard stimmte ihr zu. „Ja, ich auch, hörst du meinen Magen?" Er legte wie so oft seine Hand auf den Bauch. „Hast du es gehört? Klang beinahe wie ein knurrender Dackel." Susanne lächelte und schaute zu Friedhelm hinüber, der eine gewisse Form der Resignation verspürte. Eberhard winkte sie zu sich. „Komm! Dann können wir zusammen diese Unterlagen durchgehen, das ist spannend!" Ohne auch nur eine Sekunde zu überlegen, kroch sie zu ihm und kniete sich neben ihn. „Was machst du da?", fragte sie, und Eberhard begann ihr zu erklären, was er tat. „Also, ich durchsuche diese Unterlagen nach einem Hinweis, wer das gebaut hat und wieso." Er sah kurz zu Friedhelm hinüber. „Und er da und der andere Mann wollen wissen, ob hier Gold versteckt ist." Susanne schüttelte nur den Kopf. „Gold? Das kann man doch kaufen!" Eberhard musste leise lachen und strich Susanne über den Kopf. „Du bist gut; nein, die wollen Gold, ohne dafür bezahlen zu müssen! Gold ist ja teuer – das bekommst du nicht beim Aldi." Sie nickte. „Verstanden." „Also, so ein, zwei Sachen weiß ich schon. Ich vermute mal, dass dieses Gebäude hinter uns im 12. Jahrhundert gebaut worden ist. Das sehe ich an der Bauform, an Details wie der Tür da oder auch an den Fenstern." „Aber da ist ja kein

Glas drin, in den Fenstern!" Eberhard drehte sich kurz um. „Ja, siehst du, das alles hier ist nicht fertig. Das ist dasselbe, wie wenn dein Papa ein Haus baut und irgendwann aufhört – und du weißt nicht wieso." Susanne hörte gespannt zu.

Dr. Eberhard Federlein fuhr fort. „Nun, ich habe hier auf diesem Pergament einen Namen gefunden. Folmar. Das war damals ein wichtiger Mann in der Kirche. Auf jeden Fall hat der Schreiber, der diese Unterlagen hier verfasst hat, diesen Namen sehr oft verwendet. Dafür muss es einen guten Grund geben. Dieser Folmar war einst Archidiakon. Deren Aufgabe war es vor allem, Aufsicht über die Diakone, die jungen Geistlichen und die Gemeinde zu führen. Außerdem gehörte auch die Verwaltung des kirchlichen Vermögens dazu. Die Archidiakone hatten zudem die Synodalgerichtsbarkeit inne und sie hielten die Sendgerichte ab. Er war ein wichtiger Helfer des Bischofs. Verstehst du?" Susanne sah ihn ernst, aber auch ratlos an. Dann schüttelte sie den Kopf. „Nein. Aber erzähl weiter. Vielleicht wird ein Märchen daraus." Friedhelm hatte sie die ganze Zeit über angespannt beobachtet. Hunger und Müdigkeit nagten zusehends an seinen Nerven. „Was geht da vor? Plant ihr da was?" Er kam auf die zwei zu. „Ich erkläre der Kleinen nur ..." „Was?", kläffte Friedhelm dazwischen. „Ich versuche ihr nur zu erklären, wieso das hier alles gebaut wurde. Wenn Sie möchten, können Sie ja zuhören. Frau Wagner schläft ja noch, ansonsten hätte auch sie an unserer Geschichtsstunde teilnehmen können." „Und das Gold?", fragte Friedhelm. „Gold? Na, vielleicht habe ich ja Glück und am Ende meiner Geschichtsstunde wissen wir, wo das Gold ist." Friedhelm setzte sich hinter ihn und schaute über seine Schultern. „Na los, vielleicht vertreibt mir das wenigstens die verfluchte Langeweile." Er schaltete seine Taschenlampe aus. „Eine muss reichen!" meinte er mit Blick auf Eberhards Leuchte. Der konzentrierte sich wieder auf seine eigentliche Arbeit und auf Susanne. „Also, wo waren wir stehen geblieben?" „Bei dem Archidingsbums." Eberhard lachte. „Bei dem Archidiakon Folmar, soso ..." Er blätterte behutsam in den Dokumenten. Gelegentlich drehte er sich um und blickte auf den Dom. „Damals muss etwas passiert sein, das die Menschen dazu bewogen hat, dieses Gebäude zu bauen. Wenn ich nur wüsste, wo genau wir unter der Erde sind. Das ist wirklich dumm. Wo sind wir noch mal eingestiegen?" Eberhard schaute Friedhelm an, worauf der gelangweilt mit den Schultern zuckte. „Danke für die Hilfe. Ich vermute mal, in der Nähe der Olewiger Straße. In diesem Kleingärtnerverein. Habe ich recht?" Friedhelm nickte. „Leider fehlt mir jede Orientierung, ich weiß nicht, wie viele Meter wir gegangen sind und wie tief es an dieser Stelle hier ist. Vielleicht ist es unter dem Viehmarktplatz, oder wo auch immer. Vielleicht auch unter dem Dom? Das wäre witzig!" Friedhelm gähnte. „Nun gut, was war mit diesem Folmar? Wieso steht sein Name so oft hier? Ich muss das alles ein wenig genauer unter die Lupe nehmen."

Es vergingen einige Minuten, ehe Eberhard sich wieder zu Wort meldete. „Moment! Damals ist doch etwas passiert! Ich komme gleich drauf, eine Sekunde nur." Susanne schaute ihm gespannt zu. Sein Kopf wurde vor Eifer rot, seine Haare standen dreckig und zerwühlt in alle Himmelsrichtungen ab. „Du musst das doch wissen, du bist doch ein schlauer Mann!" Ohne aufzusehen, antwortete er: „Daher muss ich alles wissen? Klar – vieles, aber manchmal dauert es seine Zeit, bis es einem wieder einfällt. Verstehst du? Manchmal muss auch der Schlaueste etwas erst einmal in einem Buch nachlesen. Man lernt als Wissenschaftler ja nicht nur Dinge auswendig, sondern auch, wie man etwas in Büchern findet. Aber halt! Damals gab es wirklich etwas." Sein Blick haftete auf den Pergamentseiten. Friedhelm stand kurz vor dem Einschlafen, Frau Wagners Schlaf vertiefte sein Bedürfnis noch. „Die Alte kann pennen und ich muss aufpassen!", dachte er sich und hoffte, dass Sonnen bald wieder zurückkäme. „Ich hätte den daran erinnern sollen, dass er was zu essen mitbringt!" Friedhelm streckte sich und hoffte, dass Eberhard bald weiterreden und ihn damit wach halten würde.

„He, Dicker, ist die Geschichtsstunde schon vorbei?" „Nein, noch nicht." „Dann rede weiter!" Susanne zog den Mund in die Breite. „Ja, erzähl noch was! Bitte!" „Nun, damals gab es, wie so oft, unter den Menschen Streit. Entweder ging es um Geld oder Macht, meist aber um beides. Die Bischöfe waren sehr mächtig in Trier, sie prägten über Jahrhunderte die Geschichte dieser Stadt." Er blickte dabei weiter auf die Pergamente, die vor ihm lagen. Eigentlich wollte er sie fertig durcharbeiten und brannte darauf, endlich alles zu erfahren. Nur der kleinen Susanne zuliebe gab er den Geschichtenerzähler. Dass er damit auch Friedhelm vor dem Einschlafen bewahrte, konnte er nicht ahnen. „Einen Moment, bitte!" Eberhard hob die rechte Hand und erbat sich einige Minuten Ruhe, er wollte weiterlesen.

Gebannt hafteten Susannes Augen auf ihm. Sie erwartete, dass er gleich mit seinem Ausführungen fortfahren würde. Doch Eberhard wurde urplötzlich in den Bann dessen gezogen, was sich da in Bruchstücken vor ihm eröffnete. „Der Mann, der das hier geschrieben hat, hieß Bruno." Susanne lachte. „Bruno!" „Ja, so hieß der. Was ist daran so lustig? Einen Moment, Susanne! Halt mal die Taschenlampe direkt auf diese Seite hier." Er hob ein Stück Pergament auf und versuchte die schwach schimmernde Schrift zu entziffern. „MCLXXXIII." Eberhard rutschte wieder nervös hin und her. Friedhelm, den der Schlaf zu übermannen drohte, zuckte zusammen und ließ die Hand zu seinem Messer gleiten. „Aha! Das Trierer Schisma von 1183! Volltreffer!" Er überflog schnell einige der restlichen Pergamente, legte sie beiseite und strich sich über die Augen. „Also, damals, als der Erzbischof Arnold gestorben war, stritten sich zwei Männer um den Bischofssitz. Der alte Erzbischof war noch nicht ganz unter der Erde, als der neue bestimmt, also gewählt werden sollte. Einer davon war Folmar, der eben genannte Archidiakon. Er stammte aus dem Geschlecht der Grafen von Blieskastel und wollte mächtiger werden und das hohe Amt eines Erzbischofs von Trier erlangen. Der andere war der Dompropst Rudolf aus dem Hause von Wied, der strebte das Gleiche an. Die Kleriker wollten lieber Rudolf, aber Folmar bearbeitete das Volk, das ja auch ein Stimmrecht hatte, und es gab ein furchtbares Hin und Her. Es entstand ein lange Jahre dauernder Streit, den zunächst auch mehrere Päpste und Fürsten nicht schlichten konnten. Beide Männer hatten ihre Anhängerschaft und bekämpften sich leidenschaftlich." „Haben die sich dann auch duelliert?", fragte Friedhelm. Federlein musste lächeln. „Nein, das ging schon ein wenig anders her, die ganze Angelegenheit ist sehr komplex abgelaufen. Die Details kann ich mir im Moment auch nicht aus dem Ärmel schütteln. Also bleibe ich mal bei einer lückenhaften, einfachen Erläuterung. Ist das in Ordnung?" Friedhelm nickte, Susanne zupfte ihn am Pullover. „Bitte, erzähle weiter!"

Eberhard holte tief Luft. „Also, mal überlegen, wie ging das damals weiter? Sie sind in den Dom und haben sich da eingesperrt. Die haben sich dort eingesperrt und verbarrikadiert. Mit Waffengewalt haben sie sich verteidigt."

Eberhard Federlein nahm nun ein anderes Stück Pergament in die Hand. „Genau, das war dieser Bistumsstreit. Die sind deswegen auch mehrfach zum Papst geeilt, um die Sache zu klären. Aber wieso dieses unterirdische Gebäude entstanden ist, erklärt sich nicht daraus. Ich vermute aber mal, es geschah aus irgendeinem Grund, der mit diesem Streit zu tun hatte. Also, ich brauche jetzt erst mal etwas Ruhe, um die restlichen Blätter zu studieren. Haben wir noch ausreichend Batterien?" Er schaute Friedhelm an, der fummelte in seiner Jackentasche und zog eine Handvoll Batterien heraus. „Die dürften reichen!" Er warf sie vor Federlein in den Dreck. „Was ist nun? Keine Geschichten mehr?" Friedhelms Augen klappten immer weiter zu, der Schlaf würde bald die Herrschaft über ihn erlangen.

Eberhard schüttelte den Kopf. Susanne legte sich wieder neben ihre Oma, die nur mit einem gelegentlichen lauten Schnarchen auffiel.

Eberhard tauchte nun noch tiefer in die ferne Zeit ein. Er konnte stundenlang sitzen und diese alten Dokumente studieren, verlor jedes Gefühl von Zeit und Raum, vergaß beinahe sogar seinen Hunger. Die anderen schliefen ruhig, selbst Friedhelm war mittlerweile eingenickt. Es wäre der perfekte Moment zur Flucht gewesen, doch die Entdeckung dieser unterirdischen Anlage hatte Eberhard viel zu sehr in ihren Bann geschlagen. Friedhelm hätte ihn wirklich nicht bewachen müssen.

Auf einmal erinnerte er sich wieder an das, was er vor vielen Jahren in der Gesta Treverorum gelesen hatte.

20

Maximilian ging vor Otto Sonnen her. Beide schwiegen auf dem Weg nach oben. Schreckenberg wäre die Strecke am liebsten gerannt. Nachdem sie bald die Hälfte des Weges hinter sich gebracht hatten, forderte Sonnen den alten Mann auf, stehen zu bleiben. Maximilian gehorchte verwundert und nervös. Sonnen wollte ein Gespräch beginnen, was Maximilian überhaupt nicht passte. Jede Sekunde, die er ohne Gewissheit über Trude war, brachte sie womöglich dem Tode näher. „Ich habe mir was überlegt! Was halten Sie davon, wenn wir zusammenarbeiten?" Otto Sonnen hielt die Waffe nun auf den Boden gerichtet. „Ich biete das natürlich nicht aus lauter Freundlichkeit an. Ihr Tunneleingang liegt strategisch sehr günstig. Für den Fall, dass wir etwas finden, brauche ich einen Transportweg, der weniger beschwerlich ist als die anderen, die ich bislang entdeckt habe. Man muss hier auch weit marschieren, allerdings nicht durch einen Tunnel klettern, wo man jeden Moment zu Tode stürzen könnte." Sonnen kratzte sich am Bart, er schien verbissen, aber auch am Rande seiner nervlichen Belastbarkeit zu sein. „Überlegen Sie in Ruhe, was Sie mir antworten. Es soll Ihr Schaden nicht sein." Sonnen hob die Waffe wieder hoch. „Also, ich kann Sie auch einfach ausschalten. Ein Opfer mehr oder weniger, was macht das schon noch aus? Nichts. Sie sehen, ich mache Ihnen ein Angebot, das für Sie höchst interessant ist." Maximilian dachte im Moment nur an Trude, für ihn war gleich klar, dass er mit diesem Typen keine Geschäfte machen wollte. Am Ende würde der ja trotzdem nur das machen, was ihm die meisten Vorteile brachte.

„Ich überlege es mir. Wenn wir oben sind, kann ich Ihnen meine Entscheidung sagen." Sonnen nickte. Er befahl Maximilian weiterzugehen. Nachdem sie das Loch im Tunnel überwunden hatten, kamen sie an dem Skelett vorbei. Sonnen beachtete es kaum, für Maximilian versinnbildlichte es den Tod, der in seinen Keller eingezogen war und sich vermutlich auch Trude genommen hatte.

Von weitem sahen sie schon den Keller. Der verbeulte Chromkühlergrill des Mercedes leuchtete ihnen hell entgegen. Die Tür des Wagens stand offen, so wie sie ihn vor ein paar Stunden verlassen hatten.

Sie kamen der Eingangsöffnung näher. Schreckenbergs Puls klopfte immer schneller: War Trude noch am Leben? Sonnen stachelte ihn an, zügiger zu gehen. Wenige Augenblicke später standen sie im Keller. Maximilian ließ jede Vorsicht außer Acht und ging direkt auf die offene Wagentür zu.

„Wo ist sie?", fragte Maximilian. „Mist!", schrie er. Mit verzerrtem Gesicht warf er einen Blick auf den Rücksitz und musterte dann die Wagentür. Zwei Einschusslöcher waren in der Wagentür. Eine Kugel war durch die Verkleidung gedrungen und hatte Trude getroffen, denn Blut war auf dem Polster zu sehen. Die Fesseln lagen auf dem Boden. „Scheiße!", brüllte Sonnen. „Alles geht schief!" Er schaute die Waffe an. Kompliziert war die Angelegenheit ja schon länger, aber jetzt saß er womöglich so tief in der Klemme, dass es kein Entrinnen mehr gab. Nach einigen langen Sekunden murmelte er „Okay!" und nickte mit starrem Blick vor sich hin. Dann hob er die Pistole. Maximilian erschauerte. „Was meinen Sie damit?" „Was ich damit meine? Bei Ihnen ist es mit dem Schnellkapieren auch nicht weit her. Bevor ich Metall an meinen Händen einrasten höre, spüre ich es lieber in meinem Kopf!" Sonnen blickte wirr durch den Keller, die Türe nach oben stand offen. „Ich bin alleine und muss an mehreren Stellen gleichzeitig sein! Ich schaffe das nicht." Eine Sekunde lang dachte Schreckenberg, dass Sonnen aufgeben würde.

Längst hatte Maximilian die winzigen Bluttröpfchen ausgemacht. Trude musste die Kellertreppe hinauf-gegangen sein. Maximilian hoffte so sehr, dass sie in Sicherheit war. Auf jeden Fall lebte sie noch, und das war für ihn in diesem Moment das Wichtigste. Sonnen drehte sich im Kreis, suchte nach dem Tresor mit der Karte und richtete wieder die Waffe auf Maximilian. Dem wurde bewusst, dass seine Lüge nun gleich auffliegen würde. Er lief rot an und Sonnen begriff sofort, was los war. „Es gibt keine Karte, habe ich recht? Sie wollten mich nur hier herauflocken! Und Sie haben festgestellt, dass diese Trude noch lebt. Sind Sie nun zufrieden?" Sonnen hielt die Pistole nun direkt auf Maximilians Gesicht gerichtet. Maximilian nickte.

Sonnen sah wieder auf den Wagen und bemerkte nun ebenfalls die Bluttropfen. „Aha, sie hat uns eine Spur ge-legt!" Seine Müdigkeit zeigte Folgen; wieso hatte er nicht gleich daran gedacht? „Dann nichts wie hinterher!" Er zeigte mit der Pistole auf die Treppe. „Los, Sie gehen vor. Wir werden jetzt mal sehen, wo die Alte steckt. Der Dicke unten kann in Ruhe weitersuchen, während wir hier oben die Spuren verwischen." Maximilian blieb kurz stehen. „Meinen Sie nicht, dass es langsam jemandem auffallen wird, wenn immer mehr Menschen verschwinden?" Sonnen ließ die Pistole sinken; einen Moment lang wurde ihm schwarz vor Augen. Brunhilde Truske-Schmittmeier! Die wurde bestimmt jetzt schon gesucht. Deren Mutter rief sie doch bald jeden Tag an. Er zählte sich die Personen auf, die mittlerweile verschwunden oder von ihm in Geiselhaft genommen worden waren. „Verdammt!", fluchte er. „Das muss alles viel schneller gehen!" Ungeduldig schubste er Maximilian die Treppe hinauf. „Los, mach schon, Alter!"

Nun standen sie im Flur.

Beide suchten nach weiteren Blutstropfen, jeder aus einem anderen Grund. „Wo ist Trude?", brüllte Sonnen. An der letzten Treppenstufe hörte die Blutspur auf. „Wo ist das Bad?", fragte Sonnen, und Maximilian zeigte auf eine schmale Tür. „Das ist das Gästebad. Meines ist eine Etage höher." „Machen Sie die Tür auf!" Maximilian drückte die Türklinke herunter. „Hier ist sie nicht!", stellte er fest. „Los, jetzt mach jede Tür auf! Ich will in jedem Raum sehen, ob sie sich hier irgendwo versteckt." Doch Trude hatte sich in Luft aufgelöst. Mit der Pistole im Rücken scheuchte Sonnen Maximilian kreuz und quer durch sein Haus. „Vielleicht ist sie ja durch diese Tür da?" Maximilian deutete auf die Haustür. „Wäre doch naheliegend. Erst einen Arzt suchen und dann ..." „Und dann?", fragte Sonnen. „Und dann zur Polizei!"

Sonnen hätte sich verdoppeln und verdreifachen müssen, um die Situation unter Kontrolle zu halten. Otto Sonnen, geboren, um ein normales Leben zu führen, würde es als Schwerkrimineller beenden. Von Entführung bis hin zu Mord; er beherrschte innerhalb kürzester Zeit die komplette Klaviatur der Branche, in der doch eigentlich Friedhelm zu Hause war. Was hatte er nur für einen Weg beschritten? Er wankte ein wenig, was Schreckenberg für sich zu nutzen gedachte, aber Sonnen fasste sich schneller als gedacht und richtete seine Pistole mit Nachdruck auf Maximilian. „Machen Sie keinen Ärger! Sie wissen vielleicht nicht, dass ich dermaßen in der Klemme sitze, dass mir alles egal ist!" Seine Hände zitterten. „Trude, Trude ... wer hätte geahnt, dass dieses Weibsbild mir mal zum Problem wird. Damals auf dem Flughafen hätte ich die besser in die erstbeste Maschine mit Ziel Mallorca gesetzt und zurückgeschickt. Was ist, wenn die mich verpfeift? Wenn die nur leicht verletzt und schon auf dem Weg zur Polizei ist?" Sonnen ging auf und ab, dachte nach. Maximilian stand ruhig da und blickte nachdenklich auf die Haustüre. Erst jetzt bemerkte er, dass sie offen stand. Ein deutlicheres Indiz für Trudes Verschwinden hätte es nicht geben können. Maximilian wandte schnell den Blick ab, doch zu spät. „Verdammt!", rief Sonnen und lief zur Tür. „Die ist tatsächlich unterwegs, das Biest, und wer weiß, wohin." Sonnen trat nach draußen. Dort hatte es mittlerweile geschneit. Der Schnee auf dem Gehweg war nicht geräumt worden, bis auf ein paar Fußabdrücke bildete er eine geschlossene Decke. Rote Tropfen wiesen nun wieder den Weg, den Trude gegangen war. „Okay", sagte Sonnen gedehnt, und ein böses Schmunzeln verzerrte sein Gesicht. „Jetzt hören Sie mir mal zu. Wir werden jetzt beide nachsehen, wo die abgeblieben ist. Wenn ich Glück habe, ist die noch nicht weit. Machen Sie keine Dummheiten! Sie werden vor mir her gehen; eine falsche Bewegung und ich drücke ab."

Sie gingen die Treppe hinunter und kamen an Frau Wagners Haus vorbei. Leider war sie unter der Stadt und nicht in ihrem Wohnzimmer, sonst hätte sie den Kopf bestimmt wie üblich am Fenster gehabt. Aber sie war eben nicht da, und Maximilian sah sich mit der Bedrohung einer Pistole im Rücken konfrontiert. Sonnen ging mit nur einem halben Meter Abstand hinter ihm her und erteilte Befehle. Allerdings musste er gleichzeitig auch den Boden absuchen – nach Trudes Blut. „Wo ist die nur hin? Sie kennt sich in Trier nicht aus, also hat sie wahrscheinlich Passanten nach dem nächsten Krankenhaus oder Arzt gefragt." Sonnen sah die Tempusstraße hinauf. Der Verkehr bewegte sich nur langsam durch die verschneite Straße. Die Gehwege waren mit einigen Zentimetern Neuschnee bedeckt. Einen Moment lang freute sich Maximilian über diese Winter-romantik und fragte sich, wann es das letzte Mal so ge-schneit hatte; dann blickte er wieder auf den Boden. Er war froh, dass Trude so weit wohlauf war, dass sie noch gehen konnte, auch wenn sie ihre eigene Spur gelegt hatte. Sonnen hoffte, dass er niemanden treffen würde, der ihn erkannte. Mit gesenktem Kopf auf der Suche nach Trude ging er hinter Schreckenberg her. Bis jetzt hatte sie eine lückenlose Spur hinterlassen. Die Tempusstraße hinauf, dann in die Kaiserstraße und danach in Richtung Saar-straße.

Allerdings war da kein Krankenhaus; doch woher sollte Trude das auch wissen. Einmal drehte sich Maximilian zu Sonnen um. „Vielleicht hat sie jemanden nach einem Arzt gefragt?" Sonnen grinste. „Bestimmt. Aber was würden Sie wohl tun, wenn so eine verwahrlost aussehende Alte vor Ihnen steht? Ihr etwa helfen?" Maximilian erkannte im Licht dieses Wintertages, dass Sonnens Gesicht zunehmend einem Totenschädel mit Bart glich. „Klar würde ich ihr Auskunft geben!" „Sie? Ausgerechnet Sie? Sicher!" „Wieso sollte ich ihr nicht helfen? Man sieht doch, wenn es jemanden richtig schlecht geht." „Ach ja? Würden Sie ihr auch helfen, wenn Sie sie nicht kennen würden?" Maximilian verlor allmählich die Geduld. „Was sollen denn diese blöden Fragen?" Wütend drehte er sich nach Sonnen um. „Sie sind das Skrupelloseste, was mir je begegnet ist!" Mit Schrecken spürte er die Schwäche in seinen Beinen. Sonnen hatte bereits zuvor im Keller geahnt, dass bei Maximilian mehr als reine Hilfsbereitschaft dieser Trude gegenüber im Spiel war. Das wollte er sich merken. Vielleicht war ihm dieses Wissen noch von Nutzen. Nach wenigen Metern kamen sie an eine Ampel, an der sie zu-sammen mit anderen Menschen darauf warteten, dass sie endlich grün wurde und sie von dem auf den Bürgersteig spritzenden Schneematsch erlöste. Eine ältere Frau blickte zu Schreckenberg hinüber. Kannte Maximilian diese Frau? Vorsichtig drehte er den Kopf, doch Sonnen drückte seine Pistole, die er unter seiner Jacke hielt, hart in seinen Rücken.

Die Ampel wurde grün.

Sie wechselten auf die andere Straßenseite und kamen an eine Bushaltestelle, einige Meter weiter marschierten sie an dem Hotel Deutscher Hof vorbei. „Ich habe verdammten Hunger!", meinte Sonnen. Maximilian auch, wagte jedoch nichts zu sagen. „Aber so wie wir aussehen, gehen wir besser in eine Pommesbude!" Sonnen schaute auf den Boden. „Aha, wieder Tropfen! Also, nix wie weiter!" Es wurde immer schwieriger, das Blut zu erkennen. Immer mehr Menschen zertraten die Spuren, der Schnee wurde vermischt und neuer Schnee verwischte nach und nach die vorher noch gut zu erkennende Fährte. Sie standen nun auf der Höhe Südallee/Saarstraße, einer stark befahrenen Verkehrsader der Stadt. „Nun, Herr Sonnen – wohin?" „Mist! Hier ist nirgendwo mehr was zu sehen." Die Passanten zertraten den Schnee und verquirlten ihn zu einer wässrigen, braunen Masse. Sonnen drehte sich nervös um die eigene Achse, blickte in die Saarstraße, in die Südallee. Doch keine Spur von Trude. Zu viele Menschen bevölkerten die Straßen, selbst Trude würde da ohne weiteres unauffällig in der Menge untertauchen können. Es war das erste Mal, dass Maximilian etwas Gutes an diesen Menschenmengen finden konnte. Sie waren nun so was wie eine Tarnkappe für die Frau, die dieser Sonnen so verbissen suchte.

Maximilian hustete einige Male. „Ich hole mir hier noch eine richtige Erkältung!", meinte er. „Egal!", zischte Sonnen. „Natürlich ist das Ihnen egal. Schließlich hätten Sie schon beinahe einen ersten Mord begangen." Sonnen schaute Maximilian mit einem durchbohrenden Blick an.

„Wer sagt Ihnen denn, dass dies mein erster gewesen wäre?" Maximilian erschrak, schwieg aber.

„Unglaublich!", dachte er sich und hielt noch intensiver Ausschau nach Trude. Sie waren alle in noch größerer Gefahr, als er angenommen hatte. Wenn Trude jetzt auftauchte, wäre nicht nur ihr Leben bedroht. Sonnen hätte wohl mittlerweile auch keine Skrupel mehr, auf offener Straße um sich zu schießen.

„Das wird nichts mehr, wir gehen zurück." Sonnen wedelte vor Maximilians Augen mit seiner Hand herum. „Los, Abmarsch, zurück zu Ihrem Haus." Wie befohlen, drehte der sich um und ging den Weg zurück. Maximilian dankte Gott, dass Sonnen von der Suche nach Trude abließ. Sie gingen den gleichen Weg zurück, den sie gekommen waren. Sonnens Blicke kreisten währenddessen über die Menschen, die an ihnen vorbeigingen. Die Waffe, versteckt unter seiner Jacke, drückte er seiner Geisel so fest in den Rücken, dass diese bereits einen Abdruck auf der Haut hatte. „Los, schneller, nicht einschlafen." Sonnen feuerte ihn immer lauter an. Einige Passanten blieben stehen, um diesem merkwürdigen Duo hinterher zu sehen. Sonnen dachte indessen an das, was er als Nächstes tun wollte. Wie würde dieser Tag für ihn enden? Wenn er das fände, was er suchte, könnte er sich mit der Beute im Auto auf die Flucht begeben. Seinen ursprünglichen Plan, den Trierer Untergrund in Ruhe zu plündern, konnte er jedenfalls erst einmal auf Eis legen. Es sei denn, er überschritte die letzte Schwelle, und dies bedeutete das Ausradieren eines jeden, der bislang mit der Sache zu tun hatte. Angefangen von Brunhilde Truske-Schmittmeier, die bereits „abgewickelt" worden war, über Friedhelm, bis zu der Alten und dem Kind. Jeder, der Bescheid wusste, müsste seine letzte Ruhestätte unterhalb der Stadt bekommen. Er malte sich aus, wie es da unten zugehen würde. Als Erstes würde er alle dort unten verscharren, und danach sollten die Zugänge zugeschüttet werden. Seine Gedanken gingen noch weiter. „Ich kann wieder meinen Posten einnehmen, und alles geht weiter wie gewohnt. Nur mit dem Unterschied, dass ich reich bin! Und wenn irgendwann einmal das Ganze da unten gefunden würde, könnte ich nicht damit in Verbindung gebracht werden. Vielleicht wäre Friedhelm ja der geeignete Sündenbock. Wie oft hat der schon im Knast gesessen wegen irgendwelcher krummen Sachen. Dem würde man so was zutrauen; aber mir? Ich war mein Leben lang immer ein aufrechter und ehrlicher Bürger!" Er blieb kurz stehen. „Nein, ich könnte so was nicht tun!" Maximilian war irritiert. „Was ist los?" „Nichts." Sie gingen weiter. „Aber ich muss diese alte Kuh finden. Die könnte alles ruinieren." Wie Zahnräder im Kopf ratterten seine Gedanken weiter. „Konter, den hatte der Friedhelm ja bereits beseitigt!", dachte er.

Sie überschritten die Straße, kamen auf der rechten Seite der Kaiserstraße an und gingen dann an einer Tankstelle vorbei. Maximilians Blicke durch wandten sich der Glasfront zu, bestimmt konnte man drinnen belegte Brötchen bekommen. Da machte sein Herz einen Sprung: Trude! Freude und Sorge packten ihn, und er musste sich zusammenreißen, um äußerliche Reaktionen zu vermeiden.

Trude saß auf einem Stuhl direkt an der Scheibe und trank etwas. An ihrem rechten Bein war ein dicker Verband angebracht. Maximilian wollte so schnell wie möglich weiter, bewusst blickte er zur gegenüberliegenden Straßenseite. Sein Herz raste und er konnte seine Nervosität kaum mehr kontrollieren. Wenn Sonnen Trude zu Gesicht bekäme, musste er mit dem Schlimmsten rechnen, so viel stand fest. Doch Sonnen sah sie nicht. Kurz, bevor er die Tankstelle in Augenschein nahm, parkte ein PKW vor einer Tanksäule und versperrte die Sicht in das Innere. Sie gingen weiter.

Maximilian brach fast zusammen unter der Erleichterung. Trude hatte Glück – unglaubliches Glück! Unterdessen hielt Sonnen Monologe über seine zukünftigen Strategien. Er sprach die ganze Zeit darüber, ordentlich aufzuräumen und deswegen auch eine entscheidende Schwelle zu überschreiten. Was er mit Aufräumen meinte, war Maximilian klar. Mit Schaudern stellte er sich vor, was passieren würde, wenn Otto Sonnen unter der Stadt ausrastete.

Maximilians Freude über Trudes Unversehrtheit wich allmählich der beklemmenden Erkenntnis, dass sich ein grauenhaftes Szenarium unter der Stadt abspielen könnte. Vielleicht würden Trude und er sich nicht mehr wiedersehen.

21

Trude wippte auf dem Stuhl auf und ab. „Wie geht es Ihrem Bein jetzt?", fragte die junge Frau besorgt, die Trude einen provisorischen Verband angelegt hatte. „Gut, danke. Das war nur ein Streifschuss, sonst nichts." „Sollen wir das nicht besser der Polizei melden?", meinte die Kassiererin. „Nein!" Trude winkte ab. „Die werden sowieso nichts unternehmen." „Nichts unternehmen? Ich bitte Sie, auf Sie ist geschossen worden. Da werden die schon was tun. Wo wohnen Sie denn nun?" Die junge Frau hielt ein Telefon in der Hand. „Wo ich wohne? Mal hier, mal da", antwortete Trude mit vollem Ernst. Doch die Kassiererin vermutete inzwischen, eine etwas verwirrte alte Frau vor sich zu haben. „Meine Güte!", hatte sie als Erstes gedacht, als Trude mit ihrem blutigen Bein hereinmarschiert kam. Sie war ihr schon vorher aufgefallen, als Trude humpelnd vor der Tankstelle auf und ab marschierte. Und da sie ein mitfühlendes Herz besaß, hatte sie sie hereingerufen. „Also, ich benachrichtige jetzt die Polizei und einen Krankenwagen. Das, was ich Ihnen da ans Bein gemacht habe, ist nur eine Übergangslösung. Sie haben eine Menge Glück gehabt." „Ja, ja eigentlich hätte ich noch eine zweite Kugel abbekommen sollen, die kam aber nicht durch." „Wo war das denn? Wer war das?", fragte die Kassiererin. „Das kann ich Ihnen nicht sagen." Während Trude auf dem Stuhl saß und wartete, kamen andere Kunden in den Tankstellenshop und bezahlten ihre Tankrechnungen. So mancher Blick fiel auf Trude – sie gab ein sonderbares Bild ab. Nachdem die Kunden bedient waren, griff die Kassiererin zum Telefon und rief die Polizei an. „Hallo?", flüsterte sie. „Hier ist eine sonderbare ältere Frau mit einer Schusswunde am Bein. Könnten Sie mal vorbeisehen? Danke."

Trude nutzte die Unaufmerksamkeit der jungen Frau, um zu verschwinden. Nachdem die Helferin den Hörer aufgelegt hatte, war Trude auch schon weg. Die automatisch öffnende Tür des Ladens rauschte kurz und Trude war hinaus. Am liebsten wäre die Kassiererin ihr hinterher gelaufen, konnte aber den Laden nicht alleine lassen. Wenn die Polizei gleich einträfe, würde die sie für verrückt halten.

Trude schaute in den Himmel, einige kleine Wolken zogen vorbei. Schnee würde es so rasch wohl keinen mehr geben, denn es wurde deutlich kälter und die feuchten Stellen zwischen den Schneeresten verwandelten sich in rutschige Eisbahnen. Mit ihrer letzten Zigarre im Mund marschierte Trude die Kaiserstraße hinunter, schaute sich die alten Gebäude an und überlegte, was sie als Nächstes tun sollte. Sie fragte sich, was wohl da unten, unter der Stadt, in diesem Moment vor sich ginge. In Maximilians Haus könnte Otto Sonnen bereits mit einer Waffe auf sie warten, und die Polizei konnte sie nun wirklich als Allerletztes gebrauchen. Wenn die sich einschalten würde, konnte sie das Geld komplett abschreiben. Schließlich agierte auch sie höchst illegal.

Während sie die Straße weiter hinunter ging, klapperte es in ihren Jackentaschen. Sie steckte ihre Hand in eine der Seitentaschen und fischte ein Fläschchen Kümmerling heraus. „Prost!" Sie öffnete den kleinen Verschluss und ließ den Inhalt in wenigen Sekunden in ihrem Mund verschwinden. „Nicht schlecht!" Der nächste Kümmerling verschwand noch schneller. „Ah, mein alter Freund Alkohol!" Sie erfreute sich an dessen rascher Wirkung und humpelte weiter. Mit großem Schwung warf sie die leeren Flaschen hinter sich.

Sie schlug dann doch den Weg zurück zu Schreckenbergs Haus ein. Der Alkohol machte sie unvorsichtig. Als sie schließlich dort angelangt war, fiel ihr ein, dass sie ja gar keinen Schlüssel für die Haustüre hatte. Als sie in der Ferne Polizei und Krankenwagensirenen vernahm, hatte sie nur noch einen Gedanken: „Ich muss da rein!" Sie blickte sich um, wankte ein wenig, Passanten gingen verwundert an ihr vorbei. „Glotzt nicht so, ihr Affen!", schnauzte sie und bahnte sich einen Weg zu Maximilians Haus. Rasch stieg sie die Treppen hinauf und trat einige Male gegen die Haustür. Doch nichts passierte. Die Kümmerlinge auf den leeren Magen zeigten ihre Wirkung. Dann fiel ihr Blick nebenan auf die Garageneinfahrt. „Muss ich halt hierdurch rein!" Sie rannte die Treppe hinunter und rutschte prompt auf der glatten Eisschicht aus. Ein Schmerz wie von glühenden Drähten raste durch ihr verletztes Bein, als sie darauf landete. Sie schrie kurz auf. Die Menschen, die auf dem Gehweg unterwegs waren, blickten zaudernd zu der grimmig dreinschauenden und fluchenden Trude, doch niemand kam ihr zur Hilfe. „Glotzt woanders hin!", schrie sie.

„So, wo komme ich denn nun rein?" Sie rutschte die Einfahrt runter und rüttelte an dem Garagentor. An einem der Geländer hielt sie sich fest und hob ihr unverletztes Bein hoch; mit ihm landete sie einen festen Tritt auf die rechte Tür des zweiteiligen Tores. Doch die war verschlossen. „Mist, so ein verdammter Mist!" Trude war erneut hingefallen, diesmal etwas weicher; auf ihren Hintern. Sie schaute nach oben in den Himmel. „Am besten bleibe ich hier liegen und warte ab, was passiert. Aber was ist mit Maxi? Den alten Kerl kann ich doch nicht einfach da unten allein lassen!" Sie setzte sich hin. „Und ich vermute mal, dass die Alte mit dem Kind auch noch da unten ist." Sie stand auf und ging vorsichtig die Auffahrt hinauf. Die vorhin vernommenen Polizeisirenen schienen immer näher zu kommen. Waren sie auf der Suche nach ihr? Trude begriff, dass sie so schnell wie möglich ein Versteck finden musste. Sie tastete sich vorsichtig auf den Gehweg zurück und sah die Straße hinunter. Von weitem sah sie das Blaulicht des Polizeiwagens näher kommen. Dann fiel ihr Blick auf die halb offen stehende Tür von Frau Wagners Haus. „Nichts wie rein, egal was mich da drinnen erwartet." Argwöhnisch die Stufen betrachtend, verschwand sie über die Treppe hinauf ins Haus. Im Flur stehend, warf sie die Tür hinter sich zu. „Hallo, ist hier jemand?", rief sie. „Hallo?", wiederholte sie ihren Ruf, doch es folgte keine Antwort. Irgendwo schien ein Fernseher zu laufen. Sie ging dem Geplärre nach und kam ins Wohnzimmer. Eine Tasse Kaffee stand auf dem Wohnzimmertisch – kalt, wie Trude mit einem Schluck feststellte. Im Fernseher lief eine Volksmusiksendung. Schnell drückte sie das Gerät aus. „Gott, was die Menschen sich so alles antun." Sie setzte sich erschöpft in den Ohrensessel, holte sich dann den kalten Kaffee, nahm einen Kümmerling aus ihrer Tasche und schüttete ihn hinein. Dann trank sie das seltsame Gebräu. Ihr Bein schmerzte nicht mehr so stark, und sie überlegte, ob sie nicht eine Runde schlafen sollte. Sie legte sich ein wenig zurück und schmiegte den Kopf müde in die Backen des Ohrensessels. Währenddessen rauschten vor der Tür die Streifenwagen auf und ab. Die Suche nach Trude war im vollen Gange. „Nein, ich kann jetzt nicht schlafen. Ich kann nicht, ich muss los!" Schwankend vor Alkohol und Müdigkeit stand sie auf und wagte vorsichtig durch die Gardinen einen Blick auf die Straße. An der Wand des Wohnzimmers hingen einige Bilder aus vergangenen Tagen. Sepiabraune Bilder, die wohl schon so einiges an Jahren auf dem Buckel hatten, reihten sich aneinander. Auf ihnen waren immer dieselben Personen abgebildet: meist ein Mann und eine

Frau mit einem Mädchen. Einige der Bilder zeigten nur den Mann. „Mein lieber Vater: 1899 bis 1944" stand auf einem Aufkleber, der auf dem Glas klebte. „Wohl der Vater der alten Wagner. Wie sentimental!" Trude kam ins Grübeln.

Wie gerne hätte sie auch Fotos ihrer Eltern gehabt. Aber angeblich waren diese ja nach dem Krieg, als sie Europa schnell verlassen mussten, verloren gegangen. Und als sie in Chile angekommen waren, verbot ihr Vater neue Fotos. Es war merkwürdig.

Allmählich ließ die Wirkung des Alkohols nach. Sie drehte sich um, schaute auf die Tür, die in den Garten hinter dem Haus führte. „So komme ich besser ins Haus von Maxi." Der Garten hier wurde nur durch eine leicht überwindbare Mauer getrennt. Geistesgegenwärtig ergriff sie einen Stuhl und mühte sich mit seiner Hilfe über die Mauer. Sie überprüfte, ob sie beobachtet wurde, doch da war niemand. Auf dem Balkon von Maximilian zerbrach sie vorsichtig eine Glasscheibe der Terrassentür. „Ist das einfach, in ein Haus einzubrechen!" Sie öffnete die Tür von innen und stand in Maximilians Haus.

Und dann plötzlich!

Die Tür schlug gegen ihr Gesicht und warf sie rückwärts zu Boden. Sonnen lächelte selig. „War mir doch klar, dass Trudchen wiederkommt." Er schaute Maximilian an, der gefesselt auf dem Boden lag. „Wer sich so lautstark ankündigt, darf sich nicht wundern, wenn er seine Überraschung erlebt!" Sonnen kniete sich neben sie; langsam kam Trude wieder zu sich. „Wenn Sie nicht so fest gegen die Tür gehämmert hätten, wäre ich wieder im Tunnel verschwunden und hätte nichts mitbekommen. Aber bei dem Lärm musste ich doch mal nachsehen!" Er lachte und zielte mit seiner Pistole auf Trude. Maximilian hatte einen Knebel im Mund und konnte sein Entsetzen nur mit weit aufgerissenen Augen ausdrücken. „Dumm gelaufen, was?" Sonnen nahm ein Seil und begann, es um Trudes Beine zu schnüren. Dabei kam er an die Wunde, die er ihr zugefügt hatte. „Au!", brüllte sie und trat ihm mit voller Wucht in den Bauch, worauf er rückwärts ein Stück in den Flur rutschte. Dabei fiel ihm die Pistole aus der Hand und landete neben Maximilian. Der setzte sich mit seinem Hintern drauf. „Wo ist die Pistole?", rief Sonnen. Er sah, wie sich Trude langsam aufrichtete. „Ohne deine Knarre bist du ein hilfloses Äffchen, was? Springst von einer Ecke in die andere und weißt nicht, wo du deine Bananen herbekommst!" Trude stand nun im Wohnzimmer und starrte Sonnen an, der noch immer den Boden absuchte. „Wo ist die Waffe, verdammt!", rief er zu Maximilian, der aber wegen seines Knebels ohnehin nicht hätte antworten können. Wollte er auch nicht. Sonnen suchte den Boden um Maximilian ab und sah den Griff unter Schreckenbergs rechter Gesäßbacke herausschauen. „Verfluchter Alter!" Er setzte sein linkes Bein auf Maximilians Schulter und gab ihm einen Tritt. „Rüber! Warte mal ab, was gleich passiert!" Dann nahm er die Waffe vom Boden auf und wirbelte zu Trude herum. „Wo ist sie?" Trude war verschwunden.

Ganz langsam ging er in Richtung Wohnzimmer, die Pistole im Anschlag. „Hallo Trude! Kommen Sie raus! Leider ist alles anders gekommen als geplant, weil Sie so eine Null sind. Ich habe jetzt eine kompetentere Person. Die macht sich gut. Ehrlich. Wenn Sie wollen, können Sie ja nach Hause fliegen. Wir vergessen die Angelegenheit und ..." Er hielt die Pistole auf die Wohnzimmertür, hinter der er sie vermutete. Ohne nur eine Sekunde zu zögern, drückte er ab, mehrere Male in verschiedenen Höhen. Dreimal knallte es fürchterlich in Maximilians Haus. Der hoffte inständig, dass endlich jemand etwas hörte und die Polizei alarmierte. „Jetzt hab ich dich!" Sonnen öffnete die Tür und sah, dass Trude nicht dort war. Sie stand plötzlich hinter ihm. „Jetzt reicht es mir langsam, du Rindvieh!" Sie hatte sich hinter einem Schrank auf der anderen Seite des Wohnzimmers versteckt. Ein fester Tritt mit dem gesunden Bein landete in Sonnens Rücken. Dieser fiel zu Boden, rutschte dann aber schnell vorwärts und drehte sich um, die Waffe wieder im Anschlag. Schreckenberg sah von weitem hilflos zu. Er drückte sich mit dem Rücken fest gegen die Wand und versuchte, sich aufzurichten, was aber nicht gelingen wollte. Die Beinfesseln waren zu eng. „Ich knall dich ab, und diesmal treffe ich dich!", schrie Sonnen. Trude dachte zurück an ihre erste Begegnung. War das noch derselbe Mann, der sie vor ein paar Tagen auf dem Flughafen in Luxemburg abgeholt hatte? Sie hatte ihn nicht ernst genug genommen. „Was ist das nur für ein Schwein!" Doch zum Nachdenken war nun keine Zeit, sie musste handeln.

„Also, was sollen wir tun?", fragte Trude. Sonnen stand vorsichtig auf und schaute sie hasserfüllt an. „Was ich nun tue, das ist hier die Frage!" Er schaute sie und Maximilian abwechselnd an. Draußen vor der Tür jaulten die Sirenen. „Aha, sie kommen schon, um dich zu holen!" Trude spielte mit dem Feuer, denn die Sirenen galten vermutlich ihr und dem Umstand, dass sie gesucht wurde. Die Kassiererin aus der Tankstelle hatte der Polizei deutlich geschildert, dass die alte Frau angeschossen worden war, und dieser Angelegenheit mussten die Ordnungshüter natürlich nachgehen. „Meint ihr etwa, dass ich jetzt noch Rücksicht auf euch nehme?" Sonnen hörte sich unsicher an. Seine Stimme zitterte. Auf seiner Stirn bildeten sich Schweißperlen. Es lag eine unaussprechliche Anspannung im Raum; hier Sonnen mit seiner Waffe, dort Trude, und Maximilian dazwischen mittendrin auf dem Boden im Flur. Trude und Sonnen beäugten sich wie rasende Tiere. Sonnen hätte abdrücken können. Doch er tat es nicht. Trude fragte sich, was er nun vorhatte. Eben noch hatte er, ohne zu zögern, auf die Tür geschossen, hinter der er sie vermutete. Und nun? Was würde als Nächstes kommen?

Die Waffe zitterte nun genauso wie Sonnen. Der Lauf der Pistole senkte sich langsam in Richtung Boden. Tiefes, angestrengtes Atmen war das einzige wahrnehmbare Geräusch im Zimmer. Maximilian keuchte durch den Knebel.

Trudes Blutdruck stieg, und Sonnens Gesicht schien nun restlos in sich zusammenzufallen, ein runzeliges Etwas, umgeben von einem enormen Bart. Er tickte nicht mehr richtig. Umständlich steckte er die Waffe ein, sah Trude und Maximilian mit den Augen eines Irren an und verließ das Haus. Die Haustüre knallte hinter ihm zu.

Schreckenberg und Trude blickten sich an. Es dauerte einige Sekunden, bis sie begriffen, dass sie zumindest vorerst in Sicherheit waren. „Er ist abgehauen!", flüsterte Trude. Sie zog den Knebel aus Maximilians Mund und löste seine Fesseln. Dann half sie ihm auf die Beine – er hatte Mühe, sich darauf zu halten. „Was geht mit dem eigentlich vor?", fragte er, und Trude zuckte zur Antwort mit den Schultern. „Keine Ahnung, vielleicht sind bei dem nun alle Sicherungen rausgeflogen. Ich hatte damit gerechnet, dass er mich abknallt!" Trude fummelte ein Feuerzeug aus ihrer Tasche und zündete ihre wirklich allerletzte Zigarre an, die sie in einer Seitentasche gefunden hatte. „Ah, tut das gut!" Sie zog intensiv an dem Stummel. Maximilian klopfte sich den Staub und Dreck von seinem Blaumann. „Was habe ich einen Hunger!" Er ging in die Küche und öffnete seinen Kühlschrank. Trude stand kurz darauf hinter ihm und zusammen griffen sie nach allem, was sich im Augenblick an Essbarem anbot. „Wasser?" Er bot ihr eine Flasche an. Wortlos nahm sie diese und trank. „Ich packe für die anderen da unten was zusammen. Die sind bestimmt auch am Verhungern." Maximilian nahm eine Plastiktüte und warf alles Mögliche hinein. „Was machen wir mit diesem Friedhelm? Was machen wir überhaupt? Schließlich ist nur Sonnen abgehauen, aber wohin?" Trude wischte sich über den Mund. „Ja, hundertprozentig in Sicherheit sind wir noch nicht." „Aber wir sollten vielleicht mal langsam daran denken, die Polizei zu rufen", sagte Schreckenberg, doch davon wollte sie nichts hören. „Noch nicht, bitte."

Sie sah ihm in die Augen. Wärme schimmerte darin auf. „Bitte!", wiederholte sie. „Wie wandlungsfähig sie doch ist", dachte Maximilian und lächelte. „Also gut, wenn das so sehr Ihr Wunsch ist, dann warte ich noch damit." „Sag doch endlich Trude zu mir! Dass du mich die ganze Zeit über siezt, irritiert mich", sagte Trude. In Maximilian zuckte ein seltenes Glücksgefühl. Größer als sie, beugte er sich nun leicht nach vorne und küsste sie auf die Stirn. „Hallo Trude!", sagte er mit einem breiten Lächeln. „Wir müssen gleich da runter, ein paar Decken holen wir auch mit, Frau Wagner friert bestimmt, und Susanne auch." Er hielt sich an der Wand neben dem Küchentisch fest, auf dem Brot und Käse lagen. „Wenn das alles vorbei ist, dann ..." „... dann was?", fragte sie. Er atmete tief ein. „Los, wir müssen runter."

Selbst wenn in seinem Innersten das helle Licht der Zuneigung brannte, zum Vorschein durfte es nicht kommen. Trude beugte sich zu ihrem verletzten Bein hinunter und musterte kurz die Wunde. Der Verband war längst abgefallen „Ach, halb so wild!", lachte sie, wie, um sich selbst Mut zu machen. „Ist nur ein Streifschuss gewesen." Maximilian nickte. „Nur ein Streifschuss, sicher, was auch sonst."

Doch es standen noch andere Probleme im Weg. Trude musste aus ihrem Einsatz in Trier Kapital schlagen. Und es gab ja noch immer diese Entdeckung da unten, die alles Vorstellbare übertraf. „Da unten ist so einer am forschen", sagte Maximilian. „Ich glaube, der ist vom Landesmuseum. Sonnen hat ihn als Geisel genommen." Er erzählte ihr von den Geschehnissen. „Gesprochen habe ich mit ihm noch nicht. Friedhelm bewacht ihn. Den müssen wir jedenfalls auch noch verjagen. Die Pistole, die Sonnen hatte, war von ihm. Er hatte nur eine. Bis auf ein Messer ist Friedhelm unbewaffnet."

Im Keller angelangt, sah er auf seinen Wagen. „Schade, aber was soll's. Jetzt habe ich zumindest wieder für eine Weile Beschäftigung." Die Beulen, die Sonnen hineingetreten hatte, betrachtete er dennoch mit Wehmut.

Nun waren sie wieder auf dem Weg durch den Tunnel in den Trierer Untergrund. Vorher hatte Maximilian noch ein längeres Brett aus einem Stapel Holz herausgenommen, gemeinsam mit Trude schleppte er es. „Damit wir leichter und bequemer über den Spalt im Boden kommen!" Auf dem Weg nach unten kamen sie wieder an dem Skelett vorbei und blieben stehen. „Wenn das alles vorbei ist, wird der auch ordentlich beerdigt!" Da stimmte Trude Schreckenberg zu. Sie gingen weiter und legten das Brett über den Riss in der Tunnelerde. Damit würden sie allen den Rückweg erleichtern. Trude und Maximilian sprachen darüber, was dieser wahnsinnige Sonnen als nächsten Schachzug planen könnte. Sie kamen zu der gemeinsamen Überzeugung, dass es in jedem Fall nichts Gutes sein konnte.

Otto Sonnen rannte quer durch die Stadt. Die Pistole hatte er in der Innentasche seiner Jacke verstaut. Er wusste, wieso er abgehauen war, denn die Pistole war leer, er hatte keine Patronen mehr. „Euch mache ich noch fertig!" Er dampfte nun förmlich vor Wut. Alles um ihn herum störte ihn. „Aus dem Weg!", rief er, als einige Fußgänger auf ihn zukamen. Er raste durch die Fleischstraße, rannte und ging, änderte manchmal seine Marschroute. „Ich muss an die Münzen kommen, verdammt noch mal! Gold!" Dieses Wort machte ihn besessen. Der Goldfund der Feldstraße flackerte kurz in seinem Hirn auf, wie ein Dia, das kurz an die Schädelinnenwand geworfen wird. Er stand vor dem Schaufenster eines Juweliers. In der Auslage lagen prächtige Stücke, die viele tausend Euro kosteten. Er presste seine Nase ganz fest an das Schaufensterglas. Der Verkäufer im Laden schaute bereits besorgt. „Gold", hauchte er, sein Atem beschlug die Fensterscheibe. Dann ging er weiter. „Alles hinter mir ist abgebrochen. Es gibt kein Zurück mehr." Er stellte sich in die Nähe eines Zeitungsladens auf dem Hauptmarkt und schaute den Menschen zu, die in der vorweihnachtlichen Zeit wie

Ameisen hin- und herhuschten. Jeder schleppte etwas mit sich herum. Gewaltige Menschenmengen drängten sich an den kleinen Weihnachtsbuden vorbei. Sie standen da und verschütteten den klebrigen Glühwein über den Boden. Dicke Dampfnudeln, Pfannkuchen mit Apfelkompott und anderes Essbares wanderte in die Münder. Zeit und Gefühl, alles war ihm verloren gegangen.

Während er da stand, drehte er sich langsam um seine eigene Achse und schaute in die Sternstraße, die direkt zum Dom führte. „Der Dom!" Er ging auf ihn zu, quetschte sich durch die Menschen, die sich zwischen und vor den Buden auf dem Domplatz drängten. Der Graue saß vor dem geschlossenen Nebeneingang des Domes. Er sah Otto Sonnen kurz an. Doch der nahm den Grauen nicht wahr. Ein dicker, roter Weihnachtsmann stand auf einem Podest und lud die Menschen zum Konsumieren ein, und die schienen dem Aufruf nur zu gerne zu folgen. Vor dem Eingang des Domes saß ein anderer Obdachloser auf dem Domstein und hielt die Hand auf. Otto Sonnens rechtes Lid zuckte nervös. Er konnte kaum fassen, hier vor dem Dom zu stehen. „Der sieht eigentlich doch ganz anders aus als der da unten." Er blickte abwechselnd auf den Boden und auf den Dom, dachte, dass sich der zweite genau unter dem ersten befand. „Der zweite Dom." Er machte einige Schritte weiter. Nun stand er kurz vor dem Eingang. Er legte seinen Kopf in den Nacken und versuchte, die tatsächliche Größe auf sich wirken zu lassen. „Haben Sie mal einen Euro?", fragte der Penner. Sonnen ignorierte ihn. „He, einen Euro, bitte!" Doch auch den zweiten Versuch überhörte er.

Drinnen dröhnte die Kirchenorgel, Menschen strömten an Sonnen vorbei und verschwanden in dem gewaltigen Gebäude. Die Kirchenmusik wurde immer lauter, und Sonnen trat einen Schritt zurück. Immer wenn die automatische Tür aufging, drang ein Schwall weihrauchgetränkter Luft aus dem Inneren des Doms. Sein Herz klopfte schneller. Im Angesicht solcher kirchlicher Impressionen dachte er das erste Mal seit einiger Zeit wieder an Bruni. „Hab ich das getan?" Er trat zur Seite, lehnte sich an den Domstein.

Um ihn herum wurde alles unscharf. Der Penner verwandelte sich in einen diffusen Kleiderhaufen, der ständig „Euro" quakte. Die Menschen, die an ihm vorbei gingen, zerflossen in abstrakte Gestalten. Sie verliefen und bildeten am Ende einen langen Farbtropfen. Stimmen, die ihn ansprachen, ob ihm nicht wohl wäre, dröhnten wie ein Basslautsprecher. Der Duft des Weihrauchs verursachte ihm ein Gefühl der Übelkeit, der Domstein bot vorübergehend ein hartes Bett. Er legte sich flach auf ihn, rutschte aber über die glatte Oberfläche rasch zu Boden. Der Penner schüttelte den Kopf und wandte sich ab. „Armer Irrer!"

Der Graue war aufgestanden und tat, was er selten oder noch gar nicht vor den Augen der anderen Bettler getan hatte, er ging auf Otto Sonnen zu. Der Penner, der die ganze Zeit versucht hatte, aus Sonnen einen Euro herauszubetteln, war in höchstem Maße verblüfft und schaute zu, was da vor sich ging. Doch der Graue sagte nichts, er sah Otto Sonnen nur an, einen Moment lang nur. Dann drehte er sich um und ging zurück, setzte sich wieder auf seinen Stammplatz vor dem Seiteneingang.

Sonnen wartete einen Moment. Der Blick des Grauen wirkte, als ob jemand ihm einen Eimer Wasser über den Kopf geschüttet hätte. Er konnte mit der Situation nichts anfangen, und dennoch bewirkte sie etwas. Stufenweise realisierte er jede einzelne seiner Taten. Alles, was für ihn eben noch normal gewesen war, wurde nun in seinem Bewusstsein wieder zu der Sünde, die es war. Wenn er doch nur alles rückgängig machen könnte! Er schaute auf seine Uhr, doch die war stehen geblieben. Sonnen klopfte mit den Knöcheln auf sie ein, aber statt dass sie wieder lief, zerbrach nur das Uhrglas. Sonnen dachte, dass er alles zerstörte, was er anfasste. Er blickte an sich hinunter. Seine Kleidung starrte vor Schmutz. Er fuhr mit den Fingern durch die Haare, sie waren verfilzt und verdreckt und sein ungepflegter Bart setzte dem Ganzen die Krone auf. Dann bekam er einen festen Stoß. Ein angetrunkener Weihnachtsmarktbesucher hatte ihn angeschubst und entfernte sich dann in Richtung „Sieh um Dich", einer schmalen Straße, die ihn vom Dom weg führte. Sonnen folgte ihm mit einigem Abstand. Es war besser, von hier zu verschwinden. Der Graue drehte seinen Kopf langsam mit, als Sonnen an ihm vorbeiging. Er spürte etwas, eine Änderung des Ganzen.

Um Sonnen herum waren alte Mauern, er schlurfte über Kopfsteinpflaster. Eine Straßenlaterne erhellte die Dunkelheit ein wenig. Hier hinten, neben dem Dom, war er beinahe alleine. Einige wenige Passanten eilten an ihm vorbei. Die Menschen sahen ihn lieber nicht genauer an. So wüst sah er aus. Er ließ sich gegen eine Mauer fallen und rutschte zu Boden. „Wenn ich also am Ende eine Abrechnung mache, was kommt dann da raus?" Er hob seine rechte Hand und streckte den Daumen aus. „Erstens Trude. Kein Geld für Trude. Ich hatte ihr einen Anteil am Gold versprochen." Er lachte bitter. „Zweitens ..." Er streckte den Zeigefinger aus. „Zweitens Friedhelm. Ebenfalls kein Geld. Dem habe ich auch Geld versprochen. Aber ich habe keins. Drittens ...", er streckte den Mittelfinger aus. „Drittens. Konter. Den habe ich beschissen, genau wie Brunhilde Truske-Schmittmeier. Aber noch viel schlimmer, ich habe sie beide auf dem Gewissen." Eine Träne hinterließ eine schmutzige Spur in seinem fahlen Gesicht.

„Dann die Alte mit ihrer Enkelin, der Wissenschaftler und dieser Opa, dem das Haus gehört. Aber das Schlimmste, was ich getan habe, war, Konter und Bruni umzubringen." Eine zweite Träne rann ihm über die Wange. „Habe das wirklich ich getan?" Otto Sonnen blickte in das Licht der Straßenlaterne. Als er nach einigen Minuten aufstand, taumelte er. Sonnen schaute zum Weihnachtsmarkt. Dort leerte sich langsam der Platz. Die Leute gingen nach Hause und die Buden wurden geschlossen.

Sonnen wollte etwas erledigen, aber vielleicht war es zu spät dafür. „Das alles habe ich zu verantworten." Er fasste sich an den Kopf. Ob er Bruni noch helfen konnte? Er musste einfach nachsehen. Rasch stand er auf und ging los, hatte nun ein Ziel, die Herzogenbuscher Straße. Dorthin, wo er Bruni mit einem festen Fußtritt in die Tiefe befördert hatte, zog es ihn nun mit aller Macht. Je näher er der Stelle kam, desto nervöser wurde er. Doch in seiner Magengrube setzte sich das brutale Gefühl fest, an den Ort seines Verbrechens zurückzukehren. „Anstatt da unten nach etwas Wertvollem zu suchen, schaue ich nach einer Toten, ob sie auch wirklich tot ist. Was rede ich bloß?" Der Bauwagen stand noch immer da. Vorsichtig öffnete er die Tür, schaute in das Innere des Ortes, an dem er Bruni in die Tiefe gestoßen hatte. Er setzte sich auf einen Stuhl. „Endlich Ruhe, ausruhen!" Er lehnte sich zurück. Die Müdigkeit überwältigte die düsteren Gedanken. Er schlief ein.

Otto Sonnen tauchte hinab in die Abgründe eines Traumes, den er so intensiv erlebte, wie er nie zuvor einen Traum erlebt hatte. Er saß über dem Loch in der Straße und blickte hinein. Er wartete darauf, etwas von Bruni zu hören. Er streckte seine Hand in die Tiefe und glaubte, sie erreichen zu können. Seine Arme waren merkwürdig lang und dehnten sich weiter aus, so lang, dass er meinte, die Frau erreichen zu können. Doch er erreichte sie nicht. Seine gespreizten Finger kreisten hilflos in der Tiefe herum und bekamen schließlich Teile des Stuhls zu greifen, an dem Frau Brunhilde Truske-Schmittmeier festgebunden gewesen war. Von ihr selbst fehlte jede Spur. Er rief nach ihr und bekam keine Antwort. Er rief öfter und lauter, der Bauwagen war verschwunden, und die Wagen, die sich aus der Stadt bewegten, blieben stehen. Menschen stiegen aus und standen neben ihm. Sie schauten ihm über die Schulter, um zu sehen, was da wohl vor sich ging. Die

Nacht wurde zum Tag. Der Mond und die Sonne standen nebeneinander, bedrohlich.

Sonnen blickte in die Gesichter der Menschen, die um ihn herumstanden und zuschauten. „Wollen Sie nicht helfen?", fragte er eine Frau, die neben ihm stand. Diese sah in das Loch und sprang hinein. Andere Menschen sprangen hinterher, bis das Loch voll war. Die Leiber stauten sich, und Teile von ihnen ragten oben heraus; entweder Beine, Arme oder Köpfe. Das Loch war verstopft. Er fragte sich, was dies bedeuten sollte, trat einen Schritt zurück. Die Fahrzeuge standen mit laufenden Motoren auf der Straße, doch die Insassen waren alle in der Öffnung unterhalb des Bauwagens verschwunden. „Was machen die da?", fragte er sich und hörte das Geräusch einer Toilettenspülung. Plötzlich verschwanden die Leiber, wurden in die Tiefe gerissen. Erneut kniete er sich neben das Loch und schwenkte seine langen Arme darin herum. „Ich muss Bruni finden!" Er reichte bis zum Ende des Tunnels, er tastete jede Ecke ab, ohne Erfolg. „Mist!", rief er. Und wachte auf.

Langsam fand er zurück, alles war wie vorher. Er blickte aus dem Fenster des Bauwagens. Die Straßen waren leer. Der klare Nachthimmel zeigte sich, der Mond leuchtete hell und es war bitterkalt geworden. Er sah auf seine zerbrochene Uhr, sie stand auf kurz nach zwei. Bedächtig brach er die Reste des zerbrochenen Uhrglases heraus. Er saß wie gelähmt auf dem Stuhl. Sein Blick fiel auf die Metallplatte, die Friedhelm über das Loch gelegt und verschraubt hatte. Seine Erstarrung überwindend, griff er nach einem Schraubenschlüssel und drehte die Muttern auf. Nach einigen Minuten war die Platte gelöst und unter Knirschen beiseitegeschoben. Nun kniete er sich wie in seinem Traum neben das Loch. Die Seile, an denen er und Trude heruntergeklettert waren, hingen noch immer da. Er zupfte an einem der beiden – und lauschte.

Stille.

„Hallo – Frau Brunhilde Truske-Schmittmeier! Können Sie mich hören?" Er steckte seinen Kopf einige Zentimeter tief in das runde Loch. „Hallo! Bruni!" Aber es kam keine Antwort. Sonnen zitterte. „Ich muss da runter, vielleicht kann sie sich nur nicht verständigen." Er schnappte sich eines der beiden Seile und hangelte sich daran hinunter. Die Seile waren feucht und durch die einsetzende Kälte beinahe gefroren. Sonnen rutschte bereits nach wenigen Handgriffen ab und landete auf dem ersten Absatz. Hier lagen die abgebrochenen Stuhlbeine. Sonnen zitterte jetzt so stark, dass die mitgenommene Taschenlampe ihm aus der Hand zu gleiten drohte. Mit Mühe richtete er sie in die Tiefe. Dort meinte er, etwas zu erkennen. „Hallo! Frau Brunhilde Truske-Schmittmeier, können Sie mich hören?" Er sah tatsächlich ihre Beine. Ihr Oberkörper lag, für ihn nicht sichtbar, im Tunnel. Er nahm das nächste Seil und machte sich stöhnend auf den Weg nach unten. Erneut rutschte er unbeabsichtigt schnell in die Tiefe. Zwei Meter über dem Boden des Tunnels verlor er den Halt und landete unsanft.

Er hustete einige Male, ehe er den Kopf hochheben konnte. Überall lagen Reste des Stuhls. „Frau Brunhilde Truske-Schmittmeier?", fragte er leise, fast ehrfurchtsvoll, als er ihre Beine sah.

Und machte eine endgültige Feststellung. Bruni war, wie zu erwarten, tot. Da war er, der wahrhaftige Tod. Ihr Kopf lag in einer Blutlache. Sonnen kroch zu ihr und legte seine Hand auf ihren Bauch, sie regte sich nicht. Ihre Wangen waren kalt, die Augen starr. Gevatter Tod war hier vor einigen Stunden mit seiner alten, rostigen Sense vorbeigekommen.

Tränen schossen ihm in die Augen, er weinte wie ein kleines Kind und fiel in tiefe Depressionen. Er sah sich vor seinem inneren Auge, wie er Bruni mit Fußtritten in die Tiefe befördert hatte. Er lehnte sich gegen die Tunnelwand und blickte in die Richtung, in der er mit Trude zusammen den Untergrund erforscht hatte. „Die sitzen jetzt alle da unten, feiern sich als die großen Entdecker! Und ich? Ich habe die Chance nicht genutzt und mich wie eine Bestie aufgeführt." Er klopfte mit seiner Faust gegen die Wand. „Alles, was ich anfasse, endet im Chaos." Er stand auf. Brunis Leiche lag in einem schmalen Rinnsal, das ihr Blut weitertrug.

Er ging einige Meter mit der leuchtenden Taschenlampe in der Hand. Dann blieb er stehen und drehte sich wieder um. Seine freie Hand fuhr in seine innere Jackentasche. Dort ergriff er die Pistole. Er nahm sie, drehte sie in den Händen, ließ seine Finger über sie gleiten. Sein Abstieg hier hinunter war erfolglos. Hatte er tatsächlich geglaubt, Frau Brunhilde Truske-Schmittmeier noch retten zu können? „Ich wollte doch nur den Schaden begrenzen ...", murmelte er leise vor sich hin. „Nur begrenzen. Habe ich das denn nicht? Auch wenn sie tot ist, habe ich meinen guten Willen nicht gezeigt? Mildern meine guten Absichten nicht alles das, was ich getan habe?" Er sah die Waffe noch einmal an, steckte sie dann in den Mund. Dann schob er seinen Zeigefinger gegen den Abzug und bewegte diesen.

Er drückte ab.

Es passierte nichts. Die Waffe war leer, und er wusste es. „Was mache ich nur als Nächstes?", fragte er laut. Nachdem er sich etwas beruhigt hatte, sah er die beiden Seile von oben herunterhängen.

Er ging auf sie zu.

22

Friedhelm war sich nicht mehr sicher, was er tun sollte. Er fühlte sich von Sonnen im Stich gelassen. Abgestellt, so, als ob er nicht mehr gebraucht würde. Vor ihm standen Eberhard Federlein, Maximilian, Frau Wagner und deren Enkelin Susanne und auch Trude. Letztere versuchte ihm klarzumachen, dass Sonnen sein Projekt „Goldsuche" an den Nagel gehängt hatte. Und dass er einfach so mit Friedhelms Waffe in der Hand aus dem Haus geflüchtet war.

Friedhelm ging nervös auf und ab, sein Messer in der Hand. Die anderen waren sich nicht sicher, wie er reagieren würde. Würde auch er jetzt fliehen oder doch weiterhin den Wachhund spielen? Doch Friedhelm konnte nicht glauben, dass Sonnen einfach aufgegeben hatte. Sonnen war doch nicht so weit gegangen, um dann auf einmal zu kapitulieren? Das sagte er auch seinen Gefangenen. „Wie meinen Sie das?", fragte Maximilian. „Nun, schauen Sie sich doch um, Sie und die anderen. Sie hatte er doch als Geiseln genommen. Und Frau Brunhilde Truske-Schmittmeier hat er auch auf dem Gewissen." Konter erwähnte er lieber gar nicht. „Was?", rief Trude. „Das war doch die Tante, mit der er mich vom Flughafen abgeholt hat." Friedhelm erzählte, was mit ihr geschehen war. Sie schauten sich betroffen an. Maximilian wurde kreidebleich. „Was wollen Sie nun machen? Hier bleiben oder gehen?", fragte Maximilian. Friedhelm fiel die Entscheidung sichtlich schwer. Er wollte noch immer nicht wahrhaben, dass sein „Chef" Otto Sonnen die Flinte ins Korn geworfen hatte. Friedhelm betrachtete Eberhard, der sich nur kurz von seinen Pergamenten hatte ablenken lassen und jetzt wieder wie eh und je über ihnen saß. Das Gerede der anderen interessierte ihn nicht weiter.

„Entscheidet euch doch endlich, ich muss aufs Klo!", sagte Susanne. „Kindes Mund tut Wahrheit kund!", nuschelte Frau Wagner, die mittlerweile verstanden hatte, worum es ging. Eberhard bedeutete ihnen mit einer Handbewegung, still zu sein, da er sich konzentrieren musste. Es war ihm zu laut zum Nachdenken geworden. Der Rest der Truppe schaute sich ratlos an. Friedhelm spielte, arg verwirrt, mit seinem Messer, klappte es zusammen, klappte es auf, putzte sich seine dreckigen Fingernägel damit, pulte in den Zähnen. Letztendlich schauten sie alle Friedhelm an und erwarteten von ihm eine Entscheidung. Es musste etwas passieren.

Friedhelm saß in der Zwickmühle. Würde er gehen und Sonnen wiederkommen, würde der ihm gehörig den Marsch blasen. Wenn nicht, würde er hier auf ewig Wurzeln schlagen. Entschlossen klappte er sein Messer zusammen. „Ich gehe!", brummte er und schaute Trude mit allergrößter Verachtung an. „Ich gehe, und wehe, das stimmt nicht, was Sie da sagen!" „Und dann?", fragte Trude, die mittlerweile ihre zwischendurch gelöschte und aufbewahrte Zigarre wieder angezündet hatte. Friedhelm spuckte neben ihr auf den Boden und steuerte dann auf den Tunneleingang zu, der in das Haus führte. „Ich gehe da lang!" Er zeigte auf den Tunnel. Maximilian nickte. „Ich komme mit und bringe Frau Wagner und Susanne nach oben." „Also, auf geht es!" Maximilian, Frau Wagner und Susanne gingen vor. Friedhelm kam mit einem geringen Abstand hinterher. „Ein gutes Gefühl habe ich ja nicht mit diesem Typen hinter uns", flüsterte Frau Wagner zu Maximilian. Dieser nickte und schaute hinter sich. Friedhelm blickte düster drein. „Ich vermute mal, dass ihn das verlorene Geld wurmt."

Und so war es.

Sie machten sich also auf den erneuten Weg durch den Tunnel in Richtung Maximilians Keller. Susanne jammerte, dass sie andauernd so viel wandern musste. „Mir tun die Füße weh!", erwähnte sie beinahe jede Minute, allerdings wollte sie niemand tragen. Beim letzten Abstieg hatte Trude eine Decke über das Skelett gelegt, dem sie nun schon so oft begegnet waren. Frau Wagner blieb an der Stelle stehen, sie wusste, was sich unter der Decke verbarg. „Wer das wohl war?", fragte sie laut, ging dann aber weiter. Maximilian drehte sich respektvoll zu dem verdeckten Toten um. „Ist aber schon traurig, hier unten zu sterben, unterhalb einer Stadt. Ob wir jemals herausbekommen, wer das war?" Susanne klammerte sich an den Arm ihrer Oma. „Oma, tut der mir was?", fragte sie im Weitergehen. „Nein, der ist schon lange tot. Der ist im Himmel." „Da, wo der Opa auch ist?", fragte Susanne. Frau Wagner nickte.

Oben im Keller angekommen, verschwand Friedhelm wortlos durch das Garagentor in die dunkle Nacht.

Maximilian atmete auf. Er konnte das Glück nicht fassen, ihn endlich los zu sein. Kurz danach begleitete er Frau Wagner und ihre Enkelin in deren Haus. In der Haustür blieb Frau Wagner stehen und schaute zu Schreckenberg, der rasch wieder nach unten verschwinden wollte. Susanne stand lachend neben ihr, so als ob das alles nur ein harmloser Ausflug gewesen wäre. Frau Wagner betrachtete Maximilian einen Moment lang in einer Weise, wie sie ihn noch nie angesehen hatte, freundlich, erschöpft und einigermaßen dankbar. Schreckenberg ging die Treppe wieder hinunter und verschwand in seinem Haus. Dort angekommen, zog er sich erst einmal um und grübelte darüber nach, ob es nicht langsam an der Zeit war, die Polizei hinzuzuziehen. Ein normaler Bürger wäre sofort ans Telefon geeilt und hätte die 110 gewählt. Maximilian tat es nicht, sondern ging wieder hinunter in den Keller, wo er erst den Schaden an seinem Wagen begutachtete.

„Ich werde mal mit den anderen sprechen, was wir als Nächstes tun sollen. Bald, bald habe ich wieder mehr Zeit und kümmere mich um dich!" Er tätschelte die Motorhaube. Schnell verschloss er alle Türen und stopfte wieder einige Lebensmittel in eine Tüte. „Dieser Eberhard hatte ja einen Mordshunger!" Dann machte er sich wieder auf den Weg nach unten.

Federlein rannte dort kreuz und quer durch die Vorhalle des Domes, gefolgt von Trude. Beide suchten und forschten nun gemeinsam. Trude hatte ihm im Vertrauen erklärt, wozu Sonnen sie hier heruntergeschickt hatte. Eberhard gefiel es zunächst überhaupt nicht, sich mit einer professionellen Raubgräberin abgeben zu müssen, doch er arrangierte sich schnell mit ihr. „Ich werde als Entdecker in die Geschichte eingehen! Nicht diese Frau Trude!", dachte er sich. „Denn wer würde der schon ernsthafte wissenschaftliche Ambitionen abnehmen? Niemand!"

„Phantastisch! Phantastisch!" Mehr brachte man nicht aus ihm heraus. Er hatte aus seinem Hartschalenkoffer ein Metermaß herausgenommen und vermaß nun alles, was sich unter den gegebenen Umständen messen ließ. Zwischendurch verschlang er dankbar einige der Sachen, die Maximilian ihm mitgebracht hatte, und Trude nahm einen Schluck aus einem ihrer Kümmerling-Fläschchen, die sie in der Tankstelle geklaut hatte. Ob es der Kümmerling war, der Trudes Streifschusswunde schneller heilen ließ, war unklar, jedenfalls humpelte sie nur noch ein wenig und ignorierte ansonsten die Verletzung. Die leeren Flaschen warf sie zu Eberhards Entsetzen auf den Boden. „Frau Trude!" Er deutete mit strengem Blick auf die Flaschen, was Trude tatsächlich dazu brachte, ihren Müll verlegen wieder einzusammeln.

Maximilian sah dem Treiben in Ruhe zu und atmete tief durch. Alles in allem ging es hier jetzt zwar friedlicher, aber auch ein wenig chaotisch zu. Federlein war zu kaum mehr als ein paar groben Feststellungen zu bringen. Mehr ging nicht, da er so sehr mit dem Gedanken beschäftigt war, wie er sich am besten in die Geschichtsbücher bringen konnte. Er war berauscht von dem Gedanken, eine Entdeckung zu veröffentlichen, die wie eine Bombe einschlagen würde. Sein Name wäre auf einen Schlag in Fach- wie Laienkreisen weltbekannt.

Maximilian erzählte Trude und Eberhard von seiner Idee, die Polizei zu rufen. Doch es geschah etwas Merkwürdiges, beide schüttelten gleichzeitig den Kopf. Vor allem Eberhard Federlein beharrte auf seinem Wunsch, doch bitte zum Ausgleich der Taten, die Otto Sonnen ihm angetan hatte, hier noch ein paar Stunden in Ruhe suchen zu dürfen. Maximilian nickte. „Klar, aber was hat das damit zu tun, dass ich die Polizei rufe? Die werden doch ihre Arbeit hier nicht stören. Im Gegenteil. Ihre Kollegen werden Ihnen zur Hilfe kommen." Eberhard winkte ab. „Nein, bitte, Herr Schreckenberg. Lassen Sie mich doch noch einige Stunden hier unten alleine. Bitte!" Trude pflichtete ihm bei. „Das sehe ich auch so." Sie ging einen Schritt auf Maximilian zu und nahm seine Hand. „Maxi, bitte tu es noch nicht. Jetzt wo der Sonnen getürmt ist, ist doch alles in Ordnung!" Er schaute ihr in die Augen, aus denen ungebrochene Energie blitzte. Sie war trotz der Strapazen voller Tatendrang, hier unten weiterzusuchen. Er hatte verstanden. Dennoch wollte er nicht einsehen, dass Sonnen und Friedhelm noch länger frei herumliefen. Es war ja auch nicht sicher, ob sie nicht noch weitere Verbrechen begehen würden.

Federlein meinte nur: „Warten Sie noch ein paar Stunden. Sonnen wird schon nicht mehr zurückkommen. Da bin ich mir sicher!" Maximilian willigte ein. Ein gutes Gefühl hatte er dabei aber nicht.

Eberhard blieb stehen und zeigte auf seinen Koffer, den er in einen Behelfsschreibtisch umgebaut hatte. „Dahinten liegen meine Unterlagen. Ich habe bis jetzt schon eine Menge zusammengetragen. Dank der kompletten Dokumentation des Chronisten! Warten Sie ab. Nachher werde ich alles von vorne bis hinten erklären. Aber ich muss noch meine Vermessungsarbeiten fortsetzen." Eberhard zeichnete auf seinem Notizblock. Neben einer groben Skizze notierte er sich die abgeschrittenen Distanzen.

„Vom mittleren Eingang des Domes bis zur weitesten Stelle des Platzes sind es ungefähr achtzig Meter. Genau an dieser Stelle befindet sich ein Tunneleingang, der über fünfzehn Treppenstufen (unten breiter, nach oben hin schmaler werdend) nach oben führt. Links, gut zwanzig Meter weiter nach Westen, befindet sich ein identischer Tunneleingang, und knapp vierzig Meter nach rechts vom mittleren Tunneleingang aus gesehen ebenfalls. Jeder dieser Eingänge ist von der Größe her gleich (Höhe 1,90 Meter, breiteste Stelle 1,30 Meter). Bei den Eingängen handelt es sich um ein Gewändeportal mit Archivolten. Solche Portale finden sich auch teilweise in den Tunnelsystemen."

Eberhard Federlein schrieb und schrieb, eilte hin und her. Trude ging die Sache gemütlicher an. Sie marschierte zusammen mit Maximilian über den Vorplatz und suchte nach irgendwas, was ihnen weiterhelfen könnte. „Egal was, und sei es nur altes Werkzeug!", meinte sie. „Oder etwas Wertvolles!" Maximilian war klar, was sie damit meinte.

„Wenn ich nur wüsste, wo genau wir unter der Stadt sind?", meinte Eberhard und schaute hinauf zur Decke. „Man hört ja gar nichts, weder Straßenverkehr noch sonst was." Eberhard dachte nach. „Und dann haben wir da noch diesen merkwürdigen Eingang, der in diesen Schrebergärten endet. Das war mal ein alter Brunnen." Er dachte mit Schrecken an das schmale Loch, durch das man ihn gedrängt hatte. „Da habe ich es fast bereut, so dick zu sein!" Er lachte, stopfte sich einen Schokoriegel in den Mund und tätschelte seinen Bauch.

Dann suchte er weiter, doch Maximilian ließ die Frage nach dem „Wieso" nicht mehr los. „Herr Federlein, können Sie mir nicht erzählen, was das hier unten nun alles soll? Ich werde langsam müde, möchte aber auch nichts verpassen, wenn Sie verstehen, was ich meine." „Na gut, kommen Sie mit!" Trude folgte Schreckenberg, sie standen erwartungsvoll Federlein gegenüber. „Ich habe mir die ganzen Dokumente angesehen, und wenn ich ehrlich bin, ist es ein Wunder, dass sich jemand die Mühe gemacht hat, alles aufzuschreiben. Aber wahrscheinlich belüge ich mich selber, wenn ich glaube, das alles hier alleine erforschen zu können. Das wird wohl nicht funktionieren. Ich brauche Hilfe." Er schaute Trude an. „Richtige Hilfe. Sie wissen, was ich meine." Trude nickte. „Im Laufe des Tages werde ich Kontakt mit dem Museum aufnehmen und von dort aus alles in Bewegung setzen, damit das hier in geordnete Bahnen kommt. Und damit jemand wie dieser Sonnen hier nicht mehr sein Unwesen treiben kann." „Nun machen Sie es nicht so spannend! Ich habe ein Loch im Keller, finde einen Tunnel hier runter. Werde entführt, in meinem Haus wird geschossen. Glauben Sie mir, meine Nerven sind bald am Ende, und deswegen bitte ich Sie um schnelle Aufklärung!" Maximilian war aufgebracht.

„Nun, so einfach ist das nicht. Ich habe bereits kurz von dem Trierer Bischofsstreit erzählt. Dieser Streit ..." Trude unterbrach Eberhard. „Erklär das noch mal!" Sie schaute Maximilian an. „Ja, ich hab's wieder vergessen! Das kann in meinem Alter mal passieren."

Eberhard lachte. „Nach dem Tod des Trierer Erzbischofs Arnold I. entbrannte ein Streit darüber, wer dieses würdige Amt bekommen sollte. Arnold verstarb 1183. Als ich das erzählte, waren Sie ja auch nicht dabei." Er zögerte und fuhr dann fort. „Also, während des Streites wurden die Häuser und Besitztümer Folmars von den Truppen König Heinrichs VI. und den Gegnern Folmars verwüstet und geplündert. Das könnte der Anlass für den Bau dieses zweiten versteckten Domes unter der Erde gewesen sein. Zwar wurde 1186 Folmar durch den Papst Urban III. zum Erzbischof Triers geweiht, aber da hatte er wohl schon den Bau begonnen, und es war wegen der unsicheren Zeit sinnvoll für ihn gewesen, weiterzubauen. Schließlich war seine „Herrschaft" keine besonders herausragende gewesen. Es gab viel Zwietracht zwischen seinen Anhängern und denen seines Gegners Rudolf, und die Maßnahmen dieses Erzbischofs Folmar waren ganz schön hart und unbesonnen. Die ganze Klerikerschaft und wohl auch die Bevölkerung wurde in Mitleidenschaft gezogen. Am Ende dieser unseligen Epoche des Trierer Schismas wurden alle Anordnungen Folmars und Rudolfs für ungültig erklärt und der trierischen Kirche die alleinige Wahl über ihren Erzbischof zugestanden. 1190 endlich wählte man Johann, den Kanzler Heinrichs VI., zum neuen Erzbischof, und es sollte Ruhe einkehren. Was stand noch mal auf seinem Epitaph: Durch ihn wurde der Schuldschein des Fluches gelöst, der in diesem Land wütete. Hm, ja, irgendwie ergibt das Sinn. Vermutlich hat Folmar während der ganzen Zeit seinen versteckten Dom weiterbauen lassen. Er hat ihn aus Hass und Ärger auf seine Gegner bauen lassen. Was das an Geld und Menschenleben gekostet haben mag! Kaum vorstellbar. Hatte er gar eine Kirchenspaltung betreiben wollen, wenn alles nach seinen Plänen gegangen wäre? Obwohl, wahrscheinlich ging es auch hier weniger um religiöse Angelegenheiten als um die Durchsetzung territorialer Eigeninteressen und Machtgewinn der beteiligten Adelsfamilien. Unter dem Deckmantel der Religion, wie vermutlich bei den meisten Auseinandersetzungen in der Geschichte und letztlich auch heute noch. Jedenfalls ist das eine ganz ungeheuerliche Entdeckung hier unten, eine wahrhaftige Sensation! Das wird einiges auf den Kopf stellen."

Trude und Maximilian sahen ihn verständnislos an. „Können Sie das ein wenig genauer erklären?"

„Ja, wie schon erwähnt, war es der Archidiakon Folmar, der sich beschwerte. Denn man hatte sich zunächst für den Dompropst Rudolf von Wied entschieden und ihn zum Nachfolger des verstorbenen Erzbischofs gewählt. Am nächsten Tag wurde das alles rückgängig gemacht." „Aber wie denn, und wieso?", fragte Maximilian. „Wieso? Rudolf von Wied wurde nur von der höheren Geistlichkeit gewählt und nicht zusätzlich vom Volk. Um es einfach auszu drücken, die Geistlichen haben einfach einen Nachfolger gewählt – obwohl das Volk ein Mitspracherecht gehabt hätte. Aber ich bitte zu beachten, dass dies wirklich nur eine vereinfachte Schilderung ist!" Trude und Maximilian nickten. Eberhard seufzte. „Hoffentlich hört keiner meiner Kollegen meine Ausführungen. Na, egal. Das ging also so hin und her, bis man sich dazu durchringen konnte, den ganzen Streit dem Kaiser vorzutragen. Dieser sollte entscheiden, wie es weiterging." Eberhard holte tief Luft.

„Dem Archidiakon Folmar ging das nicht schnell genug. Der wollte eine direkte Neuwahl, weil er der Meinung war, dass der Bischofssitz nicht länger unbesetzt sein dürfte. Man verabredete sich also und wollte dann jemanden wählen. Nun kam es aber, dass dieser Folmar zu ...", er räusperte sich, „... zu seinen Leuten ging. Der Herzog von Limburg favorisierte Folmar. Unter diesen Leuten waren hauptsächlich normale Bürger und Adlige – keine Geistlichen. Na ja, nach reichlichem Hin und Her wurde dieser Archidiakon Folmar von den eben genannten Leuten auf den bischöflichen Thron gesetzt."

Trude lachte. „Na, so einfach ging das!"

„Nein, die Lage war natürlich etwas komplizierter. Da sie sich aber für den nächsten Tag mit eben den Geistlichen verabredet hatten, kann man sich vorstellen, wie irritiert diese waren, als der Archidiakon Folmar plötzlich auf dem Thron saß. Die Sache wurde natürlich nicht sonderlich wohlwollend aufgenommen, und man brachte die Angelegenheit dann vor den Kaiser Friedrich Barbarossa. Der sollte ein Machtwort sprechen, und das hieß, er sollte selbst eine Person vorschlagen, falls die Trierer das Problem nicht selbst geregelt bekämen. Allerdings wählten die Trierer, die bei dem Kaiser waren, dann doch selbst einen neuen Erzbischof – Rudolf von Wied. Der nahm die Wahl auch sofort an, was den Papst dazu bewegte, Folmar zu unterstützen, weil Rudolf dem Protokoll zufolge dem Kaiser nicht hätte zusagen dürfen, sondern erst die päpstliche Entscheidung hätte abwarten müssen.

Archidiakon Folmar und seine Leute hatten aber ein Näschen dafür gehabt, dass sie wohl beim Kaiser verlieren würden, und machten sich bereits vorher auf den Weg zurück nach Trier. Als Rudolf von Wied hier ankam, stellte er etwas Sonderbares fest."

„Was? Was?", fragten Trude und Maximilian beinahe gleichzeitig.

„Der Dom war von Archidiakon Folmars Leuten besetzt worden." Federlein rutschte nervös hin und her. „Alles, was ich jetzt erzählt habe, ist durch historische Quellen belegt. Die Sache geht noch weiter. Aber ab hier nimmt sie wohl ihren eigenen Verlauf. Das alles, von dem ich eben sprach, war wohl der Auslöser hierfür." Er rieb sich die Hände. „Allerdings muss ich immer noch darauf hinweisen, dass ich aufgrund der kurzfristigen Forschungen wirklich nur lückenhaft erklären kann."

Dr. Federlein nahm einen Zettel zur Hand und las ihn durch. „Das hier habe ich eben geschrieben, all das klingt wirklich unglaublich. Damals, als dieser Folmar den Dom besetzt hatte, ging sozusagen die Post ab. Auch auf die Gefahr hin, dass ich mich wiederhole, damals passierte natürlich mehr als das, was ich gerade erzählt habe. Der Sohn des Kaisers kam nach Trier und zerstörte Folmars Haus, dieser flüchtete erst mal und und ..." Dr. Eberhard Federlein wedelte mit seinen Händen hin und her.

„... später suchte er Unterschlupf bei einem Bischof in Metz." „Hört sich ja interessant an." Maximilian las Eberhard jedes Wort von den Lippen ab.

„Danke, aber es wird erst noch wirklich interessant!"

Trude öffnete eine neue Flasche Kümmerling, die sie in einem Zug leerte.

„Danach passierte etwas, was ich bisher noch nie im Zusammenhang mit der Trierer Stadtgeschichte gehört habe. Aber es gibt eben viele Dinge, die nur spekulativ sind.

Alleine die Tatsache, dass dieses unterirdische Gebäude so lange unentdeckt geblieben ist, ist schon unglaublich. Aber was war hier los, was bewegte wen dazu, das hier zu erbauen? Bei genauerer Betrachtung sieht es dem Dom allerdings nicht so ähnlich, wie wir zuerst gedacht haben. Das liegt daran, dass der Dom oben ja immer weiter gebaut wurde. Dieses Gebäude hier unten ist insofern noch interessanter, als nur bis zu einer bestimmten Zeit daran gearbeitet wurde und es dann bis heute unberührt blieb. Die Epochen, die den Dom oben ...", Eberhard zeigte an die Decke, „... baulich verändert haben, fehlen hier. Wie bereits erwähnt, ist er unfertig. Es fehlen Fenstergläser und ein Altar. Nur wenig Zierschmuck ist zu sehen, aber das, was da ist, ist einwandfrei und handwerklich perfekt. Hier haben keine Abgase den Sandstein zerfressen, kein Krieg und kein Feuer hat etwas zerstört. Es ist eine beachtliche Bauleistung, die hier vollbracht wurde, angefangen von der Statik bis hin zu den Tunneln, die wir ja schon zu Gesicht bekommen haben. Aber damals befand man sich in einer Art Aufbruchsstimmung. Es wurden Erfindungen getätigt, die dieses Gebäude erst ermöglicht haben. Es wird noch Jahre dauern, bis wir genau wissen werden, wie sich hier unten alles zugetragen hat, wenn wir es überhaupt je herausfinden werden. Jetzt kann ich, wie gesagt, nur Vermutungen anstellen. Wissenschaft ist oft ein mühsames Sammeln von Details, die dann am Ende oft immer noch kein komplettes Bild dessen wiedergeben, was war. Wenn man Pech hat, bleiben auch zum Schluss nur Vermutungen. Wahrscheinlich ist das alles hier aus Neid und Missgunst, Machtansprüchen und Politik entstanden. Und wer kann heute schon genau sagen, was für einen Charakter dieser Folmar hatte. Vielleicht saß er ja irgendwo im Ausland und steuerte aus Gram heraus diesen Bau. Er sammelte Geld für seine Sache, heuerte Menschen an, die ihm willig halfen."

Maximilian warf Trude einen Blick zu. „Dann können Sie Trude doch bestimmt auch sagen, ob hier unten Gold zu finden ist? Wenn die Leute, die das hier erbauten, Geld bekommen haben, dann ist vielleicht noch etwas davon hier? Das alles hier hat doch bestimmt mehr als nur ein Taschengeld gekostet!" „Er meint das Gold, hinter dem dieser der Irre her war. Sonnen hat eine Münze gefunden", sprach Trude und sah Eberhard fragend an. „Ja, das gibt mir schon ein Rätsel auf, aber man möge mir das verzeihen." Federlein grinste. „Dem Sonnen hätte ich allerdings schon vorher sagen können, dass die Wahrscheinlichkeit, hier unten Gold zu finden, eher gering ist, wenn nicht sogar unmöglich. Dieses Goldstück könnte aus purem Zufall hier verloren gegangen sein. Keine Ahnung, vielleicht wurde jemand damit bezahlt oder es ist jemanden aus der Tasche gefallen, alles das ist denkbar." Eberhard blickte nachdenklich auf die beiden. „Tut mir leid, so ist es eben. Aber es kann auch sein, dass hier irgendwo doch ein riesiger Schatz vergraben ist. Davon gehe ich allerdings nicht aus!" Er stopfte sich wieder etwas zwischen die Zähne und redete mit halb vollem Mund weiter. „Das alles hier sieht aus wie ein Rohbau, der nicht fertig geworden ist." „Vielleicht ist der Folmar ja gestorben, bevor er fertig wurde", meinte Maximilian. „Ja, der muss ohnehin lange vor der Fertigstellung gestorben sein", antwortete Federlein. „So ein Bau nimmt ja zig Jahre in Anspruch. Es kann möglich sein, dass der Mann die Sache so sehr beeinflussen konnte, dass Jahre über seinen Tod hinaus daran weitergearbeitet wurde."

23

Eberhard legte die Pergamentseiten vor sich und begann, sie mit theatralischer Stimme zu übersetzen. „Mein Stand erlaubte es mir, im Besitze des vollen Geistes diese Seiten hier zu schreiben. Seit Jahrzehnten gruben wir unter der Stadt. Diese Last, die vor vielen Jahrzehnten nach dem Tode unseres Bischofs durch einen niederen Streit zustande kam. Menschen kamen und gingen, Menschen arbeiteten und starben. Ich weiß nicht mehr, wie lang es her ist, dass ich unser altes Stadttor bei helllichtem Tage gesehen hatte. Mein Weib war mir fortgelaufen. Ich kämpfte alleine. Es wollte kein Tag vergehen, an dem wir nicht die toten Leiber unter den Mauern Triers verscharrten. Kinder, Frauen, Greise. Jeder, der sich gerade noch auf den Beinen hielt, wurde verpflichtet, unter dem Siegel der Verschwiegenheit seine Arbeit zu verrichten. Bestechungsgelder hier und da, salbende Worte und Beschwörungen, dass das Unrecht, welches dem Folmar widerfahren war, bald wieder gerächt würde sein. Ein verschwiegener Bund aus Metz spendierte uns alle Jahre Materialien und was wir sonst noch brauchten. Die Münzen sprudelten aus goldenen Kisten. Die besten Meister kamen, sie arbeiteten und wurden verschlissen. Auch sie wanderten den letzten Weg in ein unchristliches Grab. Aus diesem Grunde habe ich mich selbst auserkoren, als Chronist alles aufzuzeichnen.

Wir kämpften gegen den Fluss. Er drang in den ersten Tunnel, dann in die nächsten. Wir hämmerten und meißelten, immer mit dem Blick auf den Feind, der uns nicht stören sollte. Einen Feind, den wir nie gesehen hatten. Wir bohrten uns durch den Untergrund der Stadt, wichen dem Grundwasser aus, um dann eine dort unten in der Tiefe vorhandene natürliche Höhle weiter auszubauen. Wir befestigten die Tunnel, um hierdurch alle Materialien in den Grund zu bringen. Wir suchten uns verschiedenste Wege, um die Höhle unter der Stadt zu erreichen. Fanden die Lösung, indem wir außerhalb der Stadtgrenzen gruben. Im Norden und im Süden der Stadt trieben wir die Stollen in die Erde.

Es grenzt an ein Wunder, was uns hier gelang. Es war ein Wunder. Auch wenn am Ende die Freude zu klein und das Leid zu groß war. Wir hatten es geschafft, wir vollendeten, was unsere Väter begonnen hatten. Folmar war schon lange in seinem Grab, als wir den letzten Stein hinaufhoben, um das Ebenbild seines Doms zu vollenden. Doch am Ende stand da ein geistloses Gebäude, welchem doch der letzte Glanz fehlte. Das Geld war verbraucht, die Menschen waren verbraucht, und allmählich verbrauchte sich auch der Sinn des Unterfangens. Da nun doch Gerüchte in Umlauf gekommen waren, dass des Nachts Karren beladen mit Baumaterial durch die Straßen rollten, beschlossen wir, das Werk abzubrechen. Wir ließen das Werkzeug fallen, verscharrten unsere Spuren und verbrannten eines Nachts vor den Eingängen alle Überbleibsel.

Der Grund für meine Aufzeichnungen ist der Wunsch, endlich das Schweigen zu brechen. Noch will niemand solche Aufzeichnungen, doch spätere Generationen mögen das anders beurteilen. Ich schreibe dies und schicke den letzten Arbeiter nach Hause. Es scheint, als ob das große Werk für immer unfertig versinkt in der Zeit, und niemand je erfahren wird, was sich hier vollzog." Federlein blätterte in einigen der Pergamentseiten und notierte etwas. „Mist, hier fehlt doch was." Dann las er weiter.

„... Folmar flüchtete und war hasserfüllt, da er den Bischofsstuhl zu Trier nicht halten konnte. Er flüchtete vor des Kaisers Sohn, gekleidet in einfache Gewänder. Er eilte zu dem Bischof zu Metz." Eberhard hielt inne – Maximilian und Trude schauten ihn an. „Was ist?", fragten sie. Eberhard blätterte in seinen verstreuten Unterlagen. „Alles stimmt mit der mir bekannten Geschichtsschreibung überein. Es ist großartig!"

„Folmar forderte weiterhin seinen Bischofssitz ein. Mit Hilfe starker Verbündeter begann er ein geheimes Rachevorhaben: Er wollte einen eigenen Dom, den er regieren konnte. Er wollte ihn so nahe als möglich an dem Ort, an dem er nicht sein durfte. Hunderte von Arbeitern schufteten hier unten. Sie lebten und arbeiteten und starben hier. Wir bekamen Briefe, mal aus Metz und mal aus Toul mit Anweisungen, wie wir vorzugehen hatten. Mächtige Familien, die dem neuen Trierer Bischof nicht gewogen waren, unterstützten und deckten Folmars Tun. Doch ich bin nun der Letzte. Es kamen keine Briefe mehr und auch kein Geld. Ich bin müde und lasse ab von diesem diktierten Wunsch, ein geheimes Monument zu erbauen.“

Eberhard legte die Papiere auf die Seite. „Das ist aber starker Tobak!“, meinte er und schaute Trude an. „Wissen Sie, was das bedeutet?“ Trude zuckte die Schultern. „Hört sich irgendwie sehr abgehoben an.“ „Abgehoben, sicherlich, eine sehr distanzierte Betrachtung von jemanden, der eine offenbar nicht unwichtige Rolle in dem Ganzem spielte. Man fragt sich natürlich auch, wie das möglich war, dass niemand in der Stadt bemerkte, was hier unten im Gange war.“ Eberhard kritzelte etwas auf seinen Notizblock. „So, wie ich das sehe, ist dieser Dom hier nur entstanden, weil es diesen Streit gab, den Streit um die rechtmäßige Wahl des Erzbischofs.“ Maximilian fragte Eberhard, wie sich ein solches Unterfangen nur hatte geheim halten lassen. „Nun, die Stadt war damals deutlich kleiner als heute – viel kleiner als das römische Trier. Die Bewohnerzahl ebenfalls. Insofern ist es eigentlich nicht verwunderlich. Die Eingänge, die wir kennen, müssten damals weit außerhalb der Wohnbebauung gelegen haben. Der Chronist schreibt von mehreren Generationen von Menschen, die an diesem Gebäude mitgearbeitet haben.“ Eberhard leuchtete mit seiner Taschenlampe den Dom hinauf.

„Nun, was weiter? Was schreibt dieser Mann weiter?",
fragte Trude. Sie hatte keine Zigarre mehr, die sie hätte be-
ruhigen können, und auch keinen Kümmerling.

„Wir lebten unterirdisch. Kaum ein Tag verging, an dem
wir uns nicht wünschten, den Tageshimmel zu sehen.
Nachts waren wir auch draußen, nur dann konnten wir uns
unbehelligt bewegen. Den Rest der Zeit lebten wir unter der
Erde. Es wurde verbreitet, dass sich des Nachts die Geister
aus der Erde erheben, und so ließ sich unser Tun verbergen. Wenn meine Kräfte es ermöglichten, würde ich
tagelang über das schreiben, was hier geschah." Eberhard
stand auf und leuchtete mit der Taschenlampe um sich
herum. „Hier unten leben? Wo?", fragte er in den leeren
Raum des Vorplatzes. Auch Trude sah sich ratlos um. „Was
ist denn nun wieder los?", fragte Maximilian. „Nun, der
schreibt, dass er hier gelebt habe, aber hier ist nichts!
Keinerlei Spuren von Menschen, die hier unten ihr Leben
verbracht haben. Keine Schlaf- und Ruhestätten, nichts!"
Eberhard schob seine Haare mit den Fingern zurück, an
denen Staub und Dreck klebte. „Na und, vielleicht haben
die ja ordentlich aufgeräumt oder alles verbrannt, das hatte
der doch geschrieben", sagte Maximilian. „Dummes Zeug!",
murmelte Eberhard. „Ich muss weiterlesen. Irgendwo
stand da was drüber." Er blätterte durch seine Notizen,
hielt dann inne: „Hier, das Dorf unter der Erde, das neben
den Menschen auch unseren letzten Rest an Glauben be-
herbergte, unseren einzigen Schatz, der uns hier unten
Licht und Freude spendete." Trude sprang wie von der
Tarantel gestochen auf. „Was? Ein Schatz?", rief sie. Eberhard las den Text noch einmal. „Also, ich kann keine Ge-
währ übernehmen, ich habe das hier so gut wie möglich
übersetzt. Und außerdem fehlen ja auch einige Pergamente.
Aber hier steht es tatsächlich ... ‚Dorf unter der Erde' ...
‚Schatz' ...", er legte den Zettel zur Seite. „Lass mal sehen!"
Trude riss den Notizzettel an sich. „Geben Sie es auf, meine
Sauklaue können Sie doch nicht lesen!", entgegnete Eber-

hard lachend. Trude schüttelte den Kopf und versuchte die Abschrift zu entziffern. „Sie werden da auch nicht mehr herauslesen, glauben Sie mir." Eberhard kratzte sich am Kopf. „Manno, das ist ja wie in einem spannenden Roman. Aber hier geht es nicht weiter. Ich dreh durch!" Eberhard, genau wie Trude und Maximilian, war begierig nach weiteren Informationen. Der Chronist schrieb nicht viel. Die sowieso schon knappen Ausführungen endeten abrupt.

Trude wurde durch die Erwähnung des Schatzes wieder an ihre eigentliche Profession erinnert. Wie ein Bluthund hatte sie Witterung aufgenommen: die des Goldes. Ihre Gesichtszüge veränderten sich auffällig. Sie witterte wieder die Spur des Goldes. Eberhard und Maximilian gingen einige Meter weiter. Mit einem Seitenblick auf die in Eberhards Notizen vertiefte Trude. „Hoffentlich rastet die nicht aus. Wer weiß, vielleicht hat dieser Sonnen sie ja mit seinem Goldfieber angesteckt. Ich persönlich glaube nicht, dass wir da was finden. Mit Schatz kann man vielerlei Dinge meinen", sagte Eberhard zum besorgt dreinschauenden Maximilian. „Ja, das glaube ich auch. Aber sie meint das nicht so. Sie würde niemandem etwas antun."

Eberhard sah ihn nachdenklich an.

„Wirklich nicht?", fragte er. „Wirklich nicht", erwiderte Maximilian.

Sie gingen zurück. Trude hatte den Zettel auf den Boden geworfen. „Was ist nun? Was bedeutet das nun? Wo sollen wir suchen?" Trude schaute Eberhard erwartungsvoll an. „Ich habe keine Ahnung, Frau Trude. Ich denke, dass ich hier unten fürs Erste an das Ende meiner Forschungen komme. Ich meine damit, dass es an der Zeit ist, Verstärkung zu holen und das Ganze der Öffentlichkeit mitzuteilen." Trude wollte das nicht wahrhaben. „Wie denn nun? Eben wolltest du noch alles hier alleine ausbuddeln, und jetzt nicht mehr?" Eberhard schwieg. „Oder reicht das jetzt, um den Ruhm zu ernten? Der Herr Doktor braucht jetzt nur noch die Pinselschwinger zu rufen, die dann die

Drecksarbeit machen, nicht wahr?" Trudes Gesicht färbte sich rot. Maximilian sah mit Erschrecken, wie zwischen ihr und Eberhard Federlein ein faustdicker Streit entbrannte. „Frau Trude, was soll ich denn nun tun? Ich brauche mehr Hilfsmaterial. Ich muss auf andere Informationen zugreifen. Ich benötige genaue Daten über das, was hier im Mittelalter los war. Ich weiß zwar vieles, aber bei weitem nicht alles!" „Nein! Wir müssen nach diesem Schatz suchen! Direkt und ohne noch länger zu diskutieren." Sie gingen beide auf und ab, gestikulierend und mit verzerrten Mienen. Trude ballte ihre Fäuste, Eberhard legte seine Stirn in Falten. „Hören Sie doch, wir können uns ja den Ruhm dieser Entdeckung teilen, aber es gibt hier wirklich nichts, was ich ohne weiteres Personal machen könnte." „Den Ruhm teilen!" Trude lachte laut. „Ausgerechnet mit mir? Dass ich nicht lache! Für Sie und die anderen bin ich doch nur eine hergelaufene Landstreicherin!"

Die Diskussion wurde immer heftiger, und Maximilian überlegte fieberhaft, wie er die Situation entschärfen könnte. Er machte einen Schritt auf die beiden zu. „Bitte, ich dachte, dass wir unsere Streitigkeiten längst beigelegt hätten." Doch Trude und Eberhard schauten sich verbittert an. „Was wollen Sie denn nun konkret machen?", fragte Eberhard. Trude spuckte ihm ihre erkaltete Zigarre vor die Füße. „Du machst jetzt, was ich will, klar?" In ihrem Gesicht war ein merkwürdiger Ausdruck erschienen. Maximilian erkannte Trude nicht mehr wieder. „Für mich hängt eine Menge von dieser Sache ab. Da der Sonnen mir viel Geld schuldet, muss ich es mir auf andere Art und Weise besorgen." Sie schaute Maximilian an. „Tut mir leid, Maxi, wirklich!" Neben ihrer neu entflammten Brutalität schimmerte noch ein wenig Hilflosigkeit. „Trude, mach keine Dummheiten! Bitte! Was ist nur in dich gefahren?"

Sie beantwortete seine Frage nicht. „Los, Dicker. Mach weiter!" Sie fasste mit ihrer rechten Hand in ihre Jackentasche. „Gut, dass ich mir die bis zum Schluss aufgehoben habe! Ist ein Mitbringsel aus Madrid!" Sie hielt das Etwas in der Hand, einen Revolver. „Wie hast du den durch die Flughafenkontrolle bekommen?", rief Maximilian überrascht aus und schnappte nach Luft. „Das bleibt mein Geheimnis!" Sie fummelte mit der Waffe durch die Luft. „Damit hätte ich den Friedhelm schon in die Flucht schlagen können, aber man weiß ja nie, wozu es gut ist, sich so eine Überraschung bis zum Ende aufzusparen!" Sie lachte leise.

Maximilian war enttäuscht. Er hatte vorhin wirklich daran geglaubt, dass er und Trude sich würden näher kennen lernen können. Jetzt lachte er bitter auf bei dem Gedanken. Wie naiv er nur gewesen war! Maßlose Enttäuschung und eine handfeste Wut ballten sich zusammen. „Was jetzt?", fragte Dr. Eberhard Federlein. „Was, was, was ... sonst fällt dir nichts ein, oder? Jetzt lies das Pergament und sag mir endlich, wo dieser Schatz ist!" Sie wurde energischer.

„Ich weiß doch nicht, ob da ein Schatz ist! Ein Schatz kann alles Mögliche sein, auch eine Reliquie. Stellen Sie sich mal vor, wenn die aus dem Heiligen Land einen verrosteten Nagel mitgebracht hätten. Das wäre vielleicht auch ein Schatz für die Menschen gewesen. Und außerdem, Frau Trude, Sie machen da einen gravierenden Fehler, glauben Sie mir. Sie werden am Ende enttäuscht sein." „Nein, wenn du noch weiterschwafelst, drücke ich ab! Mach hin! Ich will endlich hier raus aus diesem dunklen und nassen Loch unter eurer Stadt. Und mal ganz am Rande, ich möchte am liebsten ganz hier weg! Ganz schnell!" Trudes Verwandlung schnitt Maximilian ins Herz.

Eberhard blätterte hin und her, er suchte nach einer genaueren Beschreibung, was den Schatz betraf. Er dachte, dass es ihm ja aufgefallen wäre, wenn der Chronist etwas von Kisten voller Gold geschrieben hätte. „Wir lebten unter der Stadt ein enthaltsames Leben. Mein Vater hatte mir überliefert, dass es ihnen an nichts gefehlt habe, uns indessen fehlt es an allem. Folmars Wunsch, einen eigenen Dom zu haben, ruinierte die Kassen der Leute, die ihn zu Lebzeiten unterstützten. Sie verstarben und ihre Nachfolger verloren das Interesse daran, Folmars Pläne zu Ende zu führen. Ich und die restlichen Anhänger spürten, dass wir sie beenden sollten, auch wenn es so unfertig und überwältigend war. Wir reinigten alles, beseitigten alle Spuren, kein Mensch soll hier unten gewesen sein. Alles sollte rätselhaft sein, so sagten die anderen. Ich war anderer Meinung. Daher habe ich diese Schriften angefertigt. Von diesem Pergament soll niemand wissen. Erst der Mensch, der sie einmal finden wird, kann das Geheimnis lüften."

Trude signalisierte Ungeduld. Maximilian stand reglos da und starrte Trude an. Angewidert stellte er fest, dass für ihn nun alles wieder so war wie am Anfang, als Otto Sonnen ihn drangsaliert hatte. Es stimmte ihn unendlich traurig, dass Trude ebenso gierig nach dem imaginären Schatz war wie dieser Mörder. „Los, ich brauche einen Hinweis!", drängte sie Eberhard. „Da ist kein Hinweis! Und außerdem habe ich das nur grob abgepinnt. Auf diesen Pergamenten kann noch vieles andere stehen." Trude wurde nervös, sie ging einige Meter auf und ab. Sie wanderte an dem Schutthaufen vorbei, den Konters Erdrutsch fabriziert hatte. Ihre feindseligen Blicke fielen immer wieder auf Maximilian und Eberhard. Die schauten sich wortlos an und waren ratlos. Sie schrie durch die Halle: „Dieser Typ sprach doch von einem ganzen unterirdischen Dorf." Sie hustete, als sie den Staub einatmete. „Wo ist das?" Eberhard blätterte einige Seiten seiner Notizen zurück. „Dorf? Er meinte, dass sie dort gelebt hätten. Aber eben hieß es, dass er alles beseitigen ließ, als ob hier nie ein Mensch gewesen wäre." Eberhard ging mit den Notizzetteln zu Trude. „Er sprach von einem unterirdischen Ort, an dem sie, also die Menschen, die hier arbeiteten, lebten. Er sprach aber nicht davon, dass er dieses Dorf dem Erdboden gleichgemacht hätte. Er schreibt auch nicht direkt, dass es sich hier befunden haben muss." Er schaute Trude an, die ihre Waffe ein wenig nach hinten hielt. Maximilian registrierte die merkwürdige Bewegung. Es erschien ihm, als ob Trude die Waffe vor ihren Blicken verbergen wollte. Eberhard fühlte sich unwohl, kratzte sich am Kopf, er hatte Kopfschmerzen und Hunger. Er hatte sich zwar den Bauch voller Süßigkeiten gestopft, aber satt war er nicht geworden.

Trude schaute Eberhard mürrisch an. „Mann, gib dir mal Mühe!" Kurz zeigte sie die Waffe, als ob sie ihn an deren Existenz erinnern wollte. Eberhard ging wieder zu seinem Hilfsschreibtisch und blätterte die Pergamente durch. „Nein, die fasse ich nicht mehr an. Die haben Jahrhunderte hier gelegen, und ich mache sie mit meinen Wurstfingern kaputt!" Er packte sie vorsichtig zusammen und steckte sie in ein großes Briefkuvert und legte dieses dann in den Koffer. Während er die Pergamente verstaute, trat Trude zu ihm. „Brauchst du die nicht mehr?", fuhr sie ihn an „Nein", antwortete Eberhard.

Maximilian öffnete das Portal. Die Tür quietschte laut und krachte dann an den Anschlag. „Na, wir können da ja mal nach dem Schatz sehen!", sagte Eberhard grinsend. „Lach nicht!", blaffte Trude ihn an.

Eberhard Federlein nahm eine zweite Taschenlampe zur Hand. Mittlerweile hatte sich eine Plastiktüte mit leeren Batterien angesammelt. In jeder Hand trug er nun eine Taschenlampe und leuchtete, langsam gehend, die Wände ab. Es handelte sich hier um solide Baukunst, die allerdings im Verhältnis zu anderen Gebäuden dieser Art als ein Puzzle betrachtet werden musste. Dort, wo sonst kunstvolle Friese waren, war hier nichts außer flachen, ebenen Sandsteinen. An verschiedenen Stellen waren Ansätze zu kunstvolleren Ausarbeitungen zu sehen, die allerdings eher wie Übungen wirkten. „Dieser Folmar hatte keinen Einfluss auf das, was hier passierte. Er gab den Startschuss, und nach seinem Tod verkam alles zu einem Flickwerk. Dann ging das Geld aus."

24

„Scheiße!", rief Friedhelm laut, als er vor seiner Haustür stand und merkte, dass er seinen Schlüssel nicht mehr hatte. Er riss an dem Türgriff, doch es tat sich nichts. In der einen Hand hielt er eine Tüte mit Bierdosen – er hatte es sich gleich gemütlich machen wollen. Im Flur des Miethauses „Am Zuckerberg" gingen Studierende auf und ab. Sie kannten ihn, und er kannte sie – flüchtig, aber das genügte bereits. Er mochte sie nicht und sie ihn auch nicht. Er passte nicht in das studentische Umfeld. Friedhelm wechselte oft seinen Wohnsitz, diesmal hatte es ihn in diese anonyme Ansammlung von Wohneinheiten verschlagen. „Geh endlich auf!", brüllte er die Tür an. „Die Tür ist zu und keine Kohle!" Er hatte sich erhofft, sich durch die Sache mit Sonnen finanziell zu sanieren. Doch nun entwickelte sich diese Angelegenheit zu einer reinen Fehlinvestition. Erschöpft lehnte er sich gegen die Wand. Dann fiel ihm etwas ein und er angelte ein kleines Besteck aus seiner Jackentasche. Ein paar Augenblicke später war die Tür auf, gelernt war eben gelernt. Sein Appartement war klein, gerade mal zwanzig Quadratmeter, inklusive Bad und Miniküche. In der Mitte des Wohn- und Schlafzimmers standen nur ein Bett und daneben ein Fernseher. Er ging an der Miniküche vorbei und legte die Tüte mit dem Bier auf die Herdplatte, dann erst schaltete er das Licht ein. Eine schmuddelige Gardine baumelte vor dem Fenster. Man sah auf den ersten Blick, dass er auch diesen kleinen Haushalt nicht im Griff hatte. Friedhelm warf sich auf das Bett und schaute zur Decke. Endlich Ruhe. Er griff in seine Jacke. „Und meine Kanone ist weg! So ein Mist!" Er drehte sich um und vergrub sein Gesicht im Kopfkissen, ärgerte sich maßlos über Sonnen, der ihm immer weismachen wollte, dass er, Friedhelm, der Versager sei. Dabei war doch „sonnenklar", wer der tatsächliche Versager war! Es war Morgen und die Sonne kitzelte an seiner Nase. Aber sie hatte keine Chance, er war hundemüde.

Er legte sich wieder hin, drehte sich ein paar Mal herum und versuchte einzuschlafen. Es gelang ihm nicht, er lag zu unbequem da. Schließlich pellte er sich nach und nach aus seinen Klamotten. Entspannter und dem Schlaf nahe, versank er in seinem Bett. Neben diesem türmte sich dreckige Wäsche.

Friedhelm schnarchte laut, sehr laut. Die dünnen Türen und Wände ließen die anderen Menschen im Haus daran teilhaben. Aber selbst gelegentliches Klopfen brachte ihn nicht aus diesem todesähnlichen Schlaf.

Zwischenzeitlich bewegte sich seine Haustür. Er hatte sie nicht wieder abgeschlossen. Langsam und nahezu geräuschlos ging sie auf. Eine Person stand nun neben der Miniküchenzeile und schaute sich um. Die Hand des Eindringlings griff nach einer der Bierbüchsen, die Tüte lag unberührt auf der Herdplatte. Dann schaute er auf den schlafenden Friedhelm. Der wendete sich einige Male hin und her, zeitweise setzte das Schnarchen aus, um nach wenigen Sekunden wieder heftiger einzusetzen.

Es zischte. Die Büchse Bier war geöffnet und der Unbekannte genehmigte sich großzügige Schlucke. Friedhelm schnarchte nicht mehr. Er war mittlerweile aufgewacht und hatte den ungebetenen Besuch bemerkt. Seine Hand glitt langsam zum Boden, für derlei Notfälle hatte er immer einen Baseballschläger unter seinem Bett liegen. Dort lag er auch, aber leider auf der falschen Seite. Seine Hand griff ins Leere. „Verdammt!", dachte er sich und rechnete damit, dass es einer seiner „Freunde" war. Die kamen auch schon mal ungebeten bei ihm vorbei, um ihre Schulden einzusammeln. Es war dunkel im Zimmer. Friedhelm sah nur einen Schatten vor sich stehen, einen Schatten, der genüsslich sein Bier trank. „Was zum Teufel soll das?", krächzte

Friedhelm, die Bettdecke noch immer tief im Gesicht. Der Unbekannte bewegte sich nur langsam. Nachdem die Büchse geleert war, zerquetschte er sie und warf sie auf Friedhelms Bett.

Friedhelm zuckte zusammen. „Sonnen?" Er tastete nach dem Lichtschalter, es war tatsächlich Otto Sonnen. „Woher wissen Sie, dass ich hier wohne?" Sonnen grinste. „Ich habe in der Nähe des Hauses von dem Alten gelauert und bin dir dann gefolgt." Friedhelm setzte sich ächzend auf die Bettkante. Er rechnete damit, dass Sonnen noch immer seine Kanone bei sich hatte. „Aha, und jetzt? Was haben Sie vor?" „Was ich vorhabe? Eigentlich bin ich ja nicht mehr hier." Friedhelm verstand nicht, was Otto Sonnen wollte. Dieser schaute nach oben, an die Decke der Wohnung, hob die Hand und zeigte hoch. „Wenn alles geklappt hätte, dann wäre ich schon da oben." „Im Himmel?" Friedhelm lachte. „Meinen Sie nicht eher in der Hölle?" Sonnen lachte meist nur über seine eigenen Witze, doch diesmal schmunzelte er über Friedhelm. „Das war gut." Er ging zurück in die Küche, nahm sich zwei Büchsen Bier und gab Friedhelm eine davon. „Karlskrone vom Aldi, die mag ich auch." Er öffnete eine Dose, Friedhelms leicht zitternde Hand brauchte eine Weile, bis er sie aufhatte. Sonnen machte einen gespenstischen Eindruck. An seinem Hals waren breite, rote Spuren. Nach seinem missglückten Selbstmordversuch mit Friedhelms Pistole hatte Sonnen versucht, sich mit dem Seil aufzuhängen, das seit dem ersten Abstieg im Tunnel hing.

Aber auch dieser zweite Versuch, sein armseliges Leben zu beenden, war misslungen.

„Bruni ist tot", sagte er und schaute Friedhelm an. „Tot im Tunnel unter der Stadt. Ihr Körper liegt zerschmettert da unten." Friedhelm saß ratlos da. „Ja, das habe ich mir schon so gedacht, nachdem Sie ihr den finalen Tritt verpasst hatten." Sonnen bekam einen roten Kopf. „Ich? Du hast Konter auf dem Gewissen. Du bist genauso ein Mörder wie ich!" Friedhelm saugte an seiner Dose und überlegte, ob er nicht doch besser abhauen sollte. Was aber, wenn Sonnen noch bewaffnet war? Dieser nahm einen weiteren Schluck aus der Dose. „Wo ist diese Trude? Sind die noch da unten?" Friedhelm nickte. „Der Wissenschaftler auch?" „Ja, und der Alte auch. Die Oma und ihre Enkelin sind wieder oben." Sonnen nahm sich noch eine Dose. „Haben die noch was Interessantes gefunden? Oder haben sie die Polizei schon alarmiert?" Friedhelm schüttelte den Kopf. „Nein, eigentlich ist da nichts Außergewöhnliches passiert. Wann die Polizei da auftaucht, ist aber nur noch eine Frage der Zeit." Friedhelm hatte gar nicht daran gedacht. Solange die noch nicht alarmiert war, blieb ihm noch genügend Zeit zu verschwinden. „Wie wäre es, wenn wir über Luxemburg nach Frankreich abhauen. Ich kenne da jemanden, der in Südfrankreich lebt. Der schuldet mir noch was." Friedhelm richtete sich auf und angelte nach seiner Hose. „Noch haben wir die Chance abzuhauen!"

Sonnen sah ihn an. Erst dachte er nach. Dann erklärte er Friedhelm, dass sie noch mal runter mussten, unter die Stadt, da er sich sicher war, dass die anderen doch noch etwas gefunden hatten. Friedhelm lachte laut. „Soll das ein Witz sein? Da unten ist außer Steinen und Staub nichts. Vielleicht ist das alles für die Wissenschaft wertvoll, aber für uns bestimmt nicht!" Sonnen schüttelte vehement den Kopf. „Nein, glaube ich nicht. Wir haben doch diese Münzen gefunden. Von diesen Dingern muss da noch mehr sein!" Friedhelm wurde ernst. „Kann sein, vielleicht war das aber doch nur ein Zufall. Der dicke Typ hat auch nichts weiter herausbekommen." „Dummes Zeug! Der weiß doch bestimmt mehr als alle anderen. Meinst du denn etwa, dass der dir was verraten würde? Der kann uns doch vorspielen, was er will, wir müssen es ihm glauben, weil wir keine Ahnung davon haben. Der liest aus den Pergamenten die Wahrheit und behält sie für sich." Friedhelm wurde nachdenklich.

Selbst die irrsinnigste Tat war in seiner ausweglosen Situation immer noch besser als zu resignieren. Sonnens Worte taten das ihre dazu: „Mann, wir haben nichts mehr zu verlieren! Wenn das Seil eben gehalten hätte, dann wäre mein Schicksal jedenfalls besiegelt. Aber das war ein Zeichen! Ein Zeichen, dass ich ..." Er stotterte. „... dass wir zusammen da unten einen Schatz heben können! Nie wieder Lotto spielen, da unten ist der richtige Sechser!" Er lachte und nahm einen langen Schluck aus der Dose. Friedhelm gab zu, dass er recht haben könnte. Zu verlieren hatten sie wohl tatsächlich nichts mehr. „Junge, du hast es erkannt! Das Einzige, was ich noch zu verlieren habe, ist mein Leben. Aber anscheinend ist es noch nicht so weit. Also, lass uns zusammen da unten die Typen aufmischen! Ich bin bereit! Du auch?" Er hob feierlich die Bierdose hoch. Friedhelm war zwar hinter Geld und Gold her, aber nicht mehr so verblendet, dass er jedes Experiment mitmachen würde. Nur zögerlich hob er deshalb seine leere Dose hoch und stieß mit Sonnen an. „Bei unseren Taten ist es auch egal, was wir noch machen, nicht wahr, Friedhelm? Angefangen bei Mord, Totschlag, Geiselnahme, Erpressung, Amtsmissbrauch." „Halt, mit dem Amtsmissbrauch habe ich nichts zu tun", warf Friedhelm ein. „Nein, natürlich nicht. Aber mit dem Rest! Mann! Du sitzt genauso im Dreck wie ich! Aber ganz tief! Genauso tief, wie du den Konter in das Loch in der Nordallee befördert hast!" Er lachte laut.

Friedhelm schlüpfte rasch in seine Jeans, zog sich ein T-Shirt über und ging ins Bad. Als er zurückkam, hatte Sonnen es sich mittlerweile auf einem Stuhl bequem gemacht und war eingenickt. Friedhelm nutzte die Chance. Vorsichtig näherte er sich Sonnen, er wollte seine Waffe zurück. Doch der öffnete schon wieder die Augen, bevor Friedhelm auch nur in die Nähe der Innenseite seiner Jacke gekommen war. „Was ist los?", fragte er, als er Friedhelm so vor sich sah. „Ich möchte das Fenster öffnen." Er zeigte hinter ihm auf das verschlossene Fenster. Friedhelm kippte das Fenster und ging zurück, setzte sich auf sein Bett. „Wie sieht der Plan aus?" Otto Sonnen überlegte, hatte er tatsächlich einen Plan? „Also, wir gehen noch mal runter. Wir schleichen uns an und schauen einfach nach, was die da machen. Wenn die Bullen schon da sein sollten, können wir uns ja wieder verziehen." Friedhelm schob die Unterlippe nach vorne. „Aber was ist, wenn die Bullen auf dem Weg sind und uns aufstöbern?" „Wenn, wenn. Wenn wir vorher über alles nachgedacht hätten, wären wir nie so weit gekommen." „Weit sind wir ja auch nicht gerade gekommen, oder?"

Sonnen stand auf und suchte etwas in seiner Innentasche. „Wenn du nicht möchtest, dann lass es sein. Aber du weißt ganz genau, wie es um dich bestellt ist." „Wie meinen Sie das?", fragte Friedhelm verwundert. „Wenn ich in die Finger der Polizei komme, dann bestreite ich alles. Dann bist du der Sündenbock." Friedhelm lachte einmal laut. „Wie bitte? Also, da sind genügend Zeugen gewesen, die gesehen und gehört haben, dass Sie mich angestiftet haben. Sie haben die schlechten Karten, nicht ich." „Na, da wäre ich aber vorsichtig. Du bist vorbestraft, ich nicht. Ich bin bisher immer ein rechtschaffener Bürger und Steuerzahler gewesen. Mir wird man eher glauben als dir. Auch, dass du die da unten alle umgebracht hast." Friedhelm winkte ab. „So nicht. Sie werden doch da unten keinen Massenmord begehen, nur um mir die Sache in die Schuhe zu schieben! So einfach ist das nicht." „Doch, ist es!" Er zeigte auf die Innentasche. „Notfalls mit Gewalt. Die ist mir mittlerweile auch nicht mehr fremd, die Gewalt." „Nein, so weit würden Sie nicht gehen. Sie nicht, Sonnen."

Der schwieg. Er verstrickte sich immer weiter in Komplikationen. Friedhelm wusste noch nicht, dass sein Gegenüber keine Waffe mehr bei sich trug. Die lag jetzt unter der Herzogenbuscher Straße neben Bruni im Wasser. Wie lange würde es noch dauern, bis Friedhelm merkte, dass er nur bluffte? Sonnen war klar, dass er Friedhelm zwingen musste. Draußen im Flur hörte man Schritte anderer Mieter. Friedhelm sah auf die Tür. „Los, jetzt entscheide dich. Ich selbst bin ja auch hin- und hergerissen. Aber immer wieder winkt das kleine Fünkchen Hoffnung und sagt mir, geh noch mal da runter und räum ab." Friedhelm schlug die Hände über dem Kopf zusammen. „Meine Güte. Selbst ich hab kapiert, dass die Sache nichts bringt. Sie rennen da einem Gespenst hinterher. Da ist nichts Wertvolles. Der Aufwand lohnt nicht!"

„Nein! Du Trottel, und ob es sich lohnt! Da ist Gold!! Da muss Gold sein!"

Sonnen stand von seinem Stuhl auf und unterstrich mit seiner Geste das, was er gerade sagte: „Gold!"

„GOLD!" Sonnen war am Ende, sein Geist war wie eine Handgranate, deren Sicherungsbolzen gelockert war. Eine Erschütterung, und sie würde explodieren.

Friedhelm schaute wieder zu Tür. „Ich muss mal zur Toilette." Mit diesen Worten stand er vom Bett auf. Die Toilette war direkt neben der Wohnungstür. Sonnen schaute hinter ihm her. „Denk daran, keine Dummheiten." „Als ob ich in meiner Wohnung nicht das machen könnte, was ich will", murmelte Friedhelm und setzte sich auf die Klobrille. Sein Blick fiel auf die einen Spalt weit offene Tür. Er sah irgendwelche Personen durch den Flur gehen. „Der richtige Moment und ich bin hier raus." Er sah Sonnen nicht, hörte nur das Schlürfen aus der Bierdose.

Friedhelm schaute angespannt auf die Tür. Würde Sonnen die Waffe hier benutzen? Er hatte sie zwar nicht gesehen, aber er durfte kein Risiko eingehen. Er betätigte die Klospülung und rollte kräftig an der Papierrolle, um Sonnen in Sicherheit zu wiegen. „Es dauert noch!", rief Friedhelm. Er saß mit hochgezogener Hose auf dem Deckel und zog alle paar Minuten an der Klospülung. „Hast du Dünnpfiff?", rief Sonnen lachend. „Ja." Friedhelm wartete auf den richtigen Moment. Langsam stand er auf, kaum hörbar stellte er sich neben die Tür. Von Sonnen war nichts zu hören.

„Jetzt!", dachte er sich und machte einen großen Schritt nach vorne. In diesem Moment sprang Sonnen, der ebenfalls leise aufgestanden war, ihm ins Kreuz. Die Tür krachte zu und klemmte Friedhelms Fuß ein. Mit schmerzverzogenem Gesicht zog er ihn wieder zurück. „Lass los, das tut weh!", rief er.

„Das glaube ich dir!" Sonnen drückte die Tür zu. „So, was ist nun? Hör doch endlich mit den Spielchen auf!" Er schaute Friedhelm nachdrücklich an. „Spielchen? Sie spielen doch mit mir! Was soll ich denn tun? Sie verstehen anscheinend nicht, dass da unten für uns nichts mehr zu holen ist." „Doch, doch. Ich verstehe das schon. Aber wir hatten doch einen Deal." Sonnen lachte leise. „Ich muss das Geld ja noch zusammenbekommen, um dich zu bezahlen." Friedhelm ärgerte sich maßlos, dass er es nicht schaffte, ihn abzuhängen. Er ließ sich neben dem Bett nieder und wollte sich seinen gequetschten Fuß ansehen, als er den Baseballschläger entdeckte. „Soll ich das denn alles wieder von vorne erklären?", fragte Sonnen. „Dieser fette Wissenschaftler hat uns an der Nase herumgeführt. Der rennt da unten hin und her, blättert in den Pergamenten und lacht sich ins Fäustchen. Glaub mir, der will heimlich absahnen. Diesem Schreckenberg und der Trude kann der erzählen, was er will. Mir aber nicht." „Ja, die Trude. Ich dachte, Sie hätten da jemanden mit richtig viel Wissen an Land gezogen. Aber nein, eine abgehalfterte Landstreicherin, die von Tuten und Blasen keine Ahnung hat."

Sonnen spitzte die Lippen. „Woher hätte ich das denn wissen können? Als ich sie kennen gelernt habe, schien sie brauchbar für meine Angelegenheit. Sie war auch die Einzige, die mir überhaupt zugehört hat." Friedhelm schlug die Hände vors Gesicht. Er hatte sich inzwischen auf das Bett gelegt und wälzte sich darauf in eine Position, die ihm erlauben konnte, unbemerkt an den Schläger zu gelangen.

„Warte ab, dir brate ich gleich eins über!" Er lag mit dem Rücken auf dem Bett und schaute zu, wie Sonnen eine neue Dose öffnete. Dann ließ er seinen Arm über die Bettkante fallen. „Was machst du da?", fragte Sonnen und zeigte auf Friedhelms Hand, die auffällig unter dem Bett verschwand. „Ich suche eine Socke." Er zeigte auf seine nackten Füße. Sonnen nahm einen Schluck aus der Dose. „Prost!", meinte Friedhelm. Doch er unterschätzte Sonnen. Dieser bückte sich und schaute unter das Bett. Dort sah er Friedhelms Hand wenige Zentimeter entfernt vom Griff eines Baseball-schlägers. „Was soll das denn werden?" Er steckte seine Hand in die Jackentasche. „Soll ich dich abknallen?" Friedhelm saß sofort aufrecht im Bett. „Los, gib den Schläger her!", befahl Sonnen ihm. Friedhelm tat, wie ihm geheißen, er rollte den Schläger Sonnen in die Hände. „Danke!", antwortete der und hielt ihn in seinen Händen. „Sehr solide!" Er hob ihn an und ließ ihn von der einen in die andere Hand rollen. „Schwer, der ist wirklich schwer. Wie viele Köpfe hast du damit schon eingeschlagen?", fragte er. „Sehe ich hier irgendwo Blut?" „Ich habe damit noch niemandem was getan." „Wer es glaubt, wird selig." Sonnen stand auf und ließ den Schläger auf den Stuhl krachen, auf dem er eben noch gesessen hatte. Der zerbrach in der Mitte und bewies die Schlagkraft des Schlägers. „Also, zieh dich an. Wir gehen zurück. Wir beide räumen unter der alten Stadt Trier einmal richtig auf." Sonnen sah Friedhelm zu, wie er sich einen Pullover überzog. Nachdem er endlich fertig war, verließen sie die Wohnung. Friedhelm ging vor und schaute einigen der anderen Mieter tief in die Augen, in der Hoffnung, dass jemand seine prekäre Situation erkennen würde. Zwei junge Frauen lachten laut, als sie an ihm und Sonnen vorbeigingen. Sie hielten seinen stummen Schrei für einen plumpen Annäherungsversuch.

Sonnen hatte sich den Schläger senkrecht in die Jacke geschoben. Sie machten sich auf den Weg zu Maximilians Haus in der Tempusstraße. Beide gingen hintereinander aus dem Haus. Sie gingen an einer Videothek vorbei und bogen dann in eine schmale Nebenstraße ein, die Johannisstraße. Nach einigen Metern kamen sie an einer Pizzeria vorbei und schauten auf die dampfenden Teller der Leute, die dort aßen. „Geh weiter!'" Sonnen gab ihm einen Stoß. „He! Haben Sie denn keinen Hunger?" Er zeigte auf die Pizza.

Sonnen ignorierte Friedhelms Frage. Er befahl Friedhelm, links in die Feldstraße abzubiegen. Sie gingen an den Mauern eines Krankenhauses entlang. Und dann blitzte abermals vor Otto Sonnens innerem Auge das Bild des Münzfundes aus dem Rheinischen Landesmuseum auf. Jetzt gingen sie gerade durch die Straße, in der damals der Schatz gefunden wurde. Er blickte suchend um sich, glaubte, die Stelle zu kennen, an der der Bagger den Münzfund ausgegraben hatte. Friedhelm bemerkte Sonnens Nervosität. Auf der Höhe der Villa Kunterbunt sahen beide gleichzeitig in die Einfahrt des Krankenhauses – und erkannten gleichzeitig ein ihnen bekanntes Gesicht!

„Das gibt es nicht!", rief Friedhelm aus. „Ist denn schon Geisterstunde?" Otto Sonnen stand leichenblass und zur Salzsäule erstarrt auf dem Gehweg. Es war Konter, der gesund und munter aus dem Haupteingang des Mutterhauses kam und geradewegs auf einen Polizeiwagen zuging. Nun sahen Friedhelm und Sonnen auch, dass er nicht alleine war. Zwei Polizisten folgten ihm. Plötzlich blieb Konter stehen.

„Sonnen!", brüllte er. „Da ist die Sau!" Er drehte sich zu den Polizisten um und brüllte noch lauter. Passanten blickten sich erschrocken um. „Du Sau! Da sehen Sie! Die zwei, das sind sie!" Die Polizisten schauten sich zwar überrascht an, waren aber nicht aus der Ruhe zu bringen. „Wer ist das?", fragte einer Konter. „Na, die Männer, die mit dieser unterirdischen Sache zu tun haben! Der eine hat mich in das Loch in der Nordallee geworfen, der andere hat ihn damit beauftragt!" Die zwei Männer grinsten über das ganze Gesicht. „Ja klar, Herr Konter. Wir haben das ja alles notiert und werden uns darum kümmern." Sie sahen zu Friedhelm und Sonnen hinüber. Bei Sonnen drehte sich plötzlich alles im Kreis. „Konter! Er lebt ja!", rief er zu Friedhelm, und wand sich, als sein Magen plötzlich heftig revoltierte. Der Baseballschläger fiel aus der Jacke. Er holperte laut über die Straße, gefolgt von den interessierten Blicken der Polizisten und Umstehenden. In der Mitte der Straße kam der Schläger zum Liegen – ein Wagen fuhr heran und über ihn, er knallte mehrere Male gegen das Chassis.

Otto Sonnen rannte plötzlich an Friedhelm vorbei. Dieser spurtete ohne einen Moment des Zögerns hinterher. Konter schrie auf – endlich kam Bewegung in die beiden Polizisten. Gefolgt von Konter rannten sie zu ihrem Streifenwagen, sprangen hinein und schalteten die Sirene ein. Konter schaffte es eben noch zu den Rücksitzen und warf sich darauf. Eigentlich hatten die Polizisten nur seine Anzeige aufnehmen und ihn, weil er eben entlassen worden war, nach Hause fahren wollen. So recht glauben wollte man ihm die Story nicht, die er ihnen da aufgetischt hatte.

Friedhelm rannte und rannte. Er hätte nie gedacht, dass dieser Sonnen so flink sein könnte. Laut keuchend eilte er hinter ihm her. Eigentlich hätte er ja die Chance jetzt nutzen können, um sich aus dem Staub zu machen. Aber wohin? Er ging davon aus, dass Sonnen auf dem Weg zu Schreckenbergs Haus war, und daher rannte er ihm einfach hinterher. Dort würde man ihn, Friedhelm, zunächst be-stimmt nicht suchen. Einer der Tunnel würde zudem fürs Erste einen guten Unterschlupf bieten.

„Geben Sie Gas!", rief Konter. „Wir wissen schon, was wir zu tun haben!", maßregelte ihn einer der Polizisten. „Glauben Sie mir jetzt, was ich Ihnen gesagt habe? Wieso haben Sie meine Angaben denn noch nicht überprüft?" Die beiden Polizisten sahen sich genervt an.

Sonnen rannte von einer Straßenseite auf die andere, suchte nach einer neuen Möglichkeit, einen Haken zu schlagen und abzutauchen. Er rannte geradeaus in Richtung des Rathauses. Immer wieder hinter sich blickend, prallte er plötzlich gegen einen merkwürdig gekleideten Mann, der zwei ebenfalls sonderbar aussehende Männer im Schlepptau hatte. „Donnerwetter, haben Sie es aber eilig! Trotzdem: Guten Tag, ich bin Balduin von Luxemburg, der da ist Schuhpfleger Hänschen und der Dritte im Bunde ist Trebeta, der sagenhafte Stadtgründer." Entsetzt und schwer atmend sah Sonnen die drei eine Sekunde an, als ob sie total durchgeknallt wären. Doch er hatte keine Zeit, sich um seine eigene Verwunderung zu kümmern – er musste weiter.

Plötzlich stand er vor dem Hochbunker, einem Relikt aus der Zeit des letzten Krieges. Als Eingangstür diente eine einfache Baumarktstahltür. Er rannte in den Bunker hinein und warf die Tür zu. Friedhelm, der mit einem leichten Abstand und laut schnaufend ebenfalls dort anlangte, knallte gegen die Tür. Sie sprang auf, und er landete der Länge nach auf dem Boden. Sonnen stand neben ihm und gab der Tür einen Tritt.

Mit einem Krachen fiel sie wieder ins Schloss und verbarg die beiden vor den Augen der Verfolger.

„Aha, nicht abgehauen?", fragte Sonnen. Friedhelm stand auf und klopfte sich den Dreck von der Kleidung. Er holte tief Luft. „Ich bin Ihnen hinterhergelaufen, um auch in den Untergrund zu kommen. Aber nicht, um dort nach Gold zu suchen, sondern um mich zu verstecken." Sonnen grinste. „Was auch sonst. Aber das ist kein gutes Versteck." Friedhelm wusste das und überlegte, ob es nicht, wie anfangs geplant, doch besser wäre, ins Ausland zu gehen.

Draußen rollte der Polizeiwagen in die Bollwerkstraße und dann Richtung Karl-Marx-Straße.

25

Trude weinte, und das machte sie nicht allzu häufig. Besonders dann nicht, wenn fremde Menschen in ihrer Nähe waren. Lieber zeigte sie ihre burschikose Fassade. Nur Maximilian durfte nun einen kleinen Einblick in ihr tatsächliches Wesen nehmen.

„So, das haben wir mal wieder überstanden", flüsterte er beruhigend und nahm Trude in den Arm, die am ganzen Körper zitterte. Ihre Pistole steckte in Eberhards Mund, tief und eindeutig. Der saß auf dem Boden, lehnte rücklings an der Mauer des Domes und bewegte leicht den Kiefer. „Trude, alles wird gut!", sprach Maximilian tröstend.

„Glaub ich auch ...", meinte Eberhard und nahm die Waffe aus dem Mund. „Aber dass die Knarre hier aus Schokolade ist, das hätte ich echt nie vermutet." Maximilian lachte. Eberhard hatte einen gewaltigen Schock bekommen, als Trude die Waffe auf ihn richtete und tat, als ob sie abdrücken wollte. Doch sie hatte die Nase voll und wollte ihm zum Schluss nur noch mal einen ordentlichen Schrecken einjagen. Eberhard biss ein großes Stück ab und bot den Rest Maximilian an. „Nein danke!", erwiderte der. „Mensch, was habe ich für ein Glück!", meinte Eberhard und steckte den Rest in den Mund. Die Verpackung, eine schwarze Folie mit entsprechendem Pistolenaufdruck, steckte er in seine Tasche. „Wenn Sie noch länger gewartet hätten, dann wäre Ihnen die Pistole in der Hand zerschmolzen!"

Eberhard leckte sich die Finger ab und wandte sich wieder seiner Arbeit zu. „Also Frau Trude, Sie werden sehen, hier unten ist nichts Wertvolles. Nichts, was in Ihren Augen wertvoll wäre. Und bitte nehmen Sie dieses Wort mit dem G am Anfang nicht mehr in den Mund. Ich bekomme langsam, aber sicher Kopfschmerzen davon." „Ja, ich hab's ja kapiert." „Dann ist ja gut", antwortete Eberhard. „Das Einzige, was mir noch zu denken gibt, ist dieses unterirdische Dorf, von dem dieser Chronist schrieb. Klar, kann sein, dass ich da was falsch übersetzt habe, aber es hörte sich für mich so an, als ob die Menschen, die hier unten arbeiteten, auch eine richtige Behausung gehabt hätten." Eberhard sah Maximilian nachdenklich an. „Und was sollen wir nun tun?", fragte dieser. Eberhard zuckte zur Antwort nur mit den Schultern und blickte um sich. „Wenn wir hier eine bessere Beleuchtung hätten, dann würden wir mehr sehen und vielleicht noch etwas entdecken." Nachdenklich schlenderte er über den Platz und ließ seine Blicke schweifen. Trude stand an Maximilian geschmiegt vor dem Portal.

„Maxi, ich bin froh, wenn das alles hier vorbei ist!" Sie flehte ihn beinahe an. „Ich habe keine Lust mehr, ich will nicht mehr. Ich möchte meine Ruhe haben."
Sie drückte sich ein wenig fester an ihn. „Tja, was wollen wir da machen?" Sie wollte etwas sagen, schwieg aber. „Los, was wolltest du sagen?", fragte Schreckenberg. „Ach, nichts." „Nein, jetzt sag schon. Ich kann das nicht leiden, wenn man anfängt zu reden und nicht weiterspricht." Trude legte ihre Hand auf seinen Mund. „Du hast ja recht, sehr recht sogar." Ihr Herz pochte schneller. Maximilian küsste Trude. „Kannst du denn mit so jemandem wie mir überhaupt umgehen? Schau mich doch mal an." „Was ist denn an dir, du bist doch ganz normal." Beide lachten. Eberhard sah irritiert zu ihnen rüber. „Was machen die zwei Alten denn da? Na, unwichtig!" Er entfernte sich immer weiter vom Dom, nährte sich einem der drei Tunneleingänge und betrachtete die Treppenstufen genauer. Kurz darauf drehte er sich wieder zu den Turtel-täubchen um. Na, die waren wohl beschäftigt. Er grinste. „So was würde mich nur stören, ... oder? Nee, nichts kommt zwischen meine Beziehung zu Forschung und Es-sen!" Und Eberhard meinte das ernst, sehr ernst. Daher galt seine ganze Aufmerksamkeit sofort wieder der Arbeit. Er warf sich auf die Knie und strich den Staub beiseite. In

dieser Position kroch er einige Meter weit, seine Finger tasteten im Licht der Taschenlampe den Boden ab. Seine flüchtige Übersetzung des Textes könnte viele Fehler enthalten, und dies bedeutete Fehlinterpretationen. Vielleicht stand da ja gar nichts von einem Dorf; Eberhard traute seinen eigenen Kenntnissen plötzlich nicht mehr, obgleich Latein sein Steckenpferd war. „Ein Dorf? Aber wo?" Von weitem hörte er Trude und Maximilian kichern. „Mein Gott, wie romantisch!" Eberhard hustete einige Male, weil er den feinen Staub in den Mund bekam. „Alles klar?", rief Trude von weitem. Eberhard nickte und kroch langsam weiter. Nach einigen Metern gelangte er an eine Stelle, die ihn stutzen ließ. „Nanu!?"

Er reinigte einen kleinen Riss im Boden. Dieser Riss stellte sich als gerader Schnitt im Boden heraus. „Ist ja interessant!" Mit einem kleinen Pinsel, den er stets bei sich trug, reinigte er die Stelle. Er kroch hin und her, von links nach rechts und stellte zu seiner Freude fest, dass er auf einer Steinplatte mit den ungefähren Maßen von einem Meter fünfzig und einem Meter lag. „Sehr gut!", flüsterte Eberhard vor sich hin. Er putzte immer mehr von dem feinen Staub aus den Ritzen und kroch im Kreis. Trude und Maximilian sahen von weitem seinem seltsamen Treiben zu. „Der ist ganz in seinem Element!", sagte Trude und wandte sich wieder Maximilian zu. „Sollen wir nun nicht besser rauf gehen und die Sache hier langsam beenden?" Trude drückte Maximilians Hand fester an sich, hob den Kopf. „Ja, wir werden die Polizei rufen. Nicht wahr, Herr Federlein? Hallo?" Er drehte sich um, doch der Angesprochene war verschwunden. Wie vom Erdboden verschluckt.

„Wo ist der hin? Aber warte mal, ich glaube ich habe da gerade was gehört, so als ob eine Steinplatte über den Boden geschoben worden wäre." Trudes Interesse war mit einem Schlag wieder geweckt! „Hallo?", riefen sie beide im Chor.

Trotz ihrer Rufe war Eberhard weder zu hören noch zu sehen. Sie gingen vorsichtig in Richtung der Stelle, an der sie ihn zuletzt gesehen hatten. „Eberhard, wo sind Sie?", rief Maximilian. Er zeigte auf eine Stelle am Boden, an der der Staub ganz verwischt lag, auch Federleins Pinsel lag dort. Trude sah sich den Boden genauer an. Schreckenberg ging einige Meter weiter. „Das ist ja wirklich schleierhaft! Aber wen wundert es? Wir standen kurz davor, alles zu beenden und schon passiert wieder etwas! Eigentlich überrascht mich hier unten gar nichts mehr, Trude." Er hielt inne. „Trude?" Suchend drehte er sich nach ihr um. „Wo bist du denn jetzt hin?"

Maximilian war alleine. Vor ein paar Sekunden waren sie doch noch zu dritt hier gewesen, und nun waren zwei geräusch- und spurlos verschwunden.

Er rief nach Trude und Eberhard Federlein. Doch er hörte nichts, keine Stimmen, keinen Hilferuf, keine Antwort. Da hatte er den Eindruck, ein leises, schleifendes Geräusch zu hören. Mit seiner Taschenlampe leuchtete er das Umfeld ab. Keine Spuren, nichts zu sehen, es war, als ob sie sich in Luft aufgelöst hätten. Ratlos lehnte er sich gegen die Felswand und schaute sich um. War das nun der Spuk des unterirdischen Triers? Er blieb ruhig stehen und lauschte.

„Hatte da jemand gehustet?", fragte er sich und glaubte ganz sicher, etwas gehört zu haben. Er lehnte sich nach unten, legte seinen Kopf ganz nahe auf den Boden. Da hörte er es schon wieder – die beiden Verschwundenen mussten irgendwo da unten sein. Maximilian sah nun auch die Bodenplatte, auf die Eberhard bereits vorher gestoßen war. Das Husten wurde immer lauter. „Das könnte so etwas wie eine Bodenklappe sein." Er setzte sich auf den Boden und tastete sich näher an die ominöse Stelle heran. Man konnte im Boden deutlich Rillen erkennen. Mit seinem rechten Bein drückte er auf die Platte, nur schwer drückte sie sich nach unten, doch seine Kraft reichte nicht aus, um sie ernstlich zu bewegen. Nun hörte er auch deutlich Trudes und Eberhards Stimmen. Sie riefen um Hilfe. „Ich versuche ja mein Bestes!", rief er zurück. Wenn er sich auf die Platte stellen würde, ginge sie auf, so vermutete er – und er säße wie die anderen in der Falle. Er setzte sich nahe an den Rand und drückte nun mit beiden Beinen darauf, die Platte bewegte sich etwas nach unten und verriet so ihre Mechanik. Ein schwerer Sandsteindeckel war auf der rechten Seite auf eine Mauer aufgelegt und schwang in der Mitte an geschmiedeten Eisenstangen. Sie war ungefähr dreißig Zentimeter dick und sehr schwer. Maximilian drückte den Sandsteindeckel hinunter und bekam kurz Trudes Gesicht zu sehen. Ihre Taschenlampe blitzte aus dem Loch im Boden. „Los, mach schnell! Gift!", rief sie. „Gift?" Maximilian war verdutzt, doch er drückte fester, der Steindeckel klappte auf. Dann stemmte er sich so gut es ging dagegen.

Eberhard Federlein und Trude waren offensichtlich unversehrt, ihre Gesichter aber kreidebleich. Beide rangen nach Luft. „Gift, Bazillen, Pilze! Wir müssen hier raus!", rief Trude. „Hier sind aber keine Treppenstufen, keine Leiter, nichts!" Beide rannten nervös hin und her. Sie wedelten mit den Händen vor ihren Gesichtern, um sich Luft zu verschaffen. Das fahle Taschenlampenlicht erhellte die unheimliche Szenerie nur unzureichend. Maximilian fuhr mit einem Mal ein übel stechender Geruch in die Nase. Er balancierte den aufrechtstehenden Block vorsichtig hin und her. „Was ist denn nun? Kommt da raus, schnell!", rief er zu den beiden hinunter. Trude streckte sich nach oben und bekam die Decke zu fassen. Eberhard begriff, stützte sie ab und hob sie durch die Öffnung nach oben. Nach wenigen Augenblicken lag sie auf dem Bauch und zog sich aus der Falle. „Mein Gott, was ist denn da unten los?", fragte Maximilian, doch Trude rang nur nach Luft. Sie zeigte auf Eberhard. „Los, raus da!", rief sie.

„Ich weiß nicht, wie lange ich diese schwere Platte noch so halten kann!" Maximilian schwitzte vor Anstrengung. „Schneller!", rief er Eberhard zu. Dieser streckte seine Arme nach oben, Trude rutschte kniend an die Öffnung und versuchte, ihn hinaufzuziehen. „Mensch ist der schwer!", fluchte sie leise. Sie zog und zog, schaffte es aber nicht, ihn aus dem Loch zu bekommen. Eberhard plumpste zurück und lag auf dem Boden. Maximilian entglitt der Stein, und er konnte sich noch im rechten Moment zur Seite werfen.

Mit einem schleifenden Ton fuhr der Sandstein wieder in seine ursprüngliche Position. Die angerosteten und schon lange nicht mehr bewegten Eisenstangen knirschten unangenehm. Maximilian lag neben Trude auf dem Boden. Er atmete schwer und starrte nach oben. „Das ist zu viel, das ist mir zu viel!" Er legte seine Hand auf die Brust und hielt inne. „In meinem Alter. Ich schaffe das nicht!" Trude richtete sich auf und betrachtete ihn besorgt. „Der Doktor liegt aber noch da unten! Wir müssen was unternehmen!" Sie sprang auf und schaute sich die Platte im Boden an. „Eine clevere Lösung!" Sie wippte ein wenig auf dem Stein. „Komm, los! Zu zweit schaffen wir das. Komm, mein Lieber! Gemeinsam sind wir stark!" Maximilian stand ohne ein Wort auf, klopfte sich den Dreck von der Kleidung und trat neben Trude. Von Eberhard war nichts mehr zu hören. „An die Arbeit!" Sie bückten sich und pressten langsam und vorsichtig den Steinblock nach unten. Die andere Seite des Steines schwang nach oben. Es quietschte und knarrte un- angenehm. „Weiter, aber vorsichtig!", riet Trude. Sie hielt eine Taschenlampe auf die sich weitende Öffnung. „So, gleich haben wir Sie da raus!", flüsterte sie und bekam einen gewaltigen Schrecken.

„Er ist weg!" Maximilian und Trude blickten ungläubig in die Tiefe. Trude leuchtete mit der Taschenlampe, auf dem Bauch liegend, in den unterirdischen Gang unterhalb des Vorplatzes. „Pass auf, dass mir die Platte nicht den

Kopf von der Schulter schlägt!", mahnte Maximilian, der mit zitternden Händen die Steinplatte festhielt. „Wo ist der nur hin? Hallo! Eberhard, wo bist du?!", brüllte sie in den Tunnel. „Mist, ich glaube, ich muss noch mal da runter." Sie stand wieder auf und schaute Maximilian an. „Nein, das tust du nicht! Wie kommst du da wieder heraus? Und mal davon abgesehen, was war das eben mit dem Gift?" „Ich vermute mal, dass sich hier unten Bakterien in der Luft angereichert haben. So oder so ähnlich hatte es der Doktor erklärt, als uns schlecht geworden ist." „Und dann willst du wieder da runter?" „Ja, er meinte, wenn etwas frische Luft von oben da runter kommt, wäre es nicht mehr so schlimm."

„Nicht mehr so schlimm? Also ein bisschen ungiftiger?" Doch schon war Trude wieder in das Loch gesprungen. „Trude, nein!", rief er erfolglos hinterher. „Ich weiß nicht, wie lange ich die Platte aufhalten kann!" „Bitte! Dir wird schon was einfallen!", rief sie noch zurück und verschwand aus seinem Blickfeld. „Das darf doch nicht wahr sein!" Maximilian ließ fluchend die Steinplatte wieder herunterfallen. Er setzte sich daneben, wartete und horchte angestrengt, während er nachdachte, wie er die Platte am besten wieder hochhieven und dann halten könnte. Er wollte eine sichere und rasche Lösung für das Problem finden, zumal Trude so davon überzeugt war, dass ihm schon etwas einfiele. Plötzlich durchfuhr ihn die rettende Idee, und rasch stand er auf. So schnell er konnte, rannte er mit der Taschenlampe in den Tunnel, der zu seinem Keller führte. Auf der Hälfte des Weges musste er für eine kurze Weile stehen bleiben, das war nun kein Stadtwandern mehr, sondern ein „Unter-der-Stadt-Laufen". Seine Füße schmerzten, wahrscheinlich waren sie übersät mit Blasen. Er konnte sich erinnern, dass er einige Holzbretter und Eisenstangen im Keller herumliegen hatte, alles Material, dass er eigentlich auf den Sperrmüll hatte werfen wollen. Außer Atem erreichte er seinen Keller. Aus einem Haufen

Schrott neben dem Garagentor nahm er heraus, was er benötigte, und sah sich noch mal seinen Mercedes und das Sofa an. Wie sehr sich das alles verändert hatte! Kurz dachte er an seine Eltern – was die wohl zu all den Geschehnissen sagen würden? Wie konnte ein älterer Mann wie er bei so einer abenteuerlichen Sache mitmachen? Maximilian kicherte, als er sich eingestehen musste, dass ihm die Geschichte trotz allem irgendwie Spaß machte. Vor ein paar Tagen war er noch am Boden zerstört gewesen. Er dachte zurück an den Vorfall in der Moselstraße. Und nun? Seit langem hatte er nun an nichts anderes mehr gedacht als an diesen unterirdischen Ort, und ..., grübelte er weiter, ... auch an Trude. Merkwürdig. Alles veränderte sich. Der Gedanke an Trude und die Gefahr, in der sie und dieser Federlein schwebten, trieb ihn wieder zur Eile an. Er nahm sich einen alten Kartoffelsack und warf einige Metallrohre und Holzlatten hinein. Sie hatten einst zu einem alten Bett und einem Jugendschrank seines Bruders gehört. Franziskus hätte ihn um sein Abenteuer sicher beneidet. Mit prüfendem Blick sah Maximilian sich noch einmal um und verschwand dann wieder in den Tunnel, er ärgerte sich, dass er keines dieser modernen Geländefahrräder besaß – damit wäre er deutlich schneller bei Trude und Federlein angekommen. Also ging es wieder los – erneut stiefelte er den Weg zurück in die Tiefe. Er war stolz auf seine Ausdauer.

Wieder unten angekommen, hastete er zu der Stelle, an der Trude und der Doktor unter dem Boden verschwunden waren. Er stützte sein Bein auf die rechte Seite der beweglichen Platte und versuchte langsam, sie nach oben zu drücken. Sie war schwer, und es bestand durchaus die Gefahr, dass sie zu schnell hochwippen und ihn treffen würde. Als die Platte schließlich hochkant vor ihm stand, klemmte er eine Stange dazwischen. So musste das sein! Die Stange verklemmte die Platte und fixierte sie hochstehend. Von alleine konnte die nun nicht mehr herunterfallen! Er schaute vorsichtig in die Tiefe und strengte seine Ohren an. Von Trude war nichts zu hören und zu sehen. Er hielt seine Taschenlampe hinein, beugte sich sogar etwas tiefer unter die Decke, immer die Platte wachsam im Auge behaltend. Schließlich setzte er sich erschöpft neben die Öffnung im Boden. Sollte er etwa auch noch da runter und nachsehen? Vielleicht waren sie ja vergiftet, tot? Er hatte gelesen, dass in Ägypten Forscher, Grabplünderer und Arbeiter umgekommen waren. Es hieß, sie hätten tödliche Pilzsporen eingeatmet. Aber was wäre, wenn die Platte dann doch herunterfiele? Misstrauisch schaute er sich seine Konstruktion an. Nein, er wollte lieber noch etwas abwarten. Er verließ sich auf Trude – bei solchen abenteuerlichen Aktionen billigte er ihr doch eine gewisse Kompetenz zu, die ihm gänzlich fehlte. Und Mut hatte sie auch, im Vergleich zu ihm sogar einen immensen. Er legte sich auf den Kartoffelsack, wie verdammt müde er doch war. So viel Aufregung und so wenig Schlaf, und ein Ende war immer noch nicht abzusehen. Obwohl er wach bleiben wollte, war er zu erschöpft – er schlief ein.

Trude rannte an einer Wand entlang. Die Taschenlampe drang mit ihrem Licht kaum durch den dichten aufgewirbelten Staub. „Eberhard, bleib stehen!", rief sie. „Ich sehe nichts!" Sie hatte Eberhard vor wenigen Minuten noch im Blickfeld gehabt. Doch er reagierte nicht. Er war nach wenigen Momenten der Bewusstlosigkeit aufgestanden und wollte nun herausbekommen, was es mit diesem neu entdeckten Gang auf sich hatte. „Das ist ein Wahnsinn. Ich stolpere von einer Entdeckung in die nächste!" Trude rannte hinter ihm her durch den schmalen Tunnel, der ihr wie ein alter Abwasserkanal vorkam. Gelegentlich stolperte sie. Es war eng hier unten, sie schrammte öfter gegen die Wand. Eberhard kam besser voran als Trude, weil er sich nicht durch seinen aufgewirbelten Staub kämpfen musste. Trude sah ihn ein Stück weit voraus unbeirrt weiterrennen und wunderte sich über die Ausdauer dieses korpulenten

Mannes. Plötzlich stolperte sie über etwas auf dem Boden und landete der Länge nach im Dreck. Ihre Handballen waren aufgerissen und bluteten leicht, doch sie ignorierte die Schmerzen; was war das schon gegen den Streifschuss von Sonnen? Sie hustete wegen des eingeatmeten Staubes, drehte sich auf allen vieren um und wollte nachsehen, was ihren Fall verursacht hatte. Durch einen dichten Schleier leuchtend tastete sie den Boden ab, bis sie schließlich etwas zu fassen bekam. Langsam zog sie es näher an sich heran, und das Licht zeigte ihr, was sie da in der Hand hielt.

„Ein Knochen!" Sie schaute sich das Fundstück genauer an. „Da liegt ja schon wieder ein Skelett! Das zweite also! Merkwürdig." Sie sah, dass der Knochen förmlich in ihren Händen zerbröselte. Sie entdeckte einen zertretenen Schädel und sah in die Richtung, in der Eberhard verschwunden war. Die Reste eines Menschen lagen hier verstreut auf dem Boden. Langsam legte sich der Staub, und sie sah, dass sie die ganze Zeit an Kammern vorbeigelaufen war.

Kammern, die durch schmale Eingänge in der Wand zu betreten waren. Sie schaute in einen dieser Räume hinein; man musste sich stark beugen, um sich nicht den Kopf zu stoßen. Alles war extrem niedrig. Dann entdeckte sie in den Schiefer gemeißelte Liegeflächen.

Die Kammer war sehr klein. Trude ging zurück in den Gang und überlegte, was sie tun sollte. „Hier haben die armen Menschen bestimmt geschlafen, auf ein paar Metern!", dachte Trude. Sie musste Eberhard informieren. Aus verschiedensten Gründen aufgeregt, witterte sie hier unten etwas Besonderes. Sie ging weiter, jetzt langsam, da ihr der Staub zu sehr zusetzte. Ihr war schwindlig.

Eberhard Federlein stand währenddessen vor einer Entscheidung. „Nehme ich den rechten oder den linken Tunnel?" Er richtete seine Taschenlampe abwechselnd in den einen, dann in den anderen Tunnel. Wohl hatte er Trude rufen gehört, aber im Moment nahm dieser Gang seine ganze Kraft und Konzentration in Anspruch. Vielleicht würde er hier die Krönung seiner Entdeckung finden, hier unten, ganz alleine. Eberhard rieb sich die Hände. Er ging langsam in den rechten Tunnel, dieser verengte sich. Hier war keine saubere Mauer mehr zu sehen, nur der blanke Felsen, rau und kaum behauen. Nach einigen Metern stand er im Wasser. „Grundwasser!" Vorsichtig stieg er tiefer in die undurchsichtige Brühe. Nach knapp zwanzig Metern stand er schon bis zu den Knien in Wasser und überlegte, ob er weiter gehen sollte. Ganz entfernt hörte er Trude näher kommen. Er tastete sich weiter nach vorne, das Wasser umspülte bald seinen Bauch. Die Kälte spürte er nicht. Nichts als die reine Neugierde trieb ihn voran. Hatte er sich vor Stunden noch davor gesträubt, durch das kühle Nass zu waten, tat er es nun gerne und freiwillig.

„Eberhard Federlein!", rief Trude von weitem. Sie stand jetzt auch vor der Abzweigung und sah an den Spuren im Staub, dass er den rechten Gang gewählt hatte. Trude atmete tief ein, ihr war nicht wohl. Sie dachte aber nicht lange nach und bog nach links ab. Auch dieser Tunnel verengte sich zunehmend. Trude musste sich immer tiefer ducken und darauf achten, dass sie ihren Kopf nicht an einem der herausstehenden scharfen Felsbrocken stieß.

Die Enge machte ihr zu schaffen. Sie dachte kurz daran, dass ihr jederzeit Trier auf den Kopf fallen könnte. Schließlich konnte sie sich kaum mehr umdrehen. Sie atmete schneller, unkontrollierter. Nein, sie durfte jetzt nicht aufgeben. Sie schüttelte die Taschenlampe, denn die setzte immer öfter aus. Dabei waren die Batterien doch noch frisch. Sie ging weiter, der Tunnel führte ein wenig nach rechts, Trude stieß wieder mit ihren Armen gegen die Wände. Auf dem Boden lagen jetzt auch hier vermehrt Knochen und Holzbretter. Sie gelangte nach einigen Metern an eine Stelle, an der ein Riss die Wand durchzog, Wasser tropfte hindurch und verschwand im Boden. Vor ihr führte der Tunnel scheinbar nach oben, sie bemerkte eine leichte Steigung. Wo sollte das wohl hinführen? Trotz der Gefahr, in der Enge stecken zu bleiben, zwängte sie sich weiter.

Währenddessen stand Federlein schon bis zum Hals im eiskalten Wasser und überlegte, ob es nicht doch sinnvoller wäre, umzukehren. Aber vielleicht würde er ja auch bald durch sein. Oder hätte er nicht doch besser auf Trude warten sollen? Er drehte sich langsam herum, seine Hand, die die Taschenlampe hielt, wurde langsam steif vom ständigen Hochhalten. Wenn er jetzt nicht aufpasste, fiel sie ihm noch ins Wasser. Er zitterte am ganzen Leib. Stand eben noch der Forscherdrang im Vordergrund, so wich dieser nun der Vernunft. Und er entschloss sich, umzukehren. Langsam bewegte er sich durch das Wasser und stand zehn Minuten später völlig durchnässt wieder im Trockenen. Er atmete tief ein und ging zurück zur Kreuzung, wo er auf dem Boden Fußspuren entdeckte, die von Trude stammen mussten. Zähneklappernd wählte er den linken Tunnel und folgte ihr. „Trude?", rief er. „Hallo!" Nun war er derjenige, der rief, mit ebenso wenig Erfolg wie Trude zuvor. Eberhard bemerkte allerdings, dass seine Leibesfülle der hiesigen Architektur einfach nicht gerecht werden wollte. Wenn die Enge weiterhin so zunahm, dann würde er noch stecken bleiben. Genau wie Trude vorher schrammte auch er mit den Armen an der Wand vorbei. Sollte es keine Wendemöglichkeit geben, dann müsste er hier rückwärts wieder heraus. Einmal stieß er mit seinem Kopf an die Decke, er blutete ein wenig.

„Trude! Da sind Sie ja endlich!", rief Eberhard, der sie reglos im Tunnel stehen sah. Die Taschenlampe lag auf dem Boden. „Was ist los?" Er kam schwer außer Atem immer näher. Trude reagierte nicht, sie stand nur da und schaute geradeaus. „Hallo, Frau Trude! Was ist denn?" Eberhard kam das sehr unheimlich vor. Sie wankte ein wenig hin und her, stieß abwechselnd mit den Schultern gegen die rauen Flanken des Tunnels. Eberhard bemerkte eine Steigung. „Noch ein paar Meter, dann bin ich da!" Er stand hinter ihr und hob keuchend ihre Taschenlampe auf. „Hier, die ist doch wichtig. Wenn Sie die verlieren, sehen Sie alt aus!" Er tippte ihr auf den Rücken. Sie drehte sich langsam um. „Da, sehen Sie!", hauchte sie beinahe ehrfurchtsvoll. Federlein schob seinen Kopf über ihre rechte Schulter, um sehen zu können, konnte jedoch nichts erkennen. Schließlich drückte Trude sich so eng an die Wand, dass es ihm gelang, sich an ihr vorbei zu quetschen. Er stieg durch eine vermoderte Tür und stand in einem Höhlenraum – mit offenem Mund. So was hatte er noch nie gesehen. „Da sind sie ja ...", flüsterte er. Ganz leise, ehrfurchtsvoll und ängstlich zugleich.

26

Der Schuh landete mitten in Maximilians Bauch, der dreckige Absatz drückte sich hart in seinen Magen. Der Schmerz riss ihn aus dem Schlaf.

„Habe ich dich!", rief Sonnen und lachte zynisch. Friedhelm stand ein Stück entfernt und sah zu. „Was ist?", fragte Sonnen. „Wieso auf einmal so zurückhaltend?" Er winkte ihn zu sich. „Wo sind die anderen?" , fragte Otto Sonnen und sah Maximilian bösartig in die Augen. Er bückte sich ein wenig und presste seinen Fuß noch fester in dessen Magengrube. Maximilian lief rot an, während er erfolglos versuchte, mit seinen Händen Sonnens Fuß wegzustoßen. Sein Körper wand sich vor Schmerzen auf dem Boden. „Was ist da unten? Wo sind der Dicke und die alte Kuh?", brüllte Sonnen und trat immer fester zu. Abwechselnd blickte er in das Loch und auf das Metallrohr, welches den Deckel in einer horizontalen Stellung hielt. Letztendlich war es doch auch egal, was er antwortete, dachte sich Maximilian, denn Sonnen würde so oder so in das Loch hüpfen, um nachzusehen. „Wenn du nicht gleich sagst, was da ist, dann ... dann ...", er schaute auf die Metallstangen und Bretter mit rostigen Nägeln. Otto Sonnen gab Friedhelm den Befehl, sich etwas Geeignetes auszusuchen, woraufhin der sich eine etwa einen Meter lange Holzlatte mit krummen Nägeln griff. „Sag jetzt, was los ist. Haben die da unten endlich was gefunden? Mein Gold?" Otto Sonnens Mund spuckte die Worte regelrecht aus. Maximilian konnte das Wort Gold nicht mehr hören. „Friedhelm, komm. Du hast den ersten Schlag. Ich halte ihn mit meinem Fuß in Schach." „Wieso soll ich schlagen? Machen Sie das doch." Friedhelm stand recht unmotiviert neben ihm. „Mann, schlag dem endlich den Schädel ein!" Sonnens Befehl hörte sich mehr als ernst an. Er nahm Friedhelm den Knüppel ab, ging einen Schritt nach hinten und hob ihn hoch. Friedhelm hielt die Luft an – würde Sonnen es wieder tun?

Und er tat es.

Der Knüppel sauste gegen Schreckenbergs rechte Seite. „Na, noch einen Schlag?" Ohne auch nur eine Antwort abzuwarten, hob er den Knüppel wieder hoch und schlug noch einmal zu. Friedhelm sah den lodernden Hass in Sonnens Augen und hatte Angst, selbst einmal Opfer dieser rasenden Wut zu werden.

Sonnen hielt die Latte mit den Nägeln drohend in der Hand, hob sie hoch und deutete einen weiteren Schlag an. „Na, sag schon. Wo sind sie? Sind die da unten? Was machen sie da?" Er kniete sich neben Maximilian, der kaum noch sprechen konnte. „Ich, ich weiß es nicht. Trude und Eberhard sind da runter." Er hustete. „Was?", brüllte Sonnen. „Ich habe sie nicht mehr gesehen!" Maximilian wollte nur eines, dass Sonnen mit den Schlägen aufhörte.

Sonnen stand auf und trat gegen eine der herumliegenden Metallstangen, so dass sie quer über den Boden schlitterte und in das geöffnete Loch im Boden fiel. Er umkreiste Maximilian wie ein Raubtier seine Beute. Friedhelm stand wie gelähmt da und wünschte sich wieder, er wäre frühzeitig abgehauen. „Wir gehen da runter!", befahl

Sonnen Friedhelm und bedeutete ihm, vorzugehen. „Wieso ich?", fragte er. Sonnen antwortete nicht, sondern deutete auf den Knüppel. Friedhelm hatte verstanden. Nur mit seiner Taschenlampe in der Hand ging er auf die Öffnung zu und schaute sich die Platte an, die Maximilian mit einem Metallrohr festgeklemmt hatte. „Ob das hält?", fragte er Sonnen. Doch den interessierte das nicht. „Los, ab!", feuerte er Friedhelm an. Dieser sprang nach einem kurzen Blick nach unten in die Grube. „Und? Was ist da?", fragte Sonnen.

Erst kam keine Antwort.

„Nicht viel. Ein schmaler Tunnel, ziemlich eng und niedrig. Der geht von hier aus geradeaus weiter."

Sonnen blickte nach Maximilian. Dieser presste die Lippen fest zusammen. „Sonst nichts? Wieder nur ein Tunnel? Hier unten sind nur Tunnel, ein Tunnel neben dem anderen. Mist!", rief Sonnen verzweifelt. Und zu Friedhelm: „Du machst jetzt Folgendes: Du gehst da durch und schaust, was da los ist. Klar?" Er lauschte auf die Antwort. „Ich hab gefragt, ob das klar ist?", brüllte er in den Tunnel hinein. „Ja, klar, ich bin ja nicht schwerhörig!", murmelte Friedhelm zurück. „Spinner!", fügte er noch etwas leiser hinzu. „Na, dann. Ab die Post. Schau nach, was die da unten machen. Und wenn die nicht kooperativ sind ..." Er kramte in dem Müll herum. „...dann schlag denen hiermit einen vor den Koffer!" Sonnen suchte den besten Schlagstock heraus, den er finden konnte. „Aha, ich soll also mit so einer ollen Metallstange alle in Schach halten?" „Ja, und stell dich nicht so an. Wenn einer von denen frontal auf dich losgeht, dann schlägst du den damit zu Brei!" Er lachte diabolisch. Friedhelm lachte nicht. Er nahm die Stange und marschierte los.

Sonnen war sich nicht sicher, was er mit Maximilian machen sollte. „Warte ab, die haben da unten bestimmt was gefunden. Etwas, das mir endlich den verdienten Reichtum bringen wird!", kicherte er vor sich hin.

Maximilian presste seine Wunde am Bauch zu, aus der Blut sickerte. „Sie sind ja verrückt!", flüsterte er. „Na und? Sie sind gleich tot, und ich bin eben ein Irrer. Aber lieber irre als tot." Er hielt inne. Er glaubte, etwas aus der Öffnung gehört zu haben. „Friedhelm?", rief er, bekam aber keine Antwort. „Wo waren wir stehen geblieben? Ach so, ich, der Irre. Wissen Sie, ich habe mir die ganze Zeit über Gedanken gemacht, was ich tun soll. Weglaufen oder mich stellen. Ich bin am Ende zu der Entscheidung gekommen, dass ich flüchte; aber nur mit dem Gold! Ist das nicht schlau von mir?" Er sah zu Maximilian hinunter. „Ist das nicht schlau?" wiederholte er. „Ja, klar. Sie sind ein Meister! Sie sind so raffiniert!" Den zynischen Unterton überhörte Otto Sonnen. „Na also, geht doch! Soll ich Ihnen noch ein Geheimnis verraten? Wenn alle von Anfang an das gemacht hätten, was ich gesagt habe, dann sähe die Sache hier anders aus. Aber nein, jeder macht, was er will. Eines können Sie mir aber glauben, ich werde weder ins Gefängnis gehen, noch zurück an meinen alten Arbeitsplatz. Lieber werde ich ..." „Was?", fragte Maximilian. Sonnen gab ihm einen erneuten Tritt. Nun dachte er wieder an das, was er eigentlich verdrängen wollte. Den Freitod. Er hatte es mit der leeren Waffe probiert und auch mit dem rutschigen Seil in dem Loch, in dem Bruni lag. Beides ohne Erfolg. „Friedhelm! Wo bist du? Dauert das noch lange?", brüllte er.

Friedhelm hatte zwei Probleme. Das eine war das Metallrohr, das Sonnen ihm gegeben hatte. Es war zu lang, um damit in diesem schmalen Gang zu hantieren. Das zweite war der Tunnel selbst. Er war ihm zu schmal und zu niedrig. Er hasste es, sich in solch beklemmenden Plätzen zu bewegen. Oben hatte er schon seine Probleme mit den verschiedenen Tunneln gehabt, doch verglichen mit diesem hier waren die geradezu komfortabel. Mit der Taschenlampe in der einen und dem Metallrohr in der anderen Hand mühte er sich durch die Enge. „Dieses Miststück von

Sonnen, immer schickt der mich los, die Drecksarbeit zu machen!" Er fluchte und wünschte sich, nicht mitgekommen zu sein. Doch seine Chance zur Flucht hatte er verpasst. Er sah die Eingänge zu den Kammern in den Tunnelwänden, gelegentlich warf er einen Blick hinein. Doch er suchte weiter nach Trude und dem Doktor, die beiden mussten sein Ziel sein. Nach einer Weile kam er zu der Abzweigung und überlegte, welchen der beiden Gänge er als Erstes nehmen sollte. Friedhelm hielt die Taschenlampe auf den Boden. Der Dreck, der dort aufgewirbelt lag, verriet, dass vor nicht allzu langer Zeit mindestens eine Person hier durchgelaufen war. Seine Blicke gingen nach rechts und dann wieder nach links. Er war sich nicht ganz sicher, was er tun sollte. Einen kurzen Moment lang dachte er auch daran, zurückzugehen. Doch er ging weiter.

Er wählte den linken Tunnel, in dem auch Trude und Federlein zuletzt verschwunden waren. Langsam, Meter für Meter, arbeitete er sich nach vorne und machte dieselbe unangenehme Erfahrung wie sein Vorgänger. Sein Kopf schrammte gegen die Felsendecke, die Arme gegen die rauen Wände. Nach einer Weile und vielen Flüchen sah er das Taschenlampenlicht der gesuchten Personen und stellte fest, dass sie sich nicht bewegten. Sie standen da wie angewurzelt und nur der Lichtkegel flackerte. Er war gespannt, was die beiden da so gebannt betrachteten – war es endlich die große Entdeckung, die dort, am vermeintlichen Ende des Tunnels, wartete? Er ging nun etwas schneller, das Metallrohr fest umgreifend. Von weitem konnte er die breiten Umrisse von Eberhard sehen, ganz in der Nähe Trude, schweigend. Trude ging nun ein paar Schritte, Eberhard stand noch immer da. Friedhelm empfand eine Beklemmung, spürte instinktiv, dass er kurz davor stand, etwas nicht sonderlich Angenehmes zu erblicken. Was ihn am meisten irritierte, war die Tatsache, dass die beiden sein Kommen gar nicht zur Kenntnis zu nehmen schienen, obwohl er durchaus hörbar durch den Tunnel kam und das an die Wand schrammende Metallrohr Töne verursachte. Doch Trude und Eberhard konzentrierten sich auf etwas, das ihnen Friedhelm unwichtig erscheinen ließ.

Da, wo der Tunnel endete, stand man in einer natürlichen Höhle, Wasser tropfte von der etwa drei Meter hohen Decke herunter. Trude erblickte Friedhelm zuerst, dann drehte auch Eberhard sich kurz zu ihm um. Doch keiner der beiden erschrak, als sie ihn sahen. „Hallo, Herr Schatzsucher!", rief Eberhard ihm entgegen. „Wieder da?", rief Trude. „Komm ruhig näher!" Sie winkte ihn zu sich. Das Metallrohr, das er in der Hand hielt, fiel zu Boden. Am Ende des Tunnels wurde der Boden abschüssig, in der Senke hatte sich ein wenig Wasser angesammelt, alle drei wateten durch diese Pfütze. Friedhelm stand mit vor Erstaunen offenem Mund da. „Tja, damit haben wir auch nicht gerechnet! Aber bei genauer Überlegung hätten wir ja eigentlich drauf kommen müssen. Zumindest hat uns der Chronist ja nicht im Unklaren darüber gelassen, dass viele Menschen für den Bau hier ihr Leben gelassen haben!"

Sie standen inmitten von menschlichen Knochen, die durch Aufwirbelung des Wassers an die Oberfläche kamen. Ein Großteil der Knochen türmte sich bis zur Decke. Es sah aus wie in einem Beinhaus und bot den dreien ein schauriges Bild. „Ein Skelett ist nicht so schlimm, aber diese Menge hier. Mir bereitet das wirklich Kopfschmerzen. Wie viele Menschen müssen hier geschuftet haben und daran gestorben sein, um dann an diesem schaurigen Ort einfach entsorgt zu werden." Trude steckte sich in Ermangelung einer Zigarre den kleinen Finger in den Mund.

Trotz der harten Arbeit hier unten war den Menschen kein anständiges Begräbnis zugebilligt worden. Zu dritt spekulierten sie über die Gründe des Knochenbergs. Vielleicht hatte es ja schnell gehen müssen. Eberhard Federlein schaute sich die Höhle an. „Der Zustand der Knochen ist ziemlich marode, fasst man sie an, zerbröseln sie. Ich glaube nicht, dass das Wasser schon lange hier drin steht." Er deutete zur Decke. Eberhard dachte auch daran, dass man vielleicht während einer Pestepidemie die Leichen schnell hatte loswerden wollen und sie deswegen hier abgelegt hatte. Aber dazu hätte man einen direkten Zugang haben müssen. „Das wird eine Arbeit, das herauszubekommen!", sagte Eberhard grinsend zu Trude. Er unterließ es jedoch, sich vor Vorfreude die Hände zu reiben. Friedhelm stand einfach nur da.

„Na, was ist los? Sind Sie alleine oder mit Ihrem Chef da?", fragte ihn Eberhard schließlich. „Der wartet oben darauf, was ich ihm melde", antwortete Friedhelm. „Na, das hier dürfte selbst diesem Wahnsinnigen deutlich zeigen, dass hier nichts zu holen ist", meinte Federlein. „Ich glaube nicht, dass es hier noch mehr versteckte Kammern gibt. Apropos Kammern: die kleinen Räume, an denen wir vorbeikamen, sind wohl Schlafräume gewesen. Dort lebten die Menschen, die hier gearbeitet haben. War alles eine armselige Angelegenheit. Nichts mit Prunk und Gold, so wie sich der Sonnen das vorstellt. Das war das unterirdische Dorf. Nichts anderes als ein Stollen mit hineingemeißelten Schlafmulden. Kleine, schäbige Räumlichkeiten, in denen die Menschen sich versteckten."

„Was ist mit dem anderen Gang?", fragte Friedhelm. Federlein hob die Schultern. „Ich war drin, der Gang ist abschüssig. Ich stand bis zum Kopf im Wasser. Man müsste dort mit entsprechender Ausrüstung reingehen. So war mir das zu gefährlich."

Wieder standen sie schweigend da.

Trude stocherte mit ihrem rechten Fuß in den Knochenresten herum. „Es ist schon traurig, wofür die Menschen hier ihr Leben gelassen haben. Nur damit dieser Folmar seinen zweiten Dom bekam. Das Verrückteste ist ja wohl, dass der schon lange tot war, als die Menschen sich hier unten offenbar immer noch seinetwegen abplagten und starben. Vielleicht hätten sie noch ein paar Jahre länger leben können, wenn sie nicht diesen unseligen Auftrag gehabt hätten." Trude bückte sich und hob einen Schädel aus dem Wasser. „Seht mal, das war bestimmt ein Kind!" Der Schädel war relativ klein, Eberhard schaute sich ihn an. Er war dunkelbraun, beinahe schwarz. Einen Moment passte Trude nicht auf, hielt den Knochen zu fest in ihrer Hand, und er zerfiel.

Friedhelm erholte sich langsam von seinem Schock und ging durch den Raum, leuchtete auf den Knochenberg. Er drehte sich um und sah Trude und Federlein ins Gesicht, die bemerkten, wie sehr ihn dieses Grab beeindruckte. Friedhelm entschied sich nun endgültig, auszusteigen. „Ich habe diesen Sonnen und sein ganzes Vorhaben nicht richtig eingeschätzt und hätte am Ende beinahe noch einen Fehler gemacht." Trude sah ihn fragend an. „Was wäre ein Fehler gewesen?" Friedhelm überlegte. „Sonnen meinte, dass ich Sie beide ein für alle Mal ausschalten sollte." „Glück gehabt!", dachten Trude und Eberhard, jeder für sich, obwohl es eigentlich nicht die rechte Zeit war, sich zu freuen. Schließlich war Sonnen ja immer noch da oben und hatte beim besten Willen keine Lust, friedlich zu kapitulieren. Dass der eben noch Schreckenberg ernsthaft verletzt hatte, verschwieg Friedhelm. „Schauen wir erst mal, dass wir hier herauskommen und dass alles hier nun den offiziellen Weg nimmt!" Eberhard steckte seine rechte Hand in seine Jackentasche und zog einen Schokoriegel heraus. Sie verließen den Raum, das große Grab, und begaben sich gemeinsam auf den Rückweg.

„Was machen wir denn nun? Wenn der Sonnen noch da oben ist, wird der uns so ohne weiteres nicht gehen lassen, oder?" Trude schätzte die Lage realistisch ein. Eberhard verlangsamte seine Schritte und dachte nach. „Wir stehen also wieder vor einem Problem. Dieser Typ ist so was von unberechenbar, ich weiß auch nicht, was wir tun können." „Wie wäre es, wenn ich sagen würde, dass wir einen Goldschatz gefunden haben, der aber so schwer ist, dass wir seine Hilfe brauchen?" Friedhelms Idee hörte sich zu einfach an. „Als ob der einfach so in den Gang runterkäme! Ne, das glaube ich nicht. Das ist zwar ein Amokläufer, aber blöde ist der nicht. Das hat er ja schon bewiesen." „Aber was tun? Einen zweiten Ausgang gibt es nicht", fügte Trude unter lautem Husten hinzu. Doch das weitere Planen erübrigte sich.

Eine Taschenlampe blitzte ihnen entgegen. Otto Sonnen stand plötzlich vor ihnen, mit einer Eisenstange in der Hand. Er begrüßte sie, indem er die Stange gegen die Tunnelwand donnerte. Seine Taschenlampe, die etwas heller leuchtete als die ihre, blendete sie. „Ich habe euch schon länger zugehört, auch dir mein Freund!", meinte er zu Friedhelm. „Wo ist Maximilian?", rief Trude. Sonnen hob die Schultern. „Der? Der ist tot." „Tot?" Trudes gesunde Gesichtsfarbe wich einer Blässe. „Sonnen, geben Sie auf! Jetzt können wir noch abhauen. Das hätten wir eben schon machen sollen." Friedhelms Stimme hatte einen flehenden Unterton. Sonnen näherte sich ihm einen Schritt, hob drohend die Stange hoch, schrie ihm wütend „Du Verräter!" zu und donnerte sie Friedhelm gegen den Kopf. Er fiel zu Boden und blieb bewusstlos liegen, eine Staubwolke wirbelte auf. „Wer ist der Nächste?" Er schaute Trude und Eberhard an. „Ihr müsst an mir vorbei, also? Wer ist der Nächste?" „Sonnen, hör auf damit! Es ist aus. Ich habe es eingesehen, Friedhelm hat das eingesehen. Kein Gold, nichts. Das dürfte für uns alle das Zeichen sein, hier zu verschwinden." Trudes Stimme bebte. Eberhard nickte zustimmend. „Und mit jedem weiteren Opfer versinken Sie immer tiefer im Schlamassel."

„Da bin ich doch schon, ganz unten! Und ich glaube euch nicht!" Sonnen hob die Stange hoch und richtete sie auf Trude. „Sie hätte ich damals besser wieder ins Flugzeug gesetzt und zurückgeschickt! Sie sind an allem schuld! Sie Niete!" Trude trug seine Anschuldigungen mit Fassung. „Also, was machen wir jetzt?" Federlein meldete sich zu

Wort. „Ich hätte da einen Vorschlag!" Trude und auch Otto Sonnen drehten sich zu ihm um. „Aha, und der wäre?", fragte Trude.

„Dort hinten!" Eberhard zeigte hinter sich in den Gang und wandte sich Sonnen zu. „Dort gabelt sich der Tunnel ja in zwei Gänge. Im linken geht es in eine Grabkammer. Da ist aber außer einem Berg von Knochen nichts zu finden. Dann gibt es eben noch diesen zweiten Gang, dort sind wir nur noch nicht gewesen."

„Und?", fragte Sonnen.

„Und was? Na, da könnte doch vielleicht noch was sein. Ich war drinnen, aber ich bin zu fett dafür." Er lachte und tätschelte seinen Bauch. „Trude würde da auch nicht durchpassen. Mal davon abgesehen, dass Sie, sportlich gesehen, die bessere Person sind für die Erforschung dieses extrem schmalen, aber möglicherweise interessanten Ganges." Sonnen schwieg. „Sie sind jedenfalls der Einzige, der das herausfinden könnte. Friedhelm haben Sie ja außer Gefecht gesetzt." Eberhard wusste, dass er die Sache nicht über Gebühr strapazieren durfte. Doch Sonnen schwieg noch immer.

„Auch wenn ich persönlich es nicht glaube, dass es hier unten Gold gibt – dieser Gang bietet dennoch eine letzte Chance, etwas zu finden." Vorsichtig kitzelte er Sonnens Neugier. Würde Sonnen tatsächlich blind vor Goldhunger dort hineinsteigen? Würde er es wagen? Federlein rechnete mit einem Mechanismus in Otto Sonnens Hirn, der ihm seine Ausweglosigkeit verdeutlichte und den rechten Tunnel als letzte Option auf Erfolg anbot. Mit allen Konsequenzen. Der letzte Trumpf, den Otto Sonnen besaß, war, in einen dunklen, unsicheren und kalten Tunnel zu kriechen.

Was nun kam, war sehr unheimlich. Sonnen stand mehrere Minuten schweigend dort. Friedhelm lag auf dem Boden und kam langsam wieder zu sich. Federlein und Trude standen wie gelähmt da und überlegten fieberhaft, wie es weitergehen würde. Trudes Angst um Maximilian wurde ihr unerträglich. War er wirklich tot? Er hatte ihr erzählt, wie qualvoll lang ihm die Zeit war, als er nicht wusste, ob sie nun tot oder lebendig auf der Rückbank seines Wagens lag. Jetzt verstand sie; ihr ging es nun genauso.

„Ich gehe!" Sonnens Stimme hörte sich fest entschlossen an. „Ihr wartet da oben auf mich." Trude und Eberhard schauten sich an. „Natürlich!", antwortete Trude. Als ob er ihnen jetzt noch hätte Befehle geben können. Mit bitterer Miene quetschte sich Sonnen an Trude und Eberhard vorbei. Einen Moment lang atmeten sie sich gegenseitig ins Gesicht. „Viel Erfolg!", rief Eberhard ihm hinterher. „Und das meine ich ernst!" Sonnen leuchtete mit der Taschenlampe direkt in Eberhards Gesicht, der hielt sich geblendet die Hand vor die Augen. „Was soll diese Bemerkung?" Eberhard sagte nichts. Nach wenigen Momenten ließ Sonnen das Taschenlampenlicht wieder von ihm ab und drehte sich um. Trude starrte ihm hasserfüllt nach, und Friedhelm stand stöhnend auf.

27

Otto Sonnen ging langsam weiter. Gelegentlich drehte er sich um und sah nach den anderen. Doch die standen wie festgewurzelt da und beobachteten, wie er sich entfernte. „Ihr werdet euch noch wundern!" Er fügte noch einige Schimpfwörter hinzu, schrie plötzlich wütend vor sich hin. Seine Füße strauchelten immer häufiger, der Schlafentzug forderte seinen Tribut. Nach wenigen Minuten kam er zu der Gabelung: links, ging es in die Grabkammer und rechts – nach Federleins Schilderungen – in kühles Grundwasser. Sonnen dachte weder an Glück noch Verderben, er glaubte nur mehr an eine Art der Erlösung. Vielleicht musste er nur erst sterben, um wieder aufzuerstehen. Nach einigen Minuten begann er, ein Liedchen zu pfeifen. Das tat er

sonst nie. Vielleicht war es dieses Gefühl in der Magengrube, das so etwas wie ein nahendes Ende andeutete.

Seine Schritte hatte er jetzt wieder unter Kontrolle, seine
schweren Bundeswehrstiefel wateten durch immer tieferes
Wasser, seine grüne Kluft sog sich voll Wasser. Er sprach
mit sich selbst und tastete sich den immer enger
werdenden Gang entlang. Er fluchte über die Kälte. Das
Licht der Taschenlampe zeigte nur eine braune Brühe, die
unheimlich vor ihm hingluckste. Die Decke rückte näher
und er versank zunehmend in der Brühe. Der Abstand
zwischen beiden schrumpfte, und bald war sein ganzer
Oberkörper untergetaucht. Seine Hand hielt die Taschenlampe über dem Wasserspiegel und schlug gegen die
Decke, drohte, immer wieder ins Wasser zu fallen. Wenn
das passierte, wäre er verloren. Einen Moment ging die
Lampe aus, und er stand still, alleine in der beklemmenden
Dunkelheit. Er bewegte sie schnell hin und her, worauf sie
wieder funktionierte. Mittlerweile stieß er mit seinem Kopf
immer häufiger an den spitzen und scharfkantigen Felsen.
Der Weg war buckelig, er drohte mehrmals auszurutschen.

Dann blieb er stehen. Stille.

Es war gespenstisch ruhig.

Einen Moment lang glaubte er, den Wunsch verspürt zu
haben, wieder zurückzugehen. Seine Entschlossenheit
zeigte erste Risse. Dann hörte er ein lautes Glucksen, als ob
Wasser durch einen Ablauf flösse. Das weckte abermals
seine Neugierde, er ging weiter. Er fror bis in die Haar-
wurzeln und stolperte zu allem Überfluss auch noch über
einen Gegenstand am Boden. Für einen kurzen Moment
lang tauchte er ab, die Taschenlampe hielt er dabei geistesgegenwärtig über Wasser. Das Licht der Lampe fiel durch
die trübe Wasseroberfläche. Es überzog alles mit einem
scheinbar goldenen Überzug. Jeder Stein, der da lag,
funkelte plötzlich in diesem verzaubernden Goldton.
Erstaunt und erschrocken zugleich tauchte er wieder auf
und knallte mit dem Kopf gegen die Felsdecke. Er plumpste

unter Wasser, die Taschenlampe fiel ihm aus der Hand und tauchte flackernd in die Tiefe. Er hatte sich wohl am Kopf verletzt, Blut schwamm wie eine Wolke an ihm vorbei.

Doch gleichzeitig, erstaunt, sah er die Taschenlampe vor sich hintreiben und lachte innerlich. „He! Die ist ja wasserdicht!" Tatsächlich, sie trieb vor ihm her, und er vergaß die Zeit. War er nun schon mehrere Minuten unter Wasser oder waren es doch nur Sekunden? Er schwamm hinter der Taschenlampe her. Das Wasser schien etwas klarer und er hörte wieder dieses Glucksen. Die Taschenlampe trieb immer schneller weg. Aus dem Glucksen wurde ein Rauschen. Plötzlich wurden seine Beine von der Strömung weggezogen, sein Körper auf und ab gewirbelt. Sein Kopf tauchte auf, und er konnte an der Wasseroberfläche nach Luft schnappen. Er versuchte gegen die stärker werdende Strömung anzukämpfen, doch ohne Erfolg. Sonnen kämpfte, die Taschenlampe tanzte vor seinen Augen, er tauchte wieder unter. Er musste sie zu greifen bekommen, streckte seine Hand aus und bekam sie zu fassen. Wieder riss die Strömung ihn mit sich, sein Körper wurde wie durch einen Sog nach unten gezogen. Ehe er sich versah, klemmte er mit seinem Hintern in einer Felsspalte. Das Wasser floss durch diese Öffnung hindurch ab, so dass der Wasserspiegel wieder sank und Sonnen endlich wieder atmen konnte. Er schnappte voller Panik nach Luft.

Aber er saß bis zu den Schultern im Wasser, noch immer in der Felsspalte eingeklemmt. Das Wasser stieg an. Mühsam befreite er sich aus seiner misslichen Lage und wuchtete seinen Hintern aus der Felsritze. Wasser rauschte unter ihm hindurch, der Pegel sank. Mit der Taschenlampe in der Hand stand Otto Sonnen da, er zitterte am ganzen Leib.

„Was mache ich jetzt? Ein Albtraum ist das alles, nur noch ein Albtraum!" Er drehte sich um und sah, dass er einige Meter weit durch den Gang gespült worden war. „Aus welcher Richtung kam ich denn nun?" Er hatte die

Orientierung komplett verloren. Überall um ihn herum war nun kein von Menschenhand bearbeiteter Gang mehr, sondern eine natürliche, durch Wasserausspülungen entstandene Höhle. Das Taschenlampenlicht strahlte gegen eine Ansammlung von Felsbrocken, die in der Mitte dieser kleinen Höhle lagen. Mal auf den Boden kriechend, mal mit eingezogenem Bauch an Brocken vorbeigehend, suchte er den Weg nach vorne. Seine Hände klammerten sich an einen losen Felsen, der auf dem Boden lag. Prompt fiel dieser um und kullerte einige Meter weit.

Trotz seiner misslichen Lage dachte er nicht daran, zurückzugehen. Er schwafelte von Bruni, redete mit ihr. Er erzählte ihr von den Reichtümern, die sie beide erwarteten. Ab und zu rutschte er aus, fiel hin. Alles war aus schroffem Fels, Feuchtigkeit drang durch die Steine und hinterließ einen glitschigen Belag und von Nässe glänzende Steine. Er war bald am Ende seiner Kräfte und blieb stehen. Langsam ließ er sich auf den Boden sinken. Das Licht seiner Taschenlampe wurde schwächer. Ihre Energie ging zur Neige – wie die seine. Nervös kramte er in seinen Taschen herum, fand dort jedoch nicht das Gesuchte. Bald würde ihn Dunkelheit umhüllen. Er ging weiter. Der Gang im Fels verengte sich wieder. Mit eingezogenem Bauch drückte er sich durch die Felsspalte, die sich vor ihm auftat. Mit der Taschenlampe voraus stolperte er in den nächsten Raum der Höhle. Der Lichtschein prallte gegen eine Wand. Sollte es das gewesen sein? Ging es hier nicht mehr weiter? Er hoffte auf einen Ausgang, der irgendwo hier unten steil nach oben führen würde. Er ging in den Höhlenraum hinein, leuchtete erst die Decke, dann die Wände ab. Dann bemerkte er, dass der Gang um die Ecke weiterging. Auf dem Boden lagen Holzreste.

Er kniete sich nieder und betrachtete das faule, uralte Holz. Es waren Stücke einer Kiste gewesen. Also musste hier unten doch noch was sein, er hatte es doch gewusst. Wer würde sich sonst schon die Mühe machen, so tief in solch eine Höhle einzudringen? Wassertropfen platschten auf seinen Kopf. Der harte kalte Aufschlag ließ ihn nach oben blinzeln. Eine Frage bewegte ihn, wo und was war der Inhalt dieser Holzkiste? Was wäre es wert gewesen, hierher gebracht zu werden? Seine Erschöpfung ließ nach, er ging sorgsam alles ausleuchtend weiter.

Vor ihm tat sich eine schmale Treppe auf. Es war deutlich zu erkennen, dass hier im Gegensatz zu den vorher begangenen Gängen wieder Menschenhand im Spiel war. Die Wände waren sauber glatt geklopft und die Treppen gleichwinklig in den Stein getrieben. Angespannt setzte er seinen Weg über diese Treppe fort.

Immer mehr Wasser drang an den Seiten des Ganges durch, jeder Schritt, den Sonnen tat, spritzte Wasser beiseite. Sonnen glaubte nun fest daran, es den anderen zu zeigen. Letztlich blieb er im Recht. Dann sollte eine Postkarte aus Südamerika an die Verlierer in Trier den Beweis erbringen. Grüße aus Chile, das wäre das Richtige, um Trude für den Rest ihres kümmerlichen Lebens zu blamieren. Wie von unsichtbaren Händen getragen und frei von jeglichen Schmerzen, Kälte oder Erschöpfung flog Sonnen beinahe die Treppen hinauf. Dass er hin und wieder abrutschte, zurückglitt, registrierte er nicht. Es gab nur noch diesen Weg nach oben und dann das Bad im Gold. Er übersah, dass aus einem unerfindlichem Grund Wasser in immer größeren Mengen die Treppe herunterfloss. Oben angekommen, traf er auf einen weiteren, kleinen Raum. Von irgendwoher flog ein gelöster Felsbrocken zu Boden. Der Raum war zwei, fast drei Meter breit und hoch. Die Taschenlampe flackerte, ging kurz ganz aus und wieder an. Ihr Ende war nahe. Doch Otto Sonnen ignorierte auch das. Er sah nur eines, eine weitere Holzkiste.

Das Wasser strömte hier sogar durch Felsspalten in den Raum und floss über die Treppe hinab. Sonnens Augen hefteten sich auf die Kiste. Es waren nur einige Meter zu ihr hin. Seine Beine wurden vom Wasser umströmt. Irgendwo da oben musste die Quelle sein, war es gar die Mosel? Er konzentrierte seine gesamte Aufmerksamkeit auf die Kiste. Geröll und Steine fielen von der Decke, der nur kurze Weg erwies sich als schwierig, doch Sonnen gab nicht auf. Die Hände schützend vor das Gesicht haltend ging es kreuz und quer in die Richtung, wo er die Erfüllung seiner Wünsche versteckt glaubte. Mit festen Schritten ging es weiter, durch immer mehr Wasser. Wasser, Steine, Geröll, es wurde lauter. Der ohrenbetäubende Lärm großer Wasserströme kündigte sich an. Der Ablauf bewältigte die Mengen nicht mehr. Das Wasser stieg immer schneller, und zu allem Überfluss wurde das Licht der Taschenlampe nun deutlich schwächer. Jetzt hatte er die Kiste erreicht. Sie war etwa 40 x 40 Zentimeter hoch und breit, und − so schätzte er − vielleicht 1,50 Meter lang. Ein unbehagliches Gefühl beschlich ihn; sie ähnelte einem Sarg. Doch nun versank auch sie nach und nach im Wasser, das alte Holz, das sowieso schon morsch und wurmstichig war, begann unter dem Einfluss der Nässe langsam auseinanderzufallen.

„Das geht alles so schnell!", dachte sich Sonnen und drehte sich um. „Woher kommt das ganze verdammte Wasser?", schrie er verzweifelt. Ihm wurde schlagartig klar, dass er in der Falle saß. Hinabtauchen würde nichts bringen, obgleich er fluchend bemerkte, wie sich Felsstücke aus der Decke lösten. Sie fielen mit lautem Platschen ins Wasser. War es Zufall, dass gerade jetzt, als er hier ankam, der Zahn der Zeit alles um diese Höhle herum zerstört hatte und sich jetzt das Wasser Bahn brach? Einige der Felsbrocken fielen auf die Kiste. Holz brach heraus und gab den Blick auf den Inhalt frei. Sonnen beugte sich zu ihr hinunter, in der ständigen Angst, dass ihm ein Fels das Genick brechen könnte. Um ihn herum überall Wasser, schon bis zu den Knien. Er riss hektisch an der Kiste herum. Sonnen musste den Kopf unter Wasser stecken, um herauszubekommen, was in dieser verdammten Kiste war. Die Taschenlampe gab nur noch einen müden Stahl von sich.

Ein Steinbrocken traf Sonnens Schulter und riss eine klaffende Wunde.

Flehend rief er die Höhlendecke an. Wasser, überall nur Wasser. Er begriff nun die tatsächliche Ausweglosigkeit seiner Situation. „Trude! Friedhelm!", brüllte er mit verzerrtem Gesicht. Erschöpft sank er auf die Knie und verschwand mit seinem Oberkörper bis zu den Schultern in Wasser. Er kniete vor der Kiste, und Felsbrocken stürzten knapp neben ihm ins Wasser. Er wartete nur darauf, jeden Moment erschlagen zu werden. Seine linke Hand legte er auf die Wasseroberfläche und ließ sie auf die Kiste herabsinken, berührte das Holz und hob es ein Stück an. Dabei bekam er etwas zu fassen, von dem er dachte, es könnte Leinen sein. Er zerrte daran, bemüht, Stoff und Inhalt durch das Loch nach außen zu ziehen. Es gelang ihm, und seine Augen funkelten einen Moment lang auf, als seine Hand sich in das Leinen vergrub und etwas Festes zu greifen bekamen. Die Taschenlampe in der Linken balancierend, versuchte er, einen Blick darauf zu erhaschen.

Das Wasser schoss plötzlich in einem gebündelten Strahl von der Decke. Er fühlte sich wie ein kleines Kind im Freibad, das gerade in dem Moment etwas am Beckenboden entdeckte, als die Fontäne einsetzt. Im gleichen Augenblick löste sich über ihm ein schwerer Stein, die Millionen Jahre alte Verbindung zwischen dem Schiefer riss, bröckelte erst, um dann am ganzen Stück herauszubrechen.

„Ich habe es!"

Der Felsbrocken fiel spitz und gnadenlos von der Decke und traf ihn so fest, dass er unter das Wasser gedrückt wurde. Das Blut, das aus seinem Kopf schoss, färbte alles ein. Sein Körper sackte unter der Last des Brockens zusammen. Der Felsbrocken zermalmte ihn förmlich auf der Kiste, und unter dem schweren Gewicht barst das Holz endgültig und legte den Rest frei. Wasser, das durch das

Leinentuch strömte, schlug es auf. Langsam löste es sich wie das Holz auf, und zeigte, was es über Jahrhunderte beherbergt hatte. Im letzten fahlen Licht der Taschenlampe sah der sterbende Otto Sonnen, was er gefunden hatte, erfassten seine Hände das, was Ziel all seines Strebens war. Er lächelte kurz, seine Hände griffen unter dem kalten Wasser nach dem Inhalt der Kiste. Sein Herz schlug langsamer.

Er nahm sein Geheimnis mit in den Tod.

28

Trude und Eberhard halfen Friedhelm auf die Beine – er erholte sich nur langsam von dem Schlag. Trude hustete einige Male asthmatisch, klopfte sich den Dreck von der Jacke und hustete abermals. Dann jammerte sie darüber, dass sie mittlerweile zu alt für solche Dinge sei. Eberhard grinste; er sah Friedhelm an. „Wie sieht es mit Ihnen aus? Sind Sie nun endlich kuriert?" Darauf wusste Friedhelm erstmal keine Antwort.

Aber er nickte und tastete wortlos die Stelle ab, wo Sonnen ihm eines mit der Stange verpasst hatte.

Kurz vorher hatten sie aus der Richtung, in die Sonnen gegangen war, laute Geräusche gehört. Trude drehte sich um und schaute in den Gang. „Hört sich irgendwie nicht so gut an, oder? Aber eigentlich ist mir das scheißegal. Ich muss jetzt wissen, was mit Maximilian ist!" Trude machte ein paar entschlossene Schritte in Richtung Bodenöffnung, drehte sich dann aber doch noch mal zu den anderen beiden um. Eberhard schaute Friedhelm an. „Ich für meinen Teil habe auch die Nase voll!" Friedhelm nickte und blickte Trude nach. Er war wieder fit und wollte verschwinden, ehe die Polizei hier auftauchte. Sonnen helfen zu wollen war ohnehin zwecklos – der war dazu fähig, seine Helfern ins Jenseits zu befördern.

So machten sie sich gemeinsam auf den Weg zum Ausgang. An der Öffnung angekommen, staunten sie nicht schlecht. Sie hörten mehrere Stimmen, die wild durcheinanderredeten. Friedhelm sah extrem angespannt aus. Er saß in der Falle, und ein brauchbarer Fluchtplan wollte ihm nicht einfallen. „Wer ist denn da?", fragte Trude und schaute nach oben. Sie sah Dutzende von Taschenlampenlichtern an den Wänden herumtanzen. Die Stimmen wurden lauter, sie erkannte darunter die von Maximilian. Trude blickte hoch und wurde beinahe von einer Aluminiumleiter niedergeschlagen. „Pass doch auf, du Idiot!", brüllte sie nach oben und sah einen erschrockenen Polizisten. „Tut mir leid!", gab er zurück und ließ die Leiter an Trude vorbei nach unten gleiten. Trude setzte, ohne einen Moment zu warten, den Fuß auf die erste Sprosse und kletterte hinauf, danach Eberhard Federlein, gefolgt von Friedhelm.

Auf dem Vorplatz des unterirdischen Domes tummelten sich fast ein Dutzend Polizisten, die nervös auf und ab liefen. Einer hatte einen Schäferhund dabei, ein anderer schob einen Stromerzeuger in die Nähe des Portals. Er startete das Gerät und schloss einen großen Scheinwerfer an. Kurz darauf bündelte sich ein hier unten noch nie da gewesener Lichtstrahl auf dem Gebäude. Alle Anwesenden schauten gebannt auf das beeindruckende Bild, das sich ihnen bot. Die Stimmen verstummten für einen Moment. Fotoapparate blitzten zwischendurch und langsam hörte man auch wieder Stimmen.

„So, guten Tag!" Vor ihnen stand Heinz Leyendecker von der Trierer Polizei. Er war groß, trug einen Oberlippenbart und hielt seinen Dienstausweis vor sich. Leyendecker hatte sichtlich Mühe, seine Augen von dem zweiten Dom abzuwenden. „Unfassbar!", murmelte er immer wieder. Trude und Eberhard grüßten ihn beinahe gleichzeitig, Friedhelm verhielt sich still, ging einige Meter weiter und schaute sich um. Der Mann bat Eberhard und Trude zu sich; auf dem Boden stand ein provisorischer Klapptisch mit einigen Zetteln, daneben, ebenfalls geöffnet, lag Eberhards Hartschalenkoffer. Leyendecker hustete, die vielen Menschen hier unten wirbelten eine Menge Staub auf.

Rasch wurde Federleins Identität geklärt, bei Trude war das etwas schwieriger. „Falls Sie Maximilian Nikolaus Schreckenberg suchen, der ist vor ein paar Minuten wieder nach oben in sein Haus gebracht worden. Dort wird er gerade ärztlich versorgt." Trude sah besorgt drein. „Was ist mit ihm?", fragte sie den Polizisten. „Ihm geht es so weit gut. Man hat ihm nur ein Brett mit rostigen Nägeln in die Rippen geschlagen. Dank des Hinweises von Herrn Konter sind wir hier. Als er aus dem Krankenhaus entlassen wurde, hat er zwei Personen erkannt und ist ihnen mit zwei Kollegen hierhin gefolgt. Sie waren es doch, die ihn hier unten gefunden und ihm einen Krankenwagen gerufen hat? Herr Konter konnte sich anfangs leider nicht so genau erinnern, wo das gewesen war."

Trude und Eberhard hörten sich Leyendeckers Ausführungen kommentarlos an. „Nun, wissen Sie vielleicht auch, wo ein gewisser Otto Sonnen und sein Handlanger sind? Wir kennen nur seinen Vornamen, Friedhelm. Die genaueren Personalien müssen wir noch feststellen." „Dieser Sonnen muss noch irgendwo da unten sein." Eberhard versuchte, die Situation zu erklären, und beschrieb, wo sie Sonnen zuletzt gesehen hatten und wohin dieser ging. „Wir wissen nichts über seinen weiteren Verbleib", endete er. Leyendecker winkte zwei Beamte zu sich und gab ihnen Anweisung, Sonnen zu folgen. Nachdem sie in der Öffnung verschwunden waren, wandte sich Leyendecker wieder Trude und Eberhard zu. „Aber Sie können sich freuen. Die ganze Sache hier unten ist für Sie erst mal überstanden." Leyendecker warf einen Blick zu dem unterirdischen Dom hinüber. „Für Sie und Ihre Kollegen, Herr Federlein, sehe ich hier allerdings noch viel Arbeit. Das hier ist eine unglaubliche Entdeckung! Der Bürgermeister und der Stadtrat werden auch bald hier eintreffen. Kennen Sie noch weitere Eingänge? Uns ist ein zugeschütteter in der Nordallee bekannt und dann eben der hinter dem Keller des Herrn Schreckenberg." „In einem Schrebergartenverein ganz in der Nähe des Polizeipräsidiums ist auch einer", antwortete Eberhard. Er erklärte ihnen die Stelle. „Sehr gut. So können wir wenigstens vermeiden, dass unsere Leute suchen müssen. Wir werden die Zugänge bewachen müssen." Leyendecker dachte nach. Was wäre, wenn nun jeder Trierer beginnen würde, nach einem Zugang zu suchen?

„He, Sie! Wohin?" Leyendecker zeigte auf Friedhelm, der sich gerade endgültig aus dem Staub machen wollte. „Kennen wir uns nicht?", fragte er.

„Na gut, ich packe aus. Vielleicht bringt es mir ja was. In der Herzogenbuscher Straße auf der Höhe der IHK ist auch ein Eingang." Friedhelm hielt inne. „Wird in Trier seit kurzem eine Frau vermisst?" Leyendecker nickte. Er suchte in einigen Zetteln herum und hielt kurz darauf ein Fahndungsfoto in die Luft. „Brunhilde Truske-Schmittmeier, vermisst." Friedhelm wand sich, als er Leyendecker erklärte, wo man ihre Leiche finden konnte. Leyendecker winkte einen anderen Beamten zu sich. Sie diskutierten miteinander, schließlich wurden Friedhelm Handschellen angelegt. „Ihre Informationsbereitschaft kommt Ihnen auf jeden Fall zugute", rief Leyendecker hinterher, als Friedhelm abgeführt wurde. Trude und Eberhard schauten ihm nach. „Nun ist er weg ...", sagte Eberhard und atmete tief ein.

Trude hustete, um auf sich aufmerksam zu machen. Sie schaute Leyendecker flehend an, während sie auf ihn einredete. „Ich muss zu ihm, zu Maximilian!" Ihr Ton verriet echte Betroffenheit. Leyendecker klärte sie über ihre Pflichten im Zusammenhang mit dieser Angelegenheit auf und riet ihr, nicht zu verschwinden. „Herr Dr. Federlein, Ihnen muss ich allerdings doch gratulieren zu diesem wirklich einmaligen Fund hier unten!" Leyendecker klopfte Eberhard auf die Schulter. „Bin mal gespannt, was der Bürgermeister dazu sagen wird." Leyendecker und Eberhard gingen ein paar Meter weiter. Trude schien vergessen, und sie nutzte den unbeobachteten Moment. Wie selbstverständlich lief sie auf den Tunnel zu Maximilians Haus zu. Die Beamten schauten ihr misstrauisch hinterher, einer, so glaubte sie, folgte ihr. „Keine Angst, ich haue schon nicht ab!", rief sie vor sich her, in der Hoffnung, dass es derjenige, den es betraf, hörte. Im Tunnel bemerkte sie, dass das Skelett verschwunden war. Anscheinend war es von der Polizei bereits geborgen worden. Interessanterweise kamen ihr ständig Polizisten auf Fahrrädern entgegen. „Gute Idee!", dachte sich Trude, deren Füße sprichwörtlich qualmten. Endlich kam sie im Keller an. Mehrere Stimmen redeten durcheinander. Zwischendrin war die von Maximilian zu hören. Trude eilte zu dem auf einer Trage Liegenden, der gerade von einem Notfallhelfer versorgt wurde. „Wie geht es dir?", fragte sie und strich ihm über die verbliebenen Haare. „Gut", antwortete er gedehnt und mit einem Blick auf den Verband. „Konter tauchte plötzlich mit der Polizei auf, er war Sonnen gefolgt. Eben hatte er aber wieder einen Zusammenbruch, dann mussten die ihn wieder ins Krankenhaus bringen. Deswegen bin ich noch hier, aber es soll ihm gut gehen. Dieser Sonnen hat mich mit einem Brett mit Nägeln malträtiert. Wo ist der überhaupt?" „Keine Ahnung, was mit dem ist. Die haben zwei Leute runtergeschickt, die nachsehen sollen." Trude beugte ihren Kopf und küsste ihn auf die Stirn. „Maxi." Sie schaute ihm tief in die Augen. „Ja?", erwiderte er. Trude räusperte sich laut, die Notfallhelfer schauten belustigt und verschwanden aus dem Keller. „Wir gehen eine Zigarette rauchen!", meinte einer beim Rausgehen.

„Es kann sein, dass die Polizei einige unangenehme Fragen stellt, wegen meiner Vergangenheit. Du weißt, was ich meine." Er nickte. „Also wird es höchste Zeit, meinen richtigen Namen zu nennen. Ich habe auch einen Ausweis." Trude griff in ihre Jackentasche und zog ein Mäppchen heraus, kramte darin herum, bis sie einen uralten, ziemlich abgegriffenen Ausweis herauszog.

„Gertrud Kreisler." Maximilian hielt den Fetzen nachdenklich in der Hand. „Gertrud gleich Trude – aber du hast doch nichts dagegen, wenn ich bei Trude bleibe? Anders kann ich dich einfach nicht nennen." „Du darfst das, Maxi ... äh Maximilian." Ihre Unterhaltung wurde prompt gestört. Von weitem hörten sie eine bekannte Stimme: Frau Wagner. Natürlich. Sie schaute an dem Krankenwagen vorbei in die Garage hinein. Der Verkehr in der Tempusstraße staute sich durch die vielen Polizeiwagen beträchtlich. Doch Frau Wagner blieb stehen, neugierig wie stets.

Einige Tage später schaute Ulrich Konter bei Maximilian vorbei. Sie unterhielten sich über die Dinge, die geschehen waren. Sonnen war noch immer verschollen. Der Gang, in den er verschwunden war, war auf einer nicht unbeachtlichen Länge eingebrochen. Grundwasser drückte sich durch das Geröll. Ein Überleben, so mutmaßte man, sei da nicht möglich gewesen. Vor allem die unklare Statik in diesem Bereich war ein Problem – man wollte keinen der Bergungsleute in Gefahr bringen, nur um Sicherheit zu haben, dass dieser Kriminelle tot war.

Alles in allem wirbelte die Aktion unter der Stadt einigen Staub auf – nicht nur dort unten, um den zweiten Dom herum. Der Bischof – sogar der Papst – zeigten sich beeindruckt von der Entdeckung. In den Archiven des Vatikans wurden nun plötzlich mit vielen eifrigen Händen die Seiten der uralten Bücher und Unterlagen durchsucht.

Die Beteiligten – allen voran Trude und Maximilian – baten sich höchstmögliche Anonymität aus. Was allerdings schwierig war, denn schließlich fiel jedem einigermaßen guten Medienvertreter auf, wo in der Stadt etwas los war. Und das war jetzt in der Tempusstraße. Sogar der Römerexpress, die Trierer Touristenbahn, änderte seine Route und fuhr nun durch die Tempusstraße – extra langsam und in verschiedenen Sprachen auf die Besonderheit hinweisend.

Trude stand mit einer Schürze in der Küche, ein völlig ungewohntes Bild. Sie gefiel sich aber wider Erwarten in der Hausfrauenrolle. „Wenn mich einer von meinen Kumpanen so sehen würde, das würde keiner glauben!", rief sie, während sie ein Steak brutzelte. Maximilian lächelte. Er musste dazu einige lang geschonte Muskeln bemühen. „Ist eigentlich gar nicht mal so übel, Hausfrau zu spielen. Ich frage mich, weshalb die jungen Dinger von heute aus dem klassischen Hausfrauenleben heraus wollen!" Lachend drehte Trude das Steak um. „Und auf diese Art und Weise bekommt mein Maximilian endlich mal was Richtiges zu essen!" Konter grinste und Maximilian fühlte sich wohl wie schon lange nicht mehr. „Was haben wir nur für tolle Sachen erlebt!" Er atmete tief ein. Konter nahm einen Schluck Wein. „Das kann man wohl sagen. Sie können sich gar nicht vorstellen, was mit mir los war, als mich dieser Friedhelm in das Loch geworfen hat! Der sitzt ja mittlerweile ein und wartet auf seine Verhandlung. Allerdings war mir richtig elend zumute, als die Frau Brunhilde Truske-Schmittmeier beerdigt wurde. Ich musste da wieder an den Sonnen denken und daran, dass auch ich jetzt schon auf dem Friedhof liegen könnte." Maximilian nickte zustimmend. „Stimmt. Leider habe ich diese Frau Truske-Schmittmeier nicht kennen gelernt. Aber es ist schon ein Wunder, dass wir so glimpflich davongekommen sind."

Zu dritt aßen sie zu Mittag und unterhielten sich angeregt. Konter konnte es noch immer nicht fassen, alles heil überstanden zu haben. „Solche Abenteuer", Konter schaute Trude an, „passieren doch immer anderen Menschen, aber nie einem selbst." Trude nickte. „Du kannst mir eines glauben, so was ist mir auch noch nicht passiert. Eigentlich passiert so etwas gar keinem Menschen. Hört sich im

Nachhinein für mich erfunden an." Die drei schauten sich gegenseitig an, ehe sie lachten. „Aber wenn ich ehrlich sein darf, ich würde ja gerne da runter gehen und weitersuchen!" Maximilian schaute sie wie versteinert an. „Wie bitte?!", rief er. „Ja, aber nicht wegen irgendwelchen Reichtümern, einfach so. Ein wenig buddeln, graben, entdecken. Pinsel schwingen, hier ein wenig klopfen, dort ein wenig hämmern. Der Eberhard hat es ja gut, der ist zurzeit da unten." Konter tupfte sich den Mund ab: „Ich würde mal den Ausgrabungsleiter fragen, ob man nicht ein wenig mithelfen kann. Da Sonnen offenbar das Zeitliche gesegnet hat, ist es da unten ja jetzt sicher." Einen Moment lang blickten alle drei drein, als ob sie ein Gespenst durch das Wohnzimmer hätten gehen sehen, so tief hatte sich Sonnen in ihrem Gedächtnis eingeritzt. Er war da, obwohl er nicht da war.

Nach dem Kaffee verabschiedete sich Konter. Sie versprachen einander, sich wieder zu treffen. Nachdem Konter nach Hause gegangen war, ging Maximilian in den Keller. Sein Wagen war nicht da; der stand zurzeit in einer angemieteten Garage und wartete dort auf eine gründliche Restauration. Schließlich wollte Maximilian spätestens im Frühjahr mit Trude einige Runden durch die Südeifel und Luxemburg drehen. In seinem Keller war eine Stellwand angebracht worden, damit man, ohne den Eigentümer zu stören, ein und aus gehen konnte. Maximilian lugte durch eine Ritze und erkannte einen Wissenschaftler, nun umgeben von Personen, die er noch nie gesehen hatte. Es war ein ständiges Kommen und Gehen in seinem Keller. Der Bürgermeister und auch andere örtliche Prominente hatten sich das „Wunder von Trier" bereits angeschaut. Wie das wohl weiterginge, fragte er sich und setzte sich auf seinen alten Sessel. Er schaute auf die Wand, die die Garage in zwei Teile trennte. Der Eingang in der Herzogenbuscher Straße, dort, wo der Bauwagen stand, war mittlerweile ausgebaut worden. Man baute gerade einen Aufzug ein, um

Maximilians Keller nicht mehr benutzen zu müssen. „Trude?", rief er hinauf. „Ja?", antwortete sie, „Was ist denn?" „Hast du nicht Lust, ein wenig wandern zu gehen?" Trude kam herunter und setzte sich zu ihm auf den Sessel. „Nun ist nichts mehr, wie es einmal war. Alles ändert sich, alles wandelt sich, und jeder Mensch kann über sich hinauswachsen." Maximilian philosophierte vor sich hin, dabei ergriff Trude seine Hand. „Ja, Maxi, das stimmt. Aber wie war das eben noch mit dem Wanderngehen? Wolltest du mich nicht mal in deine Stammkneipe einladen?" „Aber wir haben doch gerade gut gegessen, Trude. Oder hast du wieder Hunger?" Sie zuckte mit den Achseln. „Och, nach einem ausgedehnten Spaziergang? Schon!"

Wenige Minuten später standen sie umgezogen vor der Tür. Es lag kein Schnee, dafür war es bitterkalt. „Aaah, was für ein schöner, blauer Himmel!", meinte Trude und blinzelte in die winterliche Sonne. „Also los!" Maximilian deutete in Richtung Kaiserstraße. Etwas genervt schaute er auf den starken Verkehr. Die Menschen fuhren absichtlich langsam an seinem Haus vorbei. Er erinnerte sich plötzlich an das Gespräch mit den Leuten vom Eifelverein, und in seiner Manteltasche fand er prompt den Zettel mit den Wanderterminen. Vielleicht sollten sie sich doch lieber denen anschließen und durch die gute Luft der umliegenden Wälder wandern. Er faltete den Zettel zusammen und steckte ihn in seine Brieftasche. Wenn es der Zufall so wollte, würde man sich vielleicht in seiner Stammkneipe treffen.

Maximilian zog seinen Hut tief ins Gesicht, Trude hatte sich eine neue Jacke gekauft und mühte sich redlich, ein wenig normaler auszusehen. „Schau mal! Ich passe mich an!", sagte sie lachend mit einer dicken Zigarre im Mund. Unter seinem Hut hervor lächelte Maximilians Augen sie an. „Ich habe eine tolle Idee! Wir beide gehen jetzt los und ich zeige dir die Straße, in der das Geschäft meiner Eltern war." Trude nickte wortlos und freute sich auf den ersten richtigen Standrundgang. Sie nahm seine Hand und drückte sie fest gegen ihren Körper.

Nachdem sie um die Ecke verschwunden waren, fuhr eine dunkle Limousine langsam auf den Gehweg vor Maximilian Nikolaus Schreckenbergs Haus. Zwei Männer stiegen aus und schauten sich um. „Na, dann schauen wir mal", meinte der eine und zeigte auf die Garageneinfahrt. „Der Hauseigentümer hat bis zur Fertigstellung des Eingangs in der Herzogenbuscher Straße diesen hier zur Verfügung gestellt." „Aha." Der andere, in einen schwarzen Mantel gehüllte Mann ließ seinen Blick über das Haus gleiten. „Würde er dieses Haus vielleicht verkaufen?", fragte er den anderen, mit grauer Tweedjacke bekleideten. „Mal sehen. Wenn das Geld stimmt, mit Sicherheit. Für Geld machen die alles." Der Jackenträger lachte und fügte hinzu: „Nun, wir schauen uns das da unten mal an. Sie werden erstaunt sein. Wenn wir die Statik überprüft haben und die Wissenschaftler endlich verschwunden sind, können wir loslegen."

Der Mann im Mantel rieb sich die Hände. „Aber so recht vorstellen kann ich mir noch immer nicht, dass die vom Denkmalamt keine Probleme machen. Die haben doch mit Sicherheit etwas dagegen, wenn wir dort unten ein Einkaufzentrum einrichten wollen." Der Mann in der Tweedjacke lachte erneut. „Überlassen Sie das mal mir! Ich kenne meine Pappenheimer! Und außerdem, die Stadt braucht Geld und Arbeitsplätze sehr viel dringender als noch mehr Altertümer." Amüsiert lächelnd gingen sie zum Garagentor und schlossen es auf. Wenig später saßen sie auf ihren Fahrrädern und radelten hinab unter die Stadt. Der Mantelträger staunte nicht schlecht. „Meine Güte!", rief er freudig beeindruckt. Helles Licht, gespendet von Halogenstrahlern, zeigte den tatsächlichen Umfang der Anlage. „Tja, habe ich Ihnen zu viel versprochen?", strahlte sein Gesprächspartner triumphierend. „Nein, das haben Sie ganz und gar nicht!" Die Augen des Mannes funkelten. „Wann können wir mit den Bauarbeiten anfangen?"

„Bald! Sehr bald!"

Sie überblickten den Raum. Ihre Phantasie malte bereits ein Bild von unaussprechlicher Respektlosigkeit. Hier schnell ein Gerüst, dort eine Metallverblendung, und wenn der Schleier fiel, so würde sich schon nach Wochen niemand mehr an das ursprüngliche Erscheinungsbild erinnern. Vielleicht gäbe es ein paar entrüstete Stimmen, doch wer hörte die schon, wenn der Schein des Neuen über allem erstrahlte.

Nur wenige Meter von ihnen entfernt arbeitete Eberhard Federlein, ohne das Gespräch indessen mitzubekommen. Es war ein frustrierter und deprimierter Eberhard Federlein, denn das Leben schien ihm übel mitzuspielen. Er hatte gehofft, den Ruhm für sich zu haben, doch weit gefehlt. War er eben noch eingetaucht in die phantastischen Entdeckungen unter der Stadt, so prallte er nun an der harten bürokratischen Welt ab.

War er denn wirklich so naiv gewesen zu glauben, dass er es wäre, dem die Krone aufgesetzt würde? Dass er als ein neuer Howard Carter durch die Straßen ziehen könnte? Doch er hatte ja noch sein kleines Geheimnis, das er für sich aufhob.

Trude und Maximilian unterstrichen seine Leistungen bei jeder Gelegenheit. Doch es brachte nicht viel. Eberhard sollte nun mit Studenten und dem Pinsel in der Hand für Aufklärung sorgen. Nicht das Ganze erfassen, sondern wie eine Arbeiterameise alles zusammentragen. Kein Dankeschön. Die entscheidenden Schlüsse wollten andere ziehen.

29

Ein sanfter, dumpfer Schlag, sich rhythmisch wieder-
holend. Ein Wecker, durch den der Graue stets zeitig aus
dem Schlaf geholt wurde. Es war früh morgens, eine
Straßenkehrmaschine reinigte die Unterführung. Die
Maschine stampfte über das Blech, unter dem er hauste,
die Bürste schrammte an der Wand vorbei.

Der Graue hatte eine Entscheidung getroffen, und ein
langer Tag lag vor ihm. Würde er sterben, wäre alles verloren, unwiederbringlich. Die Wissenschaftler würden über
die Jahre vielleicht einige Puzzleteile finden und zu-
sammensetzen. Aber in seinem Kopf, und nur in seinem,
war das Gesamtbild präsent. Sein Kopf war wie eine
Kammer des Wissens, deren Verlust eine unwiederbring-
liche Katastrophe. Das Kind erwachte.

Der Graue legte seine Hand auf den Kopf des Kindes. In
den letzten Wochen war viel passiert, zu viel, und er war
machtlos. Seine Aufgabe war nicht mehr erfolgreich zu erfüllen. Versagt hatte er nicht, nein, aber er hörte nun auf.
Seine Arbeit war auf eine Art und Weise überflüssig geworden, die ihn deprimierte. Und doch war auch Erlösung
damit verbunden. Es war so, als ob man einem gewissen-
haften und fleißigen Arbeiter, der Jahrzehnte seiner Aufgabe nachgegangen war, diese wegnahm. Er stand da, er
lebte, wusste aber nicht mehr wofür.

Die Stunden vergingen, der Abend kündigte sich durch
früh einbrechende Dunkelheit an. Ihm war kalt; nicht
wegen der Kälte, Entscheidungskälte übermannte ihn. Er
stand vor der Polizeiwache und forderte das Kind auf,
hineinzugehen. Es wollte nicht gleich gehen. Er sah das
Kind lange an und dachte zurück an die Zeit, als er den Eid
hatte schwören müssen, ohne zu wissen, was er bedeutete.
Er hatte versprochen, sein Leben der Aufgabe zu ver-
schreiben, über ein unterirdisches Gebäude zu wachen. So
wie seine Vorgänger es über die Jahrhunderte hinweg getan

hatten. Nun, er war wohl der Letzte gewesen. Er, der Graue, konnte nichts dagegen tun. Die Zeit war um. Aus und vorbei.

Und hatte er nicht vor dem Dom gesessen und auf diesen Moment gewartet? Die eigentliche Aufgabe hatte er allmählich aus den Augen verloren – bis das Kind kam. Da wollte er zum Schluss doch noch einmal das tun, was ihm als letzte Aufgabe aufgetragen war.

Das Kind ging nach einigen Minuten doch los. Langsam näherte sich der Kleine der Wachentür. Ein Beamter sprach es an, beugte sich zu ihm hinunter und nahm es mit hinein. Eine Last fiel von dem Grauen ab. Denn für den Jungen hieß die neue Freiheit zugleich die Entbindung von einer noch nicht angetretenen, lebenslangen Aufgabe. Einige Wochen war das Kind bei ihm gewesen, unglücklich und doch immer weniger ängstlich. Doch es würde die Aufgabe des Grauen nun nicht übernehmen müssen. Der Graue war der Letzte seines Standes. Ein aus dem Wachgebäude tretender Polizist unterbrach die Gedanken des Alten – der Beamte sah sich suchend um. Doch der Graue war bereits um die nächste Straßenecke verschwunden.

Sein alter Mantel war am Rand völlig ausgefranst, noch ein paar Monate, vielleicht noch einen Winter, und er musste sich einen neuen suchen. Der Graue war alt, er war schon vor dem letzten Krieg geboren worden, das wusste er. Das, was in seinem Ausweis stand, stimmte nicht. Nachdem er alleine durch die ausgebombten Straßen von Trier gelaufen war, auf der Suche nach etwas Essbarem, hatte ihn ein Fremder an der Hand gefasst. Dieser Mann zog ihn mit sich. Er wehrte sich, daher griff die Hand fester zu. Niemand interessierte sich für diesen Vorgang. Dieser Mann, auch er ein ungewollter Diener einer längst vergessenen Sache, war nach einigen Jahren gestorben.

Am nächsten Tag ging der Graue durch die Stadt, er wollte sich das Haus in der Tempusstraße ansehen. Er las jeden Tag die aktuelle Zeitung, die kostenlos in einem

Schaukasten aushing. Dort wurde berichtet, dass der Keller dem Hauseigentümer Maximilian Schreckenberg wieder übergeben worden war, denn man hatte den Zugang in der Herzogenbuscher Straße nun ausreichend ausgebaut. Der Graue marschierte los, er wollte sich den Ausgangsort seiner Schicksalswendung einmal genauer ansehen. Einige Fahrzeuge standen auf dem Bürgersteig. Männer und Frauen in staubiger Kluft liefen hin und her. Sie trugen Werkzeug und allerlei Kisten aus der Garagenausfahrt in die Transportfahrzeuge. „Die Münzen", dachte der Graue, die, die er in den staubigen Untergrund der Stadt geworfen hatte, sie hatten es geschafft! Er hatte gegen die Regeln verstoßen – und es hatte funktioniert. Der Graue streckte seine Glieder, und der erste Funken eines Glückgefühls erreichte ihn.

Maximilian sah aus dem Fenster. Trude war in der Stadt und kleidete sich neu ein. Das Wetter war unbeständig, die Wolken deuteten auf weiteren Schnee hin. Er überlegte, ob es nicht ratsam wäre, schon jetzt zu streuen. Und kam zu dem Entschluss, es zu tun. Er ging in den Keller, packte den Eimer mit Streusalz und öffnete in dem Moment das Garagentor, als der Graue auf das Haus zuging.

Als Maximilian ihn wahrnahm, dachte er zuerst, es handelte sich um einen Verwahrlosten, der vielleicht den Tunnel suchte, um sein Quartier darin aufzuschlagen. Doch dann betrachtete er den Mann etwas genauer, dessen Ausstrahlung etwas Charismatisches hatte. Er wandte sich ihm zu. Einen Moment lang fixierte der Graue Maximilian, dann war sein Entschluss gefallen. Er ging entschlossen auf ihn zu.

Fortsetzung folgt!